Unternehmensstrategien im sozio-ökonomischen Wandel

Wirtschaftskybernetik und Systemanalyse

Herausgegeben von

Prof. Dr. Jörg Baetge, Münster/Westfalen
Prof. Dr. Heribert Meffert, Münster/Westfalen
Prof. Dr. Karl-Ernst Schenk, Hamburg
Prof. Dr. Bernd Schiemenz, Marburg

Band 15

Unternehmensstrategien im sozio-ökonomischen Wandel

Wissenschaftliche Jahrestagung der Gesellschaft für Wirtschafts- und Sozialkybernetik am 3. und 4. November 1989 in Trier

herausgegeben von

Prof. Dr. Hans Czap

Duncker & Humblot · Berlin

Gesellschaft für Wirtschafts- und Sozialkybernetik e. V.
6000 Frankfurt/Main
Sekretariat: Am Plan 2, D-3550 Marburg 1
Tel. 0 64 21 / 28 39 14 - 15

CIP-Titelaufnahme der Deutschen Bibliothek

Unternehmensstrategien im sozio-ökonomischen Wandel: am 3. und 4. November 1989 in Trier / [Gesellschaft für Wirtschafts- und Sozialkybernetik e. V.]. Hrsg. von Hans Czap. – Berlin: Duncker und Humblot, 1990
(Wirtschaftskybernetik und Systemanalyse; Bd. 15)
(Wissenschaftliche Jahrestagung der Gesellschaft für Wirtschafts- und Sozialkybernetik; 1989)
ISBN 3-428-06980-3
NE: Czap, Hans [Hrsg.]; 1. GT; Gesellschaft für Wirtschafts- und Sozialkybernetik; Wissenschaftliche Jahrestagung der . . .

Fotoprint: Berliner Buchdruckerei Union GmbH, Berlin 61
Printed in Germany

ISSN 0720-6992
ISBN 3-428-06980-3

Vorwort

Die Gesellschaft für Wirtschafts- und Sozialkybernetik (GWS) hat als Thema ihrer Jahrestagung 1989 den Titel "Unternehmensstrategien im sozio-ökonomischen Wandel" aufgegriffen.

Inhalt und Ablauf der Tagung, die in Zusammenarbeit mit der Universität Trier, der Industrie- und Handelskammer Trier und dem Rationalisierungskuratorium der deutschen Wirtschaft (RKW), Landesgruppe Rheinland-Pfalz, abgehalten wurde, zeigen die besondere Verpflichtung der GWS, kybernetisches Denken, kybernetische Methoden und Ergebnisse in Wirtschaft und Gesellschaft zu verbreiten und zugänglich zu machen.

Komplexität und Dynamik unserer Wirtschaft verlangen nach immer differenzierteren Werkzeugen um langfristig die richtige Antwort auf die vielfältigen unternehmerischen Herausforderungen geben zu können. Die Kybernetik stellt geeignete Methoden, Erkenntnisse und Vorgehensweisen zur Verfügung, um Komplexität zu reduzieren und um den sozio-ökonomischen Wandel nicht nur zu bewältigen sondern auch gestalten zu können. Dieser Tagungsband gibt davon Zeugnis.

Der klassische Ansatz des "divide et impera" hat uns als Beitrag zu einer Theorie der Unternehmensführung ausgeklügelte Teillösungen beschert und damit in wichtigen Bereichen die Ausbildung eines Spezialistentums begünstigt. Doch wird der Spezialist schnell zum Fachidiot, wenn es um das Führen von Unternehmungen geht. Denn dann verliert die optimierte Teillösung an Bedeutung vor der globalen Koordination widerstrebender Kräfte.

Die Kybernetik hat das Ganze schon immer höher eingeschätzt als die Summe seiner Teile. Sie strebt Ganzheitlichkeit im Denken und Handeln an. Diesem Anspruch versucht auch der vorliegende Tagungsband gerecht zu werden.

All denen sei gedankt, die mitgeholfen haben, diese Tagung zu ermöglichen, vorzubereiten, während der Tagung zur Verfügung standen und sich um die

Herausgabe dieses Bandes verdient gemacht haben. Meinen Mitarbeitern, Herrn Dipl.-Kfm. Dietmar Bönke und Herrn Dipl.-Kfm. Thomas Ochs, gilt an dieser Stelle mein besonderer Dank.

Trier, im Januar 1990 Hans Czap

Inhalt

6. Kybernetik und Organisation

7. Kybernetische Systeme in der Unternehmenspraxis

8. Komplexität und Kybernetik

1. Der Mensch im sozio-ökonomischen Wandel

Kybernetik und Kommunikation zur Bewältigung des sozio-ökonomischen Wandels

von Hans Czap[1]

1. Sozio-ökonomischer Wandel

Indizien eines raschen Wandels in Wirtschaft und Gesellschaft sind allenthalben anzutreffen und zwar unter anderem auf gesellschaftlicher Ebene, im Bereich der Produktion, bei technischen Normen, in technologiebedingten Herstellverfahren, und in den historisch begründeten, sozialen und kulturellen Gegebenheiten.

Auf gesellschaftlicher Ebene beobachten wir eine Verschiebung weg vom reinen Konsumdenken hin zu ethischen Überlegungen und ökologischen Betrachtungen. Entsprechend läßt die veränderte Einstellung der Bevölkerung Fragen der Umweltbelastung und der Umweltwirkungen der Produktion ein wachsendes Gewicht zukommen.

Stichworte wie CIM und die sich daran entzündende Diskussion signalisieren starke Änderungen der Produktionstechnologie. Diese Technologie erfordert hohe Investitionen bei ihrer Einführung. Sie bietet jedoch den Unternehmen die Chance, sich auf schrumpfenden Märkten durch kundenindividuelle Fertigung behaupten zu können.

Die modernen Produktionstechnologien, aber auch verstärkte Aufwendungen für Forschung und Entwicklung haben einen Innovationsschub mit stark verkürzten Produktlebenszyklen zur Folge. Produkte, die unter Umständen jahrelang die Basis des geschäftlichen Erfolgs waren, werden durch funktionsspezifischere oder auch vielseitigere vom Markt verdrängt.

Der starke Kundenbezug in Verbindung mit einer hohen Innovationsrate hat zur Folge, daß nicht nur die Produktentwicklung, -herstellung und -vertrieb den

---

1 Prof. Dr. Hans Czap, Universität Trier, Fachbereich Betriebswirtschaftslehre, insb. Wirtschaftsinformatik, Postfach 3825, D- 5500 Trier

sich verändernden Bedingungen angepaßt werden müssen, sondern auch die Mitarbeiter und ihre Fähigkeiten.

Der gemeinsame Markt ab Ende 1992 beschleunigt dabei den konstatierten Wandel. Die künftige Berufsfreiheit und Niederlassungsfreiheit stellt neben national etablierte Berufsbilder den Konkurrenten aus dem europäischen Nachbarland.

Nationale Normen, die häufig den Charakter von Schutzwällen haben, fallen zugunsten EG-weiter Regelungen. Rechtliche, insbesondere steuerrechtliche Bestimmungen, werden in einem Ausmaß angepaßt und wieder verändert, dem selbst die Finanzbehörden nicht länger gewachsen sind.

Löhne und Gehälter, die Mitbestimmungsgesetze, soziale Regelungen und vieles mehr müssen sich ab 1992 in einem EG-weiten Umfeld behaupten, sie werden mit anderen normativen Vorstellungen konfrontiert und werden diese Auseinandersetzungen kaum unverändert überstehen.

Mitten im Strudel dieser Geschehnisse fällt die notwendige Orientierung zur sachgerechten Führung von Unternehmen schwer. Auch reicht ein "sich orientieren" oder das Geben von Orientierungshilfen nicht aus. Wir müssen Antworten auf die Fragen geben, wie die Chancen dieses beobachteten Wandels nutzbar gemacht werden können, nutzbar sowohl für das eigene Unternehmen wie für die Gesellschaft.

Der Zwang, sich angesichts dieser Veränderungen als Unternehmer zu behaupten, ist sicherlich ein ganz wichtiger Aspekt, wenn es um eine Bewältigung des sozio-ökonomischen Wandels in unseren Betrieben geht. Doch ist der sozio-ökonomische Wandel keinesfalls eine Folge von Geschehnissen, die unbeeinflußbar von unserem Tun oder Lassen sich ereignen. Ziel, Ausmaß, Geschwindigkeit und damit das Ergebnis dieses Wandels sind beeinflußbar.

Unsere Aufgabe ist es, deutlich zu machen, wie der sozio-ökonomische Wandel durch uns selbst, unsere Einstellungen, unsere Aktionen und Reaktionen steuernd beeinflußt werden kann. Dazu kann und wird diese Tagung einen wichtigen Beitrag leisten.

2. Kommunikation und Kybernetik

Eine, vielleicht die wichtigste, Strategie zur frühzeitigen Erkennung des sozio-ökonomischen Wandels, zur Ergreifung steuernder Anpassungsmaßnahmen und deren Kontrolle ist meines Erachtens der unternehmerische Dialog. Mit unternehmerischem Dialog ist die zielorientierte Form des Dialogs gemeint, die dazu dient, Informationen aufzunehmen, das Verhalten von Mitarbeitern und externen Stellen zu steuern und zu kontrollieren.

Wesentliche kybernetische Prinzipien sind bereits mit den Begriffen "Informationsgewinnung", "Steuerung" und "Kontrolle" angesprochen.

In der Tat, Kybernetik und Kommunikation stehen in einer sehr engen Beziehung zueinander. Da der Begriff "Kybernetik" den Mitgliedern einer kybernetischen Gesellschaft wohl vertraut ist, soll im Folgenden der wesentlich ältere Begriff "Kommunikation" genauer betrachtet werden.

Dies geschieht vor allem auch deswegen, da ein vertieftes Verständnis kommunikatorischer Prozesse uns befähigt, Mißverständnisse, Verhaltensweisen und Reaktionen unserer Umgebung zu erklären und damit kontrollierbar und beeinflußbar zu machen.

3. Das Kommunikationsmodell

Basierend auf Vorarbeiten von Kupka und Maaß[2] lassen sich beim einzelnen Kommunikationspartner in einer Kommunikationssituation folgende Komponenten unterscheiden (vgl. Abb. 1).

Der einzelne Kommunikationspartner - wir betrachten hier nur eine Zweierbeziehung - ist durch seine individuelle Situation S, sein individuelles Wissen W, seine individuellen Gesetzmäßigkeiten G und seine momentanen Ziele bzw. Intentionen I beschreibbar. Die Ziele bzw. Intentionen I sind darauf gerichtet auf den eigenen Zustand oder den des Kommunikationspartners einzuwirken, um diesen zu verändern. Sei es daß das eigene Wissen erweitert werden soll, die eigene Situation verbessert oder dies in Bezug auf den Kommunikations-Partner geschehen soll. Dies kann insbesondere auch über die Reaktionen des Kommunikationspartners erfolgen.

2 Kupka, J.; Maaß, S.; Oberquelle, H. (1982): Kommunikation in Mensch-Rechner-Dialogen.

KOMMUNIKATIONSPARTNER K1		KOMMUNIKATIONSPARTNER K2
Zustand Z1		Zustand Z2
individuelle Situation S1		individuelle Situation S2
individuelles Wissen W1		individuelles Wissen W2
individuelle Gesetzmäßigkeiten G1		individuelle Gesetzmäßigkeiten G2
momentane Ziele/Intentionen I1:	<======>	momentane Ziele/Intentionen I2:
Einwirkung auf/Veränderung vom	Nachricht=	Einwirkung auf/Veränderung vom
- eigenen Zustand (über K2)	Sachaussage	- eigenen Zustand (über die Re-
aktion des K1)		
- fremden Zustand	Appell	- fremden Zustand
	Beziehung	
	Selbstoffenbarung	
Bewußtsein (Meta-Zustands-Ebene)		Bewußtsein (Meta-Zustands-Ebene)
Vorstellungen/Wissen um		Vorstellungen/Wissen um
- eigenen Zustand (Selbstbild) V1(Z1)		- eigenen Zustand (Selbstbild) V2
- den K.-Partner V1(K2) d.h.		- den K.-Partner V2(K1) d.h.
dessen Zustand: V1(Z2)		dessen Zustand: V2(Z1)
Selbstbild V1(V2(Z2))		Selbstbild V2(V1(Z1))
dessen Modell von K1: V1(V2(Z1))		dessen Modell von K2: V2(V1(Z2))

Abb. 1: Das Kommunikations-Modell

Im Rahmen eines Kommunikationsprozesses werden Nachrichten ausgetauscht. Die einzelne Nachricht besteht dabei nicht nur aus ihrem Inhalt, der sogenannten Sachaussage. Schon frühzeitig betonte Watzlawick[3], daß in der menschlichen Kommunikation die Beziehungsebene eine nicht vernachlässigbare Dimension einnimmt. Diese Ebene weist die drei Komponenten, Appell, Beziehung und Selbstoffenbarung auf[4].

Durch die Appellkomponente einer Nachricht versuchen wir unmittelbar unser Gegenüber zu einem bestimmten Verhalten zu veranlassen. Die explizite Nennung der Beziehungsebene macht deutlich, daß jedes Gespräch, jede Äußerung, der Pflege bzw. dem Abbruch menschlicher Beziehungen dient. Die als letztes genannte Komponente der Selbstoffenbarung ist schließlich die unmit-

---

3 Watzlawick, P. u.a. (1982): Menschliche Kommunikation.

4 Vgl. Schulz von Thun (1981): Miteinander reden: Störungen und Klärungen. Psychologie der zwischenmenschlichen Kommunikation.

telbare Konsequenz, daß sich unser Gegenüber in einer Gesprächssituation ein Bild von uns macht.

Von der Zustandsebene zu trennen ist die Bewußtseinsebene, auf der es darum geht, welche Vorstellungen bzw. welches Bewußtsein wir von den jeweiligen Zuständen haben.

Daß das Wissen um den eigenen Zustand von seinen tatsächlichen Ausprägungen häufig abweicht, können wir an uns selbst sehr gut beobachten. Doch trifft dies auch für Unternehmen zu, wie etwa der Beruf des Controllers in Betrieben augenscheinlich macht. Beispielsweise kann bei Prüfungen immer wieder festgestellt werden, daß eine erhebliche Diskrepanz zwischen dem Wissen des Prüflings oder dem Zustand des Prüfobjektes und den jeweiligen Vorstellungen darüber konstatiert werden muß.

Auf dieser Bewußtseinsebene geht es somit um die Vorstellungen bzw. das Wissen um den eigenen Zustand, also unser Selbstbild, sowie das Wissen um den Zustand unseres Kommunikationspartners. Da dieser seinerseits Vorstellungen über uns entwickelt, kann man Vorstellungen darüber entwickeln, welche Vorstellung unser Kommunikationspartner von unseren Zustandsgrößen hat: V1(V2(Z1)).

In menschlichen Kommunikationsprozessen erweist sich die Bewußtseinsebene von eminenter Bedeutung. Dadurch, daß wir Vorstellungen entwickeln über die Intentionen unseres Gegenübers, eine Erwartung aufbauen über das, was er sagen will, wird das Verstehen in hohem Maße gesteuert.

Natürliche Sprache ist bekanntermaßen unpräzise und mehrdeutig. Je konkreter die Vorstellungen sind über das, was der andere sagen will, desto eher kann jener auf eine präzise Angabe des Inhalts der Nachricht verzichten.

4. Kommunikation als Basis von Innovation

Das Nebeneinander der Beziehungs- und Inhaltsebene einer Nachricht bedingt häufig daß das, was gemeint ist, nicht gesagt wird, sondern allenfalls angedeutet wird. Entsprechend unklar ist dann die Vorstellung von den Intentionen unseres Kommunikationspartners. Wir rätseln, was wohl gemeint sei.

Derartige Interpretationskonflikte mögen einerseits zu Mißverständnissen Anlaß geben, andererseits eröffnet dieses Rätseln den Raum für neue Ideen. Kommunikation wird so zur Basis von Innovation.

Diese Aussage darf und soll nicht dahingehend mißverstanden werden, daß unklare Äußerungen Innovationsprozesse zur Folge haben.

Voraussetzung für Innovationen ist vielmehr eine stimmige Beziehungsebene, das Anerkenntnis der besonderen Fähigkeiten des Kommunikationspartners - ein Sachverhalt der in mehreren Beiträgen auf dieser Tagung noch vertieft wird.

5. Kommunikation mit Maschinen

Der Einsatz von Computern in Wirtschaft und Gesellschaft ist für viele zum Symbol beständiger Veränderungen geworden. Der Umgang mit diesen Maschinen stellt eine besondere Art von Kommunikationsprozessen dar.

Wir können und sollten uns beim Kommunikationspartner "Computer" fragen, welche Intentionen er verfolgt, wie es um sein Wissen steht, wir sollten nach der Beschaffenheit seiner Bewußtseinsebene fragen, nach dem Selbstbild, dem Bild das er sich von uns macht, nach der Art der Nachrichten, den Ausprägungen der Beziehungsebene und der Selbstoffenbarung.

Details dazu können bei Maaß[5] und Czap[6] nachgelesen werden. Hier soll nur die Anregung gegeben werde, diesen Fragen nachzugehen und es soll damit deutlich gemacht werden, daß eine Mensch-Maschine-Kommunikation ein stark reduzierter Kommunikationsprozeß ist. Innovation und Kreativität vermag er jedenfalls nicht zu fördern.

Der Computer als Symbol des Wandels mag zwar helfen, den Wandel aufzuzeigen, in seinen Ausprägungen deutlich zu machen und er mag bei der Umsetzung von Maßnahmen zur Bewältigung des Wandels behilflich sein. Die zündende Idee, den strategischen Gedanken, vermag er nicht zu finden und ist dabei auch kaum behilflich.

---

5 Maaß, S. (1986): Computer-gestützte formale Kommunikation, Computer-behinderte soziale Kommunikation.

6 Czap, H. (1986): Kommunikation mit Maschinen.

6. Kommunikation und sozio-ökonomischer Wandel aus Sicht der vorliegenden Beiträge

Verläßt man die soweit angestellte statische Betrachtung und geht in unserem Kommunikationsmodell über zu zeitlich veränderlichen Größen, dann geraten die Wechselwirkungen und Anpassungen der Zustands- und Bewußtseinsgrößen in den Mittelpunkt des Interesses.

Dies geschieht in vielen Aspekten in dem vorliegenden Tagungsband der Jahrestagung 1989 der Gesellschaft für Wirtschafts- und Sozialkybernetik. Hier kann nur eine grobe Einordnung der einzelnen Beiträge vorgenommen werden.

Zunächst: Wenn Sie unseren Kommunikationspartner K2 als Gesellschaft oder Umwelt interpretieren, dann beschreibt das dynamische Kommunikationsmodell, wie unsere momentanen Zustands- und Bewußtseinsgrößen sich an denen der Gesellschaft stoßen und wie wechselseitig Anpassungen über Sachaussagen, Appelle, Beziehungsäußerungen und Selbstoffenbarungen erfolgen. Im anschließenden Beitrag von Herrn Kollegen Oeser "Der Mensch als Motor und Objekt eines sozio-ökonomischen Wandels" wird dies thematisiert.

Erweitert man das Kommunikationsmodell um eine Aktionskomponente und hinterfragt kritisch die Intentionen und Wirkungen unseres Handelns, dann sind wir mitten in der Debatte über Ehtik im Allgemeinen und einer Unternehmensethik im Besonderen.

Auf die Beiträge von Herrn Kollegen Wagner und Dr. Schmäing sei deswegen mit besonderem Nachdruck verwiesen.

Daß ethische Fragen und der kybernetische Ansatz einander ergänzen und mit großem Erfolg im betrieblichen Alltag verwirklichbar sind, wird in den beiden darauffolgenden Plenarveranstaltungen deutlich gemacht. Mit Herrn Dr. Schuhmann und Herrn Gottfreund haben zwei Praktiker das Wort.

Orientierung in einer komplexen Umwelt setzt das Erkennen von Strukturen voraus. Die Vorstellung bzw. das Wissen, das wir von uns selbst und unserem Partner bzw. unserer Umwelt haben, macht das sogenannte interne Modell aus. Wie jedes Modell hängt auch dieses von den Werkzeugen ab, die dabei Verwendung finden. Systemtheorie und Kybernetik stellen geeignete Werkzeuge bereit, um Komplexität zu bewältigen. Darauf geht Professor Schiemenz zum Abschluß der Tagung ein.

Eingebettet in diesen Rahmen der Hauptvorträge finden sich, zum Teil in parallelen Veranstaltungen, einzelne Sektionen, die besondere Aspekte des Tagungsthemas herausgreifen und vertiefen.

Strategische Entscheidungen sowohl im Wettbewerb wie im Vorfeld des europäischen Binnenmarktes werden in Sektion 1 und Sektion 4 behandelt.

Sektion 2 spannt einen Bogen von ökologischen Fragekomplexen über ganzheitliche Innovationen hin zu Fragen der Mitarbeitermotivation.

Sektion 3 demonstriert in vielfältigen Ausprägungen die Verwendung kybernetischer Methoden zur Modellierung und Entscheidungsunterstützung. Organisatorische Fragen rücken schließlich in den Mittelpunkt des Interesses bei Sektion 5.

Insgesamt wurde ein sehr vielseitiges, wissenschaftliches Tagungsprogramm geboten, dessen Ergebnisse und vermittelten Erkenntnisse ein gutes Fundament darstellen, unsere Aufgaben in Wissenschaft, Wirtschaft und Politik besser zu erledigen.

Kybernetik und Kommunikation sind nicht nur Begriffe von großer theoretischer und praktischer Bedeutung, über die es lohnt, sich Gedanken zu machen. Vielmehr stellen sie in ihrer Verknüpfung und wechselseitigen Ergänzung ein Programm dar, das nur über seine tägliche praktische Betätigung sich als die strategische Waffe schlechthin erweist, den soziökonomischen Wandel zu gestalten.

Literatur

Czap, H.: Kommunikation mit Maschinen. in: Arbeitsplätze morgen, W. Remmele / M. Sommer (Hrsg.), Berichte des German Chapter of the ACM Bd.27, Stuttgart 1986, S.409ff.

Kupka, J.; Maaß, S.; Oberquelle, H.: Kommunikation in Mensch-Rechner-Dialogen; in: Nehmer,J. (Hrsg.): 12.GI-Jahrestagung, Berlin, Heidelberg, New York 1982.

Maaß, S.: Computer-gestützte formale Kommunikation, Computer-behinderte soziale Kommunikation. in: Arbeitsplätze morgen, W. Remmele / M. Sommer (Hrsg.), Berichte des German Chapter of the ACM Bd.27, Stuttgart 1986, S. 272ff.

Schulz von Thun: Miteinander reden: Störungen und Klärungen. Psychologie der zwischenmenschlichen Kommunikation. Reinbeck 1981.

Watzlawick, P. u.a.: Menschliche Kommunikation, 6.Auflage, Bern u.a. 1982.

Der Mensch als Motor und Objekt des sozio-ökonomischen Wandels

von Erhard Oeser[1]

Seit mehreren Jahrzehnten befinden sich die Wirtschaftswissenschaften in einem Paradigmawechsel, der sich bereits deutlich in einer grundlagentheoretischen Neuorientierung ausdrückt. Diese Neuorientierung ist verbunden mit einem Wechsel des methodologischen Vorbildes. Was früher, mit den Worten von Alfred Marshall ausgedrückt, die Mechanik das Mekka der Ökonomie so soll es nun die Biologie sein (Dopfer, 1989).

Grundlagentheoretisch heißt das, daß an die Stelle der

- Vorstellung vom Wirtschaftssystem als eines planbaren, deterministisch voraussagbaren geschlossenen und einfachen oder zumindest überschaubaren Systems
- die Vorstellung von einem "lebendigen", offenen und komplexen Systems tritt.

Ein Paradigmawechsel muß nicht, wie T.S.Kuhn, der diesen Ausdruck geprägt hat, selbst sagt, plötzlich und in kurzer Zeit zustande kommen. Auch die sog. kopernikanische Revolution hat sich von Copernicus über Kepler bis zu Newton über mehr als ein Jahrhundert und zwar in mehreren kleinen Schritten vollzogen.

Etwas ähnliches kann man, wenngleich sich alle wissenschaftlichen Erkenntnisprozesse in unserer Zeit unvergleichlich beschleunigt haben, vom Paradigmawechsel in der Ökonomie sagen. Auch er hat sich in mehreren Schritten vollzogen: Am Anfang dieses Paradigmawechsels von der Mechanik zur Biologie stand die Kybernetik als integrierende Grundlagenwissenschaft von der "Regelung und Nachrichtenübertragung in Lebewesen und Maschinen (N. Wiener) und die biologische Systemtheorie (Bertalanffy) und am Ende stehen die Evolutionstheorie und die Selbstorganisationstheorie, die manchmal auch als "zweite Kybernetik" bezeichnet wird.

---

1 Prof. Dr. Erhard Oeser, Universität Wien, Institut für Philosophie, Universitätsstr. 7, A-1010 Wien

Als inhaltliches Resultat dieses methodologischen Paradigmawechsels läßt sich als vorwegnehmende These behaupten, daß damit der Mensch selbst und seine Handlungen in das Zentrum der wirtschaftswissenschaftlichen Betrachtungsweise rücken. Gegenüber der klassischen, an der Mechanik orientierten objektivistischen Ansicht ökonomische Sachverhalte ergibt sich damit eine grundlegende Änderung. Denn der Mensch als Objekt des sozio-ökonomischen Handels wird zugleich als Subjekt des sozio-ökonomischen Wandels angesehen. Das heißt, er erleidet nicht nur diesen sozio-ökonomischen Wandel, sondern verursacht ihn auch selbst durch seine eigenen Handlungen. Er ist sozusagen der Motor des sozio-ökonomischen Wandels. Diese in ihrer Plausibilität fast triviale Einsicht war zwar schon immer bekannt, sie hat aber in unserem Jahrhundert eine neue Bedeutung bekommen, die nur ihm Rahmen des neuen biologisch-evolutionären orientierten Paradigmas der Wirtschaftswissenschaften adäquat erfaßt werden kann. Während man noch in der ersten Hälfte unseres Jahrhunderts davon ausgehen konnte, daß Veränderungen die der Mensch an der Umwelt zu seinem eigenen Nutzen durchzuführen imstande ist, an keine Grenzen stoßen, weil die Ressourcen praktisch unendlich sind, ist heute klargeworden, daß die Umgestaltung der Natur durch den wirtschaftenden Menschen bereits katastrophale Dimensionen anzunehmen beginnt. Für die Ökonomen vergangener Jahrhunderte waren Katastrophen immer nur Naturereignisse. Es war für sie undenkbar, daß der Mensch selbst gewaltsame Veränderungen und Zerstörungen hervorrufen könnte in dem Ausmaße wie es Überschwemmungen, Hitzeperioden, Erdbeben, Vulkanausbrüche oder ähnliches bewirken. Daher bedurfte es einer geradezu genialen prophetischen Gabe um solche vom Menschen selbstgemachten Katastrophen voraussehen zu können. Eine solche prophetische Gabe hatte Rousseau, der folgende düstere Worte an den Anfang seines großen Erziehungsromanes "Emile" stellte: "Alles ist gut, wenn es aus den Händen des Schöpfers hervorgeht. Alles entartet unter den Händen des Menschen."

Und die Beispiele, die er bringt, zeigen deutlich, daß er bereits die Ursache dieser beginnenden Katastrophe in der weltverändernden Tätigkeit des Menschen erkannt hatte: "Er zwingt ein Land, die Produkte eines anderen hervorzubringen, einen Baum, die Früchte eines anderen zu tragen; er vermischt und vermengt die Klimata, die Elemente, die Jahreszeiten. Er verstümmelt seinen Hund, sein Pferd, seinen Sklaven; er stürzt alles um, er verunstaltet alles" (Rousseau, 1762).

Heute scheinen sich diese Prophezeiungen bereits zu bestätigen. Wenn man gewissen linearen Horrorextrapolationen glauben schenken will, werden sehr bald die realen Ereignisse die zivilsationskritischen Befürchtungen Rousseaus übertreffen. Schon jetzt hat die moderne Industriegesellschaft die sich nicht mehr regenerierenden und leicht zugänglichen mineralischen Rohstoffe in unverantwortlicher Weise ausgebeutet. Sie hat riesige Gebiete einst fruchtbaren Landes zerstört. An manchen Orten ist das Leben durch Verschmutzung von Luft und Wasser bereits schwer bedroht oder gar vernichtet. Denn die Kehrseite der Verschwendung ist eine ständig ansteigende Umweltbelastung, die längst vor der Ausschöpfung der Ressourcen zu irreparablen Veränderungen in der Natur führen muß. Selbst wenn das Ende der materiellen Lebensbedingungen der ständig wachsenden Bevölkerung noch nicht in der Nähe sein sollte, scheinen doch bereits die uralten Kreisläufe der Natur, in der sich unsere Nahrungs- und Energiequellen ständig erneuern konnten, an vielen Orten bereits endgültig zerschnitten zu sein. Eines läßt sich jedenfalls nicht mehr leugnen, daß auf der einen Seite die maßlose Ausbeutung und der rasende Verbrauch der Rohstoffe steht und auf der anderen Seite die Müllhaufen wachsen. In unserem Zeitalter der Verschwendung hat sich der von der "unsichtbaren Hand" (Adam Smith) regulierte Kreislauf der freien Marktwirtschaft zu einer Teufelsspirale (Abb. 1) entwickelt. Und man braucht heute weder die prophetische Gabe noch den Pessimismus Rousseaus zu besitzen, um festzustellen, daß der wissenschaftlich-zivilisatorische Fortschritt der Menschheit nicht nur seine Vorzüge, sondern auch Schattenseiten hat. Das Unbehagen am wissenschaftlichen Fortschritt, das sich bereits in der ersten Hälfte unseres Jahrhunderts zu regen begonnen hat, hat sich seitdem bis zur offenen Enttäuschung und Wissenschaftsfeindlichkeit gesteigert. Denn die Wissenschaft hat dem Menschen niemals ganz das gegeben, was er sich wünschte (Gabor, 1965). Der Mensch träumte von Flügeln, die Wissenschaft hat ihm einen bequemen Sessel in einem dröhnenden Flugzeug geschenkt, das mit seinen Abgasen die Luft verschmutzt; er sehnte sich nach dem ewigen Leben und erhielt die Produkte der chemisch-pharmazeutischen Industrie und der modernen medizinischen Technik, die zwar das Leben, aber auch das Leiden verlängern können; er wollte durch Verwandlung der unedlen Metalle in Gold unendliche Reichtümer gewinnen und häuft nun in seinem Knochengerüst Schwermetalle an, die er mit der Nahrung zu sich nimmt; er wollte Bequemlichkeit, Licht und Wärme, die Wissenschaft lehrte ihn, die nicht mehr sich erneuernden Energiequellen der fossilen Brennstoffe auszubeuten und die Atomenergie zu nutzen, die ihm, ganz abgesehen von den unmittelbaren Gefahren, die damit verbunden sind, den über Jahrtausende hinweg radioaktiven Atommüll als Erbe für zukünftige Generationen bescherte.

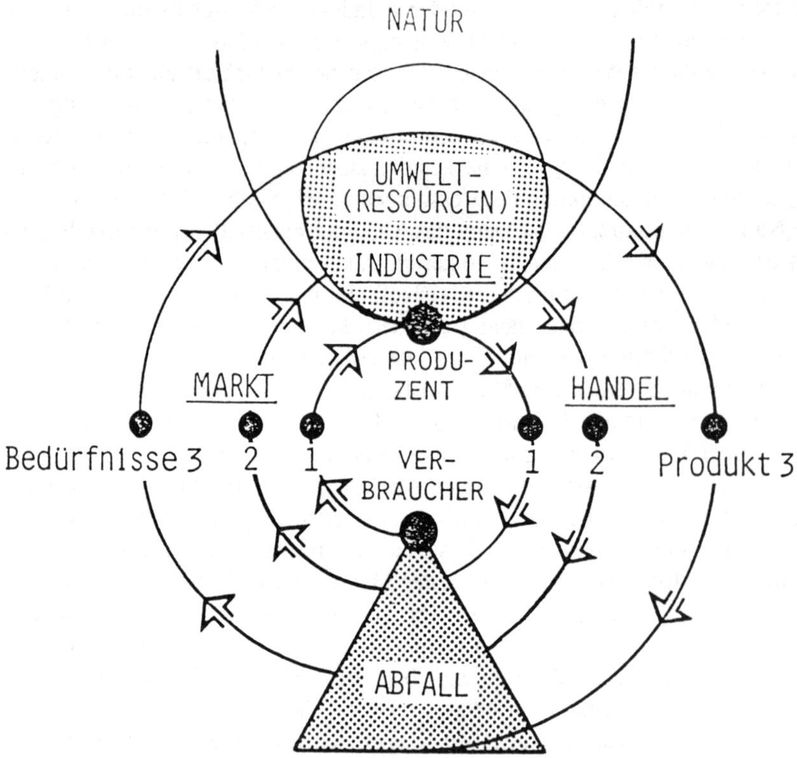

Abb. 1: Der Teufelskreis der Marktwirtschaft

Aus all dem wird jedenfalls deutlich, daß zwar die Wissenschaft fähig ist, Probleme zu lösen; aber in dem Maße, in dem sie Probleme löst, schafft sie neue Probleme (Oeser 1988). In diesem Sinne sind die größten wissenschaftlichen Revolutionen dieses Jahrhunderts "vergiftet", wie sogar eine der hoffnungsvollsten Technokraten unseres Jahrhunderts, A.M.Weinberg (1979), zugeben muß.

Wie auch immer die Bewertung der gegenwärtigen Situation ausfallen mag, es zeigt sich nun, daß mit dem Auftreten des Menschen sich die Natur in irreversibler, d.h. nicht mehr rückgängig zu machender Weise verändert hat. Und diese Veränderung geschieht mit einer in der bisherigen Geschichte der Natur noch nie dagewesenen Geschwindigkeit. Bisher galt der Spruch, daß man aus Fehlern lernen kann. Die moderne wissenschaftlich-technische Zivilisation ist aber so beschaffen, daß ihre Fehler zu irreparablen Katastrophen werden, aus denen man nichts lernen kann.

Das ist heute zum ersten Mal in der Menschheitsgeschichte so. Zum ersten Mal wird deutlich, daß es nicht die äußeren Ereignisse in der natürlichen Umwelt des Menschen sind, die seine Existenz bedrohen. Es ist vielmehr der Mensch selbst, der auf diese Weise seine eigene Existenz im wahrsten Sinne des Wortes verwirtschaften kann. Trotzdem fällt der Mensch nicht aus dem Rahmen der natürlichen Evolution. Rousseau war im Irrtum. Sein Ruf: "Zurück zur Natur!" beruhte auf einer romantischen Illusion (vgl. Oeser 1987). Weder ist der von der wissenschaftlichen Zivilisation unberührte Wilde ein Früchte essendes friedliches Wesen, noch ist die unberührte Natur ein paradiesischer Garten. Denn die natürliche Evolution ist grausam. Sie schafft Krüppel und Monster. Vernichtung ist in der Evolution der Lebewesen eine Notwendigkeit. Sie ist keine spezifische Eigenart des Menschen. Die toxische Kraft der Pflanzen ist größer als jene Gifte, die der Mensch künstlich erzeugen könnte. Die Explosion einer Supernova ist nicht zu vergleichen mit der einer Atombombe. Jede Lebensgemeinschaft in der Natur ist zugleich auch eine Todesgemeinschaft: Der Bestand an pflanzenfressenden Tieren muß von fleischfressenden Raubtieren eingeschränkt werden. Gras, das nicht gefressen oder zertrampelt wird, wächst nicht, sondern erstickt im eigenen Abfall. Das ökologische Gleichgewicht ist auch ein Gleichgewicht der Vernichtung und des Schreckens, in der das Darwinsche Selektionsprinzip vom Überleben des Tüchtigsten gilt.

Rein biologisch gesehen aber ist der Mensch in zu kurzer Zeit zu tüchtig geworden. Denn wie keine andere Art von Lebewesen auf dieser Erde hat er seine "Biomasse", d.h. die Anzahl der Einzelvertreter einer Art, erhöht. Das zeigt sich auch drastisch daran, daß die Menschheit in unserem Jahrhundert aus zwei mörderischen Weltkriegen mit Millionen von Toten völlig ungebrochen wieder hervorgegangen ist, während die großen Seuchenzüge und Epidemien des Mittelalters und der frühen Neuzeit einen deutlich erkennbaren Knick in der Kurve der Bevölkerungsstatistik hinterließen. Wir sind daher zum wissenschaftlichen Fortschritt verdammt. Und eine Rückkehr zum einfachen Leben, wie es nach Rousseau erträumte, ist jedenfalls nicht mehr möglich. Dafür gibt es zur Zeit rund viereinhalb Milliarden Menschen zuviel auf diesen Planeten. Denn mit der Energiegewinnung nur auf der Basis der regenerativen Energien (Sonnenenergie, Wasserkraft usw) läge die Tragekapazität der Erde weit unter einer Milliarde Menschen.

Welches ist nun die praktische Konsequenz dieser Betrachtungsweise, die den sozio-ökonomischen Wandel in der Menschheitsgeschichte in den größeren Rahmen der Naturgeschichte oder Evolution der Lebewesen stellt?

Dafür gibt es kein einfaches Rezept aber zumindest einige unumgängliche methodologische Feststellungen oder Thesen.

Die erste grundlegende These lautet, daß der Problem- und Gegenstandsbereich der Wirtschaftswissenschaften umso komplexer geworden ist, je mehr Veränderungsmöglichkeiten der Mensch auf Grund des naturwissenschaftlich technischen Fortschritts erreicht hat. Die Konsequenz aus dieser Komplexität des Gegenstandes der Wirtschaftswissenschaften, in dem sich menschliche Handlung mit empirisch-physikalisch-biologisch beschreibbaren und erklärbaren Sachverhalten und Ereignissen verbinden, ist, daß die Wirtschaftswissenschaft "keinen thematisch oder verfahrenstechnisch zentralen und unverrückbaren Kern" und somit auch keine "autochtone Methodik" besitzt (Fels, Tintner 1967). Es gibt daher kaum ein Wissensgebiet das eine derartige Vielfalt von methodologischen Anleihen aus anderen Wissenschaften macht wie die Ökonomie. Die Geschichte der Wirtschaftswissenschaften zeigt aber auch, daß auch die Umkehrung gilt: z.B. gründet die in den Naturwissenschaften übliche Wahrscheinlichkeitstheorie nicht nur in der Theorie der Glücksspiele, sondern auch in den kaufmännischen Risikoüberlegungen. Ernst Mach hat das aus den Wirtschaftswissenschaften stammende "Ökonomieprinzip" zur Grundlage einer Metatheorie der Gesetzeshypothesenbildung in der Physik gemacht. Und das eklatanteste Beispiel für eine solche wechselseitige Übertragung methodologischer Konzepte und Prinzipien ist die Evolutionstheorie. Denn bekanntlich hat sich Darwin selbst auf die nationalökonomischen Vorstellungen von Robert Malthus berufen, wobei oft übersehen wird, das umgekehrt Malthus sich wiederum auf biologische Analogien stützt. Das zeigt folgendes Zitat: "Überall im Tier- und Pflanzenreich hat die Natur die Samen des Lebens mit freigebigster und verschwenderischster Hand umhergestreut. Sie war jedoch verhältnismäßig sparsam in bezug auf den Raum und die Ernährung, die erforderlich sind, um sie großzuziehen. Das Geschlecht der Pflanzen und das Geschlecht der Tiere schrumpfen unter diesem großen einschränkenden Gesetz zusammen. Und das Geschlecht des Menschen kann ihm durch keinerlei Vernunftanstrengung entrinnen. Unter Pflanzen und Tieren sind seine Folgen Vergeudung von Samen, Krankheit und vorzeitiger Tod. Unter den Menschen Elend und Laster." Damit wird nun deutlich, daß bei dieser schon immer gegebenen Wechselwirkung zwischen den methodologischen Konzepten der Naturwissenschaften einerseits und den Wirtschaftswissenschaften andererseits, die Frage nach einem allgemeinen wissenschaftstheoretischen Modell für die gerechtfertigte Übertragung von methodologischen und inhaltlichen Einsichten von einem Gebiet ins andere einer klaren Antwort bedarf.

Die zweite methodologische These lautet daher, daß, bevor man methodologische und inhaltliche Anleihen von einem anderen Gebiet macht, die möglichen Übertragungsmechanismen zu analysieren und zu bewerten sind.

In Anlehnung an Stafford Beer kann man die inhaltliche und methodologische "Ähnlichkeit" von Wissensgebieten in drei Stufen gliedern:

- Auf einer ersten "oberflächlichen" und deshalb weitgehend ungesicherten, aber heuristisch wertvollen Vergleichsebene kann man im Sinne eines schwächsten Ähnlichkeitsgrades von einer metaphorischen Ähnlichkeit sprechen, die mehr auf eine spezielle Sicht des vergleichbaren Objektbereiches abzielt, als das sie an der Realität selbst überprüfbar wäre. Solche Metaphern beherrschten das Verhältnis von biologischer und soziokultureller Evolutionstheorie wechselseitig.
- Die zweite Vergleichsebene ist die der Analogie, die insofern präziser ist, weil auf ihr bereits die übereinstimmenden Merkmale von den nicht übereinstimmenden Merkmalen unterschieden werden und damit auch der Umfang, Wert oder die Ergiebigkeit einer Analogie festgestellt werden kann. In diesem Sinne gibt es auch keine falsche Analogie, sondern sie kann nur mehr oder weniger detailliert und deswegen mehr oder weniger informativ sein.
- Die dritte Vergleichsebene ist die der Isomorphie. Sie ist die abstrakteste aller Vergleichsebenen und dient dazu, nicht deskriptiv an den Gegenständen beider Objektbereiche, sondern an bloß abstrakten Modellen dieser Objektbereiche jene identischen Gesetzmäßigkeiten transdisziplinärer Art herauszuarbeiten, die sich auf die bei der Modellbildung ausgewählten Systemeigenschaften beziehen.

An diese Unterscheidung der Übertragungsmechanismen läßt sich nur die dritte und letzte These knüpfen, die sich auf den grundlegenden Paradigmawechsel des methodologischen Vorbildes der Wirtschaftswissenschaften von der Mechanik zur Biologie knüpfen:

Während die Berufung der Ökonomen auf die Mechanik reduktionistische Metaphern oder bestenfalls heuristische Analogien darstellen, liegt die grundlegende Vorstellung vom Wirtschaftssystem als ein lebendiges offenes, sich selbst entwickelndes komplexes System bereits auf der dritten Vergleichsebene der Iso- oder Homomorphien, in denen der Gegensatz von Natur- und Humanwissenschaften weitgehend aufgehoben worden ist. Die auf dieser Ebene herauszuarbeitenden identischen Gesetzmäßigkeiten sind das Ziel aller jener transdisziplinären Grundlagentheorien wie Kybernetik, Systemtheorie, Evolutionstheorie und Selbstorganisationstheorie.

In bezug auf die Wirtschaftswissenschaften ist jedoch ein Unterschied in der Übernahme dieser grundlegenden Vorstellung bei der Nationalökonomie im Vergleich zur Betriebswirtschaftslehre festzustellen. Während in der Nationalökonomie der Volkswirtschaftslehre kybernetische Vorstellungen als Selbstregelungsvorgänge und evolutionistische Vorstellungen bereits von allen Anfang an seit der Metapher von der "unsichtbaren Hand", die nach Adam Smith den Marktmechanismus reguliert, vorhanden waren und ganz explizit in einer Theorie des soziokulturellen Evolution von Friedrich von Hayek in den 5Oiger Jahren unseres Jahrhunderts aufgegriffen wurden, ist die Lage in der Betriebswirtschaftslehre anders. Es gibt zwar heute schon so etwas wie eine kybernetische oder evolutionäre Managementlehre (Malik, 1979, Probst, 1987), die auch das Selbstorganisationsparadigma der modernen biologischen Evolutionstheorie in sich aufgenommen hat. Doch handelt es sich hierbei hauptsächlich noch um eine strikte Entgegensetzung zum konstruktivistisch-planenden Ansatz, der die klassische und neoklassische Organisationstheorie und Führungskonzeption bestimmt hat.

Ausgangspunkt dieser Entgegensetzung war und ist die Auffassung von Friedrich von Hayek, daß es neben den beiden klassischen Kategorien

- der künstlichen Ordnungssysteme, die vollständig das Ergebnis menschlicher Absicht und menschlicher Planung sind und der
- natürlichen Systeme, die völlig unabhängig von menschlicher Planung und Handlung sind,

noch eine dritte Kategorie von Systemen gibt

- Systeme, die zwar Ergebnis menschlicher Handlungen sind, nicht aber das Ergebnis menschlicher Absichten und Pläne darstellen.

Diese dritte Art von Ordnungssystemen sind die komplexen sozialen Systeme wie Moral, Recht, Kultur, Wirtschaft. Zu diesen Systemen, die Fr.v.Hayek ausdrücklich als "evolutionäre Ordnungen" bezeichnet, gehören aber auch die modernen Großunternehmen. Denn mit steigender Größe und wachsender Komplexität, die nicht nur die Anzahl und Art der Elemente, sondern die Anzahl und Art ihrer Beziehungen untereinander betrifft, treten, wie in allen

Bereichen der belebten und unbelebten Natur vor allem in bezug auf die Stabilität solcher Systeme ganz andere und neue Eigenschaften auf.

Diese neuen Eigenschaften betreffen sowohl die Struktur der Organisation eines Betriebes als auch die Führungskonzeption. Beide Bereiche sind in dem modernen Begriff "Management" verbunden.

Denn "Management" hat üblicherweise eine doppelte Bedeutung: institutionell als Gesamtheit der Führungskräfte, funktionell als Systemeigenschaft zweckorientierter sozialer Systeme. Daraus ergibt sich, daß die meist getrennt und durch verschiedene Disziplinen (betriebswirtschafts- oder Organisationslehre einerseits, Betriebspsychologie andererseits) behandelten Probleme der Organisation und Führung in einem inhaltlich und formal-logischen Abhängigkeitsverhältnis stehen, das in den fachdisziplinären Untersuchungen meist unbeachtet geblieben ist (Neuberger 1976, Seidel 1978). Das läßt sich auch völlig unabhängig vom Konzept des evolutionären Managements an älteren Konzepten von Organisation und Führung demonstrieren. So sind, wie Abbildung 2 zeigt, die sog. "klassische Organisationstheorie" und die klassische autokratische Führungskonzeption geradezu im Sinn einer logischen "wenn-dann" Beziehung miteinander verknüpft. Der entscheidende Wandel von der klassischen Organisationstheorie zur sog. neoklassischen Organisationstheorie, die die soziale Dimension eines Unternehmens erkennt und berücksichtigt, dürfte jedoch umgekehrt von einer Veränderung der Führungskonzeption ausgegangen sein, die als logische Konsequenz die Veränderung des Begriffes "Organisation" oder "Unternehmen" nach sich gezogen hat.

Klassische Organisationstheorie	→	Klassische Führungskonzeption
Die Organisation ist Eigentum des Unternehmers.		Eigentum ist die Autoritätsgrundlage des Unternehmers.
Die Organisationsmitglieder sind nur Mittel zur Erreichung des Zwecks der Organisation.		Der Eigentümer muß als Unternehmungsleiter bestimmte Führungseigenschaften besitzen.
Berücksichtigt kann nur das Motiv (= Zweck) des Unternehmers werden.		Der Führungsstil ist autokratisch, weil aufgabenorientiert.
Die Identifikation mit den Zielen des Unternehmers wird durch Belohnung und Bestrafung erreicht.		Die Befehlsstruktur ist streng hierarchisch.

Abb. 2: Verknüpfung der klassischen Organisationstheorie und Führungskonzeption

Während das autokratische Führungskonzept, das grob gesagt von der Antike bis mindestens zum Frühkapitalismus des 19. Jahrhunderts reicht, die vertikale Distanz zwischen Führern und Geführten betont, ist die sog. Situationstheorie der Führung auf die zwischenmenschlichen Beziehungen (human relation movement) ausgerichtet, wodurch auch das Unternehmen selbst anders definiert wird, wie Abbildung 3 zeigt. Dieser Wandel in der Konzeption von Führung und Organisation war auch das notwendige Resultat aus der Vergrößerung der Betriebe und Unternehmen, wie sie ja die sog. industrielle Revolution mit sich brachte. Dadurch entstand auch eine Aufteilung der Führungsfunktionen in Produktion, Verwaltung, Kontrolle usw. In der Übergangsphase waren, wie die großen Unternehmerfiguren (Ford, Krupp usw) zeigen, alle Funktionen in der Person des Eigentümers vereint. In der modernen Unternehmensführung dagegen sind bei Großbetrieben diese Funktionen auf mehrere Personen verteilt. Voraussetzung ist jedoch meist die Trennung dieser Funktionen vom Eigentümer des Unternehmens, gleichgültig, ob diese Eigentümer eine Privatperson, eine Bank, die Aktionäre oder der Staat ist.

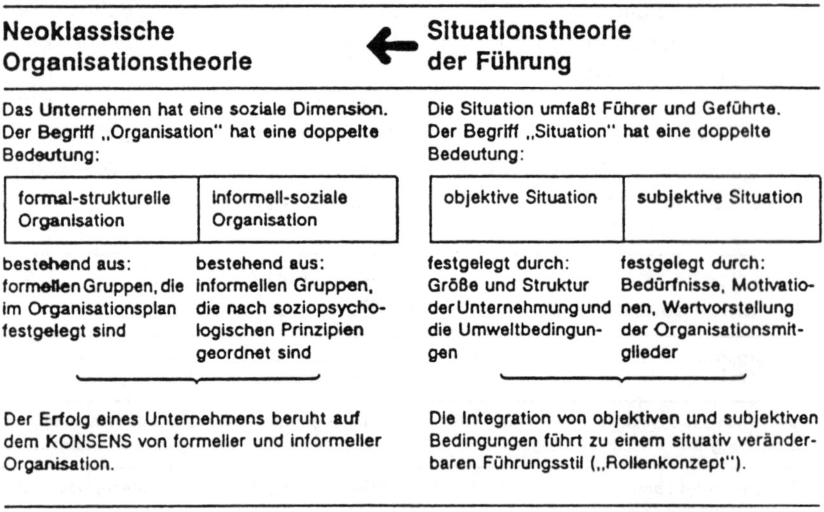

Abb. 3: Verknüpfung der Situationstheorie der Führung mit der neoklassischen Organisationstheorie

In dieser Trennung von Eigentum und Führung eines Unternehmens und in der Aufteilung der Führungsfunktionen auf mehrere Personen ist der Ursprung des modernen "Management" zu sehen.

Das heute in der Praxis ausgeübte Führungskonzept ist daher das durch die Organisation eines Unternehmens bedingte Konzept der Aufteilung der Führungsfunktionen auf mehrere Führungskräfte.

An diesem Punkt der historischen Entwicklung, an dem alle Charakteristika eines komplexen Systems erfüllt sind, das von keinem einzelnen Individuum als Führer in seinen Details durchschaut und gelenkt werden kann, wird die evolutionäre Betrachtungsweise relevant. Geht man nach dem evolutionären Konzept des menschlichen Verhaltens davon aus, daß die ursprüngliche "emotional-moralische Nische", in der der Mensch überleben konnte, die Kleingruppe oder Horde von genetisch Verwandten oder Adoptierten war (Mohr, 1988) und die Großgruppen oder Gruppenverbände mit ihren flexiblen, zielorientierten Untergruppen eine kulturelle Leistung darstellen, so ergeben sich daraus auch Konsequenzen für die gegenwärtige Diskussion der Führungskonzeptionen in der Sozialpsychologie, Soziologie und Betriebswirtschafts- bzw. Managementlehre.

Es zeigt sich nämlich, daß in den gegenwärtigen Konzepten von "Führung" zwei ihrem Ursprung nach verschiedene Komponenten vermischt sind:

- eine grundlegende dynamische Komponente, nach der Führung ein spontan entstehendes Phänomen ist ("emergent leadership" oder "socio-emotional leader"). Hier verkörpert oder repräsentiert der Führer die Gruppe. Seine Position ist nicht von vornherein festgelegt. Wenn er den Erwartungen der Geführten nicht mehr genügt, rückt er an die Peripherie und wird durch einen anderen ersetzt. "Führen" ist in diesem Sinne ein wechselseitiger "Tauschprozeß". Die Mitglieder einer Gruppe beeinflussen sich gegenseitig. Wer am meisten Veränderungen durchsetzt, wird führend. Oder evolutionistisch ausgedrückt, der Überlegene bestimmt mehr. Kann er diese Führungsposition ausbauen und halten, dann bleibt er der Führer. Sonst wird er ersetzt. Das aber bedeutet, daß der Führer jederzeit und in jeder Situation seine Position gegenüber anderen verteidigen muß.
- eine statische, hierarchische, funktionale Komponente, nach der Führung die Funktion eines in der Organisation, im Kollektiv, "Vorgesetzten" oder "Übergeordneten" ist. Der Führer ist hier eingeordnet in das bestehende organisierte System einer Großgruppe oder eines Gruppenverbandes. Die Führungsposition ist hier rationalisiert, institutionalisiert oder bürokratisiert und wird durch "Stellenbeschreibung" und "Führungsanweisung" festgelegt. Führung ist hier nicht das Ergebnis eines augenblicklichen Überlegenseins, sondern ein institutionell für alle Mitglieder der Organisation (Großgruppe) klar formulierter Führungsauftrag, der von geeigneten Führungskräften

durchzuführen ist. Auf diese Weise ist die "urtümlichere, freiere, initiativere" Führung domestiziert.

Aus der Beschreibung dieser beiden Komponenten von Führung ist ohne weiteres der evolutionäre Zusammenhang ersichtlich. Die erste, dynamische Komponente ist jene Art des Führungsverhaltens, wie es sich in der ursprünglichen Kleingruppe (Familie, Horde) herausgebildet hat. Die zweite Komponente ist das Ergebnis des soziokulturellen Überbaus, der von den Bedürfnissen immer umfassenderer sozialer Formationen geprägt ist. Beide Komponenten kommen in der gegenwärtigen (zivilisierten) Gesellschaft nicht mehr getrennt vor, denn jede Art von Kleingruppe, auch die Familie als Institution, wird überlagert von Großgruppen.

"Führung" ist vielmehr nichts anderes als eine funktionale Eigenschaft komplexer Systeme. Sie tritt überall dort auf, wo Konkurrenz in Kooperation umgewandelt wird. Im Bereich der menschlichen Gesellschaft heißt Kooperation Arbeitsteilung.

Je komplexer das System der Arbeitsteilung wird, umso stärker tritt die Notwendigkeit auf, die Arbeitsteilung zu koordinieren. Der Zwang zur Anpassung der kooperativen Prozesse schafft die Grundlage für spezielle Positionen, die sich allein dieser Funktion widmen können. Führungspositionen sind daher, evolutionär gesehen, systemimmanente Bestandteile von komplexen kooperativen Systemen. Sie "tauchen" notwendigerweise ab einem bestimmten Entwicklungszustand als Emergenzphänomene auf. Sie sind strukturell sowohl Erhaltungsbedingungen als auch Überschreitungsphänomene, die die weitere Entwicklung des Systems garantieren.

Das bedeutet also die grundsätzliche Einsicht, daß die verschiedenen Formen von Führung, wie sie geschichtlich aufgetreten sind und sich in alternativen Führungstheorien (Eigenschafts- und Situationstheorie) niedergeschlagen haben, nichts anderes als verschiedene Entwicklungsstadien oder Stufen des Führungsphänomens darstellen.

Diese verschiedenen Entwicklungsstadien lösen einander jedoch nicht einfach in der Geschichte der Menschheit ab, sondern sie finden sich auch in den gegenwärtigen sozialen Organisationen als ineinander verschachtelte Entwicklungsstrukturen.

Das aber bedeutet auch, daß der sich in den Wirtschaftswissenschaften anbahnende Paradigmawechsel vom methodologischen Vorbild der klassischen Mechanik zum Vorbild der biologischen System- und Evolutionstheorie keineswegs die vollständige Beseitigung des alten Paradigmas weder im Sinn einer bereits veralteten und heute nicht mehr gültigen Vorstellung noch im Sinn einer nun als absolut falsch erkannten Theorie zur Konsequenz haben muß. Es ist der Vorteil des Evolutionsparadigmas, die anderen Vorstellungen in sich zu enthalten, sowohl im synchronen als auch im diachronen Sinn. Wie es tatsächlich in der Evolution der Lebewesen sehr einfache, maschinenartig auf wenige Reize reagierende Lebewesen gegeben hat und heute noch gibt (wie z.B. Amöben, Zecken usw.), so hat es sowohl in historischen Zeiten als auch in der jüngsten Vergangenheit einfache maschinenartige menschliche Organisationen gegeben und gibt sie auch heute noch - Organisationen, die wie ein Uhrwerk funktionieren, weil sie präzise, eng umschriebene Funktionen ausüben wie z.B. die Besatzung eines Schiffes, die Belegschaft eines kleinen Spezialbetriebes usw., und deshalb auch nach dem Theoriemuster der klassischen Mechanik als fast total planbare, deterministische Systeme behandelt werden können, wenn man von der Komplexität der in ihnen agierenden menschlichen Individuen abstrahiert.

Man kann sogar sagen, daß diese klassischen Erklärungsmuster notwendig sind, um die Entwicklung eines Unternehmens korrekt in allen seinen Phasen zu beschreiben. Das aber bedeutet, daß auch die klassisch mechanistische Organisationstheorie mit ihrem autokratischen Führungskonzept durchaus eine korrekte Beschreibung der Gründungsphase eines Unternehmens liefern kann. Erst mit der Vergrößerung eines Betriebes, seiner internen Differenzierung und Verkomplizierung seiner externen Situation, müssen auch weitere und differenziertere Erklärungsmechanismen herangezogen werden. Der Vorteil des neuen Paradigmas, daß sich sowohl mit dem Begriff "Evolution" als auch dem Begriff der "Selbstorganisation" bezeichnen läßt, liegt aber gerade darin, daß die damit beschriebene Art von nichtmechanistischer oder transklassischer Ordnung beliebige Grade der Komplexität annehmen kann, die nötig sind, um mit einer ständig anwachsenden Umweltkomplexität fertig zu werden. An diesem Punkt aber versagen alle klassisch-deterministischen Konzepte, die bei steigender Komplexität sehr schnell an die Grenze ihres Erklärungspotentials kommen.

Die sozio-ökonomische Entwicklung der Menschheit in ihrer Gesamtheit, sowie die komplexe Verflechtung ihrer wirtschaftlichen Organisationen ist jedenfalls ein Problem, das nur durch ein vielschichtiges grundlagentheoretisches Konzept gelöst werden kann. In einem solchen Konzept heben sich dann auch die klassischen Vorwürfe, die gegen die Sozialwissenschaften allgemein und gegen die Wirtschaftswissenschaften insbesondere im Sinne der Bezeichnung Mechanismus und Biologismus gemacht worden sind, gegenseitig auf. Denn das methodologische Postulat lautet, daß für das komplexe Problem der sozioökonomischen Entwicklung der Menschheit jedes Erklärungspotential und jede

Lösungsstrategie aufgegriffen werden muß, in welchem wissenschaftlichen Gebiet sie auch aufgetaucht sein mag. Nur durch eine solche Integration methodologischer und inhaltlicher wissenschaftlicher Erkenntnisse wird die Menschheit auch in Zukunft fähig sein, mit den von ihr selbst geschaffenen Problemen in einer durch Wissenschaft und Technik veränderten Welt fertig zu werden.

Literatur

Beer, St., Decision and Control, London 1966. Bertalanffy, L.v., General Systems theory; foundations, development, application, New York 1968.

Dopfer, K., Ökonomie als lebendes System, in: Bauer, L., Matis, H. (Hrsg.), Evolution, Organisation - Management, Berlin 1989, S 95-100.

Fels, E., Tintner, G. , Methodik der Wirtschaftswissenschaften, in: Enzyklopädie der geisteswissenschaftlichen Arbeitsmethoden, Lieferung 8, Wien, München 1967.

Gabor, D., Menschheit morgen, Bern, München, Wien 1965.

Hayek, F.A.v., Die überschätzte Vernunft, in: Riedl, R.J. Und Kreuzer, F. (Hrsg.), Evolution und Menschenbild, Hamburg 1983.

Kuhn, T.S. , Die Struktur wissenschaftlicher Revolutionen, Frankfurt a.M. 1973.

Mach, E., Die ökonomische Natur der wissenschaftlichen Forschung; in: Populärwissenschaftliche Vorlesungen, 5. Aufl., Leipzig 1923.

Malik, F., Die Managementlehre im Lichte der modernen Evolutionstheorie, in: Die Unternehmung 33 (4), 1979, S 303-361.

Malthus, Th. R., An Essay on the principle of Population, London 1768.

Mohr, H., Natur und Moral. Ethik in der Biologie, Darmstadt 1987.

Neuberger, O., Führungsverhalten und Führungserfolg, Berlin 1976.

Oeser, E., Evolutionäres Management und Evolutionäre Erkenntnistheorie, in: Wiener Studien zur Wissenschaftstheorie, Bd. 1., Wien 1987, S 163-180.

Oeser, E., Psychozoikum. Evolution und Mechanismus der menschlichen Erkenntnisfähigkeit. Berlin und Hamburg 1987.

Oeser, E., Theorie der soziokulturellen Evolution, in: Wiener Studien zur Wissenschaftstheorie, Bd. 1., Wien 1987, S. 141-162.

Oeser, E., Das Abenteuer der kollektiven Vernunft. Evolution und Involution der Wissenschaft. Berlin und Hamburg 1988.

Oeser, E., Evolution und Management, in: Bauer, L., Matis, H. (Hrsg), Evolution, Organisation-Management, Berlin 1989, S 7-24.

Probst, G.J.B., Selbstorganisation. Ordnungsprozesse in sozialen Systemen aus ganzheitlicher Sicht, Berlin und Hamburg 1987.

Rousseau, J.J., Emil oder über die Erziehung. Übers. v. H. Denhardt, Leipzig.o.J.

Seidel, E., Betriebliche Führungsformen. Geschichte, Konzept, Hypothesen, Forschung, Stuttgart 1978.

Weinberg, A.M., Probleme der Großforschung, Frankfurt a.M. 1970.

Wiener, N., Kybernetik. Regelung und Nachrichtenübertragung in Lebewesen und Maschinen, Reinbeck bei Hamburg 1968.

2. Strategische Entscheidungen und Wettbewerb

Produktqualität als Wettbewerbsfaktor in einer dynamischen Unternehmensumwelt

von Peter Milling[1]

Im Bereich der Hochtechnologie stellen effektive Innovationsstrategien eine notwendige Voraussetzung für die Profitabilität oder gar für das Überleben von Unternehmen dar. Das Management von Innovationen wird in der Literatur überwiegend aus der Perspektive des Absatzmarktes betrachtet, unternehmensinterne Aspekte der Produktion neuer Erzeugnisse oder des Einsatzes neuer Verfahren bleiben weitgehend unberücksichtigt. Eine solche Sichtweise vernachlässigt betriebliche Entscheidungen mit zentralem Stellenwert für den Erfolg von Innovationen, wie die adäquate Kapazitätsbereitstellung, die Sicherung der Produktqualität, die Realisierung von Erfahrungseffekten etc. Der Beitrag präsentiert ein Entscheidungs-Unterstützungs-System für das Innovationsmanagement. Dessen Mittelpunkt bildet ein numerisches Simulationsmodell zur Analyse unterschiedlicher Produktionsstrategien. Simulationsexperimente veranschaulichen den Einfluß von Lieferbereitschaft und Qualitätspolitik auf die Wettbewerbsposition. Über die situationsspezifischen Resultate hinaus können allgemeine Erkenntnisse aus der Modellanalyse abgeleitet werden. Erfolgreiche Innovationen sind untrennbar mit der Bereitschaft zur Risikoübernahme verbunden. Das Risikoniveau variiert mit dem Typus der Innovation, der bereits realisierten Marktdurchdringung und der Gefahr eventuell auftretender Substitutionstechnologien.

1. Endogene Faktoren im Produktlebenszyklus

Das Konzept des Produktlebenszyklus dient vielfach als elementare Heuristik für das Innovationsmanagement. Der Portfolioansatz der strategischen Planung berücksichtigt beispielsweise die unterschiedlichen Wachstumsphasen von Geschäftseinheiten im Markt. Die meisten Modelle, die die charakteristische logistische Kurve des Lebenszyklus erzeugen, erfassen nicht adäquat die Faktoren, die dieses Verhalten verursachen. Sie beruhen auf biologischen oder

---

1 Prof. Dr. Peter Milling, Universität Osnabrück, Betriebswirtschaftslehre/Controlling, Roland-str. 8, D-4500 Osnabrück

physikalischen Analogien und vernachlässigen das ökonomische Umfeld von Kosten und Preisen, Qualität und Lieferfristen etc. Kaufentscheidungen folgen nicht den Naturgesetzen, wie die Diffusion von Gasen, die Verbreitung von Epidemien in Populationen oder ähnliche Prozesse.

Außerdem zeigen die meisten dieser Modelle die Diffusion einer einzelnen Innovation, nicht aber die Evolution einer Technologie im Zeitablauf. Sie konzentrieren sich auf - und isolieren dabei - die kurzfristigen Aspekte; Substitutionsprozesse zwischen verschiedenen Erzeugnissen oder Verfahren, die aus dem Voranschreiten der Technik resultieren, bleiben außer Betracht. Abbildung 1 zeigt die Abfolge von Lebenszyklen beim Absatz von Mikro-Prozessoren für Personal Computer nach dem sog. Industriestandard in Europa und verdeutlicht den Übergang von einer Produkt- bzw. Technologiegeneration auf die nächste.

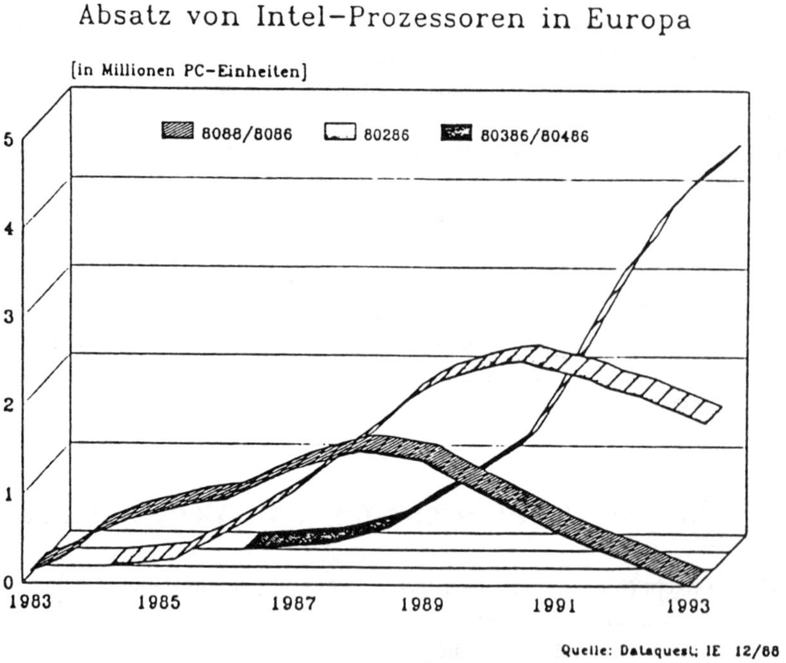

Abb. 1: Abfolge von Produktlebenszyklen

Der Generationswechsel kann im Bereich der Hochtechnologie sehr schnell erfolgen; damit bleibt der Unternehmung nur eine kurze Zeitspanne, eine angemessene Verzinsung des eingesetzten Kapitals zu erwirtschaften. Anders als in Abbildung 1, wo ein Hersteller ein wichtiges Segment des Marktes mit seinen technischen Spezifikationen kontrolliert und die Substitutionsgeschwindigkeit verschiedener Technologiegenerationen weitgehend bestimmt, herrscht in der Mehrzahl der Fälle scharfer Wettbewerb. Eindrucksvolle Beispiele hierfür bieten Absatz- und Preisverhalten von Speicherchips, sog. DRAMs, die nahezu den Charakter von "commodities" haben und von rund einem Dutzend Herstellern angeboten werden. Jede neue Generation brachte eine Vervierfachung der Leistung und eine deutliche Steigerung des Absatzvolumens mit sich.[2] Mit dem Integrationsgrad der Chips erhöhte sich auch die Anzahl der Prozeßschritte, die Entwicklungskosten stiegen progressiv an. Die Investitionen für eine Halbleiterfabrik betrugen 1985 etwa 100 Mio. DM, vier Jahre später haben sie sich verfünffacht.[3] Der Wettbewerb führte schon mit dem Anlaufen der Produktion zu einem dramatischen Preisverfall.

Hohe Vorleistungen, kurze Produktlebenszyklen und rapide Preisrückgänge bereits unmittelbar nach Markteinführung kennzeichnen diese Märkte - eine Konstellation, die als dynamische Unternehmensumwelt bezeichnet werden soll. In einem solchen Umfeld ist es für die Betriebe von zentraler Bedeutung, rechtzeitig im Markt präsent zu sein und die erforderlichen Produktionskapazitäten aufzubauen, um umgehend liefern zu können, sobald die Nachfrage anzieht. Nur in den frühen Phasen des Lebenszyklus können attraktive Preise erzielt werden. Während dieser eng begrenzten Periode sind die Ausgaben für Forschung und Entwicklung, die Investitionen in Produktionsanlagen und ein allgemeiner Zuschlag für das Innovationsrisiko zu erwirtschaften. Die Zeit wird zu einem Wettbewerbsfaktor von strategischer Dimension. "Time to Market" und "Time to Volume" sind für das Management von Innovationen essentiell. So ermittelte eine McKinsey-Studie, daß eine Verzögerung bei der Markteinführung um sechs Monate eine Einbuße von 30 % des Gesamtergebnisses bewirken kann.[4] Gleichlautende Resultate werden auch von anderen Quellen berichtet.[5]

---

2 Vgl. Peter Milling: Entscheidungs-Unterstützungs-Systeme im Innovationsprozeß, in: Thomas Fischer (Hrsg.): Betriebswirtschaftliche Systemforschung und ökonomische Kybernetik, Berlin 1987, S. 83 - 97.

3 Siehe Ernst Hofmeister: Mikroelektronik - "Technologielokomotive" für die Zukunft, in: telcom report, 12. Jg. (1989), S. 68 - 71.

4 Vgl. Brian Dumaine: How Managers Can Succeed Through Speed, in: Fortune, No. 4, 13. Februar 1989, S. 30 - 35; Herrmann J. Schmelzer und Karl-Heinz Buttermilch: Reduzierung der Ent-

Bei dieser skizzierten Problemstellung könnte prima facie eine Hochpreisstrategie in Verbindung mit frühzeitig errichteten sowie großzügig dimensionierten Produktionskapazitäten angebracht erscheinen. Dies bedeutete hohe Fixkosten. Damit verbunden wäre auch eine entsprechend geringe Flexibilität, sollte die Nachfrage überschätzt worden sein oder der Lebenszyklus sich seinem Ende nähern. Ferner könnte eine solche Preisabschöpfungsstrategie während der Einführungsphase zu einer verzögerten Marktdurchdringung führen und damit die Durchsetzung der Innovationen behindern. Ohne schnell expandierende Produktionsmengen sind nur geringe Vorteile aus einem frühen Markteintritt und den Lern- und Erfahrungspotentialen zu ziehen.

Die Geschwindigkeit der Innovationsdiffusion und die Risiken eines frühzeitigen Auftretens substituierender Produkte auf höherem technischen Niveau werden nicht ausschließlich - und auch nicht hauptsächlich - durch Faktoren außerhalb der Unternehmung bestimmt, sondern maßgeblich durch das betriebliche Verhalten selbst beeinflußt. Investitions- und Produktionsplanung, die Entscheidungen über Kapazitätsaufbau, Produktionsmengen und Qualitätskontrollen wirken auf Lieferfristen und Kundenzufriedenheit, Kosten- und Gewinnsituation usw. Sie bilden einen wesentlichen Teil derjenigen Aspekte, die über Erfolg oder Mißerfolg technologieorientierter Unternehmen bestimmen, und stellen Indikatoren effektiven Innovationsmanagements dar.

Management von Innovationen bedeutet die Steuerung komplexer, dynamischer Prozesse; es verlangt nach Entscheidungen, deren Effektivität für die Wettbewerbsfähigkeit und damit für die Lebensfähigkeit der Unternehmen von fundamentaler Bedeutung sind. Entscheidungen dieses Typus können nicht automatisiert werden, dennoch ist es möglich, sie maßgeblich durch formale Modelle und computerbasierte Systeme zu unterstützen und in ihrer Qualität zu verbessern.

Gerade in dem komplexen, dynamischen Umfeld unternehmerischen Problemlösens können strategische Entscheidungs-Unterstützungs-Systeme erfolgversprechend eingesetzt werden. Der zu erwartende Nutzen rechtfertigt den zu tätigenden Aufwand. Solche Systeme versuchen, die heuristischen Fähigkeiten menschlich-schöpferischen Verhaltens mit den maschinell-nachvollziehenden Kapazitäten der EDV zu verknüpfen und aus dieser Verbindung Syner-

---

wicklungszeiten in der Produktentwicklung als ganzheitliches Problem, in ZfbF-Sonderheft Nr. 23, 1988, S. 43 - 73.

5 Vgl. Claus Tiby: Von Anfang an schon ein "perfektes" Produkt anbieten, in: Blick durch die Wirtschaft, Nr. 21, 30. Januar 1987, S. 3.

gieeffekte zu erzielen. Die Einsichten aus der Computersimulation von Handlungskonsequenzen bilden neben theoretischer Erkenntnis und praktischer Erfahrung die dritte methodische Säule von rationalen Entscheidungen.

Die endogenen Variablen, die den mengenmäßigen und zeitlichen Verlauf der Marktentwicklung eines Produktes mitgestalten, sind in Modellen zu erfassen und abzubilden, die zur Entscheidungsunterstützung für das Innovationsmanagement herangezogen werden sollen. Um als verläßliche Werkzeuge zur Erlangung eines verbesserten Systemverständnisses und zur effektiveren Steuerung dienen zu können, müssen solche Systeme die in der Realität beobachteten oder im Abstrakten erzeugten Verhaltensmodi erklären. Sie müssen Struktur und Dynamik, Aufbauorganisation und Verhalten miteinander verbinden. Dies verlangt, daß zur Entscheidungsunterstützung alle relevanten Elemente und deren gegenseitige Abhängigkeiten zu erfassen sind; das Kriterium der Relevanz wird dabei durch die Rückkopplungsstruktur der Systeme definiert.[6]

Strategische Planung und Steuerung in der Unternehmung werden als modellgestützter Lernprozeß über das System und dessen Umwelt interpretiert.[7] Es ist nicht die Aufgabe solcher Modelle, Prognosen zu erzeugen oder die Zukunft vorauszusagen, vielmehr soll durch den iterativen Prozeß des Modellaufbaus und der Modellanalyse die Dynamik des Systems verstanden werden. Nicht Voraussicht zukünftiger Ereignisse, sondern Einsicht in die Kausalitäten des Verhaltens und in die Zusammenhänge der Ursachen-Wirkungs-Ketten sind Ziel der Planung. Durch das Entwickeln formaler Modelle und das Experimentieren mit Hilfe der Computersimulationen sollen die internen, mentalen Modelle der Entscheidungsträger transparent werden. Ein solcher Prozeß führt - so das Paradigma - im Ergebnis zu effektiveren Entscheidungen.

6 Vgl. Peter Milling: The Design of Strategy Support Systems, in: Proceedings of the 2nd International Symposium on Systems Research, Informatics and Cybernetics, Windsor (Ontario) 1989 (in Druck).

7 Vgl. Arie P. de Geus: Planning as Learning, in: Harvard Business Review, Vol. 66, No. 2 (1988), S. 70 - 74; Ray Stata: Organizational Learning - The Key to Management Innovation, in: Sloan Management Review, Vol. 30, No. 3 (1989), S. 63 - 74.

2. Komponenten eines Allgemeinen Innovationsmodells

Um den Einfluß der internen Faktoren, hier besonders im Produktionsbereich der Unternehmung, auf Ergebnis und Marktverhalten innovativer Erzeugnisse zu untersuchen, wurde ein allgemeines Innovationsmodell entwickelt.[8] Methodisch basiert es auf dem System-Dynamics-Ansatz, als Software fand Professional DYNAMO Plus Verwendung.

Das Modell bildet den Kern eines strategischen Entscheidungs-Unterstützungs-Systems. Es dient als Simulator, um zu untersuchen, wie individuelle Strategien Marktdurchdringung und Gewinnentwicklung beschleunigen oder behindern. Seine Elemente und Relationen korrespondieren mit denen der bereits klassischen deterministischen Diffusionsmodelle; der Modellkern repräsentiert den Erkenntnisstand formaler Abbildung von Innovationsprozessen. Er erzeugt aus den Interaktionen zwischen latenter Nachfrage, die aus der Anzahl potentieller Käufer resultiert, und der Zahl bereits getätigter Käufe, das sind die sog. Adoptoren, den charakteristischen Verlauf des Lebenszyklus.[9]

Drei Käuferkategorien im Innovationsprozeß mit unterschiedlichem Verhalten und variierender Bedeutung in den Stadien des Lebenszyklus werden berücksichtigt: Innovatoren, Imitatoren und - in den späteren Phasen des Lebenszyklus auftretend - Ersatz- oder Wiederholungskäufer.[10] Die Gruppen differieren in ihren Kaufentscheidungen etwa bezüglich der Marktdurchdringung, der Preiselastizität und der Reaktion auf Qualitätsvariationen.

Das Kernmodell wurde ausgebaut und erweitert, um die Steuerungsgrößen und Aktionsvariablen der Unternehmung, wie Produktionsmengen, Kosten-

8 Siehe Peter Milling: Diffusionstheorie und Innovationsmanagement, in: Erich Zahn (Hrsg.): Technologie- und Innovationsmanagement, Berlin 1986, S. 49 - 70.

9 Siehe Frank M. Bass: A New Product Growth Model for Consumer Durables, in: Management Science, Vol. 15 (1969), S. 215 - 227. Eine Übersicht über die Entwicklung von Modellen der Innovationsdiffusion geben Vijay Mahajan und Robert A. Peterson: Models for Innovation Diffusion, Beverly Hills et al. 1985.

10 Vgl. Frank M. Bass: The Relationship between Diffusion Rates, Experience Curves, and Demand Elasticities for Consumer Durable Technological Innovations, in: Journal of Business, Vol. 53 (1980), S. 50 - 67; Abel P. Jeuland und Robert J. Dolan: An Aspect of New Product Planning: Dynamic Pricing, in: Andris A. Zoltners (Hrsg.): Marketing Planning Models, TIMS Studies in the Management Sciences Vol. 18, Amsterdam 1982, S. 1 - 21; Everett M. Rogers: Diffusion of Innovation, 3. Aufl. New York N.Y. 1983.

struktur und -entwicklung oder Qualitätskontrolle explizit zu erfassen. Die Investitionsentscheidungen basieren auf der Differenz zwischen erwarteter Nachfrage und verfügbarer Produktionskapazität, beide gemessen in Einheiten pro Periode. Es ist nicht Aufgabe des hier vorgestellten Entscheidungs-Unterstützungs-Systems, die Marktakzeptanz, das Absatzvolumen oder die Periodennachfrage vorherzusagen, sondern das Zusammenwirken verhaltensrelevanter Faktoren zu erklären sowie die Konsequenzen betrieblicher Entscheidungen deutlich zu machen; deswegen bestehen keine maßgeblichen Unterschiede zwischen geschätzter und tatsächlicher Nachfrage.

Neben Kapazitätsüberlegungen ist die Risikobereitschaft der Unternehmung der zweite explizit in der Investitionsentscheidung berücksichtigte Faktor. Eine vorsichtige Haltung gegenüber Marktchancen und -risiken wird zu einer defensiveren, eine wagemutige Einstellung zu einer offensiveren Kapazitätspolitik führen. Finanzielle Beschränkungen bezüglich des gewünschten Investitionsniveaus existieren nicht, es ist unterstellt, daß stets hinreichend Kapital zur Verfügung steht.

Obwohl kurzfristig Preisentscheidungen losgelöst von der jeweiligen Kostensituation der Unternehmung getroffen werden können, ist eine solche Politik längerfristig nicht durchzuhalten; Preise und Kosten müssen in einem ausgewogenen Verhältnis zueinander stehen. Das Produktionsverhalten der Unternehmung beeinflußt ihre Kosten, ihre Preise und die Nachfrage, die ihrerseits wieder auf die Kosten zurückwirkt. Die Dynamik dieser Verflechtungen hat spezifische Konsequenzen für die Preisstrategie bei innovativen Produkten.

Das Modell ermittelt die Kosten pro Stück auf der Basis von zwei Einflußgrößen: Der langfristigen Kostenentwicklung, die durch Lern- und Erfahrungseffekte dominiert wird, und der kurzfristigen Kapazitätsauslastung, die die aktuelle Fixkostenbelastung pro Stück bestimmt.[11] Die Plankosten hängen von dem kumulierten Produktionsvolumen ab, die Istkosten jeder Periode werden ermittelt, indem die Sollwerte um die Beschäftigungsabweichungen korri-

---

11 Der Effekt der Erfahrungskurve unterstellt einen direkten Zusammenhang zwischen kumulierter Produktion X und den deflationierten durchschnittlichen Stückkosten. Definiert c^p die Standardkosten pro Stück bei Planbeschäftigung, dann geht jede Verdopplung von X einher mit einer potentiellen Kostenreduzierung um einen konstanten Prozentsatz:

$$c^p(t) = c_n\,[X(t)/n]^{-\sigma},$$

wobei c_n für die Kosten des n-ten Stückes steht ($n \leq X$) und σ einen Parameter repräsentiert, der von der Erfahrungsrate abhängt. Erfahrungseffekte zwischen 10 % und 20 % wurden für eine Viel-

giert werden. Verbrauchsabweichungen oder weitere Abweichungsarten treten nicht auf.

Generiert wird eine dynamische Funktion der Istkosten pro Stück und Periode c(t) als

$$c(t) = \Phi\, [X(t), x(t)]$$

in Abhängigkeit von der kumulierten Produktion X(t), die die Plankosten pro Stück $c^p(t)$ definiert, und der davon zu verzeichnenden Abweichung, die die Konsequenz unterschiedlicher Kapazitätsauslastung x(t) ist.

In einer dynamischen Unternehmensumwelt, wo Kaufentscheidungen durch die Diffusion der Innovation beeinflußt werden und die Gefahr technologischer Substitution vorhanden ist, die das betrachtete Erzeugnis obsolet werden läßt, ist eine aggressive Preisstrategie die angemessene Verhaltensform. Sie schafft die Voraussetzungen einer schnellen Marktdurchdringung und -ausschöpfung. Formal wird der Preis p(t) durch die Entscheidungsregel

$$p(t) = c^p(t) * \pi * (1-a*e^{-t/T})$$

abgeleitet, wobei π den Gewinnzuschlag auf die Plankosten pro Stück darstellt. Die Verwendung der Plankosten verhindert die typischen Negativeffekte der Preisgestaltung auf Vollkostenbasis. Der multiplikativ verknüpfte Term mit der Zeitkonstanten T führt in den ersten Monaten der Innovationsphase zu einer Preisreduktion, um den Markt schneller zu öffnen und das Erzeugnis zu verbreiten. Dieses Preisverhalten hat sich als das effektivste in einer dynamischen Umwelt erwiesen.[12]

Die Quantifizierungs- und die darauf aufsetzende Validierungsproblematik von Modellen ohne hinreichend statistisch abgesicherte Funktionen ist evident. Dennoch müssen bei der Markteinführung - auch wenn keine "harten" Daten verfügbar sind - Entscheidungen getroffen werden. Ob dies auf der Grundlage von Intuition oder unter Verwendung formaler Modelle erfolgt, ist eine instrumentelle Frage. Numerische Modelle erleichtern die Kommunikation, zwingen zur Präzision und zum Offenlegen ansonsten impliziter Prämissen; sie

---

zahl unterschiedlicher Aktivitäten beobachtet und empirisch belegt. Siehe Bruce D. Henderson: Perspectives on Experience, Boston MA 1968.

12 Siehe Peter Milling: Controlling the Market Performance of New Products, in: George E. Lasker (Hrsg.): Advances in Systems Research and Cybernetics, Windsor (Ontario) 1988, S. 310 - 319.

fördern die Diskussion und die Konsensbildung auf dem Wege zu effektiveren Entscheidungen.

Das vorliegende Modell ist ein Konglomerat von Informationen und Daten aus mehreren Quellen. Es greift auf in der wissenschaftlichen Diskussion akzeptierte Überlegungen hinsichtlich Innovationsdiffusion im Markt zurück und verwendet - soweit verfügbar - statistisch belegte Werte.[13] Die unternehmensspezifischen Strukturen und Werte stammen aus Präsentationen und Diskussionen vor bzw. mit Unternehmern, in deren Verlauf das Modell eine Art Turing-Test absolvierte: Die Modellstruktur wurde einer detaillierten und kritischen Überprüfung unterzogen, über mögliche Verhaltensformen wurde spekuliert und das tatsächlich erzeugte Verhalten nach eingehender Analyse als realitätskonform eingestuft.[14] Dennoch bleibt der Validitätsanspruch relativ bescheiden.

3. Strategien der Ressourcenallokation im Produktionsbereich

Das Ausmaß, in dem betriebliche Entscheidungen das Marktverhalten von Innovationen beeinflussen und Ansatzpunkte wie die Produktionsstrategien der Unternehmung zu planen und zu implementieren sind, wird durch die Modellanalyse auf der Basis der folgenden Annahmen untersucht:

(1) Die Innovationsdynamik wird aus der Perspektive eines Industriezweiges dargestellt, der interne Wettbewerb zwischen einzelnen Unternehmen dieser Branche damit vernachlässigt. Das betrachtete Erzeugnis sei ein technologisch hochstehendes Gebrauchsgut mit langer Lebensdauer, wie z.B. CD-Spieler oder Videorecorder.

(2) Obwohl auf der Mikroebene Konkurrenzbeziehungen unberücksichtigt bleiben, tritt Wettbewerb zwischen verschiedenen Technologieebenen und -generationen auf. Substitutionsprozesse werden initiiert, wenn eine gänzlich neue Technologie oder ein überlegenes Erzeugnis auf dem Markt erscheint.

---

13 Dabei wurde insbesondere auf die von Frank M. Bass in den oben genannten Literaturstellen ermittelten Werte zurückgegriffen.

14 Vgl. Alan M. Turing: Computing Machinery and Intelligence, in: MIND, Vol. 59 (1950), S. 433 - 460.

(3) Die Produktion auf Lager ist - zumindest in relevanten Größenordnungen - nicht möglich; wenn die eingehenden Aufträge unter das Kapazitätsniveau sinken, erfolgt eine entsprechende Anpassung der Ausbringung. Da Nachfrage und Produktion langfristig, über den gesamten Lebenszyklus hinweg, betrachtet werden, ist eine solche Sichtweise angemessen.

Abbildung 2 zeigt den Basislauf der Modellsimulation, der auf dem Szenario beruht: Bei der Produkteinführung existiert ein Marktpotential von einer Million Käufern; zusätzlich können zwei Millionen Käufer aus einem bis dato unerschlossenen Marktsegment gewonnen werden. Zum Zeitpunkt t = 15 tritt ein neuer Anbieter in den Markt ein, dessen Erzeugnis ein höheres technisches Niveau bietet. Ein Substitutionszyklus wird initiiert und zieht potentielle Nachfrage von der untersuchten Innovation ab. Diese Annahmen bleiben für die folgenden Modelläufe beibehalten.

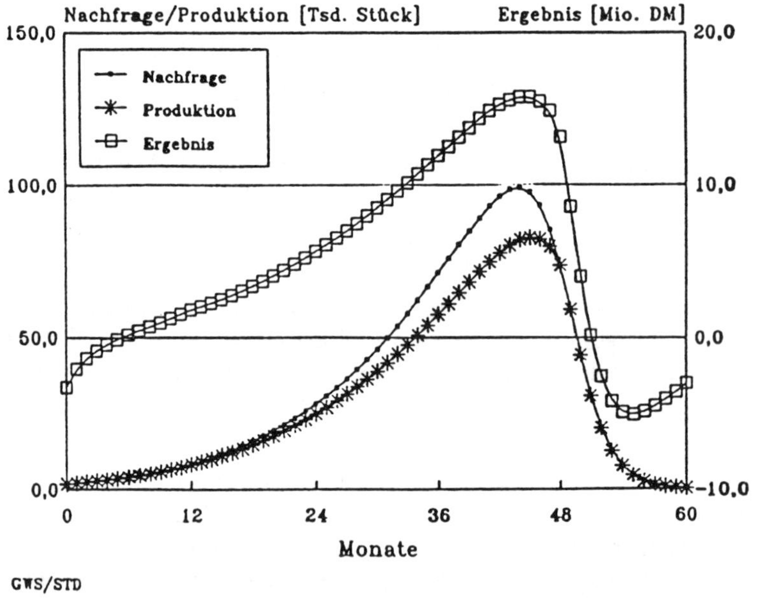

Abb. 2: Referenzmodus des Modells der Innovationsdiffusion

Das Verhalten von Produktion und Betriebsergebnis spiegelt den üblichen Verlauf im Lebenszyklus wider. Die Dauer des Marktzyklus von etwa 5 Jahren, wie sie im Bereich der Hochtechnologie vielfach anzutreffen ist, ist nicht exogen und ex ante vorgegeben, sondern das Resultat von Entscheidungen im Markt und in der Unternehmung. In den frühen Phasen steht eine große Zahl potentieller Käufer bereit, die mit wachsendem Bekanntheitsgrad des Produktes und in Verbindung mit fallenden Preisen zu einer rapide anschwellenden Nachfrage führt. In den späteren Perioden schrumpft das Marktvolumen, da mit zunehmender Marktdurchdringung die Zahl der potentiellen Käufer abnimmt und zusätzlich vermehrt Nachfrage an die Substitutionstechnologie mit ihren überlegenen Attributen verloren geht. Beide Tendenzen verursachen in ihrem Zusammenwirken den Rückgang der Nachfrage und - mit geringer zeitlicher Verzögerung - der Produktion. Das Absinken bei den eingehenden Aufträgen erfolgt so schnell, daß die Produktionskapazitäten nicht rechtzeitig angepaßt werden können. Etwa ab der 50. Periode nimmt das Betriebsergebnis negative Werte an, da der Fixkostenblock die Summe der erwirtschafteten Deckungsbeiträge übersteigt.

Die zu verzeichnenden Überkapazitäten, die das kumulierte und diskontierte Gesamtergebnis der Innovation belasten, legen eine vorsichtigere Investitionsstrategie beim Ausbau der Produktion nahe. Weniger Kapazität bereits vor Erreichen des Nachfragegipfels würde in den letzten Perioden den Fixkostenblock geringer und die Möglichkeiten für flexiblere Reaktionen auf die Marktentwicklung aussichtsreicher gestalten.

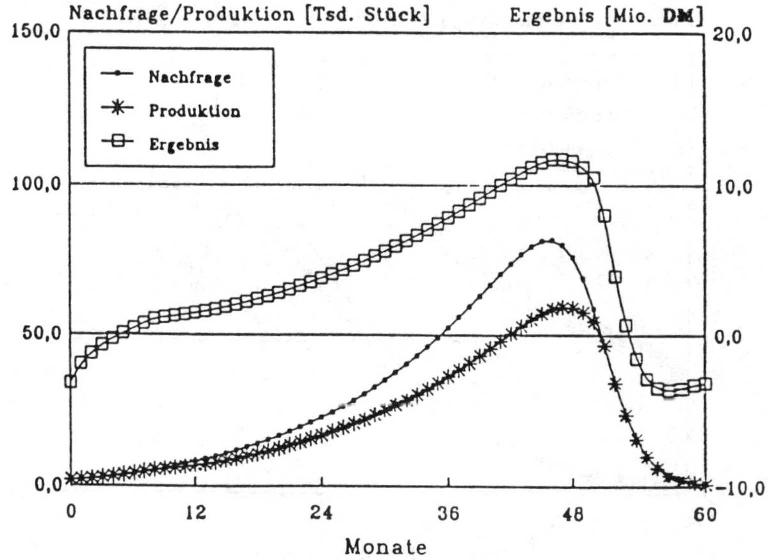

Abb. 3: Defensive Investitionspolitik

Eine solch defensive Investitionspolitik verschlechtert jedoch die Situation deutlich (Abbildung 3). Bezogen auf den Referenzmodus führt sie über den gesamten Betrachtungszeitraum zu verminderter Produktion und zu weniger Absatz; das Betriebsergebnis wird ebenfalls negativ beeinflußt. Bereits in den frühen Stadien des Lebenszyklus behindern unerledigte Aufträge die erfolgreiche Verbreitung der Innovation. Die auseinanderstrebenden Kurvenzüge für Produktion und Nachfrage zeigen, daß während langer Phasen das Produktionsvolumen nur etwa 75 % des Nachfrageniveaus erreicht. Die daraus resultierenden Lieferfristen verstärken den Trend zu der substituierenden Technologie und beschleunigen den Verlust an potentiellen Kunden.

Nicht eine vorsichtigere und abwartende Kapazitätspolitik ist der Situation angemessen, sondern umgekehrt, das aggressive Investieren in Produktionskapazitäten führt zu verbesserten Ergebnissen. Es ermöglicht, mit der anwachsenden Nachfrage Schritt zu halten und eine höhere Ausbringung zu erzielen. Nur kurzfristig und ohne signifikanten Einfluß belasten freie Kapazitäten das Betriebsergebnis. Abbildung 4 zeigt diesen Simulationslauf. Die Kurvenverläufe sind dem Referenzmodus ähnlich, ihre absoluten Werte jedoch unterstreichen die Bedeutung eines rechtzeitigen Kapazitätsaufbaus. Die Produktionsmengen erreichen weitgehend das hohe Niveau der eingehenden Bestellungen und führen zu verbesserten Absatz- und Gewinnzahlen.

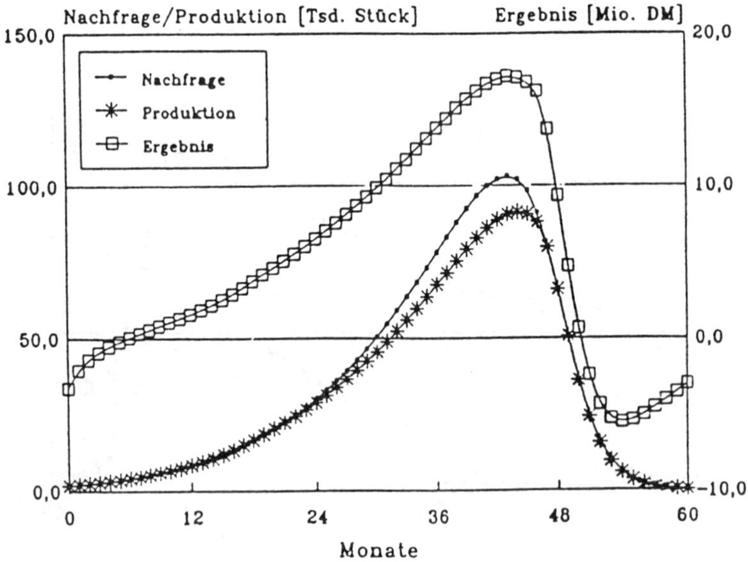

Abb. 4: Offensive Kapazitätspolitik

Eine weitergehende Analyse des Simulationslaufes zeigt jedoch, daß während der ersten zwei Drittel des Lebenszyklus die potentielle Nachfrage nicht in vollem Umfang abgeschöpft werden kann. Selbst noch größere Kapazitäten wären in dieser Phase auszulasten gewesen. Umgekehrt weist das Betriebsergebnis während der letzten Perioden höhere Verluste als im Referenzlauf auf, die Kosten der verfügbaren Kapazitäten wirken sich negativ aus. Über das bisherige Niveau herausgehende Investitionen würden zu einer Mißallokation von Ressourcen führen. Eine Verbesserung der Ergebnissituation kann nur durch die Erhöhung der Anpassungsfähigkeit der Unternehmung erfolgen; es gilt, eine Strategie zu finden, die es gestattet, flexibel auf schnell sich ändernde Marktverhältnisse zu reagieren.

4. Qualitätskontrolle - Reservekapazität oder Wettbewerbsfaktor?

Die Investitionsentscheidungen erstrecken sich auf zwei Bereiche: Zum einen sind die Kapazitäten zur Verfügung zu stellen, die bei der eigentlichen Güterherstellung benötigt werden, zum anderen müssen die Faktoren beschafft werden, die zur Qualitätskontrolle erforderlich sind. Grundsätzlich werden alle Produktionsfaktoren (Potentialfaktoren, Humanfaktoren, Repetierfaktoren) in den von der impliziten Produktionsfunktion definierten Proportionen bereitgestellt.

Ein Großteil der Anlagegüter, die bei der Produktherstellung oder bei der Qualitätskontrolle Verwendung finden, sind ähnlich; das Kontrollpersonal verfügt über gleichwertige Qualifikationen wie die im Produktionsbereich Tätigen. Eine funktionale Umwidmung der für die Qualitätssicherung beschafften Anlagen und der sie bedienenden Arbeitskräfte zur temporären Erhöhung der regulären Produktionskapazität und vice versa ist möglich.[15] Allerdings erfordert eine solche Reallokation der Ressourcen eine bestimmte Anpassungsfrist. Die Veränderung der zur Gütererzeugung verfügbaren Kapazität kann also sowohl extern über Investitionsentscheidungen als auch intern über Faktorreallokation erfolgen. Abbildung 5 veranschaulicht den Allokationsmechanismus.

---

15 In der ökonomischen Theorie des technischen Fortschritts wird die analoge Ausprägung der Produktionsfaktoren als "putty-putty"-Fall bezeichnet. Vgl. Edmund S. Phelps: Substitution, Fixed Proportions, Growth and Distribution, in: International Economic Review, Vol. 4 (1963), S. 265 - 268.

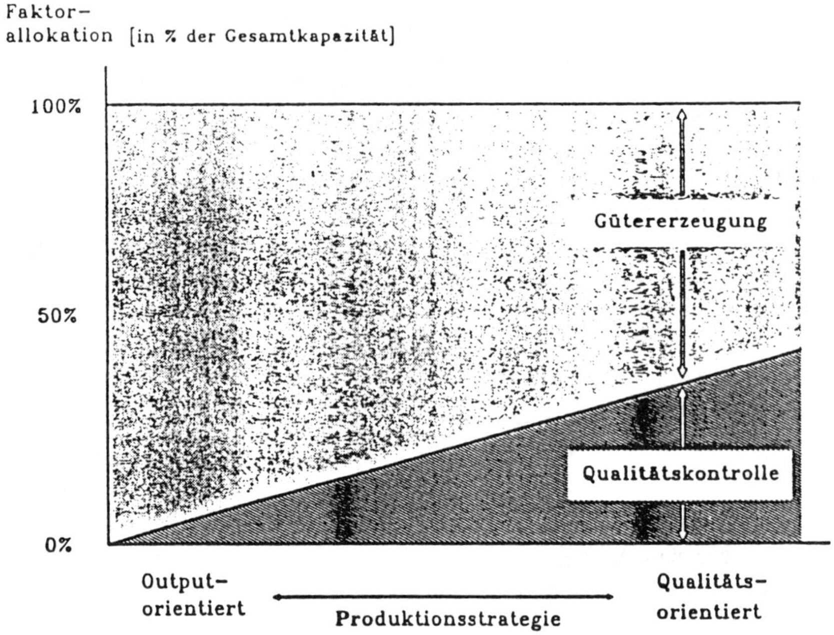

Abb. 5: Qualitätsorientierte und outputorientierte Faktorallokation

Wenn die der Qualitätskontrolle dienenden Ressourcen teilweise und vorübergehend umgewidmet würden, um zu produzieren statt Spezifikationen und Toleranzen zu überprüfen, könnte das Produktionsvolumen mit unverändertem Fixkostenblock erhöht und das Betriebsergebnis verbessert werden. In den vorangegangenen Läufen wurde ein konstanter Anteil des Investitionsvolumens für Maßnahmen der Qualitätssicherung verwendet; nun soll eine Entscheidungsregel die Ressourcenallokation zwischen den beiden Formen der Kapazitätsnutzung steuern, die von der Lieferbereitschaft der Unternehmung abhängt. Dadurch wird explizit die Gefahr berücksichtigt, daß in einer dynamischen Umwelt Lieferverzögerungen zu permanenten Nachfrageverlusten führen.[16]

---

16 Modelltechnisch ergibt sich die zur eigentlichen Gütererzeugung verfügbare Kapazität KAPx(t) aus der Gesamtkapazität GKAP(t) abzüglich des für die Qualitätskontrolle eingesetzten Anteils q(t) der Produktionsfaktoren:

Die Hypothese der Kapazitätsreallokation ist - neben der als vorteilhaft ermittelten Investitionsstrategie einer erhöhten Risikobereitschaft - in dem Simulationslauf von Abbildung 6 getestet. Zusätzlich zu den bisherigen Variablen enthält das Abbild einen auf den Ausgangswert normierten Qualitätsindex. Hierbei handelt es sich in der Realität um einen komplexen, n-dimensionalen Begriff, dessen Quantifizierung schwierig, aber nicht unmöglich ist. Sobald die vorhandenen Ressourcen nicht ausreichen, die Nachfrage zu befriedigen, wird das bisherige Niveau der Qualitätssicherung reduziert und zusätzliche Kapazität für die Produktion zur Verfügung gestellt.

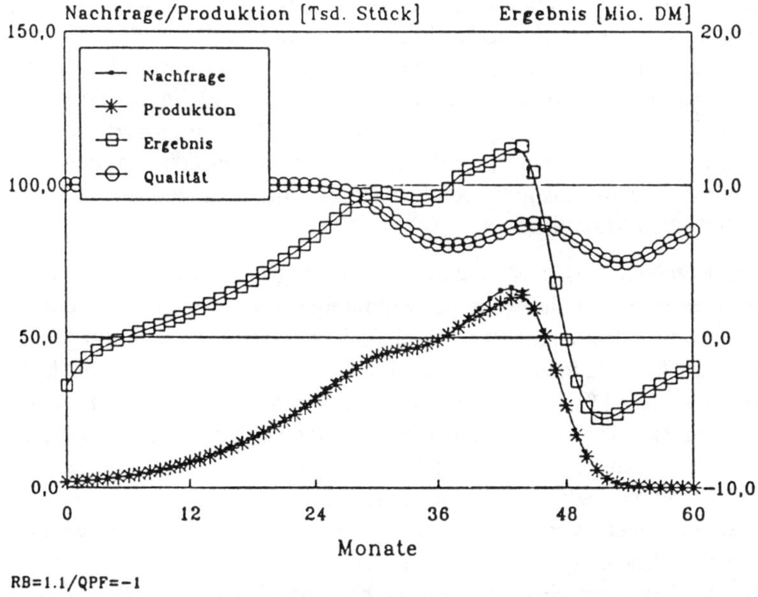

Abb. 6: Verringerte Qualitätsorientierung

Beginnend mit der 24. Periode werden die Auswirkungen dieser Strategie sichtbar, die Qualität sinkt ab und fluktuiert bei rund 80 % des Ausgangswer-

---

$$KAPx(t) = GKAP(t) * [1 - q(t)].$$

Die Allokationsvariable q(t) wird als monoton abnehmende, über das Zeitintervall $t,^{\tau}$ geglättete Funktion Γ der Lieferbereitschaft bestimmt, die ihrerseits als Quotient aus Produktion x(t) und tatsächlicher Nachfrage d(t) definiert ist

$$q(t) = \Gamma\,[(x/d)t\text{-}^{\tau}].$$

Für x(t) = d(t) erreicht der Allokationsmechanismus seinen Gleichgewichtszustand.

tes. Ähnlich dem eingangs diskutierten Fall der reduzierten Investitionsbereitschaft weichen die erhaltenen Ergebnisse von dem erwarteten Verhalten ab. Die Diskrepanz zwischen Nachfrage und Produktionsmenge bleibt zwar gering, aber statt höherer Absatzmengen und verbessertem Betriebsergebnis verschlechtert sich die ökonomische Situation. Sobald das Absinken der Qualität erkennbar wird, stagnieren Produktion und Betriebsergebnis; der ansonsten graduelle Übergang potentieller Kunden zu der Substitutionstechnologie erfolgt sehr schnell und führt zu einem abrupten Abfall der Nachfrage.

Neben der Lieferbereitschaft erweist sich die Produktqualität als entscheidender Wettbewerbsfaktor in allen Phasen des Innovationsprozesses. In den frühen Stadien beeinflußt sie Nachfragewachstum und Marktdurchdringung, in den späteren Perioden übt sie erheblichen Einfluß auf die Diffusionsrate und die Substitutionsgeschwindigkeit aus. Kurzfristige Vorteile, die aus einer Vernachlässigung der Produktqualität zu ziehen sind - wie zusätzliche Produktionskapazitäten und verringerte Stückkosten -, erweisen sich in mittel- und langfristiger Perspektive als gravierende Nachteile mit negativen Auswirkungen für alle relevanten Variablen.

Das Ergebnis dieses Modellaufes steht in Übereinklang mit empirischen Beobachtungen über die Rolle der Produktqualität als zentralen Wettbewerbsfaktor. In einer Befragung der "Chief Executive Officers" der 500 größten europäischen Unternehmen beurteilten mehr als 90 % die Qualität als kritischen oder gar absolut kritischen Wettbewerbsfaktor. Sie stellt nicht nur das primäre Kaufargument für den Kunden dar, sie ist auch ein wesentliches Instrument für die Kostensenkung, die Erhöhung der Flexibilität und die Verkürzung der Durchlaufzeiten.[17] Diese Erfahrungen und Einschätzungen legen eine Strategie verstärkter - nicht verringerter - Bemühungen um die Produktqualität nahe. Wenn die Produktion nicht mit der anwachsenden Nachfrage schritthalten kann, erscheint das Streben nach verbesserter Produktqualität angebracht - selbst wenn ein solches Verhalten zusätzliche Ressourcen aus dem Produktionsbereich abzieht. Hohe Qualitätsstandards vermögen die negativen Aspekte längerer Lieferzeiten teilweise zu kompensieren.

Die Verhaltensmodi in Abbildung 7, bei der die Skalen nach oben erweitert wurden, unterstützen diese Hypothesen. Verglichen mit dem vorangegangenen Lauf verdoppelt sich nahezu das Betriebsergebnis. Das hohe Produkti-

---

[17] Siehe Frederik Wouter Huibregtsen: Management of Quality: The Single Most Important Challenge for Europe, Vortrag auf dem European Quality Management Forum, Montreux, 19. Oktober 1989.

onsvolumen ermöglicht es, das Marktpotential weitgehend auszuschöpfen und nur wenige Kunden der konkurrierenden Technologie zu lassen. Das Produkt ist qualitativ so attraktiv, Schwierigkeiten mit anwachsenden Lieferfristen kompensieren zu können. Besonders während des letzten Drittels des Lebenszyklus wird die Qualität zum entscheidenden Faktor. Sie verlängert zwar nicht die gesamte Lebensspanne der Innovation, führt aber zunächst zu deutlich höheren und dann zu weniger schroff abfallenden Werten von Nachfrage und Produktion als dies in den vorangegangenen Szenarien der Fall war. Dadurch gewinnt die Unternehmung mehr Zeit, um die Produktionskapazitäten den Markterfordernissen anzupassen, was die Ergebnissituation nachhaltig beeinflußt.

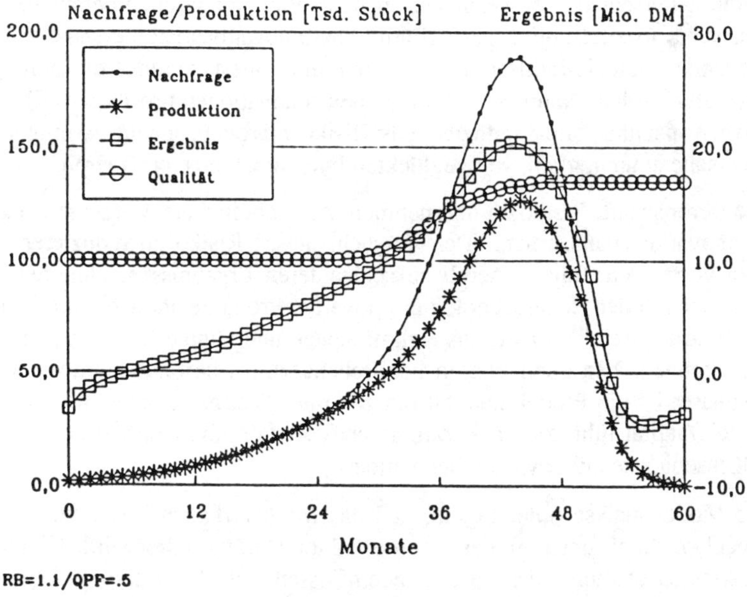

Abb. 7: Verstärkte Qualitätsorientierung

Wird das Betriebsergebnis - entweder pro Periode oder über den gesamten Zeitraum kumuliert und diskontiert - als Indikator zur Beurteilung des Innovationserfolges herangezogen, so zeigt der Vergleich der verschiedenen Modelläufe, daß die Kombination aus risikobereiter Kapazitätspolitik und qualitätsorientierter Produktion zu den besten Resultaten führt. Am Ende der Simulationsperiode verfügt die Unternehmung bei Verfolgung dieser Strategie über ein etwa 30 % höheres Ergebnis als im Basislauf. Modellanalysen ergeben für das qualitätsorientierte Verhalten einen flach verlaufenden und damit relativ robusten "Optimalbereich". Jenseits des Optimums überwiegen die Kosten der Qualitätssicherung den zu erwartenden Nutzen.

5. Konsequenzen für die strategische Planung

Die aus der Modellanalyse abgeleiteten Aussagen gelten uneingeschränkt nur, wenn die Innovation generell vom Markt akzeptiert wird. Bei einer gescheiterten Neuprodukteinführung weist die Unternehmung erhebliche Überkapazitäten mit all den negativen Effekten für die Gewinnsituation auf. Jedoch sind die Unterschiede bei gescheiterten Innovationen zwischen defensiver und offensiver Kapazitätspolitik geringfügig; das Innovationsrisiko erweist sich als weitgehend strategie-indifferent. Aber nur die Unternehmung, die genügend Kapazitäten vorhält, kann von erfolgreichen Innovationen profitieren. Eine defensive Kapazitätspolitik reduziert das Risiko marginal, macht es umgekehrt jedoch nahezu unmöglich, von geglückten Innovationen zu profitieren.

Die Bereitschaft, Risiko zu übernehmen, ist unabdingbare Voraussetzung für das Innovationsmanagement. Der Versuch, dieses Risiko zu reduzieren oder gar zu vermeiden, führt generell zu schlechteren Ergebnissen. Unternehmen, die im Bereich der Hochtechnologie innovative Produkte anbieten, müssen die Zeit als strategische Variable ins Kalkül ziehen und zügige Lieferung gewährleisten können.[18] In allen Phasen des Lebenszyklus, besonders jedoch in der Reifephase, ist die Produktqualität ein zentraler Wettbewerbsfaktor. Vernachlässigte Qualität führt zu nur kurzfristigen Vorteilen, die langfristigen, negativen Konsequenzen überwiegen bei weitem.

Die Modellanalyse unterstreicht, daß das Marktverhalten von Innovationen maßgeblich durch unternehmensinterne Faktoren mitgestaltet wird. Nicht nur Produkteigenschaften oder -preise beeinflussen den Innovationserfolg. Betriebliche Entscheidungen der Produktionsplanung und Produktionssteuerung prägen die Produktnachfrage in ihrem zeitlichen Verlauf und in ihren absoluten Werten. Die sich erst abzeichnenden Prozeßinnovationen des "Computer Integrated Manufacturing" oder der "Fabrik der Zukunft" werden diese Tendenz noch verstärken.

---

18 Vgl. Joseph L. Bower und Thomas M. Hout: Fast-Cycle Capability for Competitive Power, in: Harvard Business Review, Vol. 66, No. 6 (1988), S. 110 - 118.

Sinnvoll gestaltete Modelle zur numerischen Simulation erlauben die effektive Untersuchung komplexer Problem- und Entscheidungssituationen. Sie tragen maßgeblich zu einem verbesserten Verständnis der dynamischen Beziehungen in einer komplexen Umwelt bei. Durch computergestützte Modellanalysen kann die Unternehmensleitung ihre Problemsicht und ihr Verständnis der Realität transparenter gestalten und damit die Qualität ihrer Entscheidungsprozesse maßgeblich verbessern.

Das hier vorgestellte Modell ist modular aufgebaut und bietet die Flexibilität, an unterschiedliche Innovationstypen angepaßt zu werden. Ein solches Medium ermöglicht es, auch in Situationen, die von ihrer Komplexität her die Lösungsmächtigkeit analytischer Verfahren übersteigen, verschiedene Handlungsalternativen im Abstrakten zu untersuchen. Schon einige wenige Variable in einem realen dynamischen System genügen, um Entscheidungssituationen und -konsequenzen völlig falsch einzuschätzen.[19] Strategische Entscheidungs-Unterstützungs-Systeme eröffnen durch die Kombination maschineller Informationsverarbeitungskapazität und menschlicher Kreativität den Weg zu effektiveren Problemlösungen.

Das Konzept von Entscheidungs-Unterstützungs-Systemen ist mit Begriffen wie Lernen, Interaktion und Evolution verbunden; es betont den Lernprozeß bei der Strategieentwicklung statt der fertigen Lösungen; die Interaktionen mit verschiedenen Facetten der Problemsituation führen zu einem vertieften Verständnis der Zusammenhänge und sind wichtiger als die Anwendung fertiger Prozeduren; die Problemlösung soll das Ergebnis eines Evolutionsprozesses, nicht das irgendwelcher automatisierter Wahlakte sein.[20] In der Fähigkeit, schneller zu lernen als die Konkurrenten, wird der einzige längerfristig aufrechtzuerhaltene Wettbewerbsvorteil eines Unternehmens gesehen.[21]

Der eigentliche Zweck effektiver Planung in komplexen Systemen ist nicht das Erarbeiten von Plänen, sondern das Verändern der Denkmodelle der Entscheidungsträger. Entscheidungs-Unterstützungs-Systeme der hier diskutierten Art dienen dabei als Katalysatoren, die die komplexen, internen oder mentalen Modelle präzisieren, die sie analysieren helfen und die verdeutlichen,

---

19 Siehe John D. Sterman: Modeling Managerial Behavior: Misperceptions of Feedback in a Dynamic Decision Making Experiment, in: Management Science, Vol. 35 (1989), S. 321 - 339.

20 Vgl. Peter Checkland: From Optimizing to Learning: A Development of Systems Thinking for the 1990s, in: Journal of the Operational Research Society, Vol. 36 (1985), S. 757 - 767.

21 Siehe Arie P. de Geus: Planning as Learning, S. 71.

wie Ursache und Wirkung räumlich sowie zeitlich auseinanderfallen. Das Wissen und die technische Basis für solche Systeme sind vorhanden; durch ihren Einsatz werden die Entscheidungsprozesse vereinheitlicht und verfeinert. Sinnvoll eingesetzt ermöglichen solche strategischen Entscheidungs-Unterstützungs-Systeme ein verbessertes Problemverständnis, das schnellere Eingehen auf Marktentwicklungen und damit letztlich das Erzielen eines vielleicht entscheidenden Wettbewerbsvorsprungs.

Wettbewerbsstrategien und sozio-ökonomischer Wandel

von Bernd Kaluza[1]

1. Problemstellung

Fortschritte bei den Technologien, z.B. neue Fertigungstechniken, Informations- und Kommunikationstechnologien sowie rechnerintegrierte Produktion (CIM), und der sozio-ökonomische Wandel, wie Globalisierung des Wettbewerbs, Wandel vom Verkäufer- zum Käufermarkt, größere Erzeugnisvielfalt aufgrund differenzierter Nachfrage und kürzere Produktlebenszyklen, haben dazu geführt, daß die aktuelle Situation der Industrieunternehmen durch eine immer komplexere und dynamischere Umwelt geprägt wird.[2]

Während Skinner[3] in den 60er Jahren noch beklagte, daß die Produktion eine Lücke in der Unternehmungsstrategie darstelle,wird heute die Produktion von vielen Industrieunternehmen bewußt als Waffe im Wettbewerb eingesetzt.[4]

Im folgenden sind die strategischen Konzeptionen aufzuzeigen und die für die erfolgreiche Durchführung dieser strategischen Konzeptionen benötigten Produktionstechnologien zu diskutieren. Inwieweit der Einsatz neuer Technologien erfolgreich als Instrument der Wettbewerbssicherung im sozio-ökonomischen Wandel dienen kann, ist anschließend zu analysieren.

---

1 Priv.Doz. Dr. Bernd Kaluza, Universität GH Duisburg, Fachbereich Wirtschaftswissenschaften, Produktionswirtschaft/Industriebetriebslehre, Lotharstr. 65, D- 4100 Duisburg 1

2 Vgl. ausführlich dazu u.a. KALUZA, B.: Erzeugniswechsel 1989, S.9 ff; WARNECKE; H.J.: Produktionssysteme 1986, S. 261ff.

3 Vgl. SKINNER, W.: Manufacturing 1969, S. 136 ff.

4 Vgl. FROHMAN, A.L.: Technology 1982, S. 97 ff.; ZAHN, E.: Innovationsmanagement 1986, S. 29 ff.

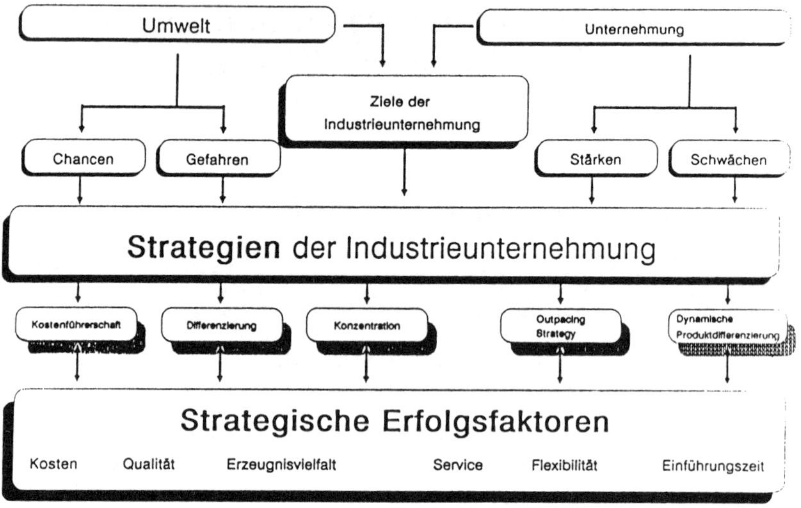

Abb. 1: Strategien und strategische Erfolgsfaktoren

2. Strategische Konzeptionen

Zur Ableitung von Strategien ist eine systematische Analyse der Umwelt erforderlich, um drohende Gefahren und mögliche Chancen frühzeitig zu erkennen. Die unternehmensbezogene Analyse zeigt die Stärken und Schwächen der Industrieunternehmung auf, mit diesen Umweltentwicklungen fertig zu werden. Umweltentwicklungen und Reaktionspotential der Unternehmung beeinflussen die Ziele der Industrieunternehmung.[5] Wie diese geänderten Umweltbedingungen, die Ergebnisse der Unternehmensanalyse sowie das unternehmerische Zielsystem die Formulierung von Strategien beeinflussen, wird zusammenfassend in der Abbildung 1 dargestellt.

---

5 Vgl. dazu u.a. KREIKEBAUM, H.: Unternehmensplanung 1987, S. 32 ff.

3. Wettbewerbsstrategien (Porter)

Bei der Bestimmung der Wettbewerbsstrategie gilt es, nach dem weit verbreiteten Konzept von Porter[6] eine Auswahl zwischen den sogenannten generischen Strategien

1. umfassende Kostenführerschaft
2. Differenzierung
3. Konzentration auf Schwerpunkte

vorzunehmen.

Künftige Erfolgspositionen können über die Kostenposition oder die Erlösposition erreicht werden. Bei der Strategie der umfassenden Kostenführerschaft wird angestrebt, einen Kostenvorsprung innerhalb einer Branche zu erreichen. Im Mittelpunkt dieser Strategie steht die Anwendung des Erfahrungskurvenkonzepts, d.h. es wird versucht, durch die Produktion großer Mengen erfahrungsbedingte Kostendegressionseffekte zu erzielen. Der Wettbewerbsvorteil wird über die Kostenposition, d.h. über den niedrigen Preis, angestrebt.

Im Mittelpunkt der Differenzierungsstrategie steht die Erlösposition, d.h. Wettbewerbsvorteile werden hier über kundenseitig wahrgenommene Produktunterschiede - über den höheren Zusatznutzen - zu erzielen versucht. Beim dritten Strategientyp "Konzentration auf Schwerpunkte" (focus) richten die Unternehmen ihre strategischen Maßnahmen voll auf ein bestimmtes Segment (narrow target). Es werden zwei Varianten der Konzentrationsstrategie unterschieden: "cost focus" und "differentiation focus". Bei der "cost focus" Strategie wird ein Kostenvorsprung in einem Marktsegment (Marktnische) zu erzielen versucht. Die Strategie "differentiation focus" zielt dagegen auf eine Produktdifferenzierung in einem Marktsegment ab. Porter geht davon aus, daß die Unternehmen durch die Wahl der Konzentrationsstrategie in ihrem Marktsegment effektiver und effizienter als die branchenweit operierenden Konkurrenten arbeiten können.

---

6 Vgl. dazu und zu den folgenden Ausführungen PORTER, M.E.: Wettbewerbsstrategie 1983.

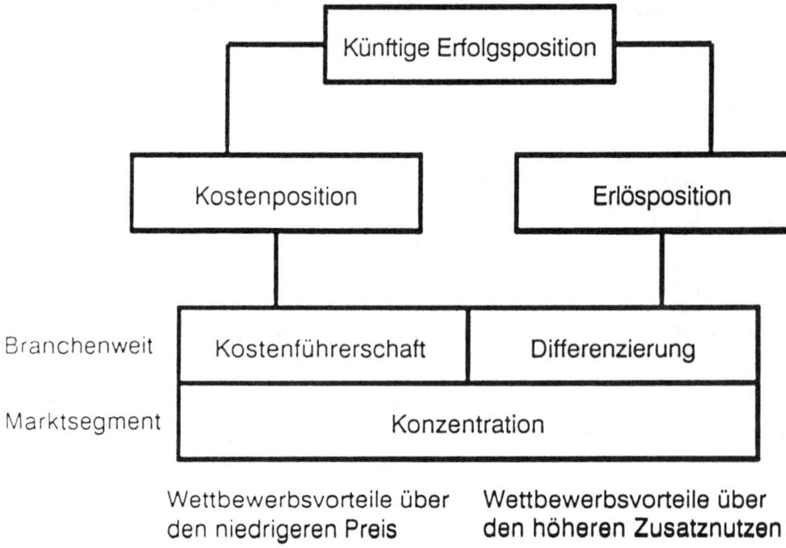

Abb. 2: Generische Wettbewerbsstrategien nach Porter

3.1. Weiterentwickelte Strategienkonzepte

Kritisch zu den generischen Strategienkonzepten von Porter ist anzumerken, daß es sich dabei um relativ statische Konzepte handelt. Es sind deshalb nun zwei neuere Strategienkonzepte vorzustellen, die stärker den dynamischen Charakter der Strategienwahl berücksichtigen.

3.1.1. Outpacing Strategy

Die von Gilbert und Strebel[7] entwickelte "Outpacing Strategy" widmet sich dem Wechsel von der Kostenführerschafts- zur Differenzierungsstrategie und umgekehrt. Bei dieser Strategie, die mit "Überhol- oder Spitzenreiterstrategie"[8] übersetzt wird, wird gefordert, daß ein Produkt langfristig sowohl einen hohen Nutzen stiften muß als auch zu günstigen Preisen angeboten werden muß, um wettbewerbsfähig zu bleiben.

---

7 Vgl. GILBERT, X.; STREBEL, P.: Competitive Advantage 1988, S. 70 ff.

8 Siehe dazu KLEINALTENKAMP, M.: Dynamisierung 1987, S. 31 ff.

Langfristig gesehen sollen hoher Produktnutzen über eine Differenzierungsstrategie und niedriger Preis mit Hilfe der Strategie Kostenführerschaft keine sich ausschließenden Alternativen darstellen. Wie aus Abbildung 3 zu entnehmen ist, muß nach einer Phase, die neue Produktstandards schafft, eine Prozeßstandardisierung erfolgen, die eine kostengünstigere Produktion ermöglicht, oder nach einer Phase der Kostenführerschaft muß eine Erneuerung der Produkte erfolgen, um gestiegene Bedürfnisse zu befriedigen oder um neue Käuferschichten zu erschließen.

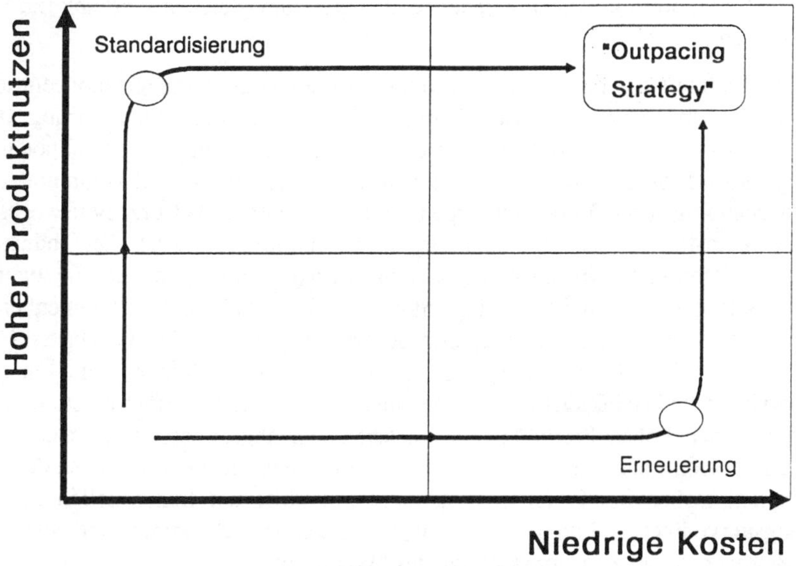

Abb. 3: "Outpacing Strategy"

3.1.2. Dynamische Produktdifferenzierung

Bei den Strategien von Porter wird vernachlässigt, daß sich die Bedürfnisse der Kunden über die Zeit hinweg ändern. Je breiter und tiefer jedoch ein Produktionssortiment ist, umso größer ist die Wahrscheinlichkeit, daß die Kundenbedürfnisse wechseln. Dabei wird die Änderungsproblematik umso gravierender, je individueller die Problemlösungen sind. Bei Eintritt eines "ungeplanten" Erzeugniswechsels treten hohe Erzeugniswechselkosten auf. Durch den Aufbau von Flexibilitätspotentialen mit Hilfe der neuen Technologien soll erreicht werden, daß sogenannte "programmierte" Erzeugniswechsel kostengünstig durchgeführt werden können.[9]

Wenn der Erzeugniswechsel als strategische Maxime aufgefaßt und dafür Wechselpotentiale gezielt aufgebaut werden, liegt die Strategie "Dynamische Produktdifferenzierung" vor. Im Mittelpunkt dieser Strategie steht die Fähigkeit zum Wechseln, d.h. das ganze Potential der Industrieunternehmung ist daraufhin ausgerichtet, wechselnde Bedürfnisse der Kunden über die Zeit hinweg erfüllen zu können. Die vorher genannte Differenzierungsstrategie von Porter ist demgegenüber als statische Differenzierung zu bezeichnen, da sie darauf gerichtet ist, unterschiedliche Kundenbedürfnisse zum gleichen Zeitpunkt zu befriedigen.

Im Rahmen der dynamischen Produktdifferenzierungsstrategie konzentriert sich das Interesse der Industrieunternehmung auf die Durchführung der Erzeugniswechsel und den Aufbau eines optimalen Erzeugniswechselpotentials. Es sind die fertigungstechnischen sowie informations- und kommunikationstechnologischen Voraussetzungen dafür zu schaffen, daß Erzeugniswechsel kostengünstig, schnell und qualitätsgerecht durchführbar sind. Die Industrieunternehmungen versuchen, durch den Aufbau eines optimalen Erzeugniswechselpotentials ein hohes akquisitorisches Potential im Sinne Gutenbergs aufzubauen. Es wird dadurch angestrebt, das Image eines "Change Masters" zu erlangen.[10] Aus der Abbildung 4 ist zu ersehen, daß im Rahmen der Strategie "Dynamische Produktdifferenzierung" nicht nur eine hohe Differenzierung, um damit einen hohen Produktnutzen zu erreichen, angestrebt wird, sondern es wird versucht, auch die Erzeugnisse zu relativ niedirgen Kosten herstellen zu können, wobei die Kostensenkung nicht mit Hilfe der traditionellen Erfahrungskurve über die kumulierte Erzeugnismengen erreicht werden soll, sondern z.B. mit Hilfe einer Erfahrungskuve des "Wechselns".[11]

---

9 Vgl. ausführlich dazu KALUZA, B.: Erzeugniswechsel 1989, S. 29 ff.

10 Vgl. KALUZA, B.: Erzeugniswechsel 1989, S. 30 und die dort genannte Literatur.

11 Vgl. WILDEMANN, H.: Investitionsplanung 1986, S. 6 ff.

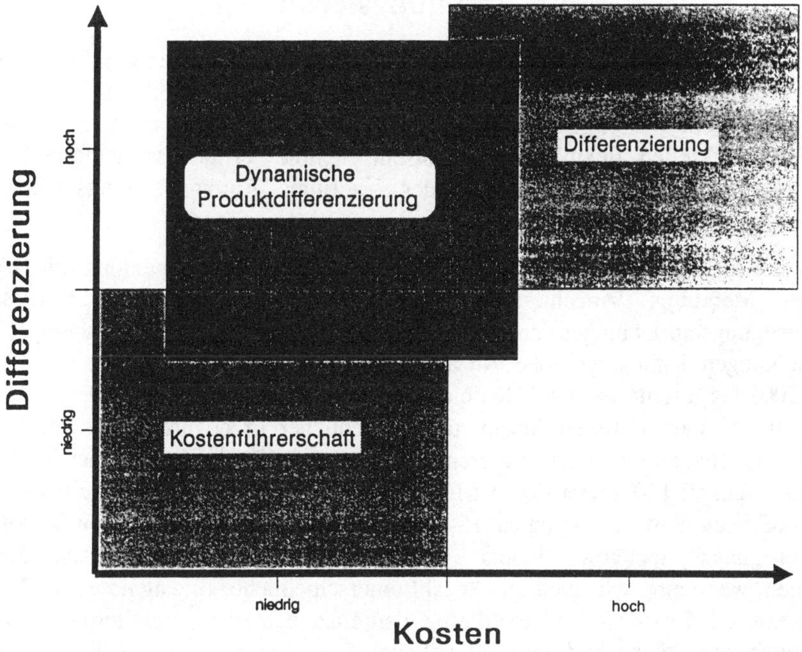

Abb. 4: Strategische Konzeptionen

4. Überblick über neue Technologien

Es sind hier folgende drei Klassen von Technologien bzw. etymologisch richtiger Techniken vorzustellen:

Fertigungstechniken
Informations- und Kommunikationstechnologien
sowie integrative Konzepte (CIM).[12]

---

12 Vgl. ausführlich dazu KALUZA, B.: Erzeugniswechsel 1989, S. 111 ff. und die dort zitierte Literatur.

4.1. Fertigungstechniken

Ausgangspunkt der Analyse der Fertigungstechniken sind die seit Anfang der 50er Jahre eingesetzten NC-Werkzeugmaschinen. In der Abbildung 5 sind die verschiedenen Fertigungstechniken wie NC-Werkzeugmaschinen, flexible Fertigungszellen, flexible Fertigunsinseln, flexible Fertigungssysteme und flexible Transferstraßen mit mit Hilfe des Kriteriums "Automatisierungsgrad" geordnet.[13]

Ein entgegengesetzter Verlauf zeigt sich bei einer Unterscheidung mit Hilfe des Merkmals "Anzahl unterschiedlicher Erzeugnisse", die auf diesen Fertigungseinrichtungen produziert werden können. Auf NC-Fertigungseinrichtungen kann eine hohe Anzahl unterschiedlicher Erzeugnisse (ca. 250-1500) hergestellt werden. Flexible Fertigungszellen eignen sich für die Herstellung einer mittleren Anzahl unterschiedlicher Erzeugnisse (ca. 100-250). Für die Herstellung einer mittleren/niedrigen Anzahl unterschiedlicher Erzeugnisse (ca. 50-120) bietet sich der Einsatz von flexiblen Fertigungsinseln an. Für ein Erzeugnisspektrum von ca. 15-60 Erzeugnissen ist der Einsatz von flexiblen Fertigungssystemen angebracht. Flexible Transferstraßen werden dann eingesetzt, wenn eine sehr niedrige Anzahl unterschiedlicher Erzeugnisse (ca. 3-15) herzustellen ist. Dabei stellen die bei den einzelnen Fertigungsalternativen angegebenen Stückzahlen unterschiedlicher Erzeugnisse nur grobe Schätzwerte dar.[14] Die Anzahl unterschiedlicher Erzeugnisse soll lediglich einen ersten Eindruck von den verschiedenen Fertigungsaufgaben geben, die mit den genannten Fertigungseinrichtungen unterschiedlicher Automatisierungsstufen gelöst werden. Die Erörterung der Fertigungstechniken folgt der historischen Entwicklung. Damit soll all denjenigen Industrieunternehmungen eine Entscheidungshilfe angeboten werden, die vor dem Problem stehen, von einer Automatisierungsstufe auf die nächste überzugehen. Die Reihenfolge der Behandlung der fertigungstechnischen Wahlmöglichkeiten soll und kann jedoch keine generelle Vorteilhaftigkeitsrangfolge der Optionen präjudizieren. Für unterschiedliche unternehmungsspezifische Wahlen der Fertigungstechniken sprechen folgende Gründe:

1. Es lohnt sich nicht für alle Industrieunternehmungen, den höchsten Flexibilitätsgrad anzustreben, weil der Nutzen eines höheren Flexi-

---

13 Vgl. ebenda, S. 113 ff.

14 So sehen SPUR, G.; SPECHT, D.: Fertigungstechnik 1986, S. 23, den Einsatzbereich für flexible Fertigungssysteme bei einer Anzahl zwischen 4 und 100 unterschied licher Werkstücke.

bilitätspotentials in keinem sinnvollen Verhältnis zu den dafür anfallenden höheren Kosten steht.

2. Auch innerhalb einer Industrieunternehmung kann es zweckmäßig sein, für unterschiedliche Produktionsbereiche (Stufen und/oder Erzeugnisarten) gleichzeitig unterschiedliche Flexibilitätsgrade zu verwirklichen. Eine solche Fertigungssegmentierung wird insbesondere von Wildemann[15] vorgeschlagen. Die Produktion von standardisierten Teilen empfiehlt er, in Fertigungsbereichen mit einer "Niedrigkosten-Automatisierung" durchzuführen; die Produktion von kundenspezifischen Teilen soll in "flexiblen automatisierten" Fertigungsbereichen erfolgen. Mit dieser Kombination soll ein höherer Flexibilitätsgrad nur dort realisiert werden, wo er Vorteile verspricht.

3. Innerhalb einer im Prinzip "vollautomatisierbaren" Fabrik werden bewußt Schnittstellen eingebaut, um störanfällige und bisher nur teilweise beherrschbare Produktionsbereiche vom übrigen Produktionsablauf zu entkoppeln und somit Anpassungspotentiale für Korrekturmaßnahmen aufzubauen.

NC-Fertigungseinrichtungen	Flexible Fertigungszelle	Flexible Fertigungsinsel	Flexibles Fertigungssystem	Flexible Transferstraße
Einzelmaschine ohne Verkettung	Einzelmaschine ohne Verkettung	zwei Fertigungszellen ohne Verkettung	mehrere automatisierte Fertigungseinrichtungen, mit Außenverkettung	mehrere automatisierte Fertigungseinrichtungen Innenverkettung
einstufige Bearbeitung	einstufige Bearbeitung	einstufige und/oder mehrstufige Bearbeitung	einstufige und/oder mehrstufige Bearbeitung	mehrstufige Bearbeitung
Maschinenbeschickung - manuell - automatisiert	Maschinenbeschickung - Werkzeugmaschinen mit einem Pufferplatz - Werkzeugmaschinen mit Werkstückspeicherung - automatisierter Werkzeugwechsel	ungetakteter Transport	ungetakteter Transport	getakteter Transport
Werkstück- und Werkzeugwechselsysteme als Ergänzuingssysteme		gerichteter Materialfluß automatisierter Werkzeugwechsel selbststeuernde, teilautonome Arbeitsgruppen	automatisierter, ungerichteter Materialfluß kein manuelles Rüsten für begrenztes Teilespektrum erforderlich	automatisierter, gerichteter Materialfluß Rüstungen für begrenztes Teilespektrum im Systemstillstand möglich
Hohe Anzahl unterschiedlicher Erzeugnisse	Mittlere Anzahl unterschiedlicher Erzeugnisse	Mittlere Anzahl unterschiedlicher Erzeugnisse	Niedrige Anzahl unterschiedlicher Erzeugnisse	sehr niedrige Anzahl unterschiedlicher Erzeugnisse
(250-1500 Stück)	(100-200 Stück)	(50-120 Stück)	(15-60 Stück)	(3-15 Stück)

Abb. 5: Merkmale moderner Fertigungstechniken

15 Vgl. hierzu WILDEMANN, H.: CIM 1987, S. 25.

4.2. Informations- und Kommunikationstechnologien

Die neueren Entwicklungen auf dem Gebiet der Informations- und Kommunikationstechnologie, die vor allem durch die Fortschritte in der Mikroelektronik begünstigt wurden, haben in den letzten Jahrzehnten schon sehr stark die Vorbereitung und die Durchführung der industriellen Produktion verändert. Diese Weiterentwicklungen in der industriellen Produktion werden unter dem Schlagwort "Flexible Automatisierung" behandelt.

Es sind hier die folgenden Computer-Aided (CA)-Systeme, wie

CAD - Computer-Aided Design
CAP - Computer-Aided Planning
CAM - Computer-Aided Manufacturing
CAQ - Computer-Aided Quality Assurance

zu nennen.[16]

4.3. Rechnerintegrierte Produktion - CIM

Bei den bisher behandelten Fertigungstechniken sowie den Informations- und Kommunikationstechnologien handelt es sich zum allergrößten Teil um Insellösungen. Es sind deshalb nun integrative Konzepte zu behandeln, die eine simultane Optimierung anstreben. Kennzeichen dieser Konzepte ist eine inhaltliche Verknüpfung und eine informationstechnische Vernetzung dieser Insellösungen. Durch die Vernetzung der verwendeten Rechner ist ein durchgängiger rechnergestützter Informationsfluß zwischen den verschiedenen technischen und kaufmännischen Bereichen der Industrieunternehmen zu schaffen. Durch vernetzte, gemeinsam nutzbare Datenbanken soll die Mehrfachspeicherung gleicher Datenbestände in verschiedenen Bereichen der Industrieunternehmen vermieden werden.

Bei den integrativen Maßnahmen ist zwischen der "Integration rechnergestützter technischer Teilsysteme" und der "Rechnerintegrierten Produktion - CIM" zu unterscheiden. Die rechnerunterstützten Teilsysteme CAD, CAP, CAM und CAQ bilden einen Informationsverbund. Die Integration dieser rechnerunterstützten Teilsysteme wird als CAD/CAM bezeichnet. Der Begriff der rechnerintegrierten Produktion und die angloamerikanische Bezeichnung Computer Integrated Manufacturing (CIM) werden sehr unterschiedlich verwendet.

---

16 Vgl. ausführlich dazu KALUZA, B.: Erzeugniswechsel 1989, S. 176 ff. und die dort zitierte Literatur.

Im betriebswirtschaftlichen Schrifttum wird das von Scheer vorgeschlagene System - siehe dazu Abbildung 6 - der rechnerintegrierten Produktion stark beachtet. Scheer bezeichnet als Computer Integrated Manufacturing (CIM) "die integrierte Informationsverarbeitung für betriebswirtschaftliche und technische Aufgaben eines Industrieunternehmens".[17]

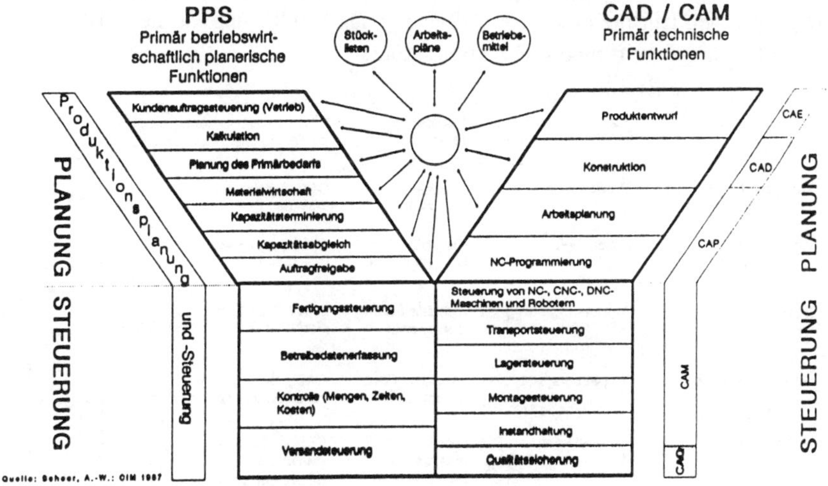

Abb. 6: Funktionen der rechnerintegierten Produktion

5. Einsatz neuer Technologien als Instrumente der Wettbewerbssicherung

Die Abbildung 7 zeigt den Zusammenhang zwischen den Wettbewerbsstrategien und den strategischen Optionen der Fertigungstechniken sowie der Informations- und Kommunikationstechnologien.

5.1. Kostenführerschaftsstrategie

Im Rahmen der Strategie Kostenführerschaft wird eine hohe Produktivität und große Zuverlässigkeit angestrebt. Durch die Produktion großer Erzeugnis-

---

17 Vgl. ausführlich SCHEER, A.W.: CIM 1987, S. 84 ff.

mengen sollen erfahrungsbedingte Kostendegressionseffekte erzielt werden. Für die Großserienfertigung ist deshalb die Transferstraße das geeignete Fertigungsverfahren. Wegen der Vorteile wie: kostengünstige Umrüstbarkeit, flexible Automatisierung durch den Einsatz von Industrierobotern und hoher Weiterverwendungsgrad der Fertigungseinrichtungen bei einem Modellwechsel ist eine flexibilisierte gegenüber einer konventionellen Transferstraße vorzuziehen. Durch den Einsatz eines CAM-Systems als Insellösung ist die Kostenführerschaftsstrategie wirkungsvoll zu unterstützen.

Wettbewerbs-strategie	Handlungsmaxime für die Produktion	Fertigungs-technik	Informations- & Kommunikationstechnologie	
Kostenführerschaft	Produktivität	Flexible Transferstraße	CAM-System als Insellösung	↔
Konzentration 1. Kostenführerschaft	Produktivität	Flexibles Fertigungssystem	CAM-System als Insellösung	↔
2. Differenzierung	Anpassungsfähigkeit	Flexible Fertigungszelle	CAD / CAM Schwerpunkt Neukonstruktion, CAQ	↔
Differenzierung	Anpassungsfähigkeit	Flexibles Fertigungssystem	CAD / CAM Schwerpunkt Neukonstruktion, CAQ	↔
Outpacing Strategy	Produktivität/ Anpassungsfähigkeit	Flexibles Fertigungssystem/ Flexible Fertigungszelle	CAM-System als Insellösung/ CAD/CAM Schwerpunkt Neukonstruktion, CAQ	↔
Dynamische Produktdifferenzierung	Optimale Erzeugniswechsel	Flexible Fertigungszelle/-insel	CAD / CAP Neu- & Anpassungskonstruktion, CAQ	↔

C I M

Abb. 7: Wettbewerbsstrategien und neue Technologien

5.2. Konzentrationsstrategie

Bei der Strategie "cost focus" wird eine hohe Produktivität verlangt. Da nur die Kostenführerschaft in einem bestimmten Marktsegment angestrebt wird, ist meist nicht der Einsatz einer flexiblen Transferstraße, sondern der Einsatz eines flexiblen Fertigungssystems zweckmäßig. Wie bei der allgemeinen Kostenführerschaftsstrategie ist ein CAM-System als Insellösung zu verwenden. Bei der Strategie "differentiation focus" wird die Anpassungsfähigkeit durch den Einsatz einer flexiblen Fertigungszelle erreicht. Der Einsatz von CAD/CAM-Systemen mit dem Schwerpunkt Neukonstruktion trägt dazu bei, die Erzeugnisunterlagen schnell an kundenspezifische Änderungswünsche anzupassen und somit die Konzentrationsstrategie wirkungsvoll zu unterstützen.

Zur Erfüllung der Handlungsmaxime "Zuverlässigkeit" ist der Einsatz eines CAQ-Systems zweckmäßig.

5.3. Differenzierungsstrategie

Die im Mittelpunkt dieser Strategie stehende Maxime Anpassungsfähigkeit bei hoher Qualität wird durch den Einsatz von flexiblen Fertigungssystemen erreicht. Mit Hilfe der rechnergestützten Qualitätssicherung (CAQ) kann die Strategie Differenzierung wirkungsvoll unterstützt werden, da damit die Erzeugnisqualität erhöht und die Qualitätskontrolle verbessert werden.

Der Einsatz von CAD/CAM-Systemen trägt besonders bei der Neukonstruktion von Erzeugnissen dazu bei, daß die Industrieunternehmungen ihre Leistungspotentiale erweitern und ihre Wertschöpfung erhöhen.

5.4. Outpacing Strategy

Die Handlungsmaxime für die Produktion ist abhängig von der jeweiligen Phase - entweder eine hohe Produktivität oder eine hohe Anpassungsfähigkeit.

Generell wird für die Produktion im Rahmen der Outpacing Strategy eine hohe Anpassungsfähigkeit verlangt, damit rechtzeitig ein Wechsel der Strategie erfolgen kann. Als Fertigungsverfahren sind - abhängig von dem eingeschlagenen Pfad - ein flexibles Fertigungssystem oder eine flexible Fertigungszelle zu verwenden.

Der Einsatz von CAD/CAM-Systemen mit dem Schwerpunkt Neukonstruktion ermöglicht die Vorbereitung und Durchführung einer kostengünstigen Produktion. Mit Hilfe der rechnerunterstützten Qualitätssicherung (CAQ) wird die Outpacing Strategy wirkungsvoll unterstützt, d.h. die Mindestanforderungen (Standards) der Produkte werden gewährleistet.

5.5. Dynamische Produktdifferenzierungsstrategie

Für die Strategie der dynamischen Produktdifferenzierung muß die Produktion optimale Erzeugniswechsel, d.h. schnelle und kostengünstige Erzeugniswechsel bei Wahrung hoher Qualitätsstandards, gewährleisten.Als Fertigungsverfahren ist deshalb eine flexible Fertigungsinsel oder eine flexible Fertigungszelle zu verwenden.

Ein Erzeugniswechselpotential ist durch die Verknüpfung des Systems der rechnerunterstützten Konstruktion (CAD), wobei die Neu- und Anpassungskonstruktion den Schwerpunkt bilden, mit dem System der rechnerunterstützten Arbeitsplanung (CAP) aufzubauen. Durch die Nutzung eines solchen CAD/CAP-Systems sind schnelle und kostengünstige Erzeugniswechsel durchführbar. Die Verwendung einer rechnerunterstützten Qualitätssicherung (CAQ) ermöglicht es, hohe Qualitätsstandards zu wahren. Wie die Abbildung 7 zeigt, ist bei allen Wettbewerbsstrategien die schrittweise Einführung von CIM zu prüfen.

Allerdings handelt es sich dabei um sehr unterschiedliche CIM-Konzepte, z.B. ob die Teilintegration von CAD/CAM zur vollintegrierten CIM-Lösung führt oder ob der Weg von anderen Teilintegrationen, z.B. "Just-in-Time"/PPS, zu CIM führt.

6. Zusammenfassung und Ausblick

Es wurde gezeigt, daß die neuen Fertigungstechniken, die Informations- und Kommunikationstechnologien sowie die rechnerintegrierte Produktion (CIM) das Erscheinungsbild der Fabrik ändern. Wir stimmen mit Zahn[18] überein, daß dies jedoch nicht mit der vielfach behaupteten enormen Geschwindigkeit, wie 3-5 Jahres Revolution, sondern vielmehr mit einer 10-15 Jahre dauernden Evolution geschieht. In empirischen Untersuchungen[19] wurde festgestellt, daß die Einführungspfade der neuen Technologien von den von den Industrieunternehmen verfolgten Wettbewerbsstrategien stark beeinflußt werden. Die Einführungspfade der neuen Technologien hängen allerdings nicht nur von der Wettbewerbsstrategie - in Anlehnung an Chandler könnte man formulieren "technology follows strategy", sondern auch von der Lage der Industrieunternehmen, z.B. situative Bedingungen wie die Technologieposition, ab.

Im Hinblick auf den sozio-ökonomischen Wandel ist zukünftig eine dynamische Sichtweise der Strategie erforderlich. So wird die vertikale und horizontale Integration der Informationsströme im Rahmen der rechnerintegrierten Produktion sich positiv bei der Berücksichtigung von geänderten Kundenwünschen auswirken. Die Integration der Informationsströme führt dazu, daß die

---

18 Vgl. ZAHN, E.: Produktionstechnologien 1987, S. 495

19 Vgl. WILDEMANN, H.: Einführungsstrategien 1987 und die dort genannte Literatur. Siehe dazu u.a. auch WILDEMANN, H.: Investitionsplanung 1986, S. 26 ff.

Zeiten der Entwicklungsprozesse bis zum Start der Produktion verkürzt und die Informationsqualität verbessert werden.

Es bleibt festzuhalten, daß die rechnerintegrierte Produktion (CIM) in den meisten Fällen noch nicht als Realität, sondern als Philosophie oder Konzept aufzufassen ist.[20] Kritisch ist anzumerken, daß es bis heute noch keine zufriedenstellenden betriebswirtschaftlichen Evaluierungsverfahren gibt.

Die bisher im Rahmen der strategischen Investitionsplanung eingesetzten Instrumente zur strategischen Technologieplanung, wie Technologiekalender, Argumentenbilanz und Technologieportfolio[21], bieten nur grobe Orientierungshilfen.

Die Betriebswirtschaftslehre ist gefordert, den von vielen Ingenieuren erhobenen Vorwurf, daß der Einsatz neuer Technologien durch fehlende betriebswirtschaftliche Bewertungsmethoden gekennzeichnet sei, zu entkräften. Der sozio-ökonomische Wandel, besonders die Globalisierung der Märkte, die Entwicklung zum EG Binnenmarkt sowie das veränderte Kundenverhalten, erfordert, daß die Industrieunternehmen flexibel reagieren und schnell auf veränderte Kundenwünsche eingehen. Als Folge dieses Marktsogs wird der Erzeugniswechsel für die Industrieunternehmungen zu einem immer wichtigeren Problem.

Die Durchführung von optimalen Erzeugniswechseln sowie der Aufbau eines optimalen Erzeugniswechselpotentials stellen für die Industrieunternehmungen eine bedeutungsvolle Herausforderung dar. Die vorgestellten neuen Technologien ermöglichen, die Produktivität zu steigern und gleichzeitig die Flexibilität zu erhöhen (Technologiedruck).[22]

Unter Berücksichtigung des Zeitaspektes[23] ist besonders die Strategie der "Dynamischen Produktdifferenzierung" zu verfolgen.

---

20 Vgl. KALUZA, B.: Erzeugniswechsel 1989, S. 264 und die dort zitierte Literatur.

21 Vgl. WILDEMANN, H.: Investitionsplanung 1986, S. 18 ff. und die dort genannte Literatur.

22 Vgl. ausführlich dazu und zu einem Vergleich der traditionellen und modernen Fabrik ZAHN, E.: Produktionstechnologien 1987, S. 475 ff. Vgl. dazu auch ZÄPFEL, G.: Produktions-Management 1989

23 Zur Zeit als strategischem Erfolgsfaktor siehe u.a. SIMON, H.: Zeit 1989, S. 70 ff.

Literatur

FROHMANN, A.L.: [Technology 1982] Technology as a competitive weapon, in: Harvard Business Review, S. 97-104

GILBERT, K.; STREBEL, P.: [Competitive Advantage 1988] Developing competitive advantage , in: QUINN, J.B. u.a. (Hrsg.) The strategy process, Englewood Cliffs, N.J., S. 70-79

KALUZA, B.: [Erzeugniswechsel 1989] Erzeugniswechsel als unternehmenspolitische Aufgabe. Integrative Lösungen aus betriebswirtschaftlicher und ingenieurwissenchaftlicher Sicht, Berlin usw.

KLEINALTENKAMP, M.: [Dynamisierung 1987] Die Dynamisierung strategischer Marketing-Konzepte, in: ZfbF, 39.Jg., S. 31-52

KREIKEBAUM, H.: [Unternehmensplanung 1987] Strategische Unternehmensplanung, 2. Aufl.. Stuttgart usw.

PORTER, M.E.: [Wettbewerbsstrategie 1983] Wettbewerbsstrategie, Frankfurt a.M.

SCHEER, A.-W.: [CIM 1987] CIM: Organisation und Implementierung, in: Harvard Manager, S. 84-95

SIMON, H.: [Zeit 1989] Die Zeit als strategischer Erfolgsfaktor, in: ZfB, 59.Jg., S. 70-93

SKINNER, W.: [Manufacturing 1969], Manufacturing - missing link in a corporate strategy, in: Harvard Business Review, S. 136-145

SPUR, G.; SPECHT, D.: [Fertigungstechnik 1986] Fortschritte der Fertigungstechnik verändern die Fabrik, in: Der Technologie-Manager, 34.Jg., S. 22-25

WARNECKE, H.J.: [Produktionssysteme 1986] Produktionssysteme im Wandel, in:

WITTE, TH. (Hrsg.): Systemforschung und Kybernetik für Wirtschaft und Gesellschaft, Berlin, S. 261-275

WILDEMANN, H.: [Investitionsplanung 1986] Strategische Investitionsplanung für neue Technologien in der Produktion, in: Zeitschrift für Betriebswirtschaft, Ergänzungsheft 1/86, S. 1-48

WILDEMANN, H.: [CIM 1987] Auftragsabwicklung in einer computergestützten Fertigung (CIM), in: ZfB, 57.Jg., S. 6-31

ZÄPFEL, G.: [Produktions-Management 1989] Strategisches Produktions-Management, Berlin-New York

ZAHN, E.: [Innovationsmanagement 1986] Innovations- und Technologiemanagement. Eine strategische Schlüsselaufgabe der Unternehmen, in: ZAHN, E. (Hrsg.): Technologie-und Innovationsmanagement, Berlin 1986, S. 9-48

ZAHN, E.: [Produktionstechnologien 1987] Produktionstechnologien als Element internationaler Wettbewerbsstrategien, in: DICHTL, E. u.a. (Hrsg.): Innovation und Wettbewerbsfähigkeit, S. 475-496

Die Szenariotechnik - eine Grundlage der Strategieentwicklung von Unternehmen und des Staats

von Horst Geschka und Barbara Winckler[1]

1. Zur Problematik von Prognosen

Seit Mitte der 70er Jahre finden tiefgreifende Veränderungen in Gesellschaft, Politik, Wirtschaft und Technik statt. Diese verlangen vom Staat ein entsprechendes wirtschaftspolitisches Gegensteuern. Die neuen Entwicklungen schlagen direkt auf Märkte, Produkte und Unternehmen durch. Für die Unternehmen sind die Auswirkungen auf die eigene Geschäftsentwicklung schwer zu durchschauen. Selbst für den Fachmann bestehen große Unsicherheiten über die Trendverläufe in der Zukunft.

Die Veränderungen im letzten Jahrzehnt hatten für die einzelnen Unternehmen als auch für die gesamtwirtschaftliche Entwicklung drastische Auswirkungen, z. B.:

- die Energie- und Rohstoffpreisveränderungen (gesamtwirtschaftliche Angebots- und Nachfrageschocks)
- die Wechselkursschwankungen (Dollarkurs!)
- der Strukturwandel (von güterproduzierender Industrie hin zu Dienstleistung und Informationsverarbeitung)
- das Eindringen japanischer Unternehmen in große Massenmärkte
- die handelspolitische Entwicklung und Beziehung zu den Entwicklungsländern
- verschärfte Umweltschutzauflagen
- die permanente, strukturell bedingte Arbeitslosigkeit

---

1 Dr. Horst Geschka; Barbara Winckler, Geschka Unternehmensberatung und Seminare, Stifterstrasse 2, D- 6100 Darmstadt 12.

- der Wertewandel
- die Sättigung und Schrumpfung der Nachfrage aufgrund von stagnierendem Realeinkommen, Arbeitslosigkeit und veränderten Lebensstilen in vielen Märkten (z. B. Haushaltsgeräte, Möbel, Textilien)

Auch die Veränderungen in der DDR waren nicht vorhersehbar und deren Auswirkungen auf die einzel- als auch gesamtwirtschaftliche Entwicklung ist noch nicht abzuschätzen.

Es handelt sich nicht um eine kurze Periode punktueller Veränderungen. Viele der oben genannten Veränderungen sind noch nicht abgeschlossen. Strukturbrüche und unsichere Entwicklungen zeichnen sich auch für die vor uns liegenden Jahrzehnte ab.

Europa 1992 wirft unzählige Fragen, Diskussionen und Prognosen bei den einzelnen Unternehmen als auch in Expertenkreisen auf. Beschaffungs- und Absatzmärkte, Geld- und Kreditwesen, staatliche Vorschriften und Aufsicht werden sich verändern. Auch die Veränderungen in den sozialistischen Ländern und deren Auswirkungen auf die westlichen Industrieländer sind unsicher.

Perioden turbulenter Entwicklungen in den Rahmenbedingungen der Wirtschaft hat es in historischer Betrachtung schon häufiger gegeben. Der heutige Manager und Politiker läßt die Turbulenzen jedoch nicht mehr passiv auf sich zukommen. Er versucht, das Ausmaß der Unsicherheiten zu erfassen, um angesichts der heraufziehenden Veränderungen die bestmöglichen Konsequenzen zu ziehen.

Unsichere Informationen sowie Informationen mit übergreifendem Bezug vorwiegend qualitativen Charakters müssen so aufbereitet und in die Zukunft projiziert werden, daß daraus sinnvolle Strategien und Planungen abgeleitet werden können. Das Instrumentarium der 60er und frühen 70er Jahre reicht dazu nicht aus. In der Regel wurden einfache Prognosen erstellt, die sich überwiegend als falsch erwiesen. In der Phase des allgemeinen Wachstums waren die Konsequenzen der auf falschen Prognosen basierenden Pläne nicht so schwerwiegend wie heute und hatten für die Unternehmen keine existenzbedrohenden Folgen.

Prognosen, die auf der Kenntnis der Wirkungszusammenhänge in der Vergangenheit aufbauen, gehen von stabilen Rahmenbedingungen aus. Sind die Rahmenbedingungen instabil - und vieles spricht dafür, daß dies für die nächsten Jahrzehnte so sein wird -, so ist dieser Ansatz für die Vorausschau in die Zukunft nicht anwendbar. In dieser Situation muß man, will man überhaupt

Einblick in die Zukunft gewinnen, die Veränderungen der Einflußfaktoren im zukünftigen Verlauf analysieren und ihre Wirkungen verfolgen. Die Szenariotechnik geht von diesem Ansatz aus.

Die Erfahrungen der letzten Jahre haben deutlich gemacht, daß es unrealistisch ist, auf einen exakten Prognosewert hin zu planen. Vielmehr müssen Bandbreiten und alternative Entwicklungen in Betracht gezogen und zur Grundlage von Planungen gemacht werden. Nur dann kann auf unterschiedliche Entwicklungen flexibel reagiert werden. Ein Charakteristikum der Szenariotechnik ist es, alternative mögliche Zukunftssituationen aufzuzeigen und daraus notwendige Handlungsalternativen abzuleiten.

2. Die Szenariotechnik

2.1. Zum Verständnis von Szenarien

Der Wunsch, in die Zukunft zu sehen und Bilder der Zukunft aufzuzeigen, ist wahrscheinlich so alt wie die Geschichte des intelligenten Menschen. Bereits in den frühen Epochen aller Kulturvölker finden sich meist kultische Formen der Schau in die Zukunft (Wahrsager, Seher). Im Laufe der Geschichte haben Religionsgründer und Poeten aber auch Philosophen, Soziologen und Politiker immer wieder Bilder der Zukunft gezeichnet. Viele dieser Zukunftsbilder sind zwar denkbar, aber in ihrem Entwurf und ihrer Entwicklung nicht plausibel nachvollziehbar. Es gehörte ein gutes Stück Glaube dazu, sich bei Entscheidungen an solchen Zukunftsvisionen zu orientieren.

Szenarien werden dagegen systematisch aus der gegenwärtigen Situation heraus entwickelt; es sind plausible Zukunftsbilder. Unter einem Szenario versteht man sowohl die Beschreibung einer möglichen zukünftigen Situation als auch des Pfades, der zu dieser zukünftigen Situation hinführt. Das Denkmodell der Abbildung 1 verdeutlicht, was unter Szenarien zu verstehen ist: Die Gegenwart ist durch vorhandene Grenzen, Bauten, Infrastruktureinrichtungen, Normen, Gesetze, Kenntnisse und Verhaltensmuster geprägt, die sich kurzfristig nicht verändern.

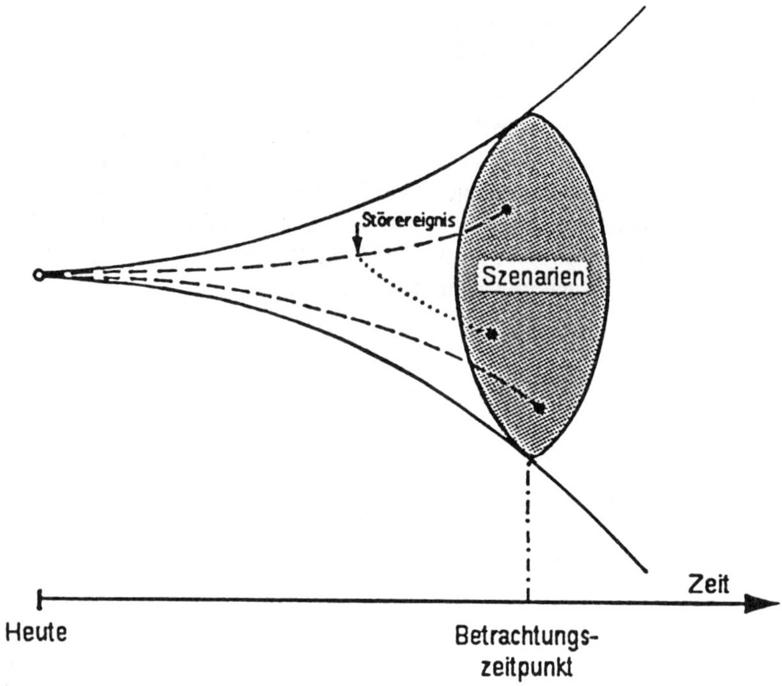

Abb. 1: Ein Denkmodell für Szenarien

Die Entwicklung der nahen Zukunft (2 bis 5 Jahre) ist durch diese Strukturen der Gegenwart weitgehend festgelegt. Versucht man aus dem Heute heraus die fernere Zukunft zu prognostizieren, dann nimmt der Einfluß der Gegenwartsstrukturen ab, und das Möglichkeitsspektrum öffnet sich wie ein Trichter. Dieser Trichter weitet sich exponentiell je weiter man in die Zukunft blickt. In der ganz fernen Zukunft wird nahezu alles möglich.

Die verschiedenen Zukunftsbilder für einen Zeitpunkt befinden sich auf der Schnittfläche durch den Trichter. Ein Entwicklungspfad (gestrichelte Linie), der durch die wirksamen Einflußfaktoren bestimmt ist, führt zu einem bestimmten Zukunftsbild (Szenario). Findet in diesem Szenario-Pfad ein Störereignis statt, das aufgrund seiner Auswirkungen die Entwicklung in eine andere Bahn lenkt (gepunktete Linie), dann entsteht ein neues Szenario. Beispiele historischer Störereignisse sind die Ölkrise 1973, die Revolution im Iran 1979 oder der Reaktorunfall von Tschernobyl 1986.

Das Trichtermodell verdeutlicht, daß man nicht von einer einzigen Zukunftsentwicklung ausgehen kann, sondern aufgrund der Variabilität der Einflußfaktoren viele unterschiedliche Zukunftsbilder denkbar und zu berücksichtigen sind.

Die Szenarien sollen deutlich unterschiedliche Konstellationen beschreiben. Die reale Zukunft wird sich zwischen diesen Fixpunkten einstellen.

2.2. Der Szenario-Prozeß im Überblick

Szenarien werden mit Hilfe der Szenariotechnik erarbeitet. Diese Methodik läßt sich durch folgende Charakteristika kennzeichnen:

- Ausgangspunkt ist eine gründliche Analyse der gegenwärtigen Situation, die zu einem Verständnis der Wirkungszusammenhänge führt.
- Für Einflußfaktoren mit unsicherer Zukunftsentwicklung werden sinnvolle alternative Annahmen getroffen.
- Die Szenarien werden als Pfadszenarien entwickelt; d. h. es wird nicht nur ein Zukunftszustand beschrieben, sondern auch der Weg aufgezeigt, der aus der Gegenwart heraus zu diesem Zukunftszustand hinführt.
- Bei der Entwicklung von Szenarien werden im voraus nicht erkennbare Ereignisse (Störereignisse), die Trendbrüche verursachen, berücksichtigt.
- Als Ergebnis werden mehrere alternative Zukunftsbilder vorgelegt, die in sich konsistent (stimmig) sind.

Die Szenariotechnik geht in acht Schritten vor (vgl. Abb. 2). Nach dem Vorgehensschema von Abbildung 2 lassen sich Szenarien für jedes abgrenzbare Thema (z. B. Märkte, Technologien, Regionen oder Länder, gesellschaftliche Felder, politische Entwicklungen) bzw. für jede Aufgabenstellung strategischen Charakters erarbeiten.

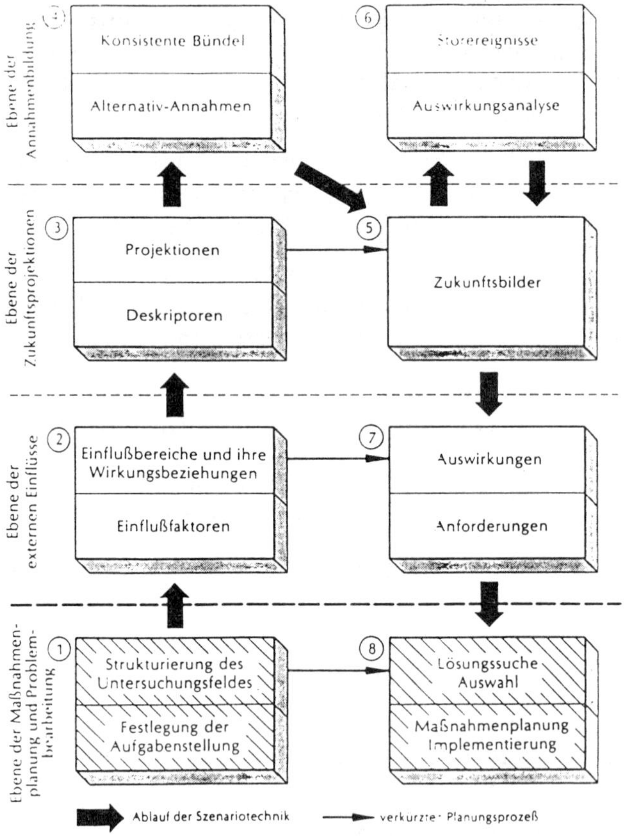

Abb. 2: Die acht Schritte der Szenariotechnik

2.3. Die Schritte der Szenariotechnik im einzelnen

Nach der abstrakten Darstellung der Szenariotechnik werden nachfolgend die einzelnen Schritte ausführlicher beschrieben.

1. Schritt: Strukturierung und Definition des Untersuchungsfelds bzw. der Planungsaufgabe

Als erstes muß eine exakte Beschreibung der Aufgabenstellung vorgenommen werden. Was ist Gegenstand der Untersuchung und was nicht? Hintergrundinformationen sind zu analysieren; Strukturmerkmale und ungelöste Probleme sind zu identifizieren. Ferner sollten Kenngrößen (Deskriptoren) bzw. Handlungsfelder ermittelt und ihr gegenwärtiger Zustand erfaßt werden. In diesem Schritt wird auch der Zeithorizont für die Szenarien festgelegt.

2. Schritt: Identifizierung und Strukturierung der Einflußfaktoren auf das Untersuchungsfeld

Alle externen Einflußfaktoren auf das Untersuchungsfeld werden gesammelt (ca. 30 bis 50 Einflußfaktoren), sortiert und zu Bündeln zusammengefaßt. Jeder Einflußbereich, d. h. jedes Bündel, erhält einen Oberbegriff. Die so strukturierten Einflußfaktoren werden hinsichtlich ihrer Wirkungsintensität bewertet.

Die Einflußbereiche bilden die Elemente einer Systemanalyse, in der die Wirkungszusammenhänge zwischen den Bereichen und dem Untersuchungsfeld ermittelt werden (Vernetzungsmatrix). Die systemanalytische Auswertung ermöglicht eine Reihung der Einflußbereiche nach ihrer treibenden Kraft im System. Die spätere Entwicklung der Szenarien folgt dieser hier gebildeten Reihenfolge.

3. Schritt: Ermittlung von Trends und von Alternativ-Deskriptoren

Für die ermittelten Einflußfaktoren werden Kenngrößen (Deskriptoren) formuliert. Die Deskriptoren sollen mindestens alle nach der Bewertung als wichtig erkannten Einflußfaktoren abdecken. (Die Zahl der Deskriptoren liegt meistens zwischen 15 und 35.) Durch die Deskriptoren sollten - soweit wie möglich - quantifizierbare Entwicklungen erfaßt werden. Der größte Teil der Einflußfaktoren ist jedoch meist qualitativer Art.

Auch dafür müssen Deskriptoren aufgestellt werden. Die Ausprägungen dieser Deskriptoren sind entweder Indexwerte (z. B. 1985 = 100; 1995 = 120) oder knappe beschreibende Aussagen (z. B.: "Technik wird zwar positiv bewertet, die Auswirkungen werden jedoch kritisch analysiert.").

Für alle Deskriptoren ist der Ist-Zustand zu kennzeichnen. Darauf aufbauend werden Projektionen für das Szenario-Zieljahr aufgestellt. Auf bekannte Prognosen und auf Expertenwissen ist zurückzugreifen. Für die meisten Deskriptoren werden sich klare, eindeutige Trends abzeichnen. Für eine Reihe von Deskriptoren, die Alternativ-Deskriptoren, wird sich herausstellen, daß unterschiedliche Entwicklungen eintreten könnten. In diesem Falle sollte kein Kompromiß gesucht werden, sondern die möglichen Entwicklungsverläufe sind als alternative Annahmen festzuschreiben. Diese Deskriptoren bezeichnen wir als Alternativ-Deskriptoren. Sowohl für die eindeutigen Projektionen als auch für die alternativen Annahmen sind einsichtige, plausible Begründungen anzugeben.

4. Schritt: Bildung und Auswahl alternativer konsistenter Annahmenbündel

Die unterschiedlichen Annahmen der Alternativ-Deskriptoren sind nicht alle miteinander verträglich. In diesem Arbeitsschritt werden die verschiedenen alternativen Annahmen zu in sich weitgehend stimmigen Bündeln zusammengefügt. Dazu wird ein Rechenalgorithmus eingesetzt. Das Rechenprogramm INKA geht von einer Matrix aus, in der die Ausprägungen aller Alternativ-Deskriptoren einander gegenübergestellt werden. Es wird abgeschätzt, welche Ausprägungen sich gegenseitig verstärken, welche neutral und welche widersprüchlich zueinander sind. INKA stellt daraus mehrere konsistente Annahmenbündel zusammen. Aus diesen Bündeln werden zwei bis drei Sätze nach den Kriterien "hohe Konsistenz" und "hohe Unterschiedlichkeit" ausgewählt. Sie bilden das Gerüst für die im nächsten Schritt zu formulierenden Szenarien.

5. Schritt: Ausarbeitung und Interpretation der ausgewählten Umfeldszenarien

Zu den ausgewählten Annahmenbündeln werden die in Schritt 3 erarbeiteten Projektionen der eindeutigen Deskriptoren hinzugefügt. Szenarien sollen aus der Gegenwart heraus entwickelt werden. Der gedankliche Sprung in die Zukunft sollte nicht zu weit greifen. Man geht in Zeitschritten - meist von fünf Jahren - vor. Zu jedem Zwischenzeitpunkt wird ein inhaltlicher Abgleich aller Szenarioausprägungen vorgenommen und im neuen Zeitabschnitt werden Reaktionen auf Entwicklungen in der vorangehenden Periode verfolgt. So entsteht ein vernetzter Entwicklungsablauf, der sich von der Gegenwart bis zum Szenario-Zieljahr erstreckt. Anschließend werden die Szenarien zu einer anschaulichen, spannend aufgemachten Story von ca. fünf bis acht Seiten ausformuliert.

6. Schritt: Einführung signifikanter Störereignisse und Auswirkungsanalyse

Ein Störereignis ist ein plötzlich auftretendes Ereignis, das vorher trendmäßig nicht erkennbar war und Trends in eine andere Richtung lenkt. Störereignisse müssen nicht unbedingt Katastrophen wie Erdbeben, Reaktorexplosionen, Tankerunfälle oder terroristische Anschläge sein, sondern es kann sich auch um positive Ereignisse wie politische Aussöhnungen, neue Medizintechniken, neue

Energiequellen u. ä. handeln. Zur Ermittlung von Störfällen werden Kreativitätstechniken angewandt.

In einer anschließenden Bewertung wird ermittelt, welche Ereignisse die Szenarien am stärksten beeinflussen und gleichzeitig eine hohe Eintrittswahrscheinlichkeit aufweisen. Die so ausgewählten signifikanten Störereignisse werden genau beschrieben, in die Szenarien eingeführt und ihre Auswirkungen verfolgt. So entstehen Varianten der Umfeldszenarien.

7. Schritt: Ausarbeiten der Untersuchungsfeld-Szenarien bzw. Ableitung von Konsequenzen für das Untersuchungsfeld

Für diesen Schritt gibt es zwei Vorgehensweisen: Wenn eine konkrete strategische Fragestellung vorliegt, genügt es in der Regel, aus den Umfeldszenarien direkt Konsequenzen abzuleiten, die sich in Gestaltungsideen umsetzen lassen. Bei Aufgaben allgemeineren Charakters ist es zweckmäßig, auch Szenarien für das Untersuchungsfeld auszuarbeiten; dies geschieht insbesondere bei veröffentlichten oder zum Kauf angebotenen Szenarien.

8. Schritt: Konzipieren von Maßnahmen

Dieser Schritt ist im engeren Sinne nicht mehr Gegenstand der Szenariotechnik. Andererseits sollte der Zweck der Erstellung von Szenarien im Auge behalten und die Umsetzung in die Planung von Anfang an im Arbeitsablauf eingeplant werden. Die an der Szenario-Erarbeitung beteiligten Personen sollten zur Maßnahmenkonzipierung möglichst direkt im Anschluß an den Prozeß herangezogen werden. Vieles Angedachte, zwischen den Zeilen des Protokolls stehende sowie das erlangte hohe Verständnis der Wirkungszusammenhänge kann so genutzt werden. Gruppenarbeit hat sich auch für diesen Schritt bewährt.

Die vorgestellten acht Schritte der Szenariotechnik stellen ein Grundschema des Vorgehens dar. Je nach Zielsetzung, Komplexität und verfügbaren Mitteln können unterschiedliche Methoden in den einzelnen Schritten eingesetzt werden. Entsprechend sind Abwandlungen, Grobversionen und erhebliche Vertiefungen möglich.

3. Der Einsatz von Szenarien

3.1. Strategische Planung der Unternehmen

Der Einsatz von Szenarien im Rahmen der strategischen Unternehmensplanung ist in verschiedener Weise möglich und sinnvoll. Szenarien können firmenspezifisch und für bestimmte Planungsaufgaben erarbeitet werden. Szenarien, die breiter angelegte Themen betreffen, sind teilweise als Studien von Instituten oder im Buchhandel erhältlich (z. B. Global 2000, World Politics, Freizeit im Jahre 2000). Auch diese Globalszenarien können für die strategische Planung wertvolle Inputs liefern.

Hier wird nur auf den Einsatz firmenspezifisch erstellter Szenarien eingegangen. Im folgenden werden die wichtigsten Anwendungen kurz dargestellt.[2]

1. Erstellung und Überprüfung des Unternehmensleitbildes

Bei der Formulierung eines Unternehmensleitbildes, das für einige Jahre tragfähig sein soll, sind Szenarien eine wichtige Grundlage. Das Leitbild ist so zu formulieren, daß es auch für die verschiedenen Szenarien Gültigkeit behält.

2. Entwicklung von Unternehmensstrategien

Grundsätzlich unterscheidet man die intuitive und die strukturierte Entwicklung von Strategien. Bei der intuitiven Auswertung liest man das einzelne Szenario, d. h. die 'Story', gründlich durch, verdeutlicht sich Zusammenhänge und versucht sich ganz in die Zukunftssituation hineinzuversetzen. Aus diesem Verständnis heraus werden strategische Überlegungen und Planungsansätze entwickelt.

Bei der strukturierten Auswertung geht man vom Satz der Deskriptoren des entsprechenden Szenarios aus und legt anhand einer Matrix Einflußwerte auf die Handlungsparameter fest, die für die strategische Aufgabe relevant sind. Es empfiehlt sich, zuerst die strukturierte und anschließend die intuitive Auswertung durchzuführen.

---

2 Vgl. hierzu ausführlicher: H. Geschka; R. Hammer: Die Szenario-Technik in der strategischen Unternehmensplanung, in: D. Hahn; B. Taylor (Hrsg.): strategische Unternehmensplanung. 2. Auflage. Würzburg - Wien 1983, S. 224 - 249.

3. Überprüfung verfolgter oder konzipierter Strategien

Jedes Unternehmen verfolgt gewisse Strategien. Außerdem werden neue Strategien entworfen und zur Diskussion gestellt. Die verschiedenen Strategien können in die Szenarien hineinprojiziert werden, um zu überprüfen, ob sie den darin enthaltenen Anforderungen entsprechen. Die Auswahl der zu realisierenden Strategie wird entsprechend der Risikobereitschaft der Unternehmensführung vorgenommen.

4. Ausgestaltung und Überprüfung von wichtigen Entscheidungen mit langfristiger Tragweite

Wurde die strategische Planung ohne Szenarien erstellt, sollten bei wichtigen Entscheidungen vor der Realisierung Szenarien ausgearbeitet werden. Die Entscheidung wird an den Szenarien überprüft. Auch bei der Ausgestaltung der Maßnahmen und der Kosten-Nutzen-Abschätzung sind diese Szenarien hilfreich.

5. Impulse für die operative Planung

Im System der rollenden Planung wird in der Regel das letzte Planungsjahr, das den Übergang zur ferneren Zukunft darstellt, aus den vorangehenden Jahren fortgeschrieben, d. h. aus der Gegenwart heraus projiziert. Dieses Planungsverhalten ist unzureichend. Es sollten in die operative Planung Impulse durch Zukunftsanalysen mit Szenarien hineingetragen werden.

6. Ergebnisse einer empirischen Untersuchung

Die Anwendung der Szenariotechnik in der betrieblichen Praxis wurde im Rahmen einer Befragung von 17 Großunternehmen untersucht.[3]

Von den 17 Unternehmen wenden 11 Unternehmen die Szenariotechnik an; 7 Unternehmen sind permanente Anwender geworden. Nur 3 Unternehmen erklärten, daß sie auch in Zukunft nicht mit der Szenariotechnik arbeiten wer-

3 Es wurden telefonisch Interviews bei Teilnehmern an den Seminaren über Szenariotechnik geführt. Die befragten Unternehmen wurden aus einer Liste von 43 Personen vorgenommen, die ein Seminar über Szenariotechnik, das in den Jahren 1986 und 1987 vermal durchgeführt worden war, ausgewählt. Nicht berücksichtigt wurden Vertreter von Beratungsunternehmen, öffentliche Einrichtungen sowie ausländische Unternehmen; bei mehreren Teilnehmern aus einem Unternehmen wurde derjenige identifiziert, der die kompetentesten Aussagen machen konnte. Es verblieben 24 Personen bzw. Unternehmen; davon konnten in der Zeit Oktober/November 1987 17 Personen telefonisch erreicht werden.

den. Diese hohe Akzeptanz der Szenariotechnik stimmt in der Tendenz mit den Ergebnissen anderer Befragungen überein: Eine vom Battelle-Institut 1981 in der BRD durchgeführte schriftliche Befragung ermittelte 46 % Anwender und 51 % Nicht-Anwender.[4] Von den Nicht-Anwendern befanden sich 31,7 % in der Überlegungsphase, die Szenariotechnik versuchsweise anzuwenden. Malaska führte 1984 in ganz Europa eine Erhebung durch; danach arbeiten 36 % der Unternehmen mit Szenarien.[5] In den USA wurde ein Verbreitungsgrad von rd. 50 % festgestellt.[6] Eine bereits Mitte der 70er Jahre weltweit angelegte Untersuchung kam zu dem Ergebnis, daß die Szenariotechnik unter den strukturierten nichtanalytischen Prognosemethoden den ersten Platz einnimmt.[7] Schwerpunktmäßig wenden kapitalintensive Branchen die Szenariotechnik an.[8]

Die mit der Szenariotechnik verfolgten Ziele betreffen das Erkennen, Beschreiben und Interpretieren von Einflußparametern, Zukunftsmechanismen, Prämissen und Problembereiche der strategischen Planung. Ein Teil der Unternehmen entwickelt seine Strategien mit der Szenariotechnik, ein Teil verwendet die Szenariotechnik als Vorstufe für die strategische Planung.

Teams von 4 bis 15 Personen erstellen ein bis vier Szenarien (Schwerpunkt: 3) mit einem Zeithorizont von 10 bis 20 Jahren. Die Teams arbeiten nach der hier vorgestellten Methode. Die Erarbeitung von Szenarien wird durch Kreativitätstechniken unterstützt.

Während die Erarbeitung von Szenarien durch Stabsmitglieder und Mittelmanager erfolgt, wird die anschließende Strategieauswahl durch Manager der obersten Ebene vorgenommen. Die Umsetzung wird verbessert, wenn Linienmanager in den Prozeß eingebunden sind.

Im allgemeinen sind die Anwender mit der Szenariotechnik zufrieden. Als wesentlicher Vorteil wird die Erhöhung der Flexibilität angesehen.

---

4 Vgl. Langer, W.: Die Verarbeitung von Informationen aus Szenarien in der strategischen Planung. Studienarbeit TH Darmstadt (1981) in Anlehnung an unveröffentlichte Daten des Battelle-Instituts, Frankfurt/Main.

5 Vgl. Malaska, P.; u.a.: Scenarios in Europe - Who uses them and why?, in: Long Range Planning. Vol 17, No 5, 1984, S. 45 - 49.

6 Vgl. Linnemann, R.G.;Klein, E.: The Use of Multiple Scenarios by U.S. Industrial Companies: A Comparison Study 1977 - 1981, in: Long Range Planning. vol 16, 1983, No 6, S. 4 - 101.

7 Vgl. McHale, T.: Machale, M.C.: An Assessment of Future Studies Worldwide, in: Futures. Vol 8, April 1976, S. 135 - 145.

8 Vgl. Linnemann/Klein und die eigene Befragung.

3.2. Szenarioanwendungen im öffentlichen Bereich

3.2.1. Planung staatlicher Maßnahmen und Programme

Szenarien können auch für staatliche Strategieüberlegungen und Planung von Maßnahmen eingesetzt werden. Beispiele dafür sind bekannt:

- Rohstoffe für die chemische Industrie (Diese Szenarien waren eine der Grundlagen des Rohstofforschungsprogramms der Bundesregierung)
- Als Grundlagen zur Erarbeitung des Programms 'Forschung und Technologie im Dienste der Gesundheit' wurden u. a. Szenarien erstellt.
- Szenario der Abfallwirtschaft
- Wohnbau-Szenario 1990
- Verkehr in Ballungsräumen
- Szenarien für den Regierungsbezirk Köln

Diese Szenarien wurden überwiegend als Studien durchgeführt. Die intensive Zusammenarbeit mit Behörden und anderen öffentlichen Institutionen ist nicht üblich und entspricht nicht den Vorstellungen der Auftraggeber.

Auch für die Umsetzung der Szenarien im öffentlichen Bereich hat sich keine spezielle Methodik herausgebildet. Natürlich ist die intuitive Auswertung möglich und wird wohl auch überwiegend angewandt. Im öffentlichen Bereich bietet sich jedoch die strukturierte Auswertung besonders an, da es sich hier häufig um große Projekte mit komplexen Wirkungszusammenhängen und langfristigen Auswirkungen handelt.

Szenarien können auch als Vorstufe volkswirtschaftlicher Modellrechnungen erstellt werden, um sicherzustellen, daß ein konsistenter Satz exogener Variablen herangezogen wird.

3.2.2. Szenariotechnik in der Technikfolgenabschätzung

Unter Technikfolgenabschätzung (TA) versteht man "... Untersuchungen, die darauf gerichtet sind, die Bedingungen und (potentiellen) Auswirkungen der Anwendung von Techniken systematisch zu erforschen und zu bewerten."[9]

9 Vgl. Paschen, H.: Technology Assessment Technologiefolgeabschätzung (TA), in: Agplan-Handbuch der Unternehmensplanung, AH, 33 I/88, S. 6.

Durch TA-Analysen sollen die Auswirkungen neuer Technologien in Wirtschaft und Gesellschaft in weiter Zukunft ausgelotet werden.

Die Denkmuster der TA-Methodologie und der Szenariotechnik weisen viele Gemeinsamkeiten auf: Zukunftsprojektionen sind vorzunehmen, auf Vollständigkeit des Faktorenbündels ist zu achten, Vernetzungen werden verfolgt. In TA-Analysen müssen Annahmen über zukünftige technische Entwicklungen und über zukünftige Veränderungen in den Umfeldbereichen getroffen werden. Es bietet sich an, hier die Szenariotechnik als integrierten Bestandteil einer TA-Untersuchung einzubauen. Ein Beispiel der integrierten Anwendung der Szenariotechnik im Rahmen einer TA-Analyse ist die Studie "Chancen und Risiken des Einsatzes von Expertensystemen".[10]

4. Bedeutung der Szenariotechnik

Die Schwierigkeiten bei der Anwendung der Szenariotechnik beruhen zum einen auf unzureichendem methodischen Wissen und damit verbundenen Unsicherheiten und Fehleinschätzungen, zum anderen auf einer mangelhaften Informationsbasis. Trotz dieser Probleme wird die Szenariotechnik von den Anwendern als wertvolles Instrumentarium beurteilt. Die befragten Unternehmen beabsichtigen, dieses Instrumentarium zukünftig in erweitertem Umfang einzusetzen.[11] Viele Nicht-Anwender werden in Zukunft die Szenariotechnik nutzen.

Wenn man sich in die Methodik der Szenariotechnik eingearbeitet hat, überwiegen deutlich die Vorteile. Es ist zu erwarten, daß diese Methodik im privatwirtschaftlichen wie auch im öffentlichen Bereich zunehmend angewendet wird und zu einem festen Instrument im Rahmen von Strategieentwicklungen wird.

---

10 Vgl. Schubert, I.; Krebsbach-Gnath, C.mit Potthoff, P.; Rothmund, M.: Chancen und Risiken des Einsatzes von Expertensystemen, München 1987, Sozialwissenschaftliche Reihe des Battelle-Instituts e.V., Bd. 11.

11 Vgl.: Eigene Befragung

3. Unternehmen und Gesellschaft

Ökologisch orientierte Unternehmensführung - Herausforderung für die Zukunft

von Ulrich Fischer und Stefan Weigand[1]

1. Einleitung

Unternehmen sind sozio-technische Systeme, die in einer Wechselbeziehung mit ihrem Umsystem stehen. Das Dilemma aus Sicht des Unternehmens ist dabei, daß das Umsystem sich nicht statisch verhält, sondern dynamisch und komplex ist.

Die ständige Veränderung des Umsystems erfordert auch Veränderungen der Unternehmen, dahingehend, daß zur Existenzsicherung Strategien zur Anpassung an das sich ändernde Umsystem und zur Komplexitätsbeherrschung entwickelt werden müssen.

Verfolgt man die für Unternehmen relevanten Rahmenbedingungen im Zeitablauf von der Nachkriegszeit bis heute, so stellt man fest, daß die Entscheidungsfelder an Komplexität zunahmen und somit die Aufgaben des Managements anspruchsvoller wurden. Im Groben lassen sich drei Phasen unternehmerischer Rahmenbedingungen unterscheiden:

In der ersten Phase (Nachkriegszeit) lag das entscheidende Problem in der Sättigung der bestehenden Nachfrage. Der maßgebliche Engpaßfaktor war lediglich das Kapazitätsproblem, d.h. es war schwierig, die bestehende Nachfrage zu befriedigen; von daher ist es allzu verständlich, daß in der optimalen Faktorkombination ein wichtiger - wenn nicht der wichtigste - Schritt zur Problemlösung gesehen wurde. Aus der komplexeren Umwelt in der zweiten Phase (ca. Ende der 60er Jahre) welche durch Marktsättigung, Internationalisierung der Märkte, Wertewandel, technischen Fortschritt und zunehmende Forderungen der Arbeitnehmervertretungen charakterisiert werden kann , erwuchsen neue, anspruchsvollere Aufgaben für das Management. Eine optimale Kombination der Produktionsfaktoren allein konnte diesem Entscheidungsfeld nicht mehr ge-

---

1 Dipl.-Kfm. Ulrich Fischer; Dipl.-Kfm. Stefan Weigand, Universität Trier, Fachbereich IV Betriebswirtschaftslehre, Postfach 3825, D- 5500 Trier

recht werden. Demzufolge kamen dem Management auch strategische Aufgaben zu. Kennzeichnend für diese Phase sind beispielsweise Marktsegmentierungsstrategien oder Beteiligungsorientierung.

Vieles deutet darauf hin, daß allmählich eine dritte Phase beginnt, in der das Entscheidungsfeld durch eine Verschärfung der ökologischen Krise eingeengt wird. Die Nichtberücksichtigung des ökologischen Umsystems, so lautet unsere zentrale These, wird in Zukunft die Erfolgssituation der Unternehmen in zunehmendem Maße beeinträchtigen.

Ziel des Aufsatzes ist es, die Rahmenbedingungen dieser dritten Phase zu beschreiben und aufzuzeigen, inwieweit in ausgewählten betriebswirtschaftlichen Funktionsbereichen Modifizierungen der Instrumente vorzunehmen sind, um dem an Komplexität angereicherten Entscheidungsfeld Rechnung zu tragen.

Der Aufsatz basiert auf der Annahme, daß es innerhalb der betrieblichen Funktionsbereiche eine Fülle von Maßnahmen gibt, die das Gewinnziel und das Ziel der Umweltfreundlichkeit miteinander verbinden können.

Zunächst sollen die Determinanten, die die Beachtung von Umweltschutzanforderungen zur Voraussetzung einer langfristigen Existenzsicherung machen, vorgestellt werden.

Im Anschluß daran wird aufgezeigt, welche Maßnahmen innerhalb der Funktionsbereiche Materialwirtschaft, Marketing und Personalwirtschaft zur Problemlösung geeignet sind.

2. Umweltschutz als Faktor einer langfristigen Existenzsicherung

Unternehmerisches Handeln muß, wenn es erfolgreich sein will, die für das Unternehmen relevanten Rahmenbedingungen des Umsystems erkennen und nach Möglichkeit zukünftige Entwicklungen antizipieren. Zu den relevanten Bedingungen des Umsystems gehören in zunehmendem Maße auch die Veränderungen der natürlichen Umwelt und die daraus resultierenden Konsequenzen.

Im folgenden soll hier auf vier wesentliche Faktoren eingegangen werden, die eine zunehmende Orientierung der Unternehmenspolitik an Bedingungen der ökologischen Umwelt notwendig erscheinen lassen.

2.1. Ressourcenverknappung und zunehmende Umweltverschmutzung

Steigende Nachfrage nach Rohstoffen hat natürliche Ressourcen zunehmend zu knappen Gütern werden lassen. Vor dem Hintergrund eines anhaltenden rapiden Bevölkerungswachstums ist ein Ende der exponentiellen Verbrauchsrate der Rohstoffe nicht in Sicht. Absehbar ist indes, daß existierende Rohstoffquellen versiegen werden. Diese Entwicklung wird nicht ohne Wirkung auf die Rohstoffpreise bleiben. Bei gleichbleibender bzw. steigender Rohstoffnachfrage werden die Ressourcenpreise steigen. Aufgabe einer strategischen Unternehmensführung wäre demnach, Lösungen ausfindig zu machen, die verhindern, daß die zu erwartende Rohstoffverteuerung zu einer zusätzlichen Kostenbelastung für das Unternehmen führt. Maßnahmen der Material- und Energieeinsparung, der Substitution von knappen durch reichlich vorhandene Ressourcen, der Wiedergewinnung von Inputs etc. kommen hier in Betracht.

Das Ausmaß der Umweltzerstörung nimmt zu. Die Folgen sind weitgehend bekannt: Wälder erkranken, sterben, werden großflächig gerodet; Ackerland und Böden sind vergiftet, das Wasser unserer Flüsse, Seen und Meere ist verunreinigt, die Verschmutzung unserer Luft ist beträchtlich, das Ozonloch weitet sich aus. Zahlreiche Tier und Pflanzenarten stehen kurz vor dem Aussterben bzw. sind bereits für immer von der Erde verschwunden. Tschernobyl, Bhopal, krebskranke Arbeitnehmer in der Asbestindustrie legen ein trauriges Zeugnis davon ab, daß auch der Mensch nicht von der Umweltbelastung verschont bleibt. Doch auch Unternehmen bzw. ganze Branchen können sich den negativen Konsequenzen der fortschreitenden Umweltzerstörung nicht entziehen: ein durch Wasserverschmutzung geförderter Wurmbefall von Nordseefischen brachte 1987 dem norddeutschen Fischhandel empfindliche Umsatzeinbußen; Algenplage und Badeverbote schrecken Touristen zurück und beeinträchtigen die Erträge der Fremdenverkehrsbranche; kranke Bäume, die zu früh gerodet werden müssen, führen der Forstindustrie große Verluste zu.

Fazit: Entscheidungsträger in Unternehmen sollten erkennen, daß auch ihr Unternehmen durch Umweltverschmutzung bedroht sein kann, wenn nicht heute, dann vielleicht morgen. Freiwilliges Engagement in Sachen betrieblicher Umweltschutz wird zu einer Strategie der langfristigen Existenzsicherung der Unternehmen.

2.2. Rechtlich-politische Rahmenbedingungen

Unternehmen, die eine vorausschauende betriebliche Umweltpolitik betreiben, können eher als sich defensiv verhaltende Unternehmen vermeiden, daß öffentliche Interventionen zu ökonomischen Dysfunktionalitäten führen. So können freiwillige Investitionen in Techniken zur Schadstoffreduzierung einer Anlage verhindern, daß Betriebe durch behördliche Auflagen plötzlich in Zeitdruck geraten und nicht mehr in der Lage sind, eine ökologisch und betriebswirtschaftlich optimale Lösung zu finden. (vgl. Wicke, L. 1988 S. 16 ff.)

Die gegenwärtig existierende staatliche Umweltschutzpolitik ist weitgehend eine Ordnungspolitik in Gestalt von Ge- und Verboten. Entwürfe der Regierungskoalition, aber auch der SPD zur "Ökologisierung der sozialen Marktwirtschaft" deuten jedoch darauf hin, daß in Zukunft in Ergänzung zu Ver- und Geboten vom Staat gesetzte wirtschaftliche Anreize für umweltbewußtes Verhalten an Bedeutung gewinnen werden. Regierungspläne zur Einführung einer Kohlendioxidabgabe, einer Deponieabgabe, einer Naturschutzabgabe für diejenigen, die Land zu Baumaßnahmen verbrauchen, Reformpläne zur Neuregelung des Umwelthaftungsrechts haben ebenso wie die SPD-Vorstellungen von einer Öko-Steuer zum Ziel, das knappe Gut Umwelt zu verteuern, und Unternehmer, aber auch Verbraucher davon zu überzeugen, mit dem kostbaren Gut Umwelt schonend umzugehen. Werden entsprechende Pläne in konkrete Maßnahmen umgesetzt, müssen "Umweltsünder zahlen, Umweltschützer sparen". (Die Niedersächsische Finanzministerin B. Breuel, zitiert nach: Matthiesen, K. 1989, S. 17).

2.3. Die Bedeutung eines veränderten Konsumentenverhaltens für Unternehmensentscheidungen

Betrachtet man allein die in den letzten fünf Jahren aufgetretenen Umweltskandale - z.B. Glykolskandal, Bruteierskandal bei Teigwaren, Tschernobyl- Katastrophe, Rheinverschmutzung durch Chemieunfälle etc. - so ist es wenig verwunderlich, daß mittlerweile im Bewußtsein der Konsumenten die Umweltproblematik einen hohen Rang eingenommen hat. (vgl. Anders, H.J. 1988, S. 7) Diese Tendenz wird durch die zunehmende Thematisierung ökologischer Probleme von Seiten politischer Parteien, Interessenverbänden und Medien verstärkt.

Die resultierenden Einstellungsänderungen der Konsumenten haben z.T. schon verhaltensrelevante Wirkungen. Deutlich wird dies beispielsweise am sinkenden Absatz phosphathaltiger Waschmittel bei gleichzeitig steigendem Absatz der phosphatfreien: "Wird der Markt Anfang 1986 noch von phosphathaltigen Universalwaschmitteln mit einem Marktanteil von nahezu 100% beherrscht, so liegt er Ende 1987 bei lediglich 37,6%." (ebenda S. 26) Eine ähnliche Tendenz läßt sich auch an der Substitution von Aerosolen (Sprays) durch umweltfreundlichere Produkte feststellen: Lag der Anteil der Aerosole bei Deoprodukten im Jahr 1978 noch bei 89,1%, so sank er bis zum Jahr 1987 auf 60,2%. Zudem läßt sich verstärkt beobachten, daß der Anteil der Sprays mit FCKW- haltigem Treibgas drastisch reduziert wurde. (vgl. ebenda S. 24)

Resümiert man diese Entwicklungen, so kann festgehalten werden, daß es in zunehmendem Maße schwieriger wird, umweltbelastende Produkte auf dem Markt abzusetzen, oder anders ausgedrückt: Unternehmen, die dem sich wandelnden Konsumentenverhalten in ihren Entscheidungen nicht Rechnung tragen, sind langfristig in ihrer Existenz bedroht. Demgegenüber erscheint es sinnvoll, sich ändernde Konsumentenentscheidungen antizipativ bei der Unternehmenspolitik zu berücksichtigen.

2.4. Drohende Imageverluste

Zu den wesentlichen Zielsetzungen eines Unternehmens zählt neben primär wirtschaftlichen Größen wie Gewinn, Umsatz und Marktanteil auch ein positives Image in der Bevölkerung. Dieses erfordert erheblichen kommunikationspolitischen Aufwand, der sich jedoch erst stark zeitverzögert bemerkbar macht. Demgegenüber besteht die Gefahr, bei Mißachtung von Umweltschutzauflagen, bei Störfällen, die die natürliche Umwelt beeinträchtigen (z.B. Rheinverschmutzung durch Sandoz am 1.11.86) oder beim Angebot schädlicher Produkte (z.B. Glykol-Wein) nahezu unmittelbar Imageverluste zu erleiden und in der Bevölkerung als Umweltsünder dazustehen. Solche Imageverluste können zentrale unternehmenspolitische Zielsetzungen tangieren (z.B. Umsatz- oder Gewinnziel). Hält man sich diesen Zusammenhang vor Augen, so erscheint es unabdingbar, die ökologischen Wirkungen des Leistungsprogramms in die Entscheidungen zu integrieren.

3. Ausgewählte Maßnahmen einer ökologisch orientierten Unternehmensführung

Gemäß der hier zugrundegelegten These, daß innerhalb der betrieblichen Funktionsbereiche zahlreiche Ansatzpunkte zur Reduzierung ökologischer Belastungen ohne negative Beeinträchtigung der Erfolgssituation bestehen, sollen nachfolgend beispielhaft Instrumente einer ökologieorientierten Unternehmenspolitik vorgestellt werden.

Ein Unternehmen läßt sich generell dadurch charakterisieren, daß Inputstoffe in Güter transformiert werden. Die Auswahl der Inputstoffe obliegt dem materialwirtschaftlichen Entscheidungsbereich. Der Markt, der die angebotenen Güter nachfragt, transformiert diese dann in Abfälle. Die Behandlung des Marktes ist dem Marketing-Entscheidungsbereich zuzuordenen. Beide Funktionsbereiche, Materialwirtschaft und Marketing, haben somit entscheidenden Einfluß auf die ökologischen Folgeerscheinungen des Leistungsprogramms und sind somit in diesem Aufsatz zu behandeln. Darüberhinaus ist es offensichtlich, daß sämtliche Erfolge einer ökologischen Unternehmenspolitik auch davon abhängen, inwieweit das Personal sensibel in bezug auf ökologische Problemstellungen reagiert. Dementsprechend sollen hier auch ökologiebezogene Perspektiven der Personalführung behandelt werden.

3.1. Ansatzpunkte einer ökologisch ausgerichteten Materialwirtschaft

Aufgabe der Materialwirtschaft ist es, möglichst kostengünstig "das für die Gütererzeugung benötigte Material in der erforderlichen Menge und Güte zur rechten Zeit am rechten Ort bereitzustellen." (Grochla, E. 1978 S. 18). Aus ökologischer Perspektive stellt die Materialwirtschaft in mehrfacher Hinsicht eine Herausforderung für das Unternehmen dar:

- Materie und Energie sind nur begrenzt verfügbar; die vom Unternehmen benötigten Ressourcen erschöpfbar. Zentrale Aufgabe einer ökologisch ausgerichteten Materialwirtschaft wäre es daher, "die Minimierung von Stoff- und Energieeinsätzen zur Ressourcenschonung und Umweltentlastung" voranzutreiben bzw. knappe Ressourcen durch reichlich vorhandene Materialien zu ersetzen. (Schreiner, M. 1988, S. 124 ff.)

- Nicht nur die Quantität, sondern auch die Qualität (stoffliche Zusammensetzung) der Inputfaktoren bestimmen die von einem Unternehmen ausgehenden Belastungen für Mensch und Natur. Aufgabe einer umweltschonenden Materialwirtschaft wäre demnach auch zu untersuchen, ob die Möglichkeit der Substitution von ökologisch bedenklichen durch ökologisch weniger belastende Einsatzstoffe besteht.

- Die Qualität der ins Endprodukt eingehenden Inputs bestimmen die Lebensdauer der Produkte. Unter ökologischen Aspekten sind kurzlebige ressourcenverschleißende, für den schnellen Konsum konzipierte Erzeugnisse abzulehnen. Auch hier ist die Materialwirtschaft tangiert: In Zusammenarbeit mit Lieferanten, Forschungs- und Entwicklungsabteilung und Marketingbereich müßten Materialien bereitgestellt werden, die im Interesse der Natur und der Verbraucher langlebige und damit ressourcenschonende Güter ermöglichen.

- Die Bereitstellung von Material umfaßt auch die Funktionen des (innerbetrieblichen) Transports und der Lagerung von Inputfaktoren. Die vom Transport der Materialien ausgehenden Umweltbelastungen fallen je nach Art der verwendeten Transportmittel und der benutzten Verkehrswege unterschiedlich hoch aus. Eine unsachgemäße Lagerung toxischer Stoffe kann Umweltverschmutzungen enormen Ausmaßes auslösen. Wird auf Lagerbestände nicht zurückgegriffen, sei es, weil die Nachfrage ausbleibt, sei es, weil infolge zu langer Lagerung die Materialbestände unbrauchbar geworden sind, hat dies den Effekt, daß "die Ausbeutung und (bei erfolgter Vorstufenveredlung) energetische Transformation von Rohstoffen .. vollends umsonst" waren. (Stahlmann, V. 1988, S. 188)

Hauptansatzpunkte für eine umweltbewußte Erweiterung der Materialwirtschaft liegen in den Bereichen Beschaffung, Transport und Lagerhaltung.

Im Beschaffungsbereich wäre z.B. zu prüfen, ob nicht knappe Inputs durch weniger knappe Inputs und/oder ob nicht umweltschädigende Materialien durch weniger umweltbelastende Stoffe ersetzbar sind. In einem ersten Schritt müßten hierzu im Rahmen einer "ökologischen Schwachstellenanalyse bzw. Bestandsaufnahme" die Einsatzstoffe stofflich energetisch erfaßt und auf ihre Umweltverträglichkeit hin untersucht werden. Schwierigkeiten bei der Erfassung des Istzustands dürften allerdings für all diejenigen Unternehmen auftreten, die aufgrund ihres Produktionsprogramms eine Vielfalt unterschiedlicher Materialien einzusetzen haben. Hier empfiehlt es sich, zuerst all diejenigen Einsatzstoffe zu analysieren, von denen zu erwarten ist, daß sie die Umwelt stark belasten. (vgl. ähnlich Schreiner, M. 1988 S. 125) Nach und nach könnte dann die Analyse auf weitere Einsatzstoffe ausgedehnt werden. Voraussetzung zur Durchführung einer ökologischen Schwachstellenanalyse ist, daß Kriterien zur Überprüfung der Umweltverträglichkeit der Stoffe bekannt sind. Eindeutige Beurteilungskriterien existieren jedoch nicht. Heranzuziehen sind etwa Kriterien wie umweltrechtliche Anforderungen (Grenzwerte, Verordnungen), gesellschaftliche Anforderungen, ökonomische Kennziffern, wie Produktivitätsverluste in Gestalt von Abfällen oder Abwärme oder das Ausmaß der Erschöpfung der Ressourcen. (vgl. die Beurteilungskriterien bei Stahlmann, V. 1989, S. 106) Als Informationsquellen kommen die Lieferanten der Materialien sowie externe Beratungsstellen in Betracht. (vgl. Stahlmann, V. 1988 S. 75). Letztere wären vor allem dann heranzuziehen, wenn die Lieferanten nicht über entsprechende Informationen verfügen bzw. sich scheuen, die Informationen bereitzustellen.

Auf der Grundlage der ökologischen Bestandsaufnahme sind im zweiten Schritt konkrete Maßnahmen zur Verbesserung der ökologischen Situation im Unternehmen zu ergreifen. Zunächst empfiehlt es sich, z.B. im Rahmen der ABC-Analyse einen "Prioritätenkatalog umweltbelastender Materialien" zu erstellen. (ders. 1989 S. 107 ff.)

Daran anschließend ist zu überprüfen, ob für die vorrangig zu ersetzenden Stoffe Alternativen existieren. Als Informationsquellen können hierzu interne Lieferantendateien, Bezugsquellenverzeichnisse sowie alternative Branchenverzeichnisse, die Informationen über umweltschonende Alternativprodukte, Herstellernachweise, Preisvergleiche etc. enthalten, herangezogen werden. (vgl. ders. 1988 S. 87)

Denkbar ist auch, mit bisherigen Lieferanten in Kontakt zu treten, um gemeinsam Problemlösungen zu finden. Falls keine Alternativstoffe über den Markt zu beziehen sind, können größere Unternehmen schließlich bei der Suche nach Substituten eigene Forschungs- und Entwicklungsabteilungen einschalten. Sind Alternativprodukte bzw. Alternativlieferanten vorhanden, ist unter Beachtung einzelwirtschaftlicher Kriterien (Preise und Qualität der Alternativstoffe, Zuverlässigkeit der Lieferanten, Länge der Bestellzeiten etc.) die Lieferantenauswahl zu treffen.

Denkbare Ansatzpunkte im Bereich des innerbetrieblichen Transports wären die Reduzierung von Energieverbrauch und Schadstoffbelastungen durch Minimierung der Transportwege und Einsatz schadstoffarmer und energiesparender Transportmittel, die Vermeidung von Leerfrachten beim Rücklaufverkehr sowie der Einsatz umweltschonender Transporthilfsmittel wie Container und Paletten. (vgl. Schreiner, M. 1988 S. 122 f.). In vielen Unternehmen ist man mittlerweile bemüht, aus Gründen der Kostenreduzierung die Lagerbestände zu verringern. Angestrebt wird, möglichst fertigungssynchron die erforderlichen Materialien vom Lieferanten anliefern zu lassen. Sofern eine derartige Politik nicht zu einer Vergrößerung der Lagerbestände beim Lieferanten führt, ist sie aus ökologischer Sicht zu begrüßen.

Neben der Bestandsminimierung sind der Einsatz ökologisch unbebedenklicherer Betriebsmittel, der umweltgerechte Bau von Speziallagern sowie die optimale Flächennutzung weitere Ansatzpunkte einer umweltschonenden Lagerhaltungspolitik.

Möglichkeiten einer ökologischen Umstrukturierung der Materialwirtschaft sind vorhanden; dies sollte dieser Abschnitt verdeutlichen. Gleichwohl sind einer Politik der ökologischen Erweiterung der Materialwirtschaft enge Grenzen gesetzt. Analysen zu ökologischen Schwachstellen im Materialwirtschaftsbereich setzen zum einen die Existenz ökologischer Informationssysteme und zum anderen technische und naturwissenschaftliche Detailkenntnisse der in der Materialwirtschaft beschäftigten Personen bzw. der Lieferanten voraus. Praktikable Informationssysteme existieren zur Zeit noch nicht; den Beschäftigten und den Lieferanten fehlt in der Regel das erforderliche Wissen. Die Heranziehung externer Spezialisten stößt infolge zusätzlich anfallender Kosten schnell auf ökonomische Grenzen. Hinzu kommt, daß ökologisch sinnvolle und technisch machbare Innovationen oft sehr teuer sind und sich zumindest kurzfristig nicht amortisieren. Viele Unternehmen, insbesondere kleinerer und mittlerer Größenordnung, sind vertraglich langfristig an Lieferanten gebunden und können nicht einfach auf Alternativlieferanten ausweichen. Eine weitere Barriere besteht schließlich darin, daß technisch/naturwissenschaftliche Lösungen zur ökologischen Optimierung der Materialwirtschaft vielfach nicht in Aussicht stehen.

3.2. Ökologisch orientiertes Marketing

Ein geeigneter Ansatzpunkt einer ökologisch orientierten Unternehmenspolitik kann in einer entsprechenden Behandlung des Marktes gesehen werden. Der Markt ist einerseits Aufnahmemedium für die im betrieblichen Leistungsprozeß erstellten Güter, andererseits aber auch Lieferant von Abfallstoffen an die natürliche Umwelt, er transformiert also Güter in Abfälle. Eine ökologisch orientierte Marktbehandlung müßte demnach das Ziel verfolgen, diesen Transformationsprozeß zugunsten der natürlichen Umwelt zu beeinflussen. Dieser zunächst sehr abstrakt anmutenden Forderung kommt die Tatsache entgegen, daß die Marktteilnehmer in zunehmendem Maße eine Sensibilität für ökologische Probleme entwickeln, und diese z.T. schon in konkretes Kaufverhalten umgemünzt wird. Anders ausgedrückt: die Beeinträchtigung der natürlichen Umwelt provoziert auch Veränderungen der Aufgabenumwelt. Das Erkennen dieses Zusammenhangs ist Grundvoraussetzung für ein ökologisch orientiertes Marketing. Grundsätzlich ist auch anzuführen, daß ein ökologisch orientiertes Marketing zu einem erhöhten Wissensbedarf für die Entscheidungsträger führt: Neben einem ohnehin schon komplexen Marketing-Informationssystem sind Informationen über die ökologischen Wirkungen der Produkte und Dienstleistungen zu beschaffen. Dies wiederum führt zu einer Beeinträchtigung der Kostensituation im Unternehmen.

Generell lassen sich zwei Basisstrategien unterscheiden, die der wachsenden Komplexität des Entscheidungsfeldes in mehr oder weniger großem Ausmaß Rechnung tragen:

- ein eher passives Verhalten, welches lediglich ein ständiges Reagieren auf sich ändernde Auflagen oder Konkurrenzmaßnahmen impliziert, sowie
- ein aktives Verhalten - auch Öko-Strategie genannt -, in welchem Umweltschutz als Wachstumsvoraussetzung begriffen und "a priori bei den Planungsüberlegungenin allen Unternehmensbereichen berücksichtigt wird." (Meffert, H. u.a. 1986. S. 148)

Das erstgenannte Verhalten engt durch das erforderliche ständige Reagieren die Flexibilität des Unternehmens in starkem Maße ein; vernachlässigt werden hierbei wesentliche, die strategische Komponente von Entscheidungen tangierende Elemente:

- die Interpretation von Umweltentwicklungen als Chance oder Risiko für das Entscheidungsverhalten
- zukünftige Erfolgspotentiale bei der Auseinandersetzung mit der Konkurrenz
- Analysen der spezifischen Stärken und Schwächen des Unternehmens
- aus dem Verhalten des Unternehmens und der Konkurrenz resultierende Konsequenzen. (vgl. ausführlicher: Schertler, W. 1988, S. 97 ff.)

Nur eine aktive Öko-Strategie kann den Grundsätzen einer strategischen Unternehmensführung gerecht werden. (Zu den Grundsätzen strategischer Unternehmensführung: vgl. ebenda S. 99)

Die Analyse der relativen Stärken und Schwächen des Unternehmens gegenüber der Konkurrenz (interne Faktoren) sowie die Ermittlung der markt- und umweltbezogenen Chancen und Risiken (externe Faktoren) bilden hierbei den Ausgangspunkt. (vgl. Meffert, H. u.a. 1986 S. 144 sowie Meffert, H. 1988, S. 32 ff.) Als wichtige externe Faktoren können die unter Punkt 2. aufgeführten Rahmenbedingungen betrachtet werden. Zu den internen Faktoren zählen finanzielle Restriktionen, Aufgeschlossenheit des Managements, Charakteristik des Leistungsprogramms sowie technisches Know-Hcw. (vgl. ebenda)

Strategien lassen sich sinnvollerweise auf den relativen Stärken gegenüber der Konkurrenz aufbauen. "Relative Schwächen weisen auf Stärken des Konkurrenten hin und müssen wettbewerbsneutral gehalten werden." (Schertler, W. 1988 S. 99)

Eine aktive, ökologieorientierte Unternehmenspolitik muß schon bei der Festlegung der Unternehmensziele grundlegende Erweiterungen vornehmen. Hierbei auftretende Zielkonflikte, wie z.B. höhere Kosten durch ökologiegerechte Produktionsverfahren stellen eine entscheidende Restriktion ökologieorientierten Managements dar. Die Tatsache, daß jedoch ein "möglichst frühzeitiges Eingehen auf ökologische Forderungen .. eine Verschärfung der Umweltgesetze verhindern" kann, daß "durch die dauerhafte Mißachtung ökologischer Forderungen der Öffentlichkeit und umweltbewußter Konsumenten die Gewinnsituation durch Kaufzurückhaltung bzw. Markenwechsel oder durch einen Konsumboykott empfindlich verschlechtert" wird, und daß mit dem Angebot umweltfreundlicher Produkte Innovationspotentiale erschlossen werden können, läßt die Bedeutung ökologischer Zielsetzungen steigen. (Meffert, H. u.a. 1986 S. 148)

Bei der Zielgruppenabgrenzung im Rahmen der strategischen Planung muß zusätzlich beachtet werden, daß durch die Berücksichtigung ökologischer Kriterien bestehende homogene Zielgruppen in heterogene Teilgruppen zergliedert werden können. Darüberhinaus sind bei der Strategiefestlegung auch aktuelle und zukünftige Konkurrenzstrategien in die Entscheidungen miteinzubeziehen. (vgl. Meffert, H. 1988 S. 33) Die ökologieorientierten Marketingstrategien bedürfen letztlich einer konkreten Umsetzung im Rahmen eines umgestalteten Marketing-Mix, indem bei jedem Entscheidungsfeld ökologische Kriterien zu berücksichtigen sind.

Im Rahmen der **Produktpolitik** empfiehlt sich eine ökologische Ausrichtung des Produkts (Schadstoffarm/-frei, geringe Umweltbeanspruchung durch Nutzung z.B. bei phosphatfreien Waschmitteln), der Produktherstellung (minimierte Stoff- und Energieeinsätze, Substitution knapper Rohstoffe, Minimierung von Abfällen und Emissionen bei der Produktion) und der Entsorgung (Entwicklung von recyclingfähigen Produkten und neuen Recyclingmöglichkeiten). Darüberhinaus ist auf eine hohe Nutzungsqualität zu achten (z.B. durch Verzicht auf geplante Obsoleszenz, durch verbesserte Wartungsfreundlichkeit etc.) (vgl. Schreiner, M.: Neuorientierung ... S. 8)

Distributionspolitische Aktivitäten liegen insbesondere in der Schaffung von Rückkanälen (Retrodistribution) z.B. durch Substitution von Wegwerfbehältern durch Pfandflaschen und in der Nutzung umweltfreundlicher Transportmittel. (vgl. Meffert, H. u.a. 1986, S. 154)

Auch bei der **Preisgestaltung** sollte die Umweltverträglichkeit und Ressourcenknappheit des Leistungsprogramms berücksichtigt werden. Mögliche Maßnahmen sind Preisdifferenzierung, dahingehend daß in umweltbewußten Marktsegmenten ein höherer Preis gefordert wird, oder Mischkalkulation zugunsten umweltfreundlicher Produkte. (vgl. ebenda)

Die umweltfreundliche Gestaltung von Produkt und Absatzkanal sowie eine ökologisch orientierte Kontrahierungspolitik sind erst dann sinnvoll, wenn der Konsument über diese ökologischen Vorzüge informiert ist. Der **Kommunikationspolitik** kommt mithin eine wesentliche unterstützende Aufgabe zu.

Kommunikationspolitische Maßnahmen, die lediglich auf zweifelhafte, geringfügige ökologische Vorteile des Produkts hinweisen, ohne daß die Produktpolitik explizit einer ökologischen Ausrichtung unterzogen wurde, sind nicht in den hier behandelten Rahmen einer Öko-Marketingstrategie einzuordnen und viel eher als ein kurzfristig opportunistisches hard-selling zu verstehen. Geeignete Maßnahmen sind:

- Steigerung der Bekanntheit ökologischer Probleme
- Informationen über umweltfreundliche Produkte/Verfahren
- umweltgerichtete Verkaufsförderung
- Informationen über ökologische Wirkungen des Leistungsprogramms
- ökologiebezogene P.R.-Aktionen (vgl. ebenda)

Eine durchdachte ökologieorientierte Marketingkonzeption kann durchaus die Güter-Abfall-Transformation des Marktes zugunsten der natürlichen Umwelt beeinträchtigen und gleichzeitig eine langfristige Existenzsicherung des Unternehmens begünstigen.

3.3. Maßnahmen einer ökologisch orientierten Personalführung

"Soll ein Unternehmen mit eingefahrenen Organisationsformen und Abläufen auf den Kurs umweltorientierter Unternehmensführung gebracht werden, so bedeuten dessen Mitarbeiter das größte Risiko, aber auch die größte Chance für das Gelingen." (Winter, G. 1988 S. 102)

In der Tat: Arbeitnehmer können sparsam oder verschwenderisch mit Material umgehen, wenig oder viel Energie und Wasser verbrauchen, Umweltschutzvorschriften be- oder mißachten, sachgemäß oder unsachgemäß Abfälle behandeln, Störfälle unverzüglich melden/beseitigen oder ignorieren, Umweltschutzideen entwickeln oder dem Gedanken des Umweltschutzes desinteressiert gegenüberstehen. Soll eine aktive betriebliche Umweltschutzpolitik auch vom Erfolg gekrönt sein, ist es daher unabdingbare Voraussetzung, daß vorbereitend und flankierend die Mitarbeiter in Richtung eines umweltorientierten Bewußtseins und Verhaltens gelenkt werden.

Eine wichtige Aufgabe kommt hier der betrieblichen Informations- und Aufklärungspolitik zu. Informations- und Aufklärungsmaßnahmen sind mit dem Ziel zu ergreifen, bei den Beschäftigten Sensibilität für Umweltschutzbelange generell zu wecken, sie von der Notwendigkeit eines betrieblichen Umweltschutzes zu überzeugen und darauf hinzuwirken, daß die Beschäftigten sich mit den betrieblichen Umweltschutzzielen identifizieren. Welche konkreten Maßnahmen im Unternehmen einzusetzen sind, ist unter anderem davon abhängig,

- welche Zielgruppe sensibilisiert werden soll (Manager, Angestelle, gewerbliche Arbeitnehmer, Auszubildende etc.)
- wie ausgeprägt bereits das Umweltbewußtsein der einzelnen Zielgruppen ist,
- wieviele finanzielle und zeitliche Ressourcen zur Verfügung stehen und
- ob im Unternehmen Informationskanäle existieren, die zur Aufklärung der Mitarbeiter in Sachen Umweltschutz genutzt werden können.

Unter Beachtung dieser Bedingungen müßte das Unternehmen seine individuellen Informations- und Aufklärungsstrategien zusammenstellen. Um dabei eine breite Akzeptanz zu sichern, und weil betrieblicher Umweltschutz zentrale Arbeitnehmerinteressen tangiert, sollten entsprechende Strategien in »vertrauensvoller Zusammenarbeit« gemeinsam von Unternehmensleitung und Betriebsrat entwickelt werden. Denkbar sind etwa Aufklärungskampagnen an

Schwarzen Brettern, Einführung von Umweltrubriken in Betriebszeitungen und Mitteilungsblättern des Betriebsrats, Durchführung von Exkursionen in "ökologisch vorbildlichen Betrieben", Nutzung des Angebots von betriebsexternen Weiterbildungsmöglichkeiten, Entwicklung betriebsinterner Fortbildungskurse. (vgl. weitere Beispiele bei Winter, G. a.a.O. S. 102 ff.)

Einen weiteren erfolgversprechenden Ansatzpunkt im Rahmen einer "ökologisch ausgerichteten Personalführung" sehen wir darin, die Kreativität und das Wissen der Arbeitnehmer für die Entwicklung und Umsetzung von Innovationen auf dem Gebiet des Umweltschutzes zu nutzen. Ziel dieses Maßnahmenbereiches wäre es, die Beschäftigten als "Promotoren des Umweltschutzes" zu gewinnen. Der Einsatz von Techniken zur Nutzung des Kreativitäts- und Wissenspotentials der Arbeitnehmer ist nichts Neues. Viele Unternehmen können auf z.T. langjährig bewährte Verfahren zurückgreifen. Die wohl bekanntesten sind das lange Tradition besitzende Betriebliche Vorschlagswesen (BVW) und die seit geraumer Zeit sich auf dem Vormarsch befindlichen Qualitätszirkel (QZ).

Ca. 95% aller Großunternehmen und ca. 10% aller Klein- und Mittelbetriebe in der Bundesrepublik Deutschland besitzen ein BVW. (vgl. Wilhelms, W. 1981, S. 17)

Dabei handelt es sich um "eine betriebliche Einrichtung - dauerhaft oder temporär - zur Förderung, Begutachtung, Anerkennung und Verwirklichung von Verbesserungsvorschlägen (VV) der Arbeitnehmer." (Thom, N. 1979 Sp. 2223)

In der Regel existieren im Rahmen des BVW folgende Organe:

- der BVW-Beauftragte, dem die Aufgabe obliegt, eingereichte VV ordnungsgemäß und sachgerecht im Sinne der Beteiligten abzuwickeln,
- der BVW-Gutachter, dessen Aufgabe darin besteht, die eingereichten VV zu beurteilen,
- der BVW-Ausschuß, der über die Annahme bzw. die Ablehnung der VV entscheidet, Prämien ermittelt, sowie Sonderaktionen und Werbemaßnahmen plant und durchführt und
- die BVW-Einspruchsstelle, an die sich Einreicher von VV richten können, falls sie gegen die Entscheidung des BVW-Ausschusses Einspruch erheben wollen.

Folgende Bedingungen müßten unseres Erachtens erfüllt sein, damit das BVW gezielt als Problemlösungstechnik im Bereich des betrieblichen Umweltschutzes einsetzbar ist:

- zusätzlich zu ihrer fachlichen Qualifikation müssen die Gutachter über ein entsprechend ausgereiftes Umweltbewußtsein verfügen. Dies gilt auch für die Mitglieder des BVW-Ausschusses und der BVW-Einspruchsstelle. Nur so kann sichergestellt werden, daß Vorschläge zur Verbesserung des betrieblichen Umweltschutzes eine reelle Chance auf Annahme haben.

- Um den Beschäftigten einen Anreiz zu bieten, daß BVW zur Einreichung von VV aus dem Bereich des Umweltschutzes zu nutzen, müßten für entsprechende Vorschläge relativ hohe Prämien in Aussicht gestellt werden. Bei VV mit errechenbaren Nutzen für das Unternehmen dürfte dies relativ unproblematisch sein: Die Höhe der Kosteneinsparung kann als Bemessungsgrundlage für die Prämienhöhe herangezogen werden, wobei der Prämiensatz höher anzusetzen wäre als für einen VV ohne ökologischen Vorteil. Schwierigkeiten der Prämienfestsetzung ergeben sich allerdings für VV, denen kein errechenbarer Vorteil für das Unternehmen gegenübersteht. Wie hoch soll z.B. die Prämie ausfallen, wenn die Realisierung eines VV dazu führt, daß vormals nach außen dringende Geräusche oder Gerüche vermieden werden? Entsprechende Vorschläge "sollten mit einer gewissen Großzügigkeit bewertet werden; eventuell könnte man Sonderprämien zahlen .. " (Schmitz, P. 1986, S. 81)

Neben dem BVW werden in Groß- und Mittelbetrieben zunehmend auch QZ als Problemlösungs- und Innovationstechniken eingesetzt. Hierbei handelt es sich um

"- eine Serie von freiwilligen, regelmäßig durchgeführten und moderierten Gesprächsrunden in kleinen Gruppen,

- deren Teilnehmer Probleme bzw. Schwachstellen des eigenen Arbeitsbereiches identifizieren und analysieren,

- über Lösungsmöglichkeiten diskutieren sowie Empfehlungen erarbeiten und präsentieren,

- mit dem Ziel, diese auch vorrangig unter ihrer Beteiligung umzusetzen." (Domsch, M. 1985, S. 428)

Nichts spricht dagegen, QZ auch zur Identifikation ökologischer Schwachstellen und zur Entwicklung entsprechender Lösungsansätze zu nutzen, oder gar ausschließlich auf betriebliche Umweltschutzbelange zugeschnittene »Umweltschutzzirkel« ins Leben zu rufen. (die Einrichtung von »eco-quality circles« zieht auch Pfriem in Betracht: vgl. Pfriem, R. 1989, S. 45)

Mögliche Bedenken aus Arbeitnehmersicht gegenüber QZ könnten aus dem Weg geräumt werden, wenn von vornherein Betriebsräte bei der Planung und Durchführung entsprechender Konzeptionen gleichberechtigt beteiligt würden. (zur Kritik von QZ aus Arbeitnehmersicht vgl. Breisig, Th. 1988)

4. Konsequenzen für die Betriebswirtschaftslehre

Wenngleich die Bwl - wie oben dargestellt - einige Ansätze zur Lösung ökologischer Probleme bereitzustellen geeignet ist, läßt sich dennoch feststellen, daß sie sich bislang nur allmählich und halbherzig mit ökologischen Fragestellungen auseinandersetzt. Da ein Handeln gemäß ökologischen Anforderungen für das langfristige Überleben von Unternehmen eine Notwendigkeit darstellt, muß sich die Bwl konsequenterweise dieser Problematik verstärkt annehmen. Insbesondere sollten Entscheidungsbereiche ausfindig gemacht werden, in denen zwischen ökonomischer und ökologischer Rationalität Konsens herzustellen ist. Gemeint sind alle Bereiche, in denen die Durchführung von Umweltschutzmaßnahmen zur Kostensenkung führen bzw. kostenindifferent sind und/oder die Erlössituation positiv beeinflussen können.

Es wurde bereits darauf hingewiesen, daß es keine praktikablen Informationssysteme zur Erfassung ökologischer Wirkungen des betrieblichen Leistungsprozesses gibt. Aus diesem Defizit läßt sich ein weiterer Forschungsbedarf für die Bwl ableiten.

Forschung darf nicht reiner Selbstzweck sein. Das durch Forschung produzierte Wissen soll vielmehr Entscheidungsträgern in Betrieben zur Verfügung gestellt werden. Deshalb ist es von besonderer Bedeutung, daß ökologische Erkenntnisse der Betriebswirtschaftslehre einerseits in den Lehrbetrieb integriert werden und andererseits der Dialog zwischen Wissenschaft und Praxis intensiviert wird.

Literatur

Anders, H.J.: Marketing und Umwelt. Herausforderungen und Chancen für neue Dienstleistungen und Produkte. Texte und Referate auf dem siebten Unternehmergespräch im Verlagshaus Axel Springer am 3. März 1988 in Berlin. Berlin 1988, S. 7-30.

Breisig, Th.: It's Team Time: Kleingruppenkonzepte in Unternehmen. Eine Einschätzungs- und Handlungshilfe für Interessenvertreter und Arbeitnehmer. Arbeitspapier Trier 1988.

Domsch, M.: Qualitätszirkel - Baustein einer mitarbeiterorientierten Führung und Zusammenarbeit, in: Zeitschrift für betriebswirtschaftliche Forschung, Heft 5 1985, S. 428-441.

Grochla, F.: Grundlagen der Materialwirtschaft. Das materialwirtschaftli che Optimum im Betrieb, 3. Aufl. Wiesbaden 1978.

Matthiesen, K.: Politische Orientierungen für eine umweltveträgliche Unternehmenspolitik, in: future-forum 1988. Von der Öko-Bilanz zum Öko-Controlling. Chancen umweltorientierter Unternehmenspolitik, Lengerich 1989, S. 11-25.

Meffert, H.,Bruhn, M.,Schubert, F.,Thomas, W.: Marketing und Ökologie - Chancen und Risiken umweltorientierter Absatzstrategien im Unternehmen, in: Die Betriebswirtschaft, Heft 2 1986, S. 140-159.

Meffert, H.: Quantensprünge durch Öko-Marketing, in: Innovatio, Heft 5/6 1988, S. 32-34

Pfriem, R.: Die Öko-Bilanz - Ein betriebliches Informationssystem, in: future-forum 1988 a.a.O. S. 35-47.

Schertler, W.: Unternehmensorganisation, München 1988

Schmitz, P.: Bewertung von VV, die dem Umweltschutz dienen (weniger Abfasserfracht, weniger Abluft, weniger Lärm etc.), in: Betriebliches Vorschlagswesen Heft 2 1986, S. 80 f.

Schreiner, M.: Umweltmanagement in 22 Lektionen.Ein ökonomischer Weg in die ökologische Wirtschaft. Wiesbaden 1988

Stahlmann, V.: Öko-Controlling in einer integrierten Materialwirtschaft, in: future-forum 1988, a.a.O. S. 101-112

ders.: Umweltorientierte Materialwirtschaft. Das Optimierungskon zept für Ressourcen, Recycling und Rendite, Wiesbaden 1988

Thom, N.: Vorschlagswesen, betriebliches, in: HdP, 1979, Sp. 2223-2236

Wicke, L.: Wer sich zuerst bewegt, gewinnt, in: Gabler's Magazin. Betriebswirtschaft für Manager, Nr. 5/88, S. 14-19

Wilhelms, W.: Der Einsatz des betrieblichen Vorschlagswesens, in: Personalwirtschaft Nr. 11/81, S. 17-21

Winter, G.: Das umweltbewußte Unternehmen. Ein Handbuch der Betriebsökologie mit 22 Check-Listen für die Praxis, München 1988

Ein Modell zur ganzheitlichen Innovation

von Peter Oertli-Cajacob[1]

1. Einführung und Zielsetzung

Vor allem im deutschsprachigen Raum herrscht in zunehmendem Mass ein primär von Ökokatastrophen geprägtes Klima der Orientierungsschwäche und des Kulturpessimismus. Die Errungenschaften unserer von der Technik geprägten Zivilisation werden immer mehr in Frage gestellt. Kritische Einstellungen gegenüber Wissenschaft und Technik, wachsende Antipathie gegen die zunehmenden Einflüsse der Grosskonzerne und Grosstechnologien sowie die Flucht in vereinfachende Welt- und Feindbilder sind Ausdruck dieser Haltung und beeinflussen entsprechend die Handlungsweise breiter Bevölkerungskreise.

Wir beobachten aber nicht nur Ängste, die ihre Ursprünge in der Aussenwelt haben. Aggressive oder verschlossene, nicht kommunikationsfähige Führungskräfte und spannungsgeladene Gruppierungen blockieren in vielen Organisationen eine konstruktive Zusammenarbeit und dadurch längst fällige Reformen und Innovationen. Wie lässt sich dabei eine Resignation bei den kreativen und innovativen Mitarbeitern verhindern? Wie lassen sich Konflikte begreifen, und wie können motivierte Teams entwickelt werden?

Mittels eines publizistischen Experimentes wurde versucht, diese komplexen ethischen, wirtschaftlichen, technologischen und psychologischen Zusammenhänge ganzheitlich darzustellen, um daraus konstruktive Schlussfolgerungen zu ziehen und damit einen Beitrag zur Verbesserung der heutigen Situation zu leisten.

Mit 35 Perspektiven eines breiten Spektrums von insgesamt 38 europäischen Persönlichkeiten, bestehend aus 11 Wirtschaftsführern, vom Jungunternehmer bis zum Grossindustriellen, 8 Wissenschaftlern, 6 Politikern (innen), 4 Wirtschaftsberatern, 3 Publizisten, 3 Theologen, einer Psychologin, einem Psychologen und einem Divisionär, wurden sich zum Teil auch widersprechende

---

1 Dr. Peter Oertli-Cajacob, Partner der SCG St.Gallen Consulting Group Zürich-Glattbrugg, Schaffhauserstr. 134, CH-8152 Glattbrugg

Lösungsansätze in Form von Thesen und Antithesen zur Überwindung der pessimistischen Stimmung aufgezeigt.

Der Initiator des Experimentes übernahm dabei anschliessend die Aufgaben der Zusammenfassung, der Synthese und der gegenseitigen Vernetzung der zunächst isoliert aufgezeigten Perspektiven.

2. Einblick in die Methodik

Besondere Aufmerksamkeit galt einer möglichst ausgewogenen und objektiven Behandlung der Thematik. Es wurden deshalb Autoren der verschiedensten gesellschaftlichen Standorte und Blickrichtungen eingeladen, sich zum Thema "Innovation statt Resignation" aus ihrer persönlichen Sicht zu äussern. Detailthemen wurden, mit wenigen Ausnahmen, bewusst nicht vorgegeben. Die Autoren waren somit frei, sich zu einem Teilthema ihrer Wahl zu äussern. Um "unproduktive" Diskussionen und Emotionen zu vermeiden, wurden keine Autoren mit realitätsfremden Extremstandpunkten, d.h. weder total "Aussteiger" (zurück zur Natur oder zur Droge) noch "blinde" Technokraten gewählt, sondern durchwegs verantwortungsvolle Persönlichkeiten mit einer vertretbaren ganzheitlichen Perspektive.

Um die komplexe Thematik zu strukturieren, wurde ein offenes Modell zur ganzheitlichen Innovation definiert. Dazu dienen Subsysteme auf drei Ebenen, die in sich und nach aussen vernetzt sind (siehe Abb. 1):

- die Meta-Ebene "Werte, Normen, Glaube"
- die Makro-Ebene "Technologie, Wirtschaft, Gesellschaft"
- die Mikro-Ebene "Individuum, Gruppe, Organisation"

Jede dieser drei Ebenen ist in sich nochmals in 2 Teil-Ebenen unterteilt, in der "dominierende Subsysteme" hierarchisch übergeordnet werden. So dominieren:

- in der "Metaebene" das Subsystem "Glaube",
- in der "Makroebene" das Subsystem "Gesellschaft" und
- in der "Mikroebene" das Subsystem "Organisation".

Dadurch entsteht das in Abb. 1 dargestellte Gedankenmodell mit insgesamt 6 Teilebenen, in welchen grundsätzlich jedes Subsystem mit jedem anderen Subsystem verknüpft ist. In einem weiteren Schritt wurde dieses sehr abstrakte Gedankenmodell in insgesamt 52 konkrete Themenbereiche unterteilt, wie beispielsweise: Wertewandel, Umweltschutz, Erziehung, Europa, Gerechtigkeit, Lebensqualität, Wohlstand, Prozessinnovationen, Gentechnologie, Kundenorientierung, Denken, Angst, Resignation, Mut, Selbstentfaltung.

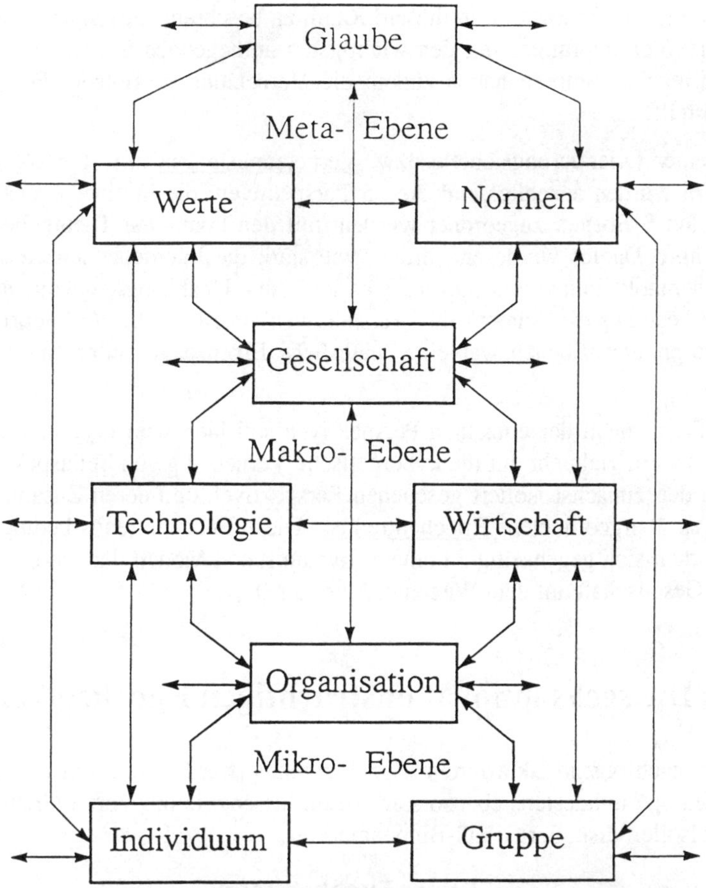

Abb. 1: Das Modell ganzheitlicher Innovation

Selbstverständlich ist dieses Modell nicht vollumfänglich "ganzheitlich". Es fehlen beispielsweise Themen wie Rüstung und Abrüstung, Verbrechen und Terrorismus, Kunst und Kultur, Esoterik und Grenzwissenschaften. Nicht enthalten sind auch die Hoffnung erweckenden aber noch schwer kalkulierbaren Veränderungen in der Sowjetunion sowie die Entwicklungsproblematik mit dem ganzen Problemkomplex der Bevölkerungsexplosion, der finanziellen Verschuldung und der Korruption in der dritten Welt.

Um die Thematik im Umfang nicht zu sprengen, beschränken wir uns auf die in Abb. 1 aufgezeigten Bereiche, mit spezieller Blickrichtung auf Deutschland, Österreich und die Schweiz, ohne uns aber mit Scheuklappen auf die rein technologische Innovation in diesem Raum zu beschränken, sondern vor allem um ihre Verknüpfungen mit den wichtigsten umliegenden Systemen aufzuzeigen. Einzelne Autoren haben zudem die Vernetzung in globaler Perspektive dargestellt.

In einer Orientierungstabelle bzw. Vernetzungsmatrix mit 36 x 52 = 1872 Feldern wurden anschliessend die 35 Perspektiven, die in einer ersten Näherung den 3 Ebenen zugeordnet wurden, mit den konkreten Themenbereichen verknüpft. Daraus wurde ersichtlich, wie stark die Interdependenzen der Gesamtthematik "Innovation statt Resignation" sind. Unabhängig davon, von welcher Ebene aus die Autoren ihre Perspektiven erstellten, die Verknüpfung mit beiden anderen Ebenen war eine "natürliche Eigenschaft" aller Autoren-Beiträge.

Auf den Inhalt der einzelnen Perspektiven soll hier nicht eingegangen werden, sondern vielmehr auf die kybernetische Vernetzung von Teilaspekten zwischen den zunächst isoliert gesehenen Perspektiven und deren Zusammenfassung zu übergeordneten "Epochentrends". Diese Epochentrends bedingen und verstärken sich gegenseitig zu einem dynamischen Modell der Innovation unserer Gesellschaft auf dem Weg zum Jahre 2000.

3. Die sechs innovationsträchtigen Epochentrends

Die nachfolgend skizzierten Epochentrends werden die Entwicklung in Westeuropa mindestens ebenso stark beeinflussen wie die Verwirklichung des meist isoliert diskutierten EG-Binnenmarktes:

Erster Epochentrend: Beschleunigte weltwirtschaftliche Dynamik

Die weltwirtschaftliche Dynamik, ausgelöst durch die neuen Informations-Technologien in den 3 Weltregionen Nordamerika, Pazifischer Raum und Europa, wird sich im nächsten Jahrzehnt nochmals beschleunigen. Wir können davon ausgehen, dass wir in den nächsten 10 Jahren mehr Veränderungen, Informationen, neue Produkte, Dienstleistungen, technologische, ökonomische und soziale Innovationen erleben werden, als wir in den vergangenen 20 Jahren insgesamt beobachten konnten. Wesentliche Impulse werden dabei nicht nur von den relativ starren Grosskonzernen, sondern vor allem auch von den flexibleren kleinen und mittleren Unternehmungen (KMUs) ausgehen.

Vor diesem weltwirtschaftlichen Hintergrund überlagert sich nun die Verwirklichung des EG-Binnenmarktes. Branchen, die in den 80er-Jahren vor grossen Veränderungen durch den verschärften Wettbewerb weitgehend verschont wurden (so z.B. Banken und Versicherungen), werden in den 90er-Jahren ebenfalls von der "neuen Dynamik" erfasst werden.

Die grossen Innovationsdurchbrüche sind im nächsten Jahrzehnt in der Kombination bzw. in der Integration der heute meist isoliert gesehenen Schlüsselinnovationsgebiete zu erwarten (Beziehungen "A" in Abb. 2):

- Medizinaltechnik
- Gentechnik
- Biomasse-Technologie/Bionik
- Bio-Kybernetik
- mikrobielle Insektizide
- Recyclingverfahren/Entsorgung/Ökotechnik
- Energiespeicher-Technologien/Solartechnik
- Kernfusion
- neue Werkstoffe (Faserverbund, Metallkeramik etc.)
- CIM (Vernetzung von CAD/CAM/FMS/PPS)
- Mikroelektronik
- Informatik + Telekommunikation = Telematik
- Automatisierung/Roboter- und Sensortechnik
- künstliche Intelligenz/Expertensysteme/selbstlernende Systeme

Dieser Fülle von vorgehend skizzierten Produktinnovationen steht eine mindestens so grosse Vielfalt von Prozess-, Verfahrens- und Sozialinnovationen gegenüber, die hier nur stichwortartig aufgelistet werden soll:

- Analyse und Synthese von äusserst komplexen dynamischen Systemen mit starker gegenseitiger Vernetzung der Subsysteme (Synergetik und Sozialkybernetik),
- neue Modelle der Mitarbeiter-Motivation und -Beteiligung ("Lebensunternehmer"),
- neue Formen der aktiven Integration von alten Menschen in Politik und Wirtschaft,
- neue Modelle der Kranken- und Altersfürsorge (mit Kosten/Nutzenoptimierung),
- vermehrter Einsatz von Qualitätszirkeln,
- mehr partnerschaftliche Strukturen.

Es werden auch neue Anforderungen an das Management gestellt. Die Zeiten für konservative, statische Manager, aber auch für die " angepassten grauen Mäuse" werden schwerer. Gefragt sind tolerante aber konsequente, dynamische und verantwortungsbewusste Führungspersönlichkeiten, die bezüglich ethischer Fragestellungen, fremder Kulturen und Mentalitäten, neuer Technologien und Sozial-Innovationen offen eingestellt und fähig sind, sich in kurzer Zeit ein ganzheitliches Bild über komplexe Zusammenhänge zu machen, um daraufhin pragmatisch zu entscheiden und zu handeln.

Zweiter Epochentrend: Durchbruch der ökologischen Wirtschaft

Die bereits anfangs der 70er-Jahre vom "Club of Rome" vorausgesagten Grenzen eines hemmungslosen materiellen Wachstums - die damals von vielen angezweifelt wurden - scheinen erreicht zu sein ("B" in Abb. 2).

Bis Mitte der 80er-Jahre sprachen viele noch von einer übertriebenen "Umwelthysterie", "weltfremden grünen Ideologen und Sektierern". Spätestens seit dem jüngsten Weltwirtschaftsgipfel verstummen diese Stimmen allmählich.

Selbst wenn heute radikale Massnahmen für den Umweltschutz ergriffen würden, kämen sie erst in einem Zeitraum von rund 5 - 10 Jahren zur Wirkung. Es ist deshalb eine weitere Zunahme von ökologischen Katastrophen bis Ende der 90er-Jahre zu erwarten (B). Vorerst ist aber nicht mit Radikalmassnahmen zu rechnen. Die sichtbaren Umweltschäden sind vorerst noch zu klein, um breite Bevölkerungskreise, Parteien und Politiker ernsthaft zu mobilisieren. Erst im breiten Masse statistisch abgesicherte Nachweise über stark zunehmende Häufigkeiten von Krebskrankheiten, Allergien und chronischen Bronchialkrankheiten bei Kleinkindern und älteren Menschen etc. wird die notwendige Mehrheiten mobilisieren (dies dürfte etwa 1995 der Fall sein). Es ist dann mit Notstandsgesetz-ähnlichen Massnahmen zu rechnen (C in Abb. 2):

- drastische Preiserhöhungen auf alle nicht erneuerbaren Energieträger (Sondersteuern zur Deckung der Folgeschäden als konsequente Umsetzung des Verursacherprinzips);
- verschärfte Produktehaftpflicht für Umweltfolgekosten, Schäden und Unfälle;
- diverse Verbote und Kontingentierungen.

Unternehmen, die diese Trends erkennen und heute schon ihre Strategien, Produkte und Dienstleistungen aktiv auf die neuen Anforderungen einer ökologischen Wirtschaft ausrichten, verschaffen sich rechtzeitig einen zusätzlichen Wettbewerbsvorteil (D).

Dritter Epochentrend: Zunahme der alten Bevölkerung

In allen hochindustrialisierten Ländern (am intensivsten in Japan) geht der Anteil der jüngeren und beruflich aktiven Bevölkerung zurück (E). Der Anteil der alten Bevölkerung nimmt entsprechend zu (F). Diese Tatsache ist nichts Neues und viele Konzerne, vor allem im Konsumgüter-Bereich, haben ihre Produkt- und Marketing-Strategien speziell auch auf dieses zunehmend attraktiver werdende Marktsegment ausgerichtet (Beispiel: Pet-Food substituiert Baby-Food). Neu hingegen sind Trends in der Erkenntnis über alte Menschen, die alte Vorurteile hinfällig machen. Hier nur zwei Beispiele:

1. Das "Defizit-Modell" weicht einem "Kompetenz-Modell" der Alten

   Gerontologische Untersuchungen haben gezeigt, dass alte Menschen über spezifische Fähigkeiten verfügen, die der Gesellschaft wieder zugeführt werden könnten. Hier ein kurzer Auszug aus einer langen Liste spezifischer Fähigkeiten (A. Kruse):

   - Fähigkeit zu einem differenzierten Urteil über die Welt und die Menschen zu gelangen;
   - Fähigkeit zu einer höheren Toleranz gegenüber anderen Menschen und Meinungen;
   - Fähigkeit, eigene Bedürfnisse zugunsten von anderen Menschen zurückzustellen;
   - Empfinden von Verantwortung für das Leben der nachfolgenden Generationen (G);
   - Intensive Auseinandersetzung mit der Entwicklung der Gesellschaft, der Kultur und der politischen Situation (H).

2. Die "passive Rolle" weicht einer "aktiven"

   Bemerkenswert sind das neue politische Bewusstsein und der Gestaltungswillen, die seit einigen Jahren die "grauen Panther" in den USA und seit kurzem auch die "Grauen" in der Bundesrepublik beflügeln.

   Aufgrund der oben aufgeführten Fähigkeiten und Wertvorstellungen einerseits, aber auch der besonderen direkten gesundheitlichen Gefährdung von alten Menschen und Kleinkindern andererseits, ist mit einem zweiten politischen Durchbruch der "Grünen" aller Schattierungen zu rechnen. Diesmal aber nicht nur getragen von jungen, unerfahrenen "Aussteigern", sondern auch von erfahrenen, strategisch und taktisch intelligenter agierenden politischen Machern (J).

Die enormen personellen Engpässe in der "im aktiven Berufsleben" stehenden Bevölkerung wird zudem zu einem beruflichen Wiedereinstieg, speziell von qualifizierten Berufsleuten, nach der Pensionierung führen.

Vierter Epochentrend: Kostenexplosion in der Kranken- und Altersfürsorge

Falls der Trend der letzten 20 Jahre unvermindert anhält, werden in wenigen Jahren die Ausgaben für das Gesundheitswesen und die Altersbetreuung das drei- bis vierfache der (ungekürzten) Ausgaben für Verteidigung, d.h. rund 20 % des Bruttosozialproduktes in den hochentwickelten Industriestaaten, betragen (K). Diese Kosten stehen in keinem Verhältnis mehr zum Nutzen und sind heute nicht mehr zu rechtfertigen. Mittels auf Kosten/Nutzen-Überlegungen beruhenden Modellen wird in Zukunft dieser Trend gebrochen werden müssen. Konkrete und machbare Modelle liegen bereits vor (D. Kuhlmann-Wilsdorf, USA), in denen vor allem auf die künstliche Lebensverlängerung bei kranken und alten Menschen um jeden Preis, bei gleichzeitigem tiefen Niveau der Lebensqualität, verzichtet werden soll.

Fünfter Epochentrend: Wertewandel

Wir stehen in einem epochalen Umbruch der Werte, auch "Paradigmenwechsel" genannt. Bereits in den 70er und 80er-Jahren war ein beschleunigter Wandel für die 90er-Jahre vorauszusehen (H. Küng):

- von einer ethikfreien zu einer ethisch verantworteten Wissenschaft;
- von einer den Menschen beherrschenden Technokratie zu einer der Menschlichkeit des Menschen dienenden Technologie (L);
- von einer Industrie, die die Umwelt zerstört, zu einer Industrie, die die wahren Interessen und Bedürfnisse des Menschen im Einklang mit der Natur fördert (M);
- von einer formalrechtlichen Demokratie zu einer gelebten Demokratie, in der Freiheit und Gerechtigkeit versöhnt sind (N).

Es ist nicht auszuschliessen, dass die Realität - mit entsprechender zeitlicher Verzögerung - diesen neuen Werten folgen wird (über D,C,A).

Sechster Epochentrend: Veränderungen in den politischen Rahmenbedingungen

Die oben nur in groben Ansätzen umrissenen Trends für die nächste Dekade werden die politischen Rahmenbedingungen in einem sich wechselseitig beeinflussenden Rückkopplungsprozess beeinflussen. Bezüglich Regulierungen, Deregulierungen und Re-Regulierungen werden neue, sowohl sachlich gerechtfertigte als auch ideologisch gefärbte Glaubenskriege ausbrechen. Unsere Erfahrungen bestätigen jedoch, dass weder eine naive Hoffnung auf die staatliche Verteilkunst noch ein blindes Vertrauen auf die Selbstregulationskräfte der Märkte angebracht ist. Die Lösung liegt nicht im "entweder-oder" sondern im "sowohl-als-auch". Nicht nur im ökonomischen, sondern auch im politischen Bereich ist vermehrtes ganzheitliches Systemdenken in komplexen, vernetzten, nichtlinearen und dynamischen Gesamtzusammenhängen "notwendig" (d.h. aus der Not uns wendig zu machen). Bei solchen Betrachtungsweisen ist zwischen kurz-, mittel- und langfristigen Auswirkungen von Systemveränderungen zu unterscheiden, die oft gegenintuitiv, d.h. anders als zunächst erwartet, verlaufen.

Generell sind folgende Änderungen in den politischen Rahmenbedingungen und Zielrichtungen in der nächsten Dekade zu erwarten:

- Zunehmende Deregulierung und Privatisierung derjenigen Bereiche der Volkswirtschaft, die privat qualitativ besser, rascher, kostengünstiger und umweltfreundlich realisiert werden können (O);
- Zunehmende Re-Regulierung und Zusatzbesteuerung derjenigen Sektoren der Volkswirtschaft, bei denen Rückkoppelungen über den Marktmechanismus weitgehend fehlen. Soschlagen einerseits Technikfolgekosten wie Umweltschäden sich meist nicht in der Kostenkalkulation und in den Marktpreisen nieder, andererseits entstehen externe Kosten und Schäden allein in der EG in der Grössenordnung von hunderten von Milliarden, ja Billionen ECUs. Solange die Energiepreise auf dem heutigen extrem tiefen Niveau verharren, solange sind auch keine ernsthaften privatwirtschaftlichen Anreize und Bemühungen zum Energiesparen zu erwarten (P);
- Eine drastische Zunahme von Umweltabgaben auf toxische Rohstoffe und Produkte, sowie auf alle nicht erneuerbaren Energieträger und -arten;
- Ein stark gefördertes Recycling von Rohstoffen, Zwischen- und Endprodukten;
- Eine ökologische Umstrukturierung der Volkswirtschaften über neue Preismechanismen, die für die Wirtschaft insgesamt leicht zu verkraften sein wird, die jedoch für rohstoff- und energieintensive Branchen und Firmen weitreichende Konsequenzen nach sich ziehen wird;
- Neue Arbeitsplätze für "Ökobetriebe" und strukturelle Arbeitslosigkeit in energie- und rohstoffintensiven Industrien;

- Der Trend zur Informations- und Dienstleistungsgesellschaft (Brain not Bricks) wird sich nochmals beschleunigen. Der Konzentrationsprozess in der Industrie wird weiter vorangehen. Für KMUs ergeben sich - dank ihrer Grösse und Flexibilität - eine Vielzahl von Chancen und Möglichkeiten, in bewährten und neuen attraktiven Marktnischen aktiv zu werden.

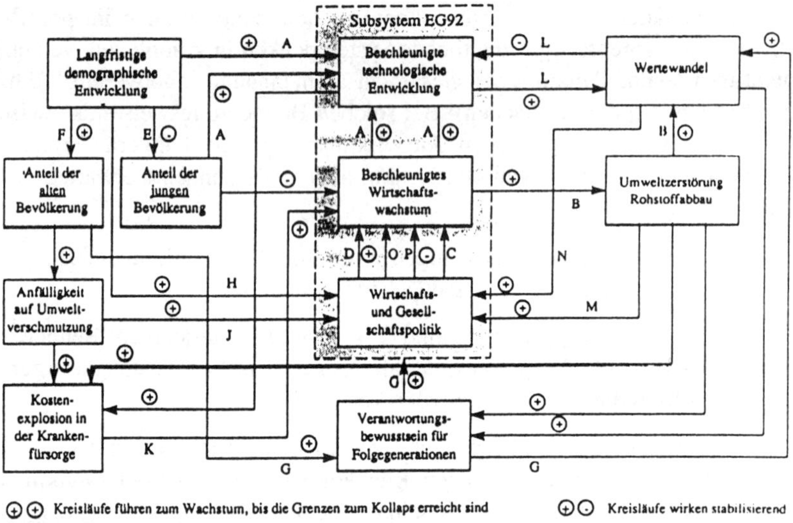

Abb. 2: Vereinfachtes Modell der Epochentrends in Europa im Gesamtzusammenhang der gegenseitigen Vernetzung

Literatur

Oertli-Cajacob, Peter (Herausgeber): Innovation statt Resignation, 35 Perspektiven für eine neue Zeit, Verlag Paul Haupt, Bern und Stuttgart, 1989.

Oertli-Cajacob, Peter: Epochentrends stören das EG92-Syndrom, io management zeitschrift, 59 (1990), Nr. 1.

Interdependenz zwischen Motivation und Akzeptanz

von Manfred Bundschuh[1]

1. Interdependenz zwischen Motivation und Akzeptanz

Zwischen der Motivation einerseits und der Akzeptanz andererseits besteht eine direkte gegenseitige Abhängigkeit. Die zum Teil vermißte Akzeptanz kann durch eine zielgerichtete, mehrstufige und intensive Motivation gebildet bzw. erneuert werden. Andererseits kann auf Personen, die eine hohe Akzeptanz aufweisen, welche bis zur Identifikation mit Systemen oder Technologien geht, gut motivational eingewirkt werden.

In der Regel ist es heute so, daß besonders bei Innovationen im EDV-Bereich die Akzeptanz der verschiedenen Personen nur teilweise oder überhaupt nicht vorhanden ist. Um eine aktive Mitarbeit der Personen zu erreichen, ist es zunächst einmal nötig, eine gewisse Bereitwilligkeit bei den betroffenen Personen aufzubauen.

Nach einer eingehenden Ursachenforschung, die aufdecken soll, warum jemand Akzeptanzprobleme aufweist, sollte aus Sicht der Führungspersonen oder -ebenen motivational auf die betreffenden Mitarbeiter eingewirkt werden.

1.1. Akzeptanz durch Motivation

Fehlende Akzeptanz erkennt man oft weniger an den verbalen Äußerungen als vielmehr an den emotionalen Verhaltensweisen, den Ergebnissen und den Leistungen der Mitarbeiter.[2] Vordringliches Ziel der Führungspersonen bzw. -ebenen muß es sein, über die Motivation zu der Akzeptanz der Personen zu kommen.

---

1 Dipl.-Math. Manfred Bundschuh, Sander Höhe 5, 5060 Bergisch Gladbach 2

2 Lossau, Akzeptanzprobleme und ihre Überwindung-Teil 1, S. 153

Dabei sollte die Motivation in mehreren Stufen verlaufen, um schrittweise die nicht oder nur teilweise vorhandene Akzeptanz aufzubauen oder zu erweitern. Ziel dieser mehrstufigen Motivation ist es, den Mitarbeiter zu aktiver Zusammenarbeit bis zu seiner Identifikation mit dem jeweiligen System oder der Technik zu bewegen.

1.2. Aufbau eines Akzeptanzsystems

Die erste Stufe des dreistufigen Akzeptanzsystems bildet die Informationspolitik. Eine gute Informationspolitik sollte möglichst früh einsetzen und muß außerdem glaubwürdig und verständlich sein. Um die Verständlichkeit einer Information zu gewährleisten, sollte die Information selbst nichttechnisch formuliert sein. Denn die sich gegenseitig informierenden Partner müssen die eigentlichen Informationen verstehen können. Allerdings muß dabei berücksichtigt werden, daß mehr Information nicht unbedingt bessere Information bedeutet. Informationen sind erst wirkungsvoll, wenn sie zunächst richtig verstanden und anschließend auch genutzt werden können. Das vorrangige Ziel der Information soll der Abbau von Unsicherheiten des Mitarbeiters sein. Neben den Zielen und den Auswirkungen für den Betrieb ist es wichtig, daß die Informationspolitik auch die Konsequenzen einer Innovation für die betroffenen Mitarbeiter aufzeigt.

Besondere Beachtung muß eine stetige und langfristig angelegte Informationspolitik in den Unternehmen finden. Sie muß zu einem fortwährenden und kontinuierlichem Bestandteil werden, um eine intensive und ständige Kommunikation zu gewährleisten.

Erst wenn die Kommunikation soweit fortgeschritten ist, daß sich die betroffenen Gruppen und Abteilungen gegenseitig die benötigten Informationen zukommen lassen, ist die erste Phase des Akzeptanzsystems abgeschlossen und der erste Schritt zu einer verstärkten Motivation vollzogen.

Als zweiter und zugleich wichtigster und schwierigster Schritt sollte auf die kontinuierliche Informationspolitik die Partizipation folgen. Die Partizipation bildet, wie schon in der ersten Stufe die Information, einen Teil der Gesamtmotivation. Allerdings ist in der Praxis eine Beteiligung der Mitarbeiter nicht leicht durchführbar. Denn Voraussetzungen für eine effektive Partizipation von Personen der unterschiedlichen Ebenen sind:

1. Eine Kooperation, in der Form, Ziel und Meinungsbildung festgelegt sind.
2. Ein Mindestmaß an Qualifikation der betroffenen Personen in ihrem Bereich.

Die Autoren Müller-Böling/Müller betonen, daß eine aktive Partizipation bei der Systemgestaltung der EDV nur bei 20 % der Benutzer möglich war, während der Wunsch nach Partizipation bei knapp 50 % der Benutzer lag.[3] Aktive Partizipation bedeutet dabei das Ausmaß der Einflußnahme des Benutzers auf die Systemgestaltung. Partizipation nimmt ein breitgefächertes Spektrum an. Sie reicht von der bloßen Kenntnisnahme der mitarbeiterseitigen Meinung bis zur realen Mitbestimmung der Beteiligten.[4] Probleme bei der Durchführung der Partizipation kann es geben, wenn[5]

1. die Partizipation " Neuland " für die Beteiligten ist,
2. sie relativ spät einsetzt,
3. vorher bereits aufgrund einer schlechten Informationspolitik ungünstige Voraussetzungen geschaffen wurden,
4. es organisatorische Gründe verhindern (z.B. ein System wird für mehrere hundert Mitarbeiter eingeführt).

Prof. Dr. Frese erwähnt in diesem Zusammenhang, daß Partizipation schon fast als Königsweg bei der Einführung neuer Technologien bezeichnet werden kann.[6] Die Partizipation sollte genau wie die Informationspolitik nicht nur bei der Einführung neuer Technologien erfolgen, sondern auch zu einem kontinuierlichem Bestandteil der Motivation avancieren.

Das Ziel der stufenweisen Partizipation ist es, eine übergreifende Kooperationsbereitschaft bei den betroffenen Personen hervorzurufen, die dann in einer aktiven Zusammenarbeit endet[7]

Als unterstützende Maßnahmen dazu können Hilfestellungen erfahrener Mitarbeiter gegenüber neuen Mitarbeitern wirken. Ein einmal aufgebautes Kooperationsverhalten kann nur erhalten werden, wenn es permanent gefördert wird. Ist zunächst einmal durch die Partizipation die Kooperationsbereitschaft geweckt, so kann als weiterer Schritt die aktive Zusammenarbeit angestrebt werden. Falls die Partizipation in den verschiedenen Bereichen die Mitarbeiter zu aktiver Kooperation gebracht hat, kann die zweite Phase des Akzeptanzsystems als abgeschlossen betrachtet werden.

Allerdings muß darauf geachtet werden, daß in der ersten Phase weiterhin der Informationsfluß und die bereits aufgebaute Kommunikation untereinander

---

3 Müller-Böling/Müller, Akzeptanzfaktoren der Bürokommunikation, S. 91

4 Richter, Personalführung im Betrieb, S. 262

5 Frese, Partizipation - Schlüssel zur Akzeptanz, S. 15

6 Frese, Partizipation - Schlüssel zur Akzeptanz, S. 15

7 Vgl.: Neubauer, Ausreden lassen - Meinungen, S. 8

erhalten bleiben. Denn eine unzureichende Kommunikation verhindert das Ziel der zweiten Phase, eine aktive Kooperation herzustellen.

In der abschließenden dritten Phase des Akzeptanzsystems sollen die von den Innovationen betroffenen Mitarbeiter zu Schulungs- und Weiterbildungsmaßnahmen herangezogen werden, um die bis dahin bereits aufgebaute Motivation noch positiv zu verstärken.[8] Dabei sollte eine gute Schulung zweierlei beinhalten:[9]

1. Ein gutes Training

Dieses Training sollte den Teilnehmern ein aktives Lernen ermöglichen. Ferner sollte es eine gedankliche Vorstellung des Systems ausbilden. In dieser Vorstellung sollen die einzelnen Systembedingungen systematisch abgebildet und funktional sein, damit sie auf die Aufgabe und konkrete Problemlösung bezogen werden können.

2. Ein Transfer von dem im Training Gelernten auf die tägliche Arbeit

Dieser Transfer finde statt, wenn:

- im Training darauf geachtet worden ist, daß die notwendigen Grundlagen vermittelt wurden,
- das System dem Mitarbeiter bei seiner Aufgabenerfüllung verstärkt hilft,
- dem Mitarbeiter "gefahrlose" Übungsfelder und entsprechende Freiräume für die Arbeit geschaffen werden, um eine gewisse Routine zu entwickeln,
- der Anwendung der neuen Technologie keine Vorurteile seitens der Mitarbeiter oder seitens der Vorgesetzten gegenüberstehen,
- bei Bedienungsschwierigkeiten ohne großen Aufwand eine Unterstützung verfügbar ist. Dies könnte eine intern eingerichtete Hilfsstelle oder eine externe Benutzerberatung sein.

Die Schulungsmaßnahmen sollten einige Wochen vor der Einführung eines neuen Systems stattfinden, um den Mitarbeiter mit den neuen Gegebenheiten vertraut zu machen und vorhandene Hemmungen oder Ängste abzubauen. Darüber hinaus ist für das jeweilige Unternehmen zu klären, welche Art der Schulung die effektivste Art darstellt.

Verfügt das Unternehmen über geeignete Pädagogen bezüglich des neu einzuführenden Systems und hat darüber hinaus die räumlichen und

---

8 Weltz/Ortmann, Betreuung der Anwender beim Einsatz neuer Bürotechnik...ein Aufwand der sich rechnet, S. 12

9 Frese, Partizipation - Schlüssel zur Akzeptanz, S. 16

technischen Möglichkeiten, so ist es sinnvoll, die Schulung im eigenen Hause mittels eigener Mitarbeiter durchzuführen. Eine andere Form der Schulung könnte durch externe Personen im Unternehmen durchgeführt werden, oder es könnten Schulungsmaßnahmen in Form von Seminaren stattfinden, in denen die zu Schulenden von externen Beauftragten eingewiesen werden.

Die effiziente Schulung bildet die dritte und letzte Phase des Akzeptanzsystems. Unter der Berücksichtigung, daß die Folgephase erst durchlaufen wird, wenn die vorhergehende Phase mit optimalem Erfolg abgeschlossen wurde, ist nach Abschluß der dritten Phase die Motivation des einzelnen Mitarbeiters ebenfalls auf ein Optimum angewachsen.

Verstärkt darauf zu achten ist, daß innerhalb der einzelnen Phasen immer eine gewisse Harmonie herrscht. Die Ergebnisse der ersten beiden Phasen sind wichtig für einen erfolgreichen Abschluß der dritten Phase. Insgesamt sollte der Mitarbeiter am Ende der dritten Phase soweit motiviert sein, daß seine Arbeit durch einen aktiven, kooperativen und kommunikativen Stil geprägt ist.

Die Akzeptanz ist schrittweise aufgebaut und erweitert worden. Nun ist eine ständige Einflußnahme nötig, um die vorhandene Akzeptanz zu erhalten oder besser noch zu verstärken.

Der Mitarbeiter identifiziert sich mit der Innovation. Die anfänglichen Ungewißheiten und Ängste sind durch Informationen und verstärkte Einbeziehung des Mitarbeiters und dessen Interessen abgebaut worden. Die menschlichen Probleme wurden als Hauptprobleme angesehen und nicht die der Technik, der Technologie oder des Systems.[10]

1.3. Motivation und Akzeptanz im Regelkreis

Die im vorhergehenden Kapitel dargestellten Sachverhalte und Aspekte werden nun als Bestandteile eines Regelkreises betrachtet und in diesen integriert. Dabei soll ein Höchstmaß an Akzeptanz durch die verschiedenen Motivationsstufen erreicht werden.

Die verschiedenen Schritte, die durchlaufen werden, sollen die Motivation kontinuierlich steigern. Dabei bilden diese jeweiligen Motivationssteigerungen die Teilziele, über die das Gesamtziel erreicht werden soll.

Das Gesamtziel ist die Entwicklung eines Akzeptanzsystems, welches in Unternehmen Verwendung finden kann. Dieses Akzeptanzsystem soll mittels seiner jeweiligen Regler in der Lage sein, sich selbst in jeder Phase zu regeln.

---

10 Lossau, Akzeptanzprobleme und ihre Überwindung-Teil 2, S. 92

Das System ist eine geordnete abgegrenzte Menge von Elementen, die Eigenschaften besitzen und miteinander in Beziehung stehen.[11]

Jedoch stellt das vorliegende System kein starres, sondern ein dynamisches, veränderbares Ganzes dar, welches ein inneres Gleichgewicht anstrebt. Dazu ist zunächst einmal zu klären, wie das System den erwünschten Gleichgewichtszustand erreicht und wie es ihn erhalten kann.

Dabei müssen die Begriffe Steuerung, Regelung und Anpassung unterschieden werden:[12]

Steuerung:

Das angestrebte Ziel sowie die Art und Richtung werden von außen bestimmt.

Regelung:

Ein Ziel wird dem System in Form eines Sollwertes von außen gesetzt. Das System verhält sich so, daß dieser gesetzte Sollwert erreicht wird. Die Regelung ist eine besondere Form der Steuerung. Sie stellt eine Selbststeuerung des Systems dar und läßt sich dabei in drei Phasen unterscheiden:[13]

a) Ansteuern des Zieles:

   Störungen, die auf ein System wirken und dabei die Zielerreichung gefährden oder verhindern, müssen als solche erkannt und vom System selbst beseitigt werden. Dazu muß eine Regelung in Gang gesetzt werden, die die Zielerreichung wieder herstellt.

b) Erreichen des Zieles:

   Das System mun wissen, wann es ein angesteuertes Ziel erreicht hat. Danach muß es sich mittels eines Abschaltmechanismus selbst abstellen.

c) Bleiben im Ziel:

   Nach dem Erreichen des Zieles ist es wichtig, auch im Ziel zu bleiben. Eventuelle Zielabweichungen sind dann Störungen, die das System veranlassen, die Regelung erneut zu beginnen.

---

11 Baumann, Das System Unternehmung, S. 26

12 Anschütz, Kybernetik-kurz und bündig, S. 9

13 Flechtner, Grundbegriffe der Kybernetik, S. 35 ff.

Anpassung:

Das System verändert sein Verhalten so, daß sich ein Gleichgewicht zwischen System und Umwelt einstellt. Die Anordnung der einzelnen Elemente eines Regelkreises sieht folgendermaßen aus:

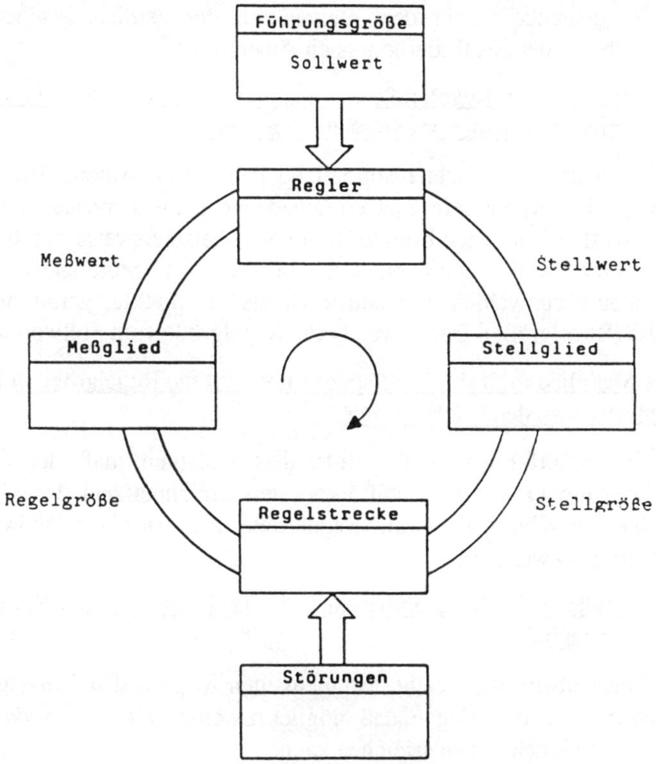

Abb. 1: Anordnung der einzelnen Elemente im Regelkreis

Die allgemeine Erläuterung der einzelnen Elemente des Regelkreises soll zur Verdeutlichung jeweils mit Beispielen aus der Schiffahrt unterstützt werden, und zwar mit Beispielen aus der Schiffahrt im alten Griechenland. Ort der Handlungsbeispiele ist ein altes griechisches Ruderboot.[14]

14 Vgl.: Schnelle, Entscheidung im Management, S. 26/27

1. Die Führungsgröße führt dem Regler den Sollwert zu

Dabei ist als Führungsgröße der Kapitän zu betrachten, der dem Lotsen (Regler) auferlegt, ihn möglichst schnell nach Athen zu bringen (Sollwert).

2. Die Regelstrecke bildet das zu regelnde System

Die Regelstrecke ist in dem Beispielfall der zeitlich gesehen kürzeste Schiffahrtsweg, der das Ruderboot nach Athen führt.

3. Der Zustand der Regelgröße kann durch Störungen, die auf die auf die Regelstrecke wirken, vom Sollwert abweichen

Der Sollwert ist die schnellstmögliche Fahrt nach Athen. Am schnellsten könnte das Ruderboot sein Ziel erreichen, wenn die kürzeste, direkte Route gewählt wird. Wenn diese direkte Route aber beispielsweise durch eine Insel, die umfahren werden muß, praktisch blockiert ist (Störungen), so ist eine andere Route zu wählen, die länger ist als die direkte, geradlinige, vorher gewählte (Regelgröße). Damit weicht die Regelgröße vom Sollwert ab.

4. Das Meßglied mißt die Regelstrecke und gibt die Regelgröße in Form eines Meßwertes an den Regler weiter

Für das Schiffahrtsbeispiel würde dies bedeuten, daß der Steuermann (Meßglied) die Länge des Schiffahrtsweges errechnet und den Umweg von beispielsweise zehn Kilometern (Regelgröße in Form eines Meßwertes) dem Lotsen (Regler) weitergibt.

5. Der Regler wählt Maßnahmen aus, die geeignet sind, die Regelgröße auf Sollwert zu halten

Der Lotse überprüft, welche Möglichkeiten es gibt, den Umweg von zehn Kilometern so zurückzulegen, daß möglichst wenig Zeit vergeht, damit man so schnell wie möglich Athen erreichen kann.

6. Der Regler gibt die ausgewählten Maßnahmen in Form eines Stellwertes an das Stellglied weiter

Der Lotse (Regler) weist die Ruderer (Stellglied) an, die Schlagzahl (Stellwert) zu erhöhen.

7. Nach der Durchführung gibt das Stellglied das Ergebnis als Stellgröße an die Regelstrecke weiter

Die Ruderer (Stellglied) erklären, daß durch die Erhöhung der Schlagzahl um fünf Schläge pro Minute (Stellgröße) der Zeitverlust, der durch den Umweg entstanden wäre, kompensiert worden ist und das Boot keine Verspätung hatte (Regelstrecke).

Mit dem letzten Schritt ist der Kreislauf geschlossen worden. Er wird auch als Rückkoppelung bezeichnet.[15] Ganz besonders wichtig ist es, an dieser Stelle zu erwähnen, daß es zwei Arten von Rückkoppelungen gibt: eine positive und eine negative Rückkoppelung.

Falls eine Regelgröße durch die Regelung im Wert nach oben verändert wird, spricht man von einer positiven Rückkoppelung. Bei Abweichung vom Sollwert in positiver oder negativer Richtung wird das System in der Regel immer wieder auf den Sollwert eingepegelt. Rückkoppelungen, die aber ausschließlich positiver Natur sind, führen zu einem sogenannten Aufschaukelungsprozess und damit zur Zerstörung des Systems.[16]

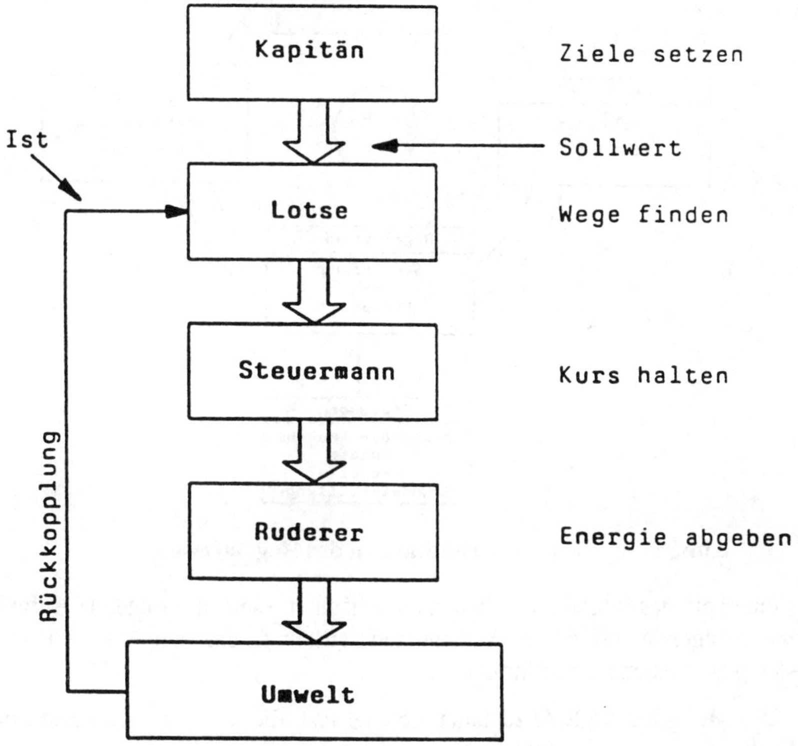

Abb. 2: Kybernetisches Instanzenschema

15 Flechtner, Grundbegriffe der Kybernetik, S.42

16 Vgl.: ebenda, S.60

Das Grundmodell des Regelkreises, in dem die einzelnen Elemente eines aufzubauenden Akzeptanzsystems sowie deren Funktionen bzw. Maßnahmen enthalten sind, sieht folgendermaßen aus:

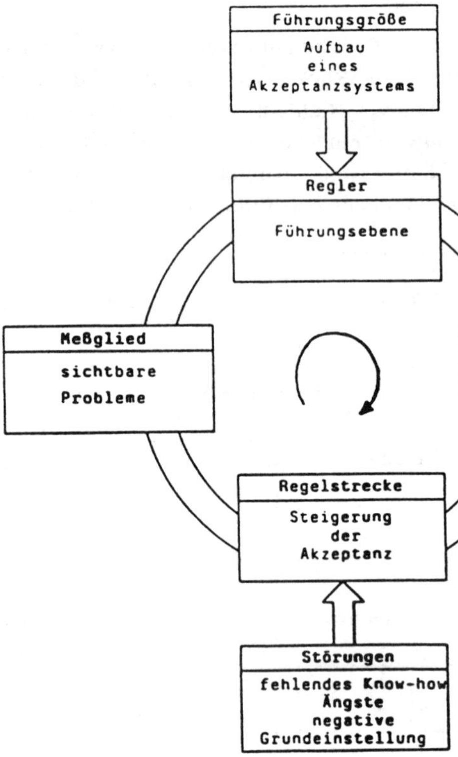

Abb. 3: Grundmodell des Regelkreises

Innerhalb des Regelkreises haben die einzelnen Elemente folgende Aufgaben bzw. folgende effiziente Maßnahmen auszuwählen, um ein wirksames Akzeptanzsystem zu gewährleisten:

Das **Meßglied** stellt Akzeptanzprobleme fest, die den Anfangszustand bzw. die derzeitige Situation bilden.

Als **Regler** wurde die Führungsebene mit ihren dazugehörigen Führungspersonen der einzelnen hierarchischen Ebenen gewählt, das zu erreichende Ziel (Sollwert) anzusteuern und lenkend Einfluß zu nehmen.

Das **Stellglied** bildet hier die phasen- oder stufenweise Motivation. Jede Phase ist durch einen Anfangs- und durch einen Endzustand und durch

Maßnahmen und Techniken gekennzeichnet, die vom Anfangszustand zum Endzustand führen sollen. Die Nachfolgephase beginnt, wenn die Maßnahmen der vorhergehenden Phase zu einem Ergebnis geführt haben, das dem Sollwert der jeweiligen Phase entspricht. Beim Übergang in die nächste Phase wird die Regelstrecke der vorhergehenden Phase zum Meßglied der Nachfolgephase.

Die **Regelstrecke**, welche hier die Akzeptanz darstellt, soll nach Abschluß der Phasen ein optimales Ergebnis darstellen, d.h., das aufzubauende Akzeptanzsystem soll ein Höchstmaß an Akzeptanz bei den betroffenen Mitarbeitern liefern.

Da der Aufbau eine Akzeptanzsystems eine gewisse Komplexität aufweist, kann es nicht, wie bereits erwähnt, in einem einzigen Regelkreis realisiert werden. Deshalb müssen mehrere Regelkreise, die die einzelnen Phasen des Systems charakterisieren, aufgebaut werden. Die drei einzelnen Regelkreise haben dann folgende Gestalt:

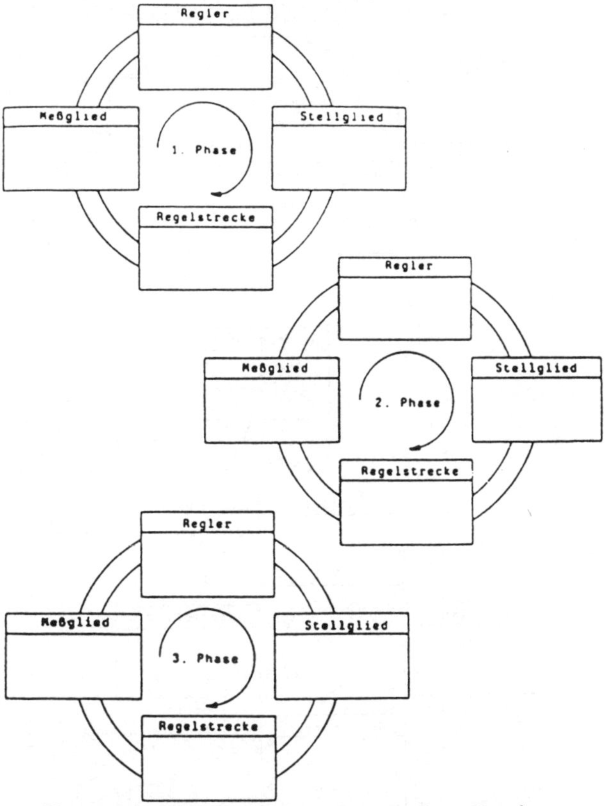

Abb. 4: Phasen des Akzeptanzsystems als Regelkreise

In der ersten Phase werden die sichtbaren Probleme bei den Mitarbeitern im Zusammenhang mit der Akzeptanz einer Innovation festgestellt, die es gilt abzubauen. Dazu soll zunächst eine bessere Informationspolitik aufgebaut werden, die es den einzelnen Mitarbeitern ermöglicht, sich über anstehende Neuerungen und den damit verbundenen Konsequenzen und Maßnahmen zu informieren.

Dabei sollen die Informationen Unsicherheiten und Ängste der Mitarbeiter abbauen. Das Ziel der ersten Phase ist eine optimale Kommunikation der einzelnen betroffenen Mitarbeiter und Arbeitsgruppen untereinander. Einfluß nehmen und das abschließende Phasenergebnis der ersten Phase bewerten soll der jeweilige Gruppenleiter.

Die erste Phase des Akzeptanzsystems stellt sich dann folgendermaßen dar:

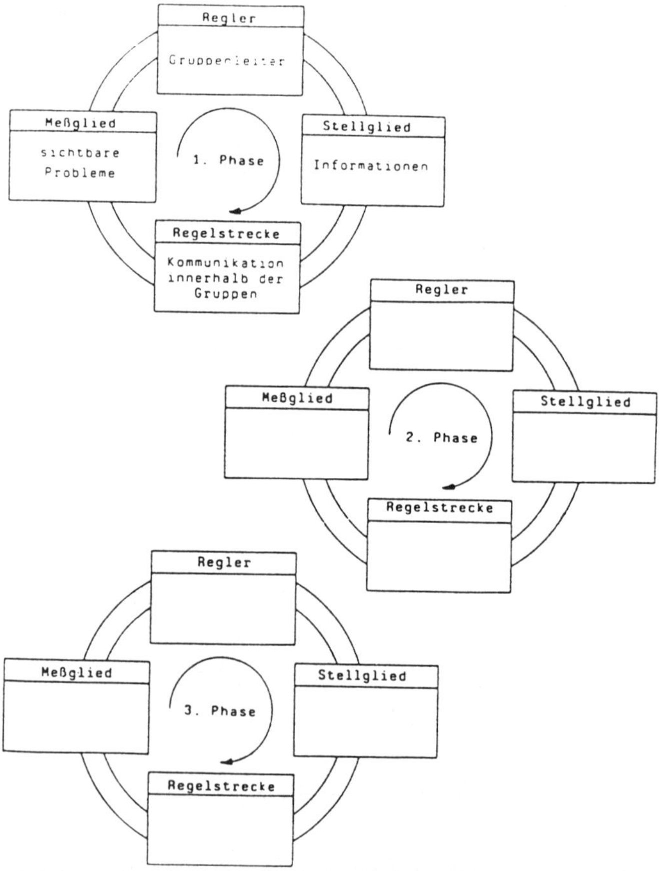

Abb. 5: Erste Phasen des Akzeptanzsystems

Nachdem die Gruppenleiter der ersten Phase das Ergebnis beurteilt haben und ein, nach ihrer Meinung, optimales Phasenergebnis geliefert wurde, beginnt die zweite Phase.

Den Anfangszustand dieser Phase bildet eine bereits optimale Kommunikation, auf die nun aufgebaut werden soll. Das Ziel der zweiten Phase ist eine optimale Kooperation der betroffenen Mitarbeiter, Gruppen und Abteilungen. Als Maßnahmen sind zur Zielerreichung eine permanente Förderung von Partizipation der betroffenen Mitarbeiter, Gruppen und Abteilungen sowie ein kontinuierliches Aufrechterhalten dieser Partizipation in Betracht zu ziehen. Dabei sollen die Abteilungsleiter Einfluß nehmen und anschließend das Phasenergebnis bewerten. Entspricht dieses Ergebnis dem vorher gesetzten Sollwert, so ist die zweite Phase durchlaufen und der Eintritt in die Nachfolgephase gewährleistet.

Die Voraussetzung innerhalb der zweiten Phase ist, daß das Phasenergebnis der ersten Phase, nämlich eine optimale Kommunikation untereinander, erhalten wird.

Die beiden bisher beschriebenen Phasen können dann, wie auf der nächsten Seite gezeigt, folgendermaßen in Regelkreisen dargestellt werden. Nachdem die ersten beiden Phasen durchlaufen wurden, tritt das System in die dritte und letzte Phase ein. Die bereits bestehende optimale Kooperation soll durch geeignete Maßnahmen zu einer optimalen Motivation seitens der Mitarbeiter ausgebaut werden.

Die geeigneten Maßnahmen, so betonen die Führungspersonen in ihren Artikeln und Untersuchungen, bilden dazu Weiterbildungs- und Schulungsmaßnahmen. Einfluß auf diese Maßnahmen sollte vom Management aus genommen werden, das die einzelnen Bereichsleiter hinzuzieht, um Personen auszuwählen, die diese Schulungen und Weiterbildungen durchlaufen sollen.

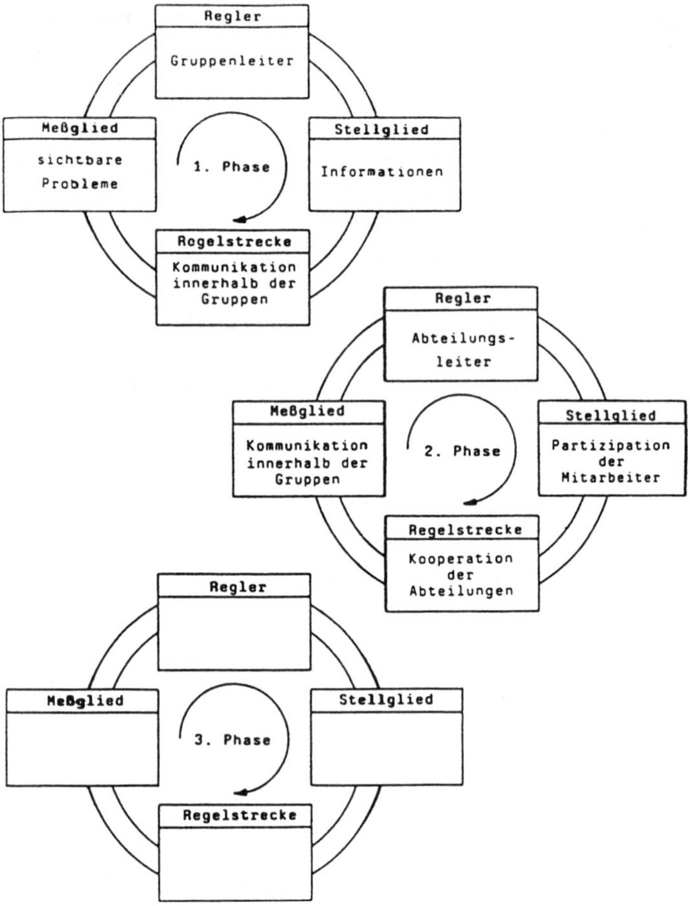

Abb. 6: Phasenschema mit erster und zweiter Phase

Das schließlich zu erreichende Systemziel ist, eine Akzeptanz seitens der Mitarbeiter gegenüber Neuerungen aufzubauen. Die Akzeptanz sollte dabei optimalerweise von der bloßen Hinnahme über eine aktive Mitarbeit bis zur Identifikation mit dieser Neuerung oder Veränderung führen.

Die drei Einzelphasen mit den in ihnen wirkenden Elementen haben dann folgende Gestalt:

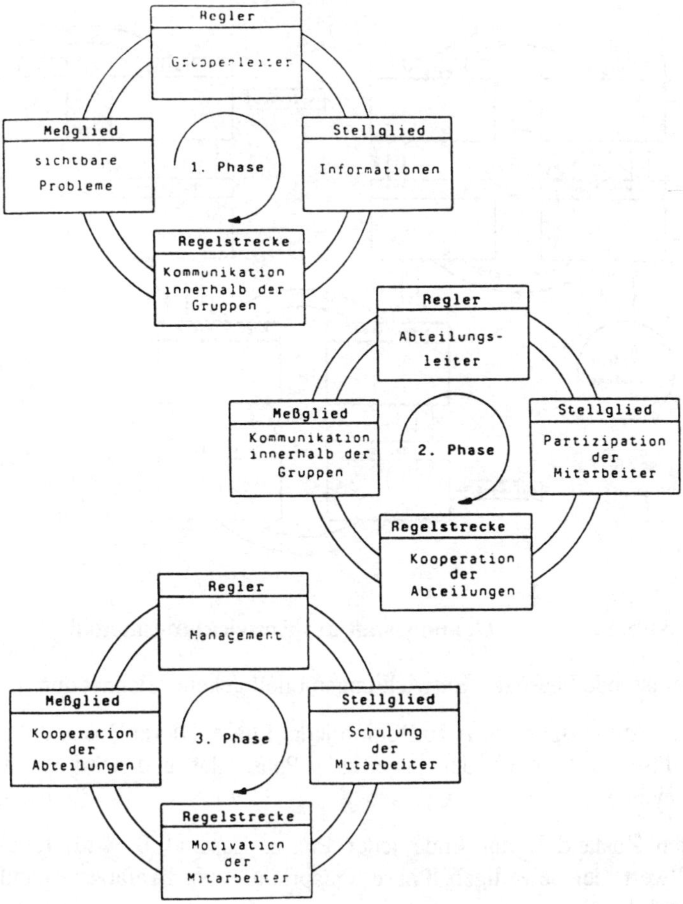

Abb. 7: Phasenschema mit drei Phasen

Anschließend werden diese drei einzelnen, phasenweisen Regelkreise zu einem Modell höherer Ordnung verkoppelt. Dieses Modell ist das sogenannte Entwicklungsmodell[17] und hat für das zu erstellende Akzeptanzsystem folgende Grundgestalt:

---

17 Anschütz, Kybernetik - kurz und bündig, S. 82

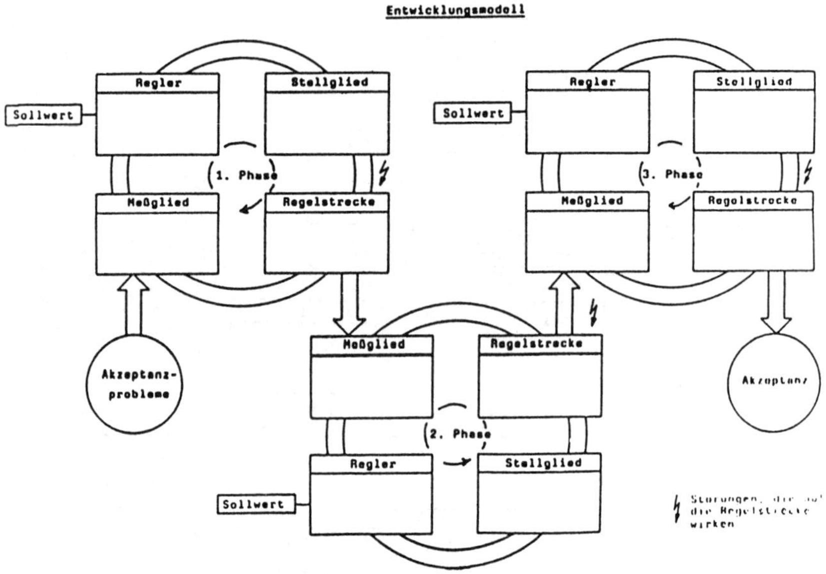

Abb. 8: Grundgestalt des Entwicklungsmodells

Dabei ist jede Phase des Entwicklungsmodell gekennzeichnet durch:

1. einen Anfangszustand A zu Beginn jeder Phase. Dieser Zustand A stellt das zu lösende Problem der jeweiligen Phase dar und wird als Meßglied bezeichnet.

2. einen Zustand B am Ende jeder Phase. Zustand B wird, falls er dem Sollwert der jeweiligen Phase entspricht, zum Anfangszustand A der Nachfolgephase.

3. Maßnahmen oder Verfahren, die von dem Anfangszustand A zu dem Endzustand B führen sollen. Diese Maßnahmen oder Verfahren werden als Stellglied bezeichnet.

Werden nun die bereits vorher gebildeten, phasenweisen Regelkreise zusammengekoppelt und auf die Grundgestalt des Entwicklungsmodells übertragen, so entsteht aus dem Entwicklungsmodell ein konkreter Aufbau zur Entwicklung eines Akzeptanzsystems.

Nachdem die jeweilige Regelstrecke der Phasen ein optimales Ergebnis lieferte und zum Meßglied der Nachfolgephase wurde, ist der grundsätzliche Aufbau eines Systems zur Akzeptanzsteigerung abgeschlossen.

Das entwickelte Akzeptanzsystem weist dann folgende Anordnung auf:

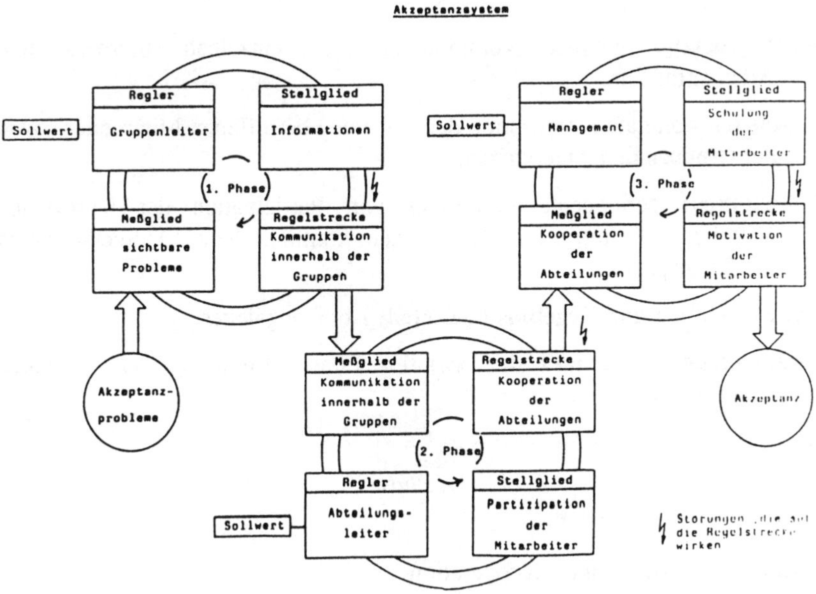

Abb. 9: **Akzeptanzsystem**

Die einzelnen Anfangszustände der Zyklen, die Phasenziele sowie die Maßnahmen, die zur Zielerreichung führen sollen, und die einflußnehmenden, lenkenden Instanzen werden nun noch einmal stichpunktartig aufgeführt, um so einen besseren Gesamtüberblick zu schaffen.

1. Phase

Anfangszustand: sichtbare Akzeptanzprobleme bei den Mitarbeitern im Zusammenhang mit einer Neuerung oder Veränderung.

Phasenziel: optimale Kommunikation der einzelnen betroffenen Mitarbeiter und Arbeitsgruppen untereinander.

Maßnahmen: Abbau von Ängsten und Unsicherheiten durch gegenseitige offene Informationspolitik; Aufzeigen der innerbetrieblichen Konsequenzen, die die Neuerung oder Veränderung mit sich bringt.

Einfluß nehmen und Ergebnis bewerten: Gruppenleiter.

2. Phase

Anfangszustand: optimale Kommunikation der einzelnen Mitarbeiter und Arbeitsgruppen.

Phasenziel: optimale Kooperation der einzelnen betroffenen Mitarbeiter sowie der Gruppen und Abteilungen.

Maßnahmen: permanente Förderung von Partizipation der betroffenen Mitarbeiter, Gruppen und Abteilungen; kontinuierliches Aufrechterhalten der Partizipation.

Einfluß nehmen und Ergebnis bewerten: Abteilungsleiter

Voraussetzung innerhalb der zweiten Phase: Erhaltung der optimalen Kommunikation

3. Phase

Anfangszustand: optimale Kooperation

Phasenziel: optimale Motivation

Maßnahmen: Weiterbildungs- und Schulungsmaßnahmen

Einfluß nehmen und Ergebnis bewerten: Bereichsleiter

2. Schlußbetrachtung

Die vorgelegte Arbeit orientiert sich in ihrem ersten Teil überwiegend an bereits bestehenden Motivationstheorien die ausschließlich in den sechziger Jahren oder früher begründet wurden. Um eine, auf den heutigen Zeitpunkt bezogen, engere Bindung der Arbeit zu gewährleisten, sind im zweiten Teil, der sich mit Akzeptanzproblemen der Mitarbeiter beschäftigt, ausschließlich Texte, Referate und Zeitungsartikel von Führungspersonen und -wissenschaftlern aufgegriffen und in die Arbeit integriert worden. Diese Texte, Referate und Zeitungsartikel sind alle in den letzten Jahren veröffentlicht bzw. vorgetragen worden. Das anschließend aufgebaute Akzeptanzsystem soll mögliche Wege aufzeigen, um bestehenden Akzeptanzproblemen begegnen zu können. Gegenstand der Arbeit war es nicht, ein geschlossenes Ganzes zu entwickeln, sondern vielmehr erste Lösungsansätze aufzuzeigen. Zweifelhaft bleibt, ob das hier zugrundegelegte Menschenbild mit dem, in Unternehmen vorherrschenden Menschenbild überein stimmt.

Literatur

Adams. J.S.:Toward an understanding of inequity, Journal of Abnormal and Social Psychology, 1963

Adams, J.5.: Inequlty in social change, in: Berkowitz, L.: Advances in experimental social psychology, New York, 1965

Alderfer, C.P.: An emperial test of a new theory of human needs, Organizational Behavior and Human Performance 4,1969

Alderfer, C.P.: Existance, relatedness and growth, Human needs in organizatioanl settings, New York/London, 1972

Anschütz, H.: Kybernetik - kurz und bündig, Würzburg, 1970

Atteslander, P.: Hindert Innovation den Dialog ?, in: Congress & Seminar, Mai 1987

Baumann, E.: Das System Unternehmung-Einführung in die Betriebswirtschaftslehre, Stuttgart/Berlin/Köln/Mainz, 1978

Correll, W.: Motivation und Überzeugung in Führung und Verkauf, München, 1976

Festinger, L.: A theory of cognitive dissonance, Evanston 3, 1957

Festinger, L.: Conflict, decision and dissonance, Stanford, 1964

Flechtner, H.-J.: Grundbegriffe der Kybernetik, Eine Einführung, München, 1984

Frese, M.: Partizipation - Schlüssel zur Akzeptanz, in: IBM Nachrichten 37, Heft 288, 1987

Gellermann, S.W.: Motivation und Leistung, Düsseldorf/Wien, 1973

Göbel, M.: Unternehmenspsychologie in der Praxis, Frankfurt a.M./Aschaffenburg, 1970

Graumann, C.F.: Einführung in die Psychologie Band 1, Motivation, Stuttgart, 1969

Hall, D.T./Nougaim. K.E.: An examination of Maslow's need hierarchy in an organzational setting, Organizational Behavior and Human Performance 3, 1968

Haun, P.: Hemmschuh Akzeptanz, pc Woche, 20. Aprll 1987

Helmreich, R.: Systo - Kongress: Benutzerakzeptiertes Informations-Management, in: Prisma, 15. Oktober 1986

Helmreich, R.: Was ist Akzeptanzforschung ?, in: Elektronische Rechenanlagen, Januar 1980

Herzberg, F.: Was Mitarbeiter wirklich in Schwung bringt, in: Harvard Manager, 2. Quartal 1988

Herzberg, F./Mausner, B. Snyderman, B.: The motivation to work, New York 1967

Knoblauch, E.: Qualität durch Motivation, in: Online, Mai 1988

Lawler, E.E.: Motivierung in Organisationen,Bern/Stuttgart, 1977

Lawler, E.E.: Pay and organizational effectives, a psychology view, New York 1971

Lawler, E.E./Suttle, J.L.: A causal correlational test of the need hierarchy concept, Organizational Behavior and Human Performance, 1972

Liegert, F.: Führungs - Psychologie für Vorgesetzte, 1973

Lossau, G.: Akzeptanzprobleme und ihre Überwindung Teil 1, in: bit Februar/März, 1987

Lossau, G.: Akzeptanzprobleme und ihre Überwindung Teil 2, in: bit Mai 1987

Maslow, A.H.: Motivation und Persönlichkeit, Freiburg 1978

Mc Clelland, D.C.: Personality, New York, 1951

Mc Clelland, D.C.: Business drive and national achievement, Harvard Business Review, 1962

Müller-Böling, D./Müller, M.: Akzeptanzfaktoren der Burokommunikation, München/Wien, 1986

Müller-Böling, D.: Weniger Akzeptanz, in: Online, Januar 1987

Neubauer, M.: Ausreden lassen, in: Computerwoche, 17. Oktober 1986

Neuberger, O: Theorien der Arbeitszufriedenheit, Stuttgart, 1974

Nick, F.R.: Management durch Motivation,Stuttgart, 1974

Nieder, P.: Zur Akzeptanz von Akzeptanz, Office Management, Dezember 1985

Ohlig, J.C./Palme, K.: Die Ängste der Mitarbeiter müssen ernst genommen werden, in: Computerwoche, 17. Oktober 1986

Porter, L.W.: Perceived trait requirements in bottom and middle management jobs, Journal of Applied Psychology, 1961

Porter, L.W.: A study of perceived need satisfactions in bottom and middle management Jobs, Journal of Appllied Psychology, 1961

Porter, L.W.: Job attitudes in management: 1. Perceived deficiences in need fulfillment as a function of job level, Journal of Applied Psychology, 1962

Porter, L.W.: Job attitudes in management: 2. Perceived importance of need as a function of of job level, Journal of Applied Psychology, 1963

Porter, L.W.: Job attitudes in management: 3. Perceived deficiences in need fulfillment as a function of line versus staff type of job, Journal of Applied Psychology, 1963

Porter, L.W.: Job attitudes in management: 4. Perceived deficiences in need fulfillment as a function of size in company, Journal of Applied Psychology, 1963

Porter, L.W.: Organizational patterns of managerial job attitudes, New York: American Foundation of Management Research, 1964

Porter, L.W./Lawler, E.E.: Managerial attitudes and performance, Homewood 3, 1968

Pressmar, D.B.: Zur Akzeptanz von computergegestützten Planungssystemen, in: Krallmann, H. (Hrsg.): Unternehmensplanung und -steuerung in den 80er Jahren, Berlin, 1982

Richter, M.: Personalführung im Betrieb, Führungswissen für Vorgesetzte, Theorie und Praxis, München/Wien 1985

Rosenstiel, L.v.: Motivation im Betrieb, München 1972

Rosenstiel, L.v.: Die motivationalen Grundlagen des Verhaltens in Organisationen, Leistung und Zufriedenheit, Berlin, 1975

Rosenstiel, L.v.: Management by motivation, in: Management Wissen, Mai, 1984

Rüttinger, B./Molt, W., Rosenstiel, L.v.: Motivation des wirtschaftllchen Verhaltens, Stuttgart/Berlin/Köln/Mainz, 1974

Sahm, A.: Humanisierung im Führungsstil, Frankfurt a.M. 1977

Schnelle, E.: Entscheidung im Management, Wege zur Lösung komplexer Aufgaben in großen Organisationen, Quickborn, 1974

Smith, P.C./Cranny, C.J.: Psychology of man at work, Annual Review of Psychology, 1968

Sohn, K.-H.: Führungskräfte zeigen Zurückhaltung, in: Infowelt, 20. Oktober 1986

Strombach, W.: Orgatechnik - Congress 1984, Vortrag über Computerakzeptanz

Tiemeyer, E.: Das moderne Büro in kleinen und mittleren Betrieben, Ein Leitfaden zur Einführung neuer Techniken im Büro, Köln, 1985

Töpfer, A./Bromann, P., Odemer, W./Lechelt, F.: Führungskräfte sind noch zu motiviert, in: Office Management, April, 1986

Vroom, V.H.: Work and motivation, New York, 1964

Warners, H.: Die Ängste der Mitarbeiter müssen ernst genommen werden, in: Computerwoche, 17. Oktober 1986

Weiner, B.: Theorien der Motivation, Stuttgart, 1976

Weinert, A.B.: Lehrbuch der Organisationspsychologie, Menschliches Verhalten in Organisationen, München/Wien/Baltimore, 1981

Weltz, F./Ortmann, R.-G.: Betreuung der Anwender beim Einsatz neuer Bürotechnik...ein Aufwand der sich rechnet, in: Office Management, April, 1987

Withauer, K.F.: Menschen führen, Grafenau/Stuttgart, 1981

Wunderer R./Grunwald, W.: Führungslehre, Band 1 Grundlagen der Führung, Berlin/New York, 1980

Zajonc, R.B.: Cognitlve theories in social psychology, in: Lindzey, G./Aronson, E.: Handbook of Social Psychology Bd. 1, 1968

4. Modellierung kybernetischer Systeme

Strategische Planung sozio-ökonomischer Systeme - das kybernetische System Markt-Unternehmen als Simulationsmodell

von Detlef F. Pape[1]

1. Einleitung

Im Rahmen dieser Ausarbeitung wird ein Modellierungsansatz für industrielle Unternehmen vorgestellt, bei dem besondere Bedeutung der Verbindung administrativer und produktiver Unternehmensbereiche zukommt.

Im Simulationsmodell werden diejenigen Informations- und Materialflüsse abgebildet, die wesentlichen Beitrag zum Auftragsdurchlauf leisten. Daher werden die Bereiche Konstruktion und Entwicklung, Finanzen, Marketing und Personal nicht betrachtet. Neben einer vergleichsweisen groben Abbildung der Materialflüsse im operativen Bereich eines Unternehmens besteht die Möglichkeit, die dazugehörigen Informationsflüsse zwischen Vertrieb, Einkauf, Produktionsplanung und -steuerung abzubilden. Der Regelkreis wird geschlossen, indem die Absatz- und Beschaffungsmärkte miteinbezogen werden. Es ist daher möglich, den Absatzmarkt eines Unternehmens in Form von Verteilungen für Lieferzeiten und Auftragsgrößen nachzubilden.

Innerhalb des Unternehmens sind verschiedene Produktionsplanungs- und -steuerungsverfahren ebenso möglich wie unterschiedliche Koordinationsstrategien zwischen Vertrieb und Produktion. Durch die Messung von Leistungsparametern wie Durchlaufzeit, Bestände, Terminverschiebungen usw. ist es möglich, den Einfluß unterschiedlicher Strategien zu ermitteln.

Das Haupteinsatzgebiet des Simulationsmodells liegt in der Beantwortung strategischer Fragen. So ist es zum Beispiel möglich, durch Veränderungen des Absatzmarktes diejenigen internen Unternehmensstrategien ausfindig zu

[1] Dr.-Ing. Detlef F. Pape, Institut für Unternehmenskybernetik e. V., Zeppelinstraße 301, D-4330 Mülheim a. d. Ruhr

machen, die dem komplexen System Unternehmen eine gleichbleibende Leistungsfähigkeit garantieren.

Grundlage der Betrachtungen ist ein systematischer Modellierungsansatz, der in Verbindung mit einem auf denselben Ansätzen beruhenden Simulationswerkzeuges zur Realisierung des Simulationsmodells geführt hat. Nach Beschreibung der Entwicklungsphase werden an einem Praxisfall einige anschauliche Ergebnisse präsentiert.

2. Grundsätzliche Betrachtungen

Sämtliche Modellierungsversuche geschehen auf der Basis von bestimmten Vorstellungen. Sie werden in diesem Abschnitt dargestellt und kurz erläutert.

2.1. Ein Systembegriff

Zäpfel /1/ hat ein System wie folgt definiert: "Unter einem System versteht man eine Menge von Elementen mit gewissen Eigenschaften, die durch Beziehung untereinander verknüpft sind. Das System ist durch die in ihm herrschenden besonderen Gesetzmäßigkeiten bestimmt und hinsichtlich der in ihm zusammenwirkenden Elemente abgrenzbar. Die Elemente - auch Elementsysteme genannt - sind in Bezug auf ein definiertes System nicht weiter zerlegbare Baustein bzw. der Feinheitsgrad der Untersuchung verlangt nicht, daß eine weitere Zerlegung stattfindet."

Legt man diesen Systembegriff zugrunde, so hat ein System folgende Bestandteile:

- Elemente als kleinste Einheiten
- Verknüpfungen der Elemente durch Beziehungen
- Gesetzmäßigkeiten
- Grenzen nach außen (Systemgrenzen)
- Untersuchungsziel oder -zweck

Dieser Systembegriff wird im folgenden zugrunde gelegt und auf die Unternehmen angewendet.

2.2. Das Unternehmen zwischen Absatz und Beschaffungsmarkt

In Bild 1 ist die Stellung eines Unternehmens zwischen den Absatz- und Beschaffungsmärkten grob skizziert. Die Kunden melden auf dem Absatzmarkt einen gewissen Bedarf bzw. eine Nachfrage, die auf das Unternehmen trifft. Sofern das Unternehmen diesen Bedarf befriedigen will, wird es seinerseits Leistungen benötigen, die auf dem relevanten Beschaffungsmarkt nachgefragt werden. Nach der Lieferung der nachgefragten Leistungen seitens des Beschaffungsmarktes ist das Unternehmen in der Lage, durch Faktorkombination seinerseits die Leistungen herzustellen, die zu einer Bedarfsbefriedigung auf dem Absatzmarkt führen. Bemerkenswert an der recht einfachen Darstellung in Bild 1 ist der Umstand, daß die Relationen zwischen Elementen auf der rechten Seite des Bildes in Form von Informationsflüssen realisiert werden, wohingegen die Relationen auf der linken Seite des Bildes in der Regel einen konkreten physischen Fluß darstellen (auch die Erbringung einer Dienstleistung führt zu einem Strom physikalischer Natur, sei es der Transport von Menschen oder von Elektronen).

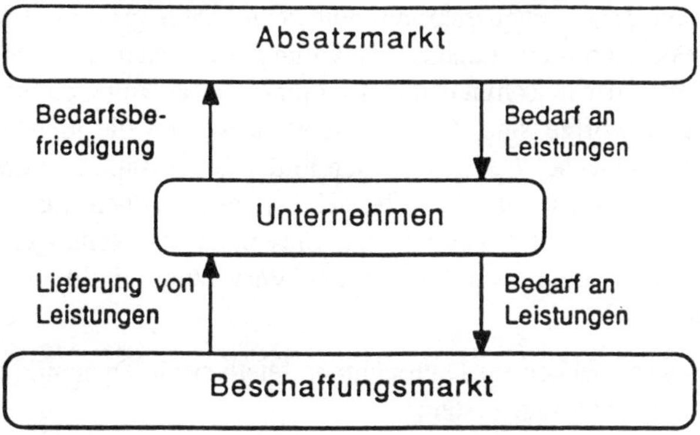

Abb. 1: Stellung des Unternehmens

Gegenstand der nun folgenden Betrachtungen ist das Unternehmen im Spannungsfeld zwischen Absatz- und Beschaffungsmärkten, wobei allerdings nur die am Auftragsdurchlauf direkt beteiligten Unternehmensbereiche miteinbezogen werden.

3. Das sozio-ökonomische System Unternehmen

Will man das Verhalten von Unternehmen untersuchen, so stößt man auf externe und interne Unsicherheitsfaktoren, die es zu berücksichtigen gilt. Externe Unsicherheitsfaktoren liegen in der Entwicklung des Bedarfs auf den Absatzmärkten und in der Entwicklung der Beschaffungsmärkte begründet. So ist es nicht eindeutig vorherzusagen, welche zeitliche, mengenmäßige und artspezifische Wandlungen in nächster und weiter Zukunft auf dem Absatzmarkt vor sich gehen werden. Auch die Beschaffungsmärkte sind dynamische Systeme, deren Verhalten zwar prognostiziert werden kann, die aber auch grundsätzlich vielen Abhängigkeiten unterworfen werden können. Hier nicht weiter betrachtet werden sollen mögliche Veränderungen auf den Finanzmärkten oder auf dem Arbeitsmarkt.

Auf die externen Unsicherheitsfaktoren hat ein Unternehmen nur einen relativ geringen Einfluß. Da das Wohlergehen eines Unternehmens aber gerade von diesen externen Faktoren abhängt, gilt es, ihnen besondere Aufmerksamkeit zu schenken.

Die internen Unsicherheitsfaktoren eines Unternehmens entstehen im zielgerechten Funktionieren zur Leistungserstellung. Hier spielen beispielsweise die Verfügbarkeiten der maschinellen Einrichtungen eine Rolle, die stochastischen Störungen unterworfen sind. Ganz wesentlich werden die meisten Unternehmen vom Zusammenspiel der Menschen in der Organisation untereinander geprägt. Die Arbeitsweise einzelner Bereiche spielt eine ebenso große Rolle wie das Zusammenarbeit unterschiedlicher Unternehmensabteilungen, wobei gerade zwischen den Bereichen Technik und Verwaltung ein besonders wichtige Schnittstelle besteht.

Die Menschen machen im Unternehmen letztlich die Dynamik aus. Deshalb sind Unternehmen soziale Systeme.

Ökonomisch werden sie aufgrund ihrer Zielsetzung, die in der Regel darin besteht, unter Verwendung knapper Ressourcen, wie Personal, Material, Energie, Zeit und anderen, möglichst aufwandsarm ein vorgegebenes Ziel zu erreichen bzw. eine Leistung zu erstellen.

Das sozio-ökonomische System Unternehmen ist aufgrund der vielfältigen stochastischen Einflüsse nicht deterministisch planbar. Reaktionen auf bestimmte Umfeldveränderungen sind daher nur bedingt vorhersagbar. Diese vergleichsweise unamerikanische Einstellung (Teile der amerikanischen Forschung haben sich jahrelang damit befaßt, Unternehmen möglichst unabhängig vom Menschen werden zu lassen) ist eine Grundlage der Unternehmenskybernetik. Mit dem Menschen im Mittelpunkt ist bei der Betrachtung von Unternehmen den vielfältigen Wechselwirkungen innerhalb und außerhalb des Unternehmens Rechnung zu tragen. Dies führt zu einer Sichtweise, die es nicht erlaubt, ein Unternehmen als statisches System zu betrachten.

4. Strategische Planung zur Verringerung der Unsicherheit

Was kann nun getan werden, um doch etwas über Systeme zu erfahren, deren Verhalten nicht deterministisch klärbar ist?

4.1. Zum Begriff der Strategie

Das Wort s t r a t e g u s bedeutet im Griechischen Heerführer und s t r a t e g e m a ist die Kriegslist. Man spricht zwar im heutigen Geschäftsleben nicht mehr vom Konkurrenten, sondern vom Wettbewerber, dies hat jedoch das grundsätzliche Verhalten der Unternehmen auf den Märkten wenig beeinflußt. So ist es Ziel eines jeden Unternehmens, unter widrigen Umständen möglichst viel der Nachfrage auf dem eigenen Marktsegment zu befriedigen. Man kämpft als Unternehmen um die Gunst des Königs "Kunde" und läßt sich dabei so allerlei List einfallen.

Auch ist dies ein Ziel des Steuermanns (griechisch k y b e r n o n), sein Schiff durch die Wellen hindurch bei Wind und Wetter, bei Meuterei und Nahrungsmangel an ein Ziel zu führen.

Bei der strategischen Planung läßt man sich also Listen einfallen, um ein vorgegebenes Ziel trotz eingetretener oder in Zukunft möglicher Umfeldveränderungen erreichen zu können. Die nicht mögliche Determiniertheit eines Systems schließt die Planung nicht aus. Planung ist unter Unsicherheit umsomehr notwendig, um nicht unnötig stark überrascht zu werden. Man versucht dabei, Handlungsalternativen zu entwickeln, bevor Änderungen im Umfeld eintreten, damit man sich zumindest rein gedanklich darauf vorbereiten kann.

4.2. Strategische Planung mit Simulation

Für die Untersuchung nichtdeterministischer Systeme bietet sich die Simulation als Untersuchungsmethode an. Es ist mit ihr möglich, den Einfluß von Zufälligkeiten in bestimmten Grenzen zwar nicht vorherzusagen, aber deren Relevanz zu prüfen. Konkret heißt das für ein Unternehmen, daß es mit einem Simulationsmodell in die Lage versetzt wird, ohne am realen System Unternehmen etwas zu verändern, Aussagen darüber zu bekommen, welche Strategien beispielsweise notwendig sind, um einer Verlängerung der Lieferzeiten auf dem Beschaffungsmarkt entgegenzuwirken, ohne an Leistungsfähigkeit einzubüßen.

Zur Untersuchung strategischer Unternehmensfragen wurde ein Simulator zur Abbildung des Auftragsdurchlaufes in Unternehmen in Zusammenhang mit dem Geschehen auf dem Absatz- und Beschaffungsmarkt entwickelt. Er wird im folgenden Abschnitt vorgestellt.

5. Modellbeschreibung

5.1. Integration von Material- und Informationsfluß

Die in Unternehmen ausgeführten technischen Analysen konzentrieren sich sehr häufig auf die Reorganisation von Materialflüssen. Sehr oft wird vernachlässigt, daß die Materialflüsse sehr stark von Informationsflußprozessen im Unternehmen abhängen. So erscheint es nur logisch bei einer ganzheitlichen Betrachtung des Unternehmens, die Informationsflußprozesse zu untersuchen und sie mit den Materialflüssen zu verbinden.

Bevor dies allerdings möglich ist, muß ein Grundstock an Elementen und den dazugehörigen Beziehungen definiert sein. Nach einer funktionalen Analyse und der Anwendung der Systemtheorie ist es möglich, ein ganzheitliches Modell des Unternehmens für den Auftragsdurchlauf zu entwickeln. Diese Methode ist in /2/ beschrieben.

Die Struktur des entwickelten Simulators ist in Bild 2 zu erkennen. Das Unternehmen ist in eine operative und dispositive Ebene unterteilt. Die dispositive Ebene wird gekennzeichnet durch den Fluß von Informationen, die operative durch den Fluß von Material. Die Bindeglieder stellen zum einen der Absatz- und Beschaffungsmarkt dar, zum anderen werden sie unternehmensintern zwischen den Abteilungen durch die angedeuteten Informationsflüsse realisiert. Die Beziehungen der einzelnen Elemente werden durch Informationsfluß- und Materialflußpfeile definiert, die für jeden Einzelfall zu bestimmen sind. Die einzelnen Elemente, wie z. B. die Fertigung, lassen sich natürlich wieder weiter verfeinern und als Einzelsystem darstellen (siehe Bild 3).

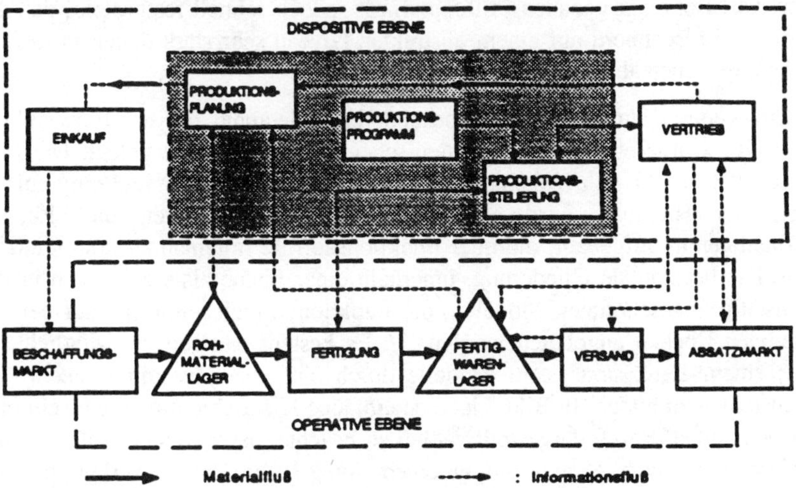

Abb. 2: Operative und dispositive Ebene eines Unternehmens

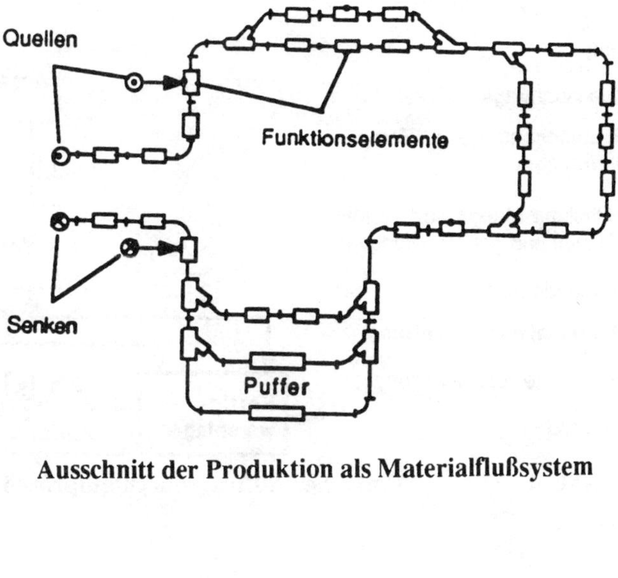

Abb. 3: Ausschnitt der Produktion als Materialflußsystem

5.2.Simulation mit HIT

Auf der Suche nach der Umsetzung des o. g. Ansatzes stießen wir auf das Softwaretool HIT, das am Lehrstuhl für Informatik IV der Universität Dortmund ursprünglich für die Leistungsbemessung von Rechnern entwickelt worden war. Bei einer genauen Prüfung wurde jedoch schnell festgestellt, daß die Abläufe in Rechnern auf einem abstrakten Niveau sehr stark denen in logistischen Systemen ähneln.

Ein weiterer Umstand ist von besonderer Bedeutung. Bei der Entwicklung von HIT wurde ebenfalls ein systemischer Ansatz zugrunde gelegt. Die Modellwelt von HIT teilt Systeme in vertikaler und horizontaler Richtung auf. In vertikaler Richtung wird eine Hierarchie von Schichten und Ebenen (Abteilungen) aufgebaut, die über Funktionsaufrufe miteinander kommunizieren. Die horizontale Gliederung, innerhalb einer Ebene also, zeigt sich in gegenseitig abgeschotteten Modulen, die Funktionen realisieren, die auf den jeweiligen Ebenen angeboten werden /3/. Es besteht dadurch die Möglichkeit, aus einem Baukastensystem Modelle durch einfaches Zusammensetzen von Bausteinen zu bilden. In Bild 4 ist eine einfache Hierarchie mit einem sehr einfachen Ablaufprozeß dargestellt, wobei zu beachten ist, daß hier Material- und Informationsflüsse gemeinsam in einem integrierten Prozeß verknüpft sind. Bild 5 zeigt die entsprechende Komponentenhierarchie in HIT, die bereits in der HIT-eigenen Sprache HI-Slang beschrieben ist. Die weiteren Details werden hier ausgespart. Der folgende Abschnitt zeigt an einem Praxisbeispiel simulative Einsatzmöglichkeiten von HIT im speziellen und von Simulationen im allgemeinen.

Ablauf:

1. **Kundenanfrage**
2. **Bestandsanfrage im Fertigwarenlager**
3. **Mitteilung Menge und Termin an Kunden und ggf. Beauftragung**
4. **Versandauftrag**
5. **Bereitstellungsanweisung**
6. **Physische Bereitstellung**
7. **Versand**

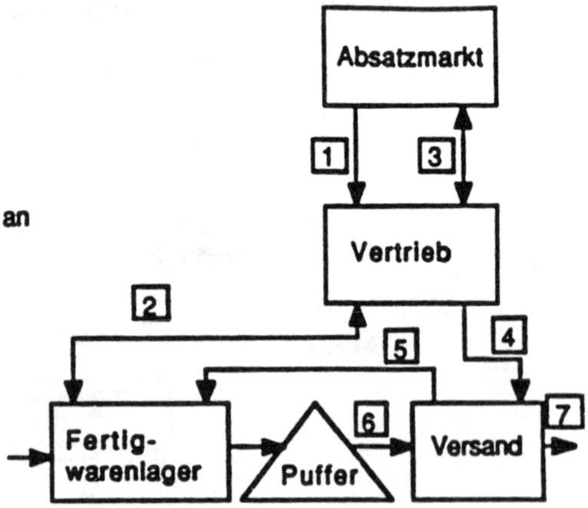

Abb. 4: Einfacher Auftragsdurchlaufprozeß

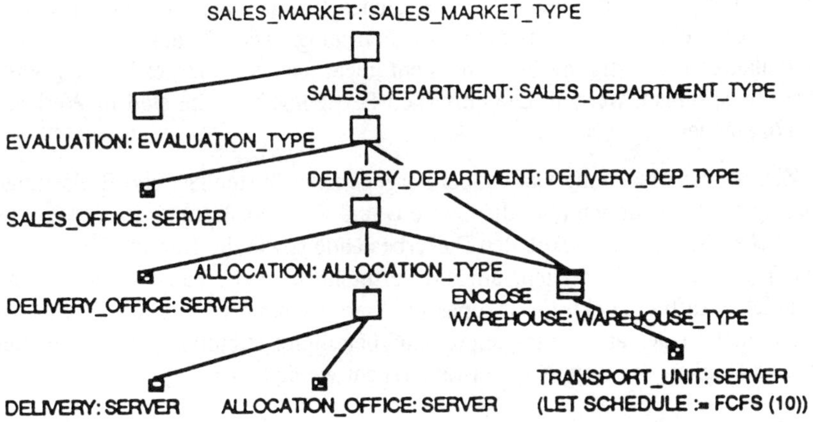

Abb. 5: Komponentenhierarchie des Hit-Modells

Es bestehen grundsätzlich folgende Untersuchungsmöglichkeiten:

- Abbildung des Unternehmens und Veränderung interner Parameter, um den Output zu verbessern.
- Abbildung des Unternehmens und Veränderung externer Parameter, um die Wirkung auf den Output des Unternehmens zu studieren.
- Abbildung des Unternehmens, Veränderung externer Parameter und daraufhin Veränderung interner Parameter mit dem Ziel, den Output des Unternehmens auf das alte Niveau zu heben bzw. zu verbessern. Diese Untersuchungen finden auf einem strategischen Niveau statt.
- Abbildung des Unternehmens und beliebige Veränderung interner und externer Parameter, um zur Schulung Einblick in die Komplexität des Unternehmensgeschehens zu ermöglichen.

6. Beispielhafte Experimente

Im Rahmen eines strategisch angelegten Industrieprojektes entstanden Simulationsergebnisse, die auszugsweise vorgestellt werden sollen. In Bild 6 ist die Struktur des Untersuchungsbereiches zu sehen. Die Produktion wird dargestellt als eine Kette von Puffern und Fertigungsbereichen. Puffer übernehmen kurzfristige Lagerfunktionen, in den Fertigungsbereichen finden

Bearbeitungsvorgänge statt. Die Pfeile stehen für die Hauptmaterialflüsse zwischen den einzelnen Elementen der Fertigung. Die Produktgruppen (PG) durchlaufen die Fertigungsbereiche nicht linear nacheinander; es können Bereiche übersprungen werden. Dic einzelnen Fertigungsbereiche sind in Werkstätten organisiert.

Ziel der Untersuchung war es, bei vorgegebener Systemlast und Einlastungsstrategie Informationen über die Gesamt- und Einzelauslastung der Fertigungsbereiche, die sich entwickelnden Pufferbestände sowie die Durchlaufzeiten und die Termintreue zu erhalten, um die Fertigungsbereiche kapazitiv an das gewandelte Auftragsspektrum anzupassen. Darüber hinaus sollte der Einfluß der Koordination der am Auftragsdurchlauf beteiligten Abteilungen auf die Leistungsfähigkeit des Unternehmens untersucht werden.

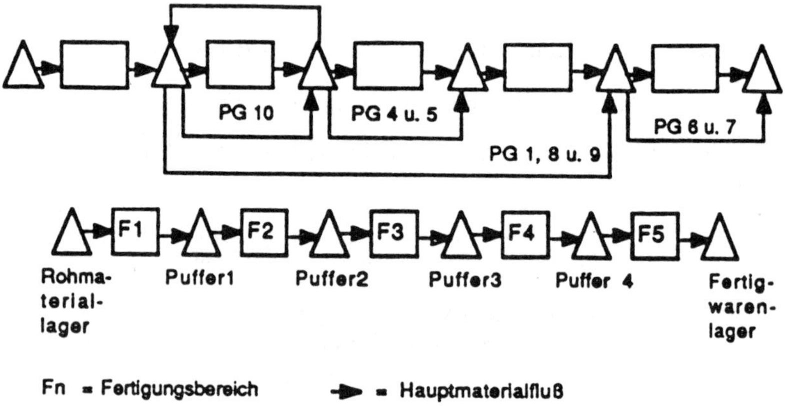

Abb. 6: **Struktur des Untersuchungsbereiches**

6.1. Systemlast

Die Systemlast wird im vorliegenden Beispiel direkt durch die Kundenaufträge erzeugt. Ein Baustein des Modells bildet das Marktverhalten nach und erzeugt für die zu zehn Produktgruppen zusammengefaßten Artikel Aufträge, die sich nach der bestellten Menge und dem gewünschten Lieferdatum unterscheiden. In Bild 7 ist die Verteilung der Aufträge auf die einzelnen Produktgruppen im Simulationszeitraum zu sehen. Die vom Kunden gewünschten Lieferzeiten schwanken zwischen 1 und 20 Werktagen, die Mengen liegen im Bereich von

3.000 bis 7.000 Teilen je Auftrag. Die Simulationszeit beträgt bei den ersten Experimenten 100 Tage, bei den letzten Experimenten 300 Tage.

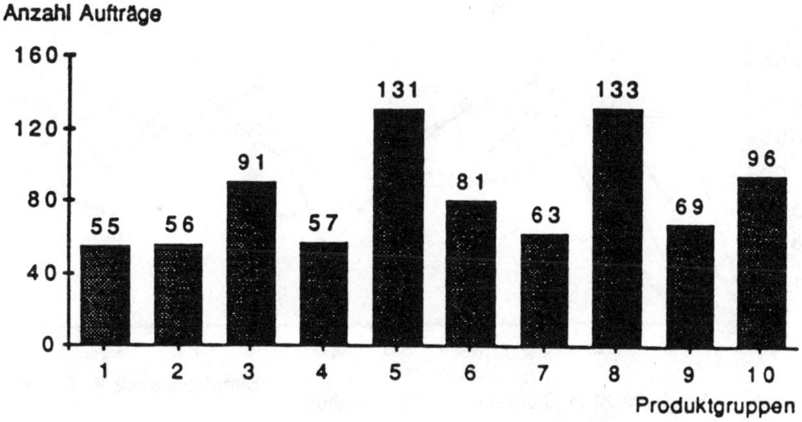

Abb. 7: Verteilung der Aufträge auf die Produktgruppen

6.2. Einlastungsstrategie

Der hier nicht beschriebene Teil der Auftragsbearbeitung von der Kundenanfrage am Modul Vertrieb bis hin zur Aufstellung des Produktionsprogrammes läßt prinzipiell viele Möglichkeiten hinsichtlich der Losgrößenbildung für Transport und Fertigung, der Auswahl von Steuerungsverfahren und der Abstimmung zwischen Lagerbeständen und Fertigungsbeständen zu (vgl. /4/). In diesem Beispiel wurden nur kundenauftragsbezogene Aufträge in der Fertigung zeitlich so ausgelöst, daß sie zeitgerecht ohne Terminüberschreitungen fertiggestellt werden.

6.3. Pufferbestände und Kapazitätsauslastung

Die sich ergebenden Pufferbestände sind in Bild 8 qualitativ dargestellt. Man erkennt deutlich das Anlaufverhalten des Systems und die schwankenden Pufferbestände, die auf die unterschiedlichen Auslastungsgrade schließen lassen. Die Entwicklung der durchschnittlichen Gesamtauslastung über den Simulationszeitraum ist in Bild 9 zu sehen. Sie ist relativ gering, da die

Fertigungsbereiche z. T. sehr stark von Aufträgen belastet werden, die nicht zu den hier simulierten Produktgruppen gehören.

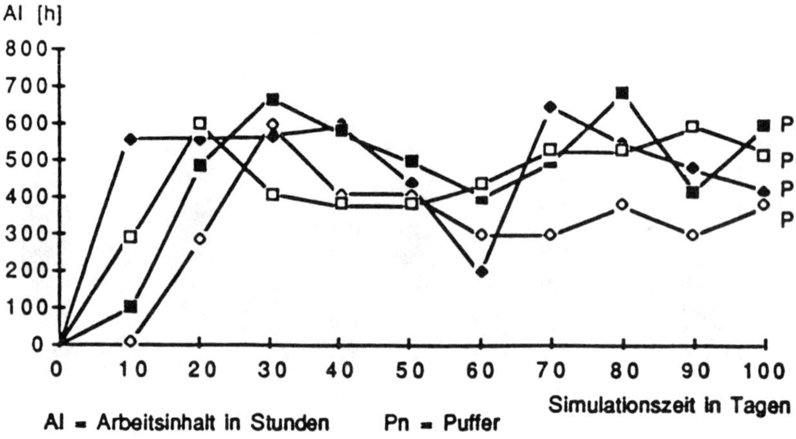

Abb. 8: **Entwicklung der Pufferbestände im Simulationszeitraum**

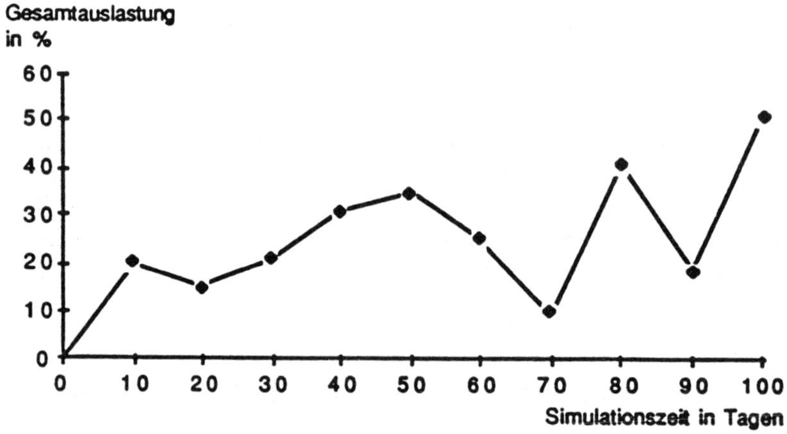

Abb. 9: **Entwicklung der durchschnittlichen Kapazitätsauslastung**

6.4. Durchlaufzeiten und Termintreue

Die Durchlaufzeiten der Aufträge durch das Unternehmen beginnend mit dem Zeitpunkt der Kundenbestellung bis zur Auslieferung sind in Bild 10 qualitativ für alle Produktgruppen als Durchschnittswerte zu sehen. Es ist natürlich auch möglich, die Durchlaufzeiten für die Produktgruppen getrennt zu betrachten. Die drei Häufungsbereiche entstehen durch die unterschiedliche Anzahl der Arbeitsgänge zur Fertigung der Produktgruppen. So durchlaufen die Produktgruppen mit 16 Tagen Durchlaufzeit mehr Fertigungsbereiche als die anderen.

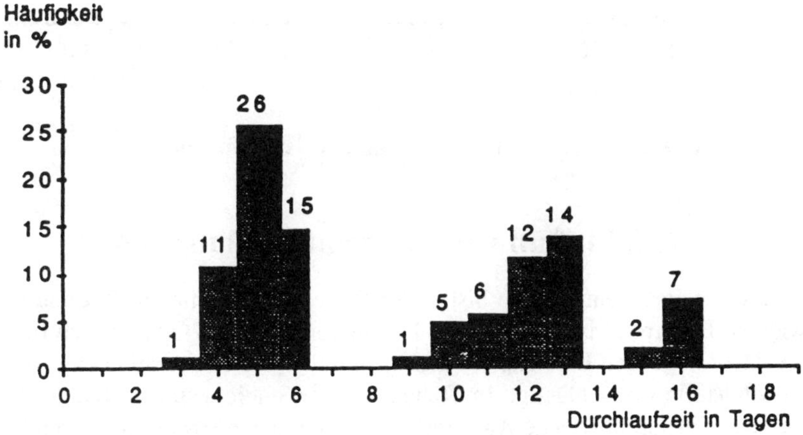

Abb. 10: Verteilung der Durchlaufzeit

In Bild 11 ist die erzielte Termintreue aller Aufträge dargestellt. Die Abweichungen sind u.a. durch fehlendes Rohmaterial, Auftragsspitzen oder durch die statistisch verteilten Maschinenausfälle hervorgerufen, die ebenfalls in das Modell eingebaut wurden.

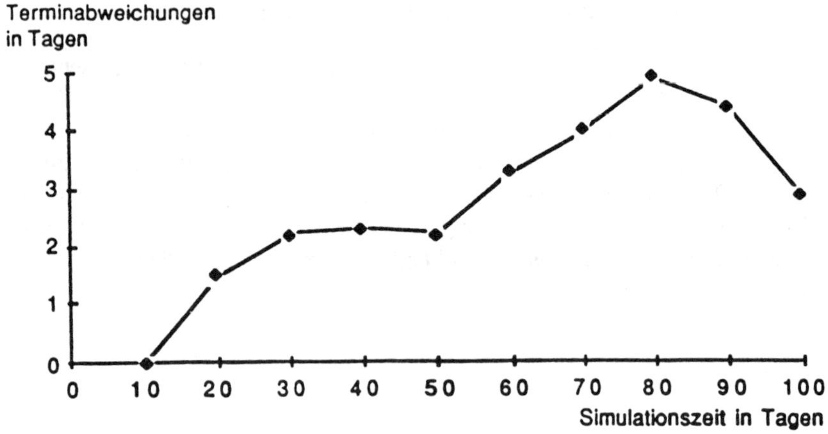

Abb. 11: Entwicklung der Termintreue

6.5. Einfluß von Informationsflußzeiten

Zuwenig Beachtung wurde bisher der Rolle von Informationsflußzeiten gewidmet. Es wird zwar versucht, die Produktion zu einem Optimum zu führen, die davor liegenden Bereiche der kaufmännischen Auftragsbearbeitung werden jedoch häufig vernachlässigt. Im Rahmen dieser Studie wurde auch untersucht, welchen Einfluß überlange Auftragsbearbeitungszeiten sowohl im Bereich des Vertriebs als auch zwischen den einzelnen Abteilungen auf die Leistungsparameter des Unternehmens haben. So zeigt Bild 12 die Auswirkungen von langen Auftragsbearbeitungszeiten auf die Auslastung der Produktion. Erstaunlicherweise ist kein signifikanter Einfluß erkennbar. Simulationsmodelle dieser Art eignen sich natürlich ganz besonders gut für strategische Studien, vgl. /5/. Bild 13 zeigt beispielhaft ein mögliches Ergebnis solcher strategischen Studien auf. Im komplexen Gefüge Beschaffung, Absatzmarkt und Unternehmen wurden die vom Kunden gewünschten Lieferzeiten halbiert. Bild 13 zeigt, welche Auswirkungen dies auf die Fertigwarenlagerbestände haben kann. Man erkennt deutlich eine signifikante Anhebung des Bestandsniveaus für den Fall längerer Lieferterminwünsche, die sich hier aus der konkreten Auftragsbearbeitung der Firma erklären lassen.

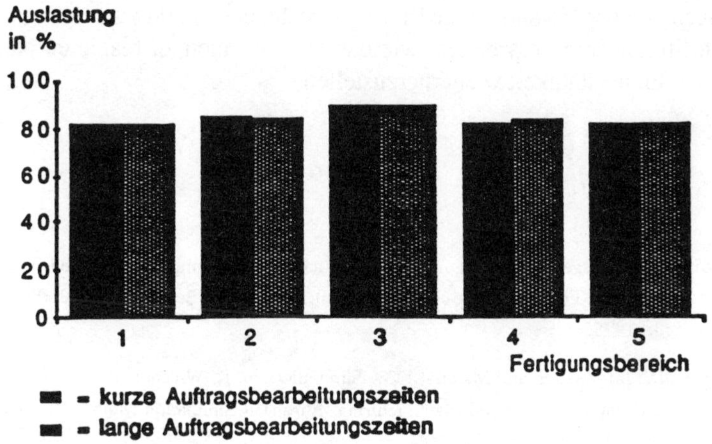

Abb. 12: Auswirkung unterschiedlicher Auftragsbearbeitungszeiten

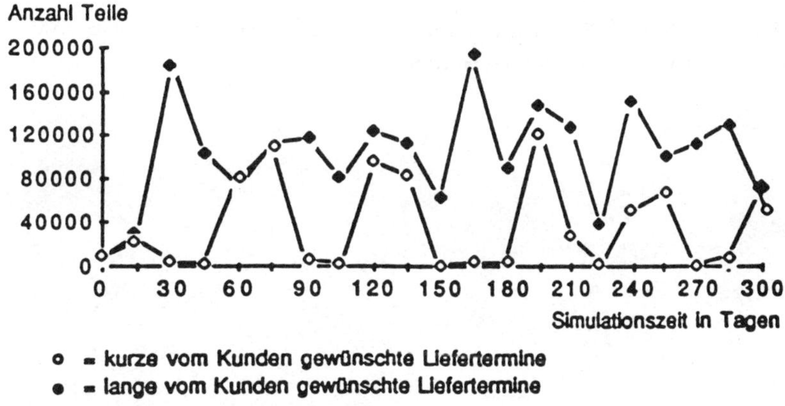

Abb. 13: Auswirkung unterschiedlicher vom Kunden gewünschter Liefertermine

Mit dem Simulationsmodell ist es weiterhin möglich, nicht nur die Auswirkungen solcher Veränderungen im Unternehmensumfeld zu studieren, sondern auch Strategien zu erarbeiten, wie das Unternehmen zu reagieren hat, um die alte Leistungsfähigkeit wiederherzustellen.

Literatur

/1/ Zäpfel, G.: Ausgewählte fertigungswirtschaftliche Optimierungsprobleme von Fließfertigungssystemen. Fertigungswirtschaft in Theorie und Praxis, Beuth Verlag, Berlin-Köln-Frankfurt 1975.

/2/ Pape, D.: Information and Material Flow Simulation, in: K. Wiechmann etal: Hrsg., Simulation in Computer Integrated Manufacturing, European Simulation Multiconference, Tagungsband, Wien 1987, S. 107 - 106.

/3/ Beilner, H.; Scholten, H.: Strukturierte Modellbeschreibung und strukturierte Modellanalyse: Konzepte des Modellierungswerkzeuges HIT, 3. GI/NTG-Fachtagung "Messung, Modellierung und Bewertung von Rechensystemen", Dortmund 1985.

/4/ Pape, D.: Simulation of Integrated Information and Material Flow in Logistics Systems: an Application of the Modelling Tool, HIT. European Simulation Multiconference, Nizza, 1988.

/5/ Pape, D.; Stewing, F.: Strategic Planning of Logistics Systems with Simulation. ESM '89 - 3rd European Simulation Multiconference, Rome, 1989.

Optimale Informationsausschöpfung aus Datensystemen und ihre Nutzung für Unternehmensstrategien

von Werner Pölz[1]

1. Einleitung

Durch die zunehmende Komplexität unserer Umwelt wird es immer wichtiger, Informationen optimal auszunutzen. Bei empirischen Untersuchungen werden einerseits eine Vielzahl von Variablen erhoben, die nur ordinales oder nominales Ausprägungsniveau besitzen, andererseits ist es aber oft nicht möglich, auf Fragen, die metrisches Ausprägungsniveau besitzen, mit einer tatsächlichen Zahl zu antworten.

Will man Wettbewerbsvorteile einer strategischen Geschäftseinheit analysieren, so kann dies z.B. mittels Fragebogen geschehen. Dieser enthält verschiedenste Attribute, die von den Befragten für jeden Wettbewerber beurteilt werden. Nehmen wir als Beispiel das Attribut "Produktqualität". Die Meßbarkeit dieses Attributs ist praktisch nur dann gegeben, wenn wir Klassen zur Beurteilung vorgeben (etwa Schulnoten, oder im Falle von Polaritätsprofilen Kategorien von "sehr positiv" bis "sehr negativ").

Die Einteilung dieser Variablen in Klassen ist oft die einzige Möglichkeit, diese einer vernünftigen Analyse zu unterziehen. Bei dieser Klasseneinteilung besteht die Gefahr einer Verfälschung der Daten; der Vorteil der Bequemlichkeit bei der Datengewinnung wird mit einer Ungenauigkeit der Daten bezahlt, und wichtige Information geht verloren.

Statistische Analyseverfahren benötigen aber, um effektive Aussagen treffen zu können, in der Regel metrische Daten. Dieser Umstand führt dazu, daß viele Daten willkürlich "zwangsmetrisiert" werden.

---

[1] Univ.-Doz. Mag. Dr. Werner Pölz, Johannes Kepler Universität Linz, Institut für Systemwissenschaften, Abteilung für Angewändte Systemforschung und integrale Forschungsstatistik, Altenbergerstr. 69, A-4040 Linz

In diesem Artikel soll ein Verfahren vorgestellt werden, das die Information, die in den Daten steckt, optimal ausschöpft, ohne den Fehler einer willkürlichen "Zwangsmetrisierung" zu begehen.

2. Methode

Nehmen wir an, eine Variable hat n Ausprägungen, die wir mit $a_1, a_2, ..., a_n$ bezeichnen. Bei einer Untersuchung erhalten wir die dazugehörigen relativen Häufigkeiten $p_1, p_2, ..., p_n$.

Um einen Informationsverlust bei der Datenanalyse zu vermeiden, ist es notwendig, vergleichbare Maßfunktionale für nominale und ordinale Erscheinungen zu finden.

Dies geschieht mittels der Markierungsskala (Pölz, S. 107ff), auf die aber in diesem Beitrag nicht näher eingegangen werden soll. Diese liefert uns optimale Startwerte für das vorzustellende Verfahren, weil die gesamte Information der relativen Häufigkeiten in diesen Startwerten steckt.

Der Vektor der Startwerte a_i berechnet sich nach (1):

$$\mathbf{x} = \mathbf{F}\mathbf{p}, \tag{1}$$

wobei **p** der Vektor der relativen Häufigkeiten p_i zu a_i ist (i=1,n). **F** ist die Fraktionierungsmatrix. Diese enthält in der Hauptdiagonale lauter Nullen, in der unteren Dreiecksmatrix die Werte +1, in der oberen -1.

Diese Startwerte basieren nur auf den relativen Häufigkeiten und liegen zwischen -1 und +1. Ordnen wir eine konstante Häufigkeit den Intervallen $x_i\, p_i$ zu, so kann gezeigt werden (Pölz, S. 111ff), daß der Mittelwert dieser nun entstandenen Skala null ist und ihre Varianz wie folgt aussieht:

$$s^2 = \frac{1}{3}\left(1 - \sum_{i=1}^{n} p_i^3\right), \text{ diese Werte also nur von den Häufigkeiten abhängen.} \tag{2}$$

Diese Startwerte eignen sich besonders gut, um darauf ein System von diskreten Legendrepolynomen aufzubauen.

Matrix **L** enthalte die Legendrepolynome in aufsteigender Ordnung als Zeilen für jede Ausprägung (Spalten von **L**). Denken wir an eine Kreuztabelle, so können wir mit der anderen Variablen B in gleicher Weise verfahren.

Über die Startwerte $y_1, y_2, ..., y_m$ (wenn B m Merkmalsausprägungen besitzt) gelangen wir zur Matrix **S**, die analog zu **L** aufgebaut ist.

Sei **P** die Matrix der zweidimensionalen relativen Häufigkeiten der Kreuztabelle, so berechnen wir $\mathbf{Q}_{yx}$:

$$Q_{yx} = \mathbf{SPL}', \tag{3}$$

wobei L' die transponierte Matrix von L darstellt.

Durch die Orthogonalität der Legendrepolynome sind die Produkte

$$\mathbf{Q}_{xx} = \mathbf{LRL}' \quad \text{und} \quad \mathbf{Q}_{yy} = \mathbf{SCS}' \tag{4}$$

identisch mit der Einheitsmatrix ($\mathbf{I}_n$ bzw. $\mathbf{I}_m$).

Die Indizes n bzw. m zeigen die Dimension der Einheitsmatrix an.

Die Matrizen R bzw. S beinhalten die marginalen relativen Häufigkeiten von Variable A bzw. Variable B in der Hauptdiagonale und Nullen in den nicht Diagonalelementen.

Wir bilden die bekannte quadratische Form:

$$[\mathbf{v}'\mathbf{w}'] \cdot \begin{bmatrix} \mathbf{I}_m & \mathbf{Q}_{yx} \\ \mathbf{Q}_{yx}' & \mathbf{I}_n \end{bmatrix} \cdot \begin{bmatrix} \mathbf{v} \\ \mathbf{w} \end{bmatrix} , \tag{5}$$

wobei **v**,**w** die Vektoren der optimalen Gewichte zu Variable A bzw. B sind.

Wir suchen nun jene Vektoren **v** und **w**, die die Kanonische Korrelation maximieren. Nach Lösung der charakteristischen Gleichung, ergibt sich der quadrierte Kanonische Korrelationskoeffizient als der größte, nichttriviale Eigenwert. Normieren wir wie folgt:

$$\mathbf{w}'\mathbf{w} = 1 \quad \text{und} \quad \mathbf{v}'\mathbf{v} = 1 \, , \tag{6}$$

so erhalten wir die optimalen Gewichte, die den einzelnen Merkmalsausprägungen a_1, a_2, ..., a_n zuzuordnen sind, als Vektor **r**, der mittels (7) berechenbar ist:

$$\mathbf{r} = \mathbf{L'w}. \tag{7}$$

Analog ist Vektor **t**, der die optimalen Gewichte für die einzelnen Merkmalsausprägungen b1, b2, ..., bm enthält, zu ermitteln:

$$\mathbf{t} = \mathbf{S'v}. \tag{8}$$

Wenn z.B. die optimalen Gewichte (r) für Variable A die existierende Ordnung der ai nicht widerspiegeln, die Reihenfolge der Kategorien also Vertauschungen enthält, so können wir jede beliebige Ordnung der optimalen Gewichtswerte erzeugen, indem wir die Höhe der Ordnung der Orthogonalpolynome schrittweise reduzieren. Wir schneiden daher von Matrix L die letzte Zeile weg - diese enthält die Legendrepolynome der höchsten Ordnung - und führen die Berechnungen von (3) bis (7) wieder durch.

Wir reduzieren Matrix **L** so lange, bis die optimalen Gewichtswerte die existierende Ordnung widerspiegeln. In analoger Weise können wir für Variable B verfahren (Reduzierung von Matrix **S**).

3. Beispiel

3 Wettbewerber wurden mittels in der Einleitung beschriebenen Vorgangsweise analysiert. Die Frage nach der Produktqualität der einzelnen Wettbewerber wurde wie folgt beantwortet (siehe Tabelle 1):

Tabelle 1:

Produktqualität	Wettbewerber A	B	C	Summe
sehr gut	9	4	0	13
eher gut	9	14	1	24
unentschieden (mittel)	16	17	3	36
eher schlecht	5	4	27	36
sehr schlecht	2	5	12	19
Summe	41	44	43	128

Die Startwerte für die drei Wettbewerber errechnen sich nach (1) als

$$\mathbf{x} = \begin{bmatrix} 0 & -1 & -1 \\ 1 & 0 & -1 \\ 1 & 1 & 0 \end{bmatrix} \begin{bmatrix} 41/128 \\ 44/128 \\ 43/128 \end{bmatrix} = \begin{bmatrix} -0{,}680 \\ -0{,}016 \\ 0{,}664 \end{bmatrix}$$

Für die Merkmalsausprägungen der Variable Produktqualität ergibt sich analog

$$\mathbf{y}' = [-0{,}898 \quad -0{,}609 \quad -0{,}141 \quad 0{,}422 \quad 0{,}852]$$

Die Matrizen **S** und **L** ergeben:

$$\mathbf{S} = \begin{bmatrix} 1 & 1 & 1 & 1 & 1 \\ -1{,}601 & -1{,}086 & -0{,}251 & 0{,}752 & 1{,}518 \\ 1{,}700 & 0{,}172 & -1{,}050 & -0{,}465 & 1{,}490 \\ -1{,}453 & 0{,}902 & 0{,}548 & -1{,}174 & 1{,}041 \\ 1{,}132 & -1{,}520 & 1{,}044 & -0{,}629 & 0{,}360 \end{bmatrix}$$

$$\mathbf{L} = \begin{bmatrix} 1 & 1 & 1 \\ -1{,}249 & -0{,}029 & 1{,}220 \\ 0{,}750 & -1{,}381 & 0{,}699 \end{bmatrix}$$

Die Orthogonalpolynome 0-ter Ordnung, die jeweils 1 ergeben, werden bei der folgenden Berechnung weggelassen. Damit wird die Triviallösung (Kanonischer Korrelationskoeffizient = 1) bereits eliminiert.

Zur weiteren Berechnung benötigen wir noch folgende Matrizen:

$$\mathbf{P} = \frac{1}{128}\begin{bmatrix} 9 & 4 & 0 \\ 9 & 14 & 1 \\ 16 & 17 & 3 \\ 5 & 4 & 27 \\ 2 & 5 & 12 \end{bmatrix} \qquad \mathbf{R} = \frac{1}{128}\begin{bmatrix} 13 & 0 & 0 & 0 & 0 \\ 0 & 24 & 0 & 0 & 0 \\ 0 & 0 & 36 & 0 & 0 \\ 0 & 0 & 0 & 36 & 0 \\ 0 & 0 & 0 & 0 & 19 \end{bmatrix}$$

$$\mathbf{C} = \frac{1}{128}\begin{bmatrix} 41 & 0 & 0 \\ 0 & 44 & 0 \\ 0 & 0 & 43 \end{bmatrix}$$

Nach (3) ergibt sich $\mathbf{Q}_{yx}$ als:

$$\mathbf{Q}_{yx} = \begin{bmatrix} 0{,}562 & 0{,}240 \\ 0{,}016 & 0{,}050 \\ -0{,}163 & -0{,}270 \\ -0{,}211 & -0{,}000 \end{bmatrix}$$

Beginnend mit (5) erhalten wir, nach Lösung der Eigenwertaufgabe, einen größten nichttrivialen Eigenwert l=0,4794. Mittels (7) und (8) aufgrund von (6) ergeben sich die optimalen Gewichte wie folgt:

$\mathbf{t}' = [-1{,}057 \quad -0{,}886 \quad -0{,}772 \quad 1{,}262 \quad 0{,}914]$

$\mathbf{r}' = [\,0{,}764 \quad 0{,}661 \quad -1{,}405]$

Diese Gewichte sind einerseits optimal, da sie l maximieren, aber andererseits nicht optimal in dem Sinn, daß die Reihenfolge der Merkmalsausprägungen vertauscht sind:

sehr gut - gut - unentschieden - sehr schlecht - schlecht

$$y_1 < y_2 < y_3 < y_5 < y_4$$

Daher reduzieren wir die Höhe der Ordnung der Orthogonalpolynome von S und führen die Schritte (5) bis (8) nochmals durch.

Aus diesem reduzierten Ansatz ergibt sich ein $\lambda = 0{,}4455$ und die Gewichtswerte

$$\mathbf{t}'_1 = [-0{,}755 \quad -1{,}350 \quad -0{,}516 \quad 1{,}142 \quad 1{,}036] \; .$$

Da wiederum Vertauschungen auftreten, reduzieren wir **S** und erhalten $\mathbf{Q}_{yx/2}$ ($\mathbf{Q}_{yx}$ nach 2 Reduktionen):

$$\mathbf{Q}_{yx/2} = \begin{bmatrix} 0{,}562 & 0{,}240 \\ 0{,}016 & 0{,}050 \end{bmatrix}$$

λ ergibt 0,374, und die Gewichtswerte stellen sich wie folgt dar:

$$\mathbf{t}'_2 = [-1{,}502 \quad -1{,}075 \quad -0{,}301 \quad 0{,}724 \quad 1{,}600]$$

$$\mathbf{r}' = [\,0{,}850 \quad 0{,}573 \quad -1{,}400] \; .$$

Die Ordnungsrelation ist nun erfüllt.

4. Schlußfolgerungen

Diese Gewichtswerte diskriminieren nun optimal (unter der Bedingung einer vorgegebenen Rangreihenfolge) zwischen den 3 Wettbewerbern (vgl. Pölz, 1988).

Mit anderen Worten gesagt: Verwenden wir diese Gewichtswerte anstelle von willkürlichen, so wird die in den Daten steckende Information über bestehende Unterschiede zwischen den Wettbewerbern voll ausgenützt.

Statt den Merkmalsausprägungen der Variable "Produktqualität" willkürliche Gewichte zuzuordnen, wie es leider die Regel scheint, also etwa

sehr gut = 1 (oder -2) gut = 2 (oder -1) unentschieden = 3 (oder 0)

schlecht = 4 (oder +1) sehr schlecht = 5 (oder +2),

erhalten wir durch die Anwendung des oben skizzierten Verfahrens optimale Gewichtungen (t), optimal in dem Sinn, daß wir die gesamte Information, die in der Ausgangsmatrix steckt, benutzt haben, um diese Gewichtswerte zu erhalten.

Wir ordnen also der Merkmalsausprägung "sehr gut" die Gewichtung -1,502 zu, "gut" den Wert -1,075, usw. Wir wenden nun das eben gezeigte Verfahren auf alle Variablen des Fragebogens an und erhalten so die einzelnen Gewichtswerte. Diese Gewichtswerte dienen nun als Ausgangsbasis für "höhere statistische Verfahren" (Faktorenanalyse, usw.) anstatt der willkürlichen.

Damit ist ein Verfahren vorgestellt, welches die gesamte Information der Daten ausschöpft ohne den Fehler bisher existierender Verfahren zu machen. Diese Verfahren (vgl. etwa Bock, 1960; Bradley/Katti, 1962, Nishisato, 1973, 1980, Nishisato/Arri, 1975) konnten das Problem auftretender Vertauschungen der Reihenfolge der Merkmalsausprägungen nicht zufriedenstellend lösen, ohne Informationen zu verschenken. Der durch das vorgestellte Verfahren entstandene Vorteil und Nutzen liegen auf der Hand:

Es können Daten effektiv analysiert und die gewonnenen Ergebnisse für Unternehmensstrategien eingesetzt werden.

Literatur

Bock, R.D.: Methods and applications of optimal scaling, in: Psychometric Laboratory, Report No. 25, 1960, University of North Carolina.

Bradley, R.A./Katti, S.K.: Optimal scaling for ordered categories, in: Psychometrika, 4, 1962, 355-374.

Nishisato (I), S.: "Optimal scaling of partially ordered categories", Paper presented at the Spring Meeting of the Psychometric Society, 1973, Chicago.

Nishisato (II), S.: "Analysis of categorical data: dual scaling and its applications", University of Toronto Press, 1980, Toronto.

Nishisato (III), S./Arri, P.S.: Nonlinear programming approach to optimal scaling of partially ordered categories, in: Psychometrika, 40, 1975, 525-548.

Pölz, W.: "Ein dispositionsstatistisches Verfahren zur optimalen Informationsausschöpfung aus Datensystemen mit unterschiedlichem Ausprägungsniveau der Merkmale", 1988, Frankfurt.

Zäpfel, G./Pölz, W.: Zur Analyse von Wettbewerbsvorteilen einer strategischen Geschäftseinheit, Marketing 4, 1987, 257-265.

Interaktive Echtzeitlaborsimulation (HIS) unter Einbeziehung Betroffener am Beispiel eines Umschlagbahnhofes des Kombinierten Verkehrs

von Klaus Henning, Armin Bohnhoff[1]

und *Burkhard Ochterbeck*[2]

1. Einleitung

In einer Simulation werden reale Prozesse in einem Modell nachgebildet, um zu Erkenntnissen zu gelangen, die auf die Wirklichkeit übertragbar sind. Simulationen helfen somit, relativ zeit- und kostengünstig verschiedene Planungsvarianten auf ihre Funktionsfähigkeit zu untersuchen.

Technische Systeme, deren Abläufe in der Regel mathematisch gut zu modellieren sind, lassen sich für viele Anwendungsfälle hinreichend genau mit entsprechenden Softwarepaketen simulieren. Probleme treten jedoch bei den Simulationen auf, die nicht rein technische, sondern Mensch-Maschine-Systeme betreffen. Hierbei muß der Prozeß menschlicher Arbeit ebenso wie das technische System modelliert und später simuliert werden. Dies ist mittels reiner Rechnersimulation nur unter erheblichen Einschränkungen möglich, da sich mit ihrer Hilfe menschliches Verhalten nur in eng umgrenzten Teilbereichen und unter oft praxisfremden Randbedingungen untersuchen läßt [K. Henning, B. Kuchen, 1975; K. Henning, 1984].

Ein solches Mensch-Maschine-System liegt bei der Entwicklung eines Betriebsführungssystems für einen Umschlagbahnhof des kombinierten Verkehrs vor. Deshalb wird sinnvollerweise in einem solchen Fall nicht das gesamte System als Software-Simulationsmodell nachgebildet, sondern die den

---

1 Prof. Dr.-Ing. Klaus Henning, Dipl.-Ing. Armin Bohnhoff, Fachgebiet Kybernetische Verfahren und Didaktik der Ingenieurwissenschaften (KDI) der RWTH Aachen, Rolandstr. 7-9, D-5100 Aachen

2 Dr.-Ing. Burkhard Ochterbeck, Bremer Lagerhaus-Gesellschaft (BLG), D-2800 Bremen

untersuchenden Prozeß beeinflussende menschliche Arbeit durch Integration von Mitarbeitern in den Simulationsablauf eingebunden. Hierzu wird im folgenden nach einigen allgemeinen Vorbemerkungen zur Simulation speziell auf die vom Fachgebiet Kybernetische Verfahren und Didaktik der Ingenieurwissenschaften (KDI) der RWTH Aachen entwickelten interaktive Echtzeitsimulation (Human Integrated Simulation (HIS)) eingegangen. Dabei werden das reale System der Umschlaganlage, die Simulationsziele und der Simulationsaufbau, -ablauf sowie die Simulationsergebnisse vorgestellt.

2. Vorbemerkungen

2.1. Grundbegriffe

In der Literatur wird der Begriff Simulation nicht einheitlich definiert. Wie aus den folgenden Zitaten zu sehen ist, zählen einige Autoren die Modellerstellung zum Prozeß der Simulation, andere nur die Anwendung des Simulationsmodells.

Schmidt (1980) versteht unter Simulation ein experimentelles Vorgehen, bei dem bestimmte Eigenschaften eines tatsächlichen oder auch gedachten technischen, wirtschaftlichen, biologischen Systems (Prozeß) nicht am Original selbst, sondern ersatzweise an einem geeigneten Modell des Originals, dem sogenannten Simulator, untersucht werden. Schöne (1974) versteht unter Simulation eine größere Klasse von Verfahren zur Systemuntersuchung. Prinzipiell wird nach Schöne dabei nicht das Verhalten der Systeme selbst, sondern das Verhalten gegenständlicher oder abstrakter Modelle tatsächlicher Systeme oder das abstrakter, hypothetischer Systeme betrachtet. In der VDI-Richtlinie 3633 (1983) schließlich wird Simulation als Nachbildung eines dynamischen Prozesses in einem Modell bezeichnet, um zu Erkenntnissen zu gelangen, die auf die Wirklichkeit übertragbar sind. Da in der letztgenannten Definition die Modellbildung als Anteil der Simulation aufgefaßt wird, soll diese Definition des weiteren verwendet werden.

In Zusammenhang mit Simulation wird der Begriff "Interaktiv" häufig verwendet. Dieser Begriff muß zum besseren Verständnis in "On-line-" und "Off-line-Interaktion" unterteilt werden. Bei der ersten Variante wird der Mitarbeiter direkt in das Simulationsmodell integriert, seine Handlungen sind Aktivitäten im Systemablauf. Dabei muß die Simulation in Realzeit erfolgen, da es für Menschen nicht möglich ist, schneller oder langsamer als in Realzeit zu handeln.

In der zweiten Variante wird der Mitarbeiter nicht in das Simulationsmodell integriert, sondern er kann den Modellaufbau und die Modellablaufbedingungen für einen bestimmten Versuch bestimmen. So kann der Mitarbeiter die Auswirkungen seiner Entscheidungen meist viel schneller als im realen System erfahren [Gordon 1972], wenn das System nicht in Realzeit simuliert wird. Diese Art der Interaktion wird als "Off-Line-Interaktion" bezeichnet [M. Mresse, 1977].

2.2. Die Modellbildung

In einem Modell wird die Wirklichkeit vereinfacht dargestellt (vgl. Bild 1). Somit ist die Nachbildung eines dynamischen Prozesses in einem Modell im Rahmen einer Simulation nicht mit dem realen Prozeß gleichzusetzen. Die Ergebnisse, die im Rahmen einer Simulation gewonnen werden, müssen immer auf dem Hintergrund der im Modell vorgenommenen Vereinfachungen interpretiert werden [K. Henning, 1986].

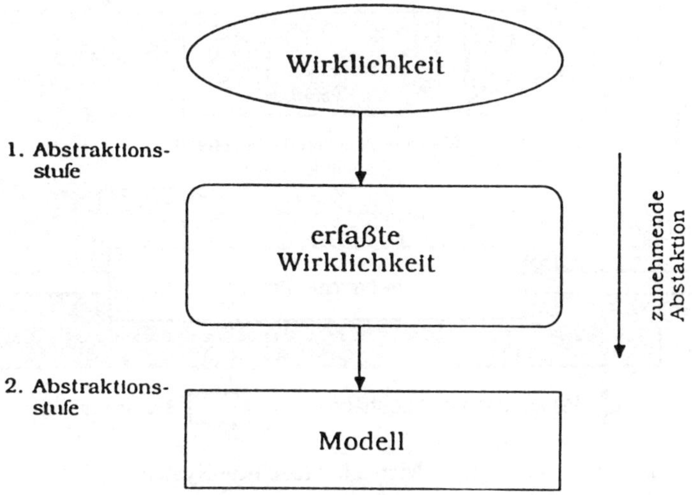

Abb. 1: Modellbildung

Um den Aufwand bei der Erarbeitung einer Simulation zu begrenzen, sollte bei der Erstellung des Simulationsmodells nach dem Leitsatz "So genau wie nötig" und nicht nach dem Motto "So genau wie möglich" verfahren werden. Dies hat zur Folge, daß man sich bei der Erstellung des Simulationsmodells genau damit auseinandersetzen muß, welche Ziele man bei der Simulation erreichen will und erst danach das Simulationsmodell entsprechend aufbaut.

2.3. Simulationsziele

Aus der Definition der Simulation wird deutlich, daß die Grundlage einer jeden Simulation die Nachbildung eines dynamischen Systems in einem Modell ist. Um eine Simulation zu erarbeiten, die die Bedürfnisse eines späteren Anwenders befriedigt, müssen vor dem eigentlichen Entwurf des Simulationsmodells jedoch die verschiedenen Simulationsziele entsprechend formuliert werden. Bei der bereits erwähnten Simulation eines zu entwickelnden Betriebsführungssystems im Transportwesen ist davon auszugehen, daß eine Vielzahl von Mitarbeitern das System beeinflussen werden. Dies führt dazu, daß es bei einer Simulation eines Betriebsführungssystems nicht ausreicht, nur das technische System zu berücksichtigen, sondern es muß das gesamte Mensch-Maschine-System gemäß Bild 2 betrachtet werden.

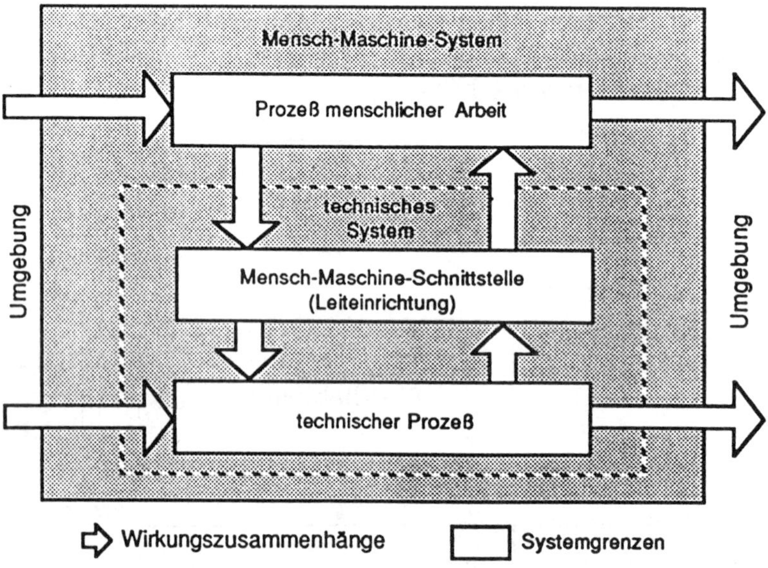

Abb. 2: Mensch-Maschine-System

Ziel der Simulation muß es daher sein, neben dem rein technischen Prozeß den Prozeß menschlicher Arbeit und das Zusammenwirken unterschiedlicher Mensch-Maschine-Systeme realitätsnah zu berücksichtigen. Des weiteren sollte die Simulation die Zusammenarbeit von Anwendern und Entwicklern unterstützen, indem u.a. erste Prototypen im Rahmen der Simulation von zukünftigen Anwendern und den Entwicklern getestet werden (vgl. Bild 3).

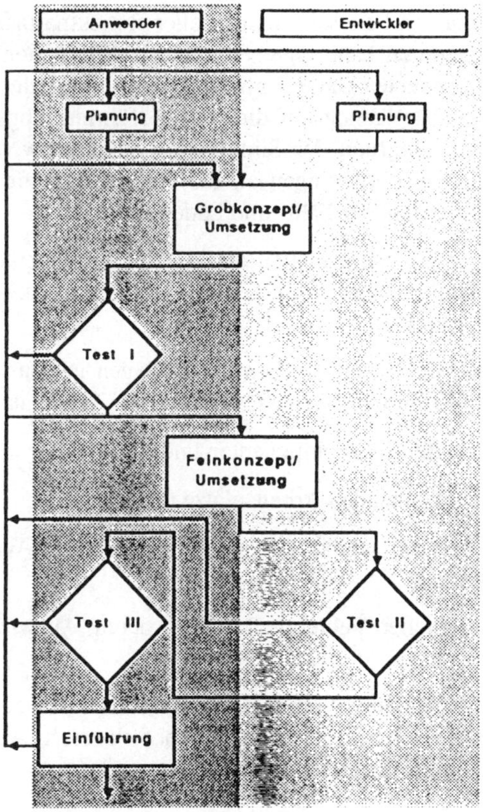

Abb. 3: **Iterativer Gestaltungsprozeß [Quelle: VDI, 1989]**

3. Anwendungsbeispiel zur interaktiven Echtzeitsimulation

3.1. Allgemeines

Die interaktive Echtzeitsimulation soll nun am Beispiel der Entwicklung eines Terminal-Betriebsführungssystems für einen Umschlagbahnhof des kombinierten Verkehrs im Raum Düsseldorf-Neuss dargestellt werden. In dem vom KDI bearbeiteten Projekt wird die Planung der Betriebsführung durchgeführt. Parallel hierzu bearbeitet ein industrieller Projektpartner die Fragen der Anlagenplanung. Dadurch kann einerseits bei der Simulation auf die bei der Anlagenplanung erarbeiteten Daten zurückgegriffen und so die Auswirkung der Ergebnisse der Anlagenplanung auf die Betriebsführung abgeschätzt werden. Andererseits können aufgrund der Simulationsergebnisse von seiten der Betriebsführung wieder Anforderungen an die Anlagenplanung gestellt werden (z.B: Änderung der Anzahl der Fahr- und Ladespuren).

Im Rahmen dieser Arbeiten mußten die in Kap. 2.3 allgemein hergeleiteten Simulationsziele konkretisiert werden. Die auf diesen Anwendungsfall bezogenen Simulationsziele lauten:

- Integration der Mitarbeiter von Umschlaganlagen in den Planungsprozeß (Integration des Erfahrungswissens, verbesserte Akzeptanz, ...),
- Test von Betriebsführungskomponenten und -strategien,
- Bewertung der entstehenden Arbeitsplätze und -inhalte,
- Bestimmung der zu realisierenden Leistungsdaten (Wartezeiten, Umschlagleistung, etc.),
- Entdeckung möglicher Fehlerquellen und deren Auswirkungen auf das Gesamtsystem.

Zum besseren Verständnis wird nun zunächst kurz der geplante reale Betriebsablauf für einen solchen Umschlagbahnhof skizziert. Anschließend werden die zu testende Betriebsführungskomponenten erläutert.

3.2. Das reale System

Bild 4 ist der prinzipielle Aufbau der projektierten Umschlaganlage zu entnehmen. Im oberen Bereich sind vier Einfahrt- und ein Ausfahrtschalter (Gate) dargestellt, im unteren Bereich jeweils zwei Gleismodule, die von Portalkranen überspannt werden. Die Länge der insgesamt sieben Gleise beträgt jeweils 700 Meter. Mit dieser Umschlaganlage sollen 800 Ladeeinheiten pro Tag umgeschlagen und in der Spitzenstunde 117 LKW abgefertigt werden. Will ein LKW-Fahrer eine Ladeeinheit in dieser Umschlaganlage anliefern bzw. abholen, muß er sich zunächst bei einem der vier vorgesehenen Schalter mit einem entsprechenden Versandauftrag melden.

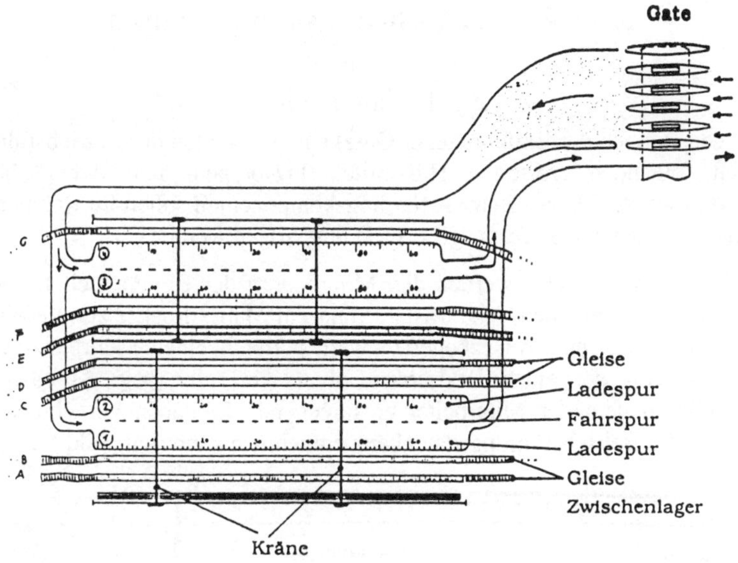

Abb. 4: Prinzipskizze einer Umschlaganlage des Kombinierten Verkehrs

Ein Gate-Mitarbeiter kann nun anhand des Ladeeinheitenkennzeichens feststellen, auf welchem der sieben Gleise sich bei anliefernden LKW die Ladeeinheit befinden sollte bzw. bei abholenden LKW die Ladeeinheit befindet. Der Gate-Mitarbeiter weist dem LKW-Fahrer eine Position auf einer der Ladespuren zu. Anschließend soll der LKW-Fahrer einen Ladeschein erhalten, auf dem zur Kontrolle das Ladeeinheitenkennzeichen, die Ladespur, die Sektorposition, das Gleis und die Tragwagennummer stehen. Mit diesen Papieren soll der LKW in die entsprechende Ladespur fahren und seine Ladeposition einnehmen. Dem Kranführer werden die entsprechenden Umschlagaufträge in seiner Krankabine auf einem Monitor angezeigt. Dies soll mit Hilfe eines Betriebsführungsrechners geschehen. Auf der Basis dieser Daten kann der Kranführer einen Kranungsauftrag auswählen und den Umschlagvorgang vornehmen.

Für diesen Betriebsablauf sollen nun kritische Bereiche durch eine interaktive Echtzeitsimulation (Human Integrated Simulation) nachgebildet werden.

3.3. Betriebsführungskomponenten

3.3.1. Gatebereich

Für den Bereich der Einfahrtstelle (Gate) sind von seiten der Betriebsführung die im folgenden erörterten Hilfsmittel (Prototypen) und Arbeitsabläufe entworfen worden. Diese Betriebsführungskomponenten sollen im Rahmen der Simulation einen ersten Test (vgl. Bild 3) unterzogen werden.

An einem Arbeitstisch werden den Mitarbeitern der Einfahrtstellen jeweils zwei Bildschirmeinheiten, eine Tastatur und ein Matrixdrucker zur Verfügung gestellt. Die Ein- und Ausgabegeräte werden durch einen Mehrplatzrechner gekoppelt. Auf der einen Bildschirmeinheit wird eine sog. Arbeitsmaske dargestellt, in dem der Mitarbeiter entsprechende Eingaben vornehmen und Daten aus der Betriebsführungsdatenbank entnehmen kann (vgl. Bild 5).

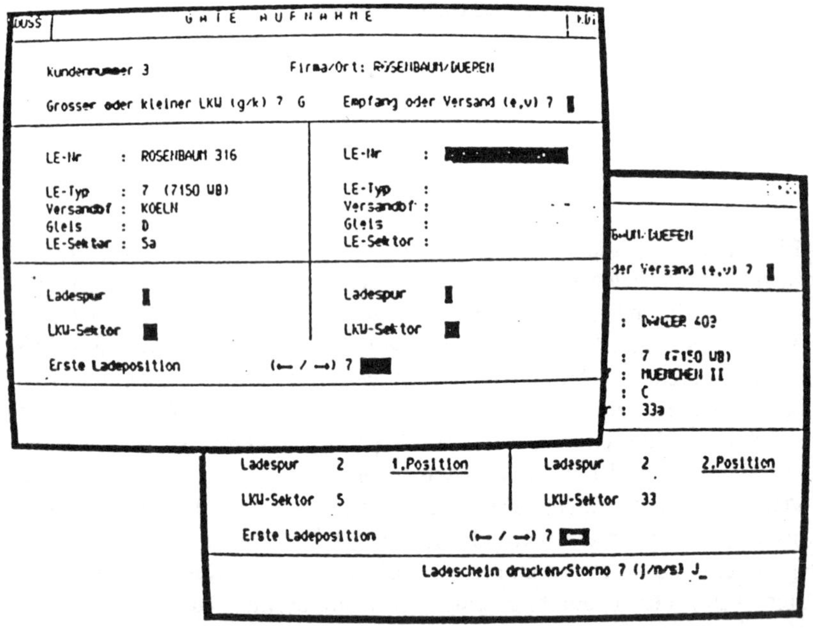

Abb. 5: Darstellung der Arbeitsmaske der Gatemitarbeiter [Quelle: Ochterbeck, 1989]

Auf der zweiten Bildschirmeinheit wird die aktuelle Ladespurbelegung dargestellt. Da die Ladespuren mit einer Länge von 700 m geplant sind, wird wegen des begrenzten Auflösevermögens der derzeit verwandten alphanumerischen Bildschirme der Umschlagbereich auf zwei nebeneinander stehenden Bildschirmen dargestellt (Prototyping Software). Auf diesen Bildschirmen werden die Gleise, Ladespuren und Ladeeinheiten durch ASCII-Zeichen dargestellt. Dabei werden die Ladeeinheiten ihrem Typ, ihrer Größe und ihrer Bauart (Container, Wechselbehälter und Sattelanhänger) entsprechend unterschiedlich symbolisiert (vgl. Bild 6). Während der LKW-Behandlung werden die entsprechenden Ladeeinheiten blinkend auf dem Terminalabbild dargestellt, damit der Mitarbeiter die Ladeeinheiten visuell schnell auf dem Bildschirm erfassen kann. Anschließend schlägt das Gateprogramm eine LKW-Ladeposition in der Ladespur vor. Der Mitarbeiter muß nun am Terminalabbild nachsehen, ob diese Ladeposition in Bezug auf die abzuholende Ladeeinheit sinnvoll ist. Ist dies der Fall, kann er die Position des LKWs mittels Tastatur bestätigen, und das Terminalabbild wird aktualisiert, d.h. der LKW und die Ladeeinheiten werden entsprechend auf den Anzeigebildschirmen aller Gatemitarbeiter dargestellt. Auf einem Matrixdrucker werden für den LKW-Fahrer der Ladeschein ausgedruckt und die Auftragsdaten dem Kranführer gemeldet.

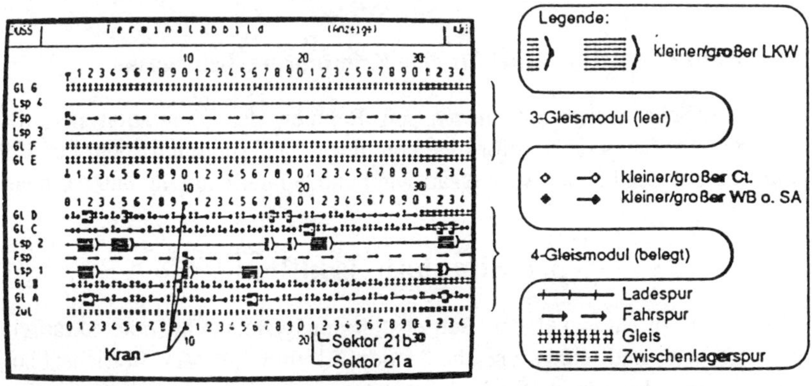

Abb. 6: Anzeigebildschirm des Gate-Mitarbeiters [Quelle: Ochterbeck, 1989]

3.3.2. Kranbereich

Für den Kranführerarbeitsplatz wurden im Rahmen der Arbeiten zur Betriebsführung unterschiedliche Arbeitsmasken entwickelt, denen der Kranführer jeweils die Information für entsprechende Kranungsaufträge entnehmen kann (vgl. Bild 7).

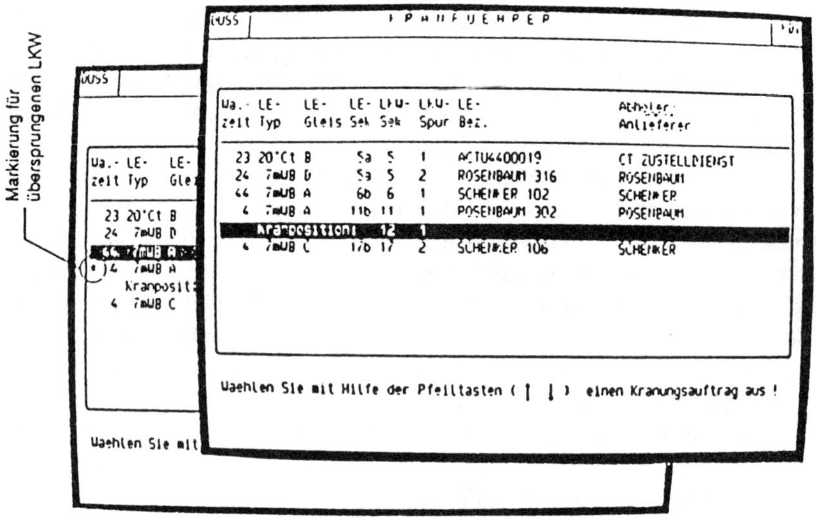

Abb. 7: Beispiel für eine Kranführerarbeitsmaske

Diese Arbeitsmasken sollten u.a. im Rahmen der Simulation daraufhin untersucht werden, welche Informationen in welcher Anordnung dem Kranführer am günstigsten bei der Auftragsauswahl und bei der Kranung unterstützen.

3.4. Simulationsaufbau

Da in dem zu entwickelnden Betriebsführungssystem sehr viele Mitarbeiter integriert sind und einen entscheidenden Einfluß auf die Betriebsabläufe nehmen, wurde keine reine Rechnersimulation entwickelt, sondern neben Hard- und Softwarekomponenten wurden Mitarbeiter und physikalische Modelle in den Simulationsablauf integriert.

Physikalische Modelle mußten in die Simulation integriert werden, da in der Realität die Mitarbeiter des Umschlagbahnhofs notwendige Informationen zum einen dem Umschlaggeschehen direkt (Ist-Daten) und zum anderen dem Betriebsführungsrechner (Soll-Daten) entnehmen. Es kann zu Abweichungen zwischen den Ist- und Soll-Daten kommen, wenn beispielsweise ein LKW nicht an der ihm am Gateschalter zugewiesenen Ladeposition steht. Um diesen Sachverhalt in die Simulation einbeziehen zu können, wurde ein physikalisches Modell der Umschlaganlage in den Simulationsablauf integriert. Somit können die Mitarbeiter in der Simulation Informationen zum einen aus dem physikalischen Modell und zum anderen aus den Arbeitsmasken entnehmen.

Als Soft- und Hardwarekomponenten werden

- entsprechende Simulationssoftware (Programme zur Datenaufnahme, Auswahl des Kranungsauftrages und LKW-Behandlung am Gate),
- ein Datenbanksystem und
- ein Mehrplatzrechner

verwendet.

Im physikalischen Modell werden

- der Umschlagbereich (Gleise, Fahr-, Lade-, Zwischenlagerspur),
- der LKW,
- dieLadeeinheiten,
- die Versandaufträge,
- die Ladescheine
- und die Kräne

dargestellt.

Als Mitarbeiter werden in den jeweiligen Simulationsablauf

- LKW-Fahrer,
- Gate-Mitarbeiter,
- Kranführer sowie
- ein Koordinator

integriert.

Je nach Ziel der Simulation werden eigene Mitarbeiter/-innen, Entscheidungsträger und/oder Mitarbeiter des Betreibers, die entsprechende Tätigkeiten in Umschlaganlagen ausführen (z.B. Kranführer), in die Simulation miteinbezogen.

3.5. Simulationsablauf

Der Ablauf der Simulation wird im folgenden kurz erläutert, indem die verschiedenen Stationen, die ein LKW-Fahrer in der Simulation durchlaufen muß, dargestellt werden. Diese Stationen sind die Koordinationsstelle der Simulation, in der ein sog. Koordinator entsprechende Aufträge für LKW-Fahrer ausgibt, der Gate-Bereich, an dem die umschlagrelevanten Daten aufgenommen werden, und der Kranbereich, an dem der eigentliche Umschlag erfolgt.

Koordinationsstelle

Koordiniert wird der Simulationslauf von der sog. Koordinationsstelle aus. Der Koordinator hat die Aufgabe, die vorbereiteten Versandaufträge gemäß den Randbedingungen auszugeben und den zeitlichen Verlauf der ankommenden LKW zu steuern. Dazu gibt er an die LKW-Fahrer je einen Versandauftrag mit dem dazu gehörigen LKW-Modell aus.

Gatebereich

Am Gate-Schalter erfolgt die Auf- und Weitergabe der umschlagrelevanten Daten der LKW, die Ladeeinheiten anliefern bzw. abholen wollen. Bei der LKW-Behandlung entnimmt der Gatemitarbeiter die umschlagrelevanten Daten dem Versandauftrag und gibt diese in die entsprechende Arbeitsmaske (vgl. Bild 5) ein. Anschließend ermittelt der Gatemitarbeiter mit Hilfe des Anzeigebildschirms (vgl. Bild 6) die Ladeposition, die der LKW in der Umschlaganlage einnehmen soll. Dem LKW-Fahrer wird abschließend ein Ladeschein ausgegeben, auf dem die Ladeposition des LKW und der Ladeeinheit vermerkt sind. Nach der LKW-Behandlung am Gatebereich muß sich der LKW-Fahrer mit dem LKW-Modell zum Modell der Umschlaganlage begeben.

Umschlagbereich

Der Umschlagvorgang muß durch den Kranführer eingeleitet werden, dem auf seinem Arbeitsbildschirm die Aufträge der wartenden LKW angezeigt werden. Zunächst muß der Kranführer die auf dem Anzeigenbildschirm angegeben Informationen mit der Situation im Modell der Umschlaganlage vergleichen (siehe Bild 8).

Stimmen die Daten der Kranungsaufträge mit der Situation in dem physikalischen Modell überein, kann der Kranführer einen entsprechenden Auftrag auswählen und bestätigen. Das Kranprogramm entnimmt der Datenbank die Position der Ladeeinheiten und kann somit die Verfahrwege zu den Ladeeinheiten und den LKW für die Zeitberechnung verwenden. Anschließend beginnt die rechnerinterne Simulation des Kranes. Dabei werden Kranungs- und Verfahrzeiten berechnet, um die Zeiten für den Umschlagvorgang zu erhalten.

Der Kranführer verfährt das Kranmodell zu dem angegeben Sektor und legt die Ladeeinheiten auf dem entsprechenden LKW ab. Nach der erfolgten Kranung befindet sich das Modell der Ladeeinheit auf dem LKW-Modell und der LKW-Fahrer kann seinen LKW aus dem Modell der Umschlaganlage entfernen bzw. auf eine weitere Ladeposition stellen. Parallel zu diesen Vorgängen wird mit dem Kranungsende die entsprechende LKW-Position in der Ladespur an den Anzeigebildschirmen der Gatemitarbeiter als frei gemeldet.

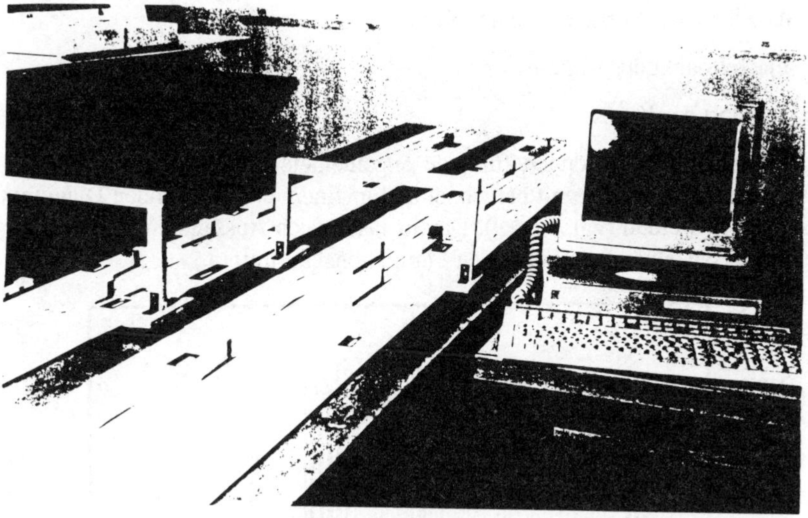

Abb. 8: Der Umschlagbereich in der Simulation

So wird das Terminalabbild nach jedem Kranungsvorgang aktualisiert, d.h. Ladeeinheiten und LKW werden auf den Anzeigebildschirmen gelöscht.

Kooordinationsstelle

Anschließend gibt jeder LKW-Fahrer den Versandauftrag mit dem Ladeschein, die Ladeeinheit und das LKW-Modell bei der Koordinationsstelle ab, in der die Abgabezeit auf dem Versandauftrag notiert wird. Die Versandaufträge und Ladescheine stehen nach Ablauf der Simulation zur Auswertung zur Verfügung.

3.6. Simulationsergebnisse

Für das Gate und den Kran werden während der Simulation rechnerintern entsprechende Protokolle abgelegt, in denen folgende Daten aufgeführt sind:

- Ankunftzeit des LKWs am Gate,
- Ende der LKW-Behandlung am Gate,
- Ladeeinheits- und LKW-Position,
- Zeitpunkt der Auswahl des Kranungsauftrages,
- Beginn der Kranung,

- die einzelnen Verfahrwege des Krans,
- Endzeitpunkt der Kranung und
- Standort des Krans.

Aus diesen Daten können für jede angemeldete Ladeeinheit einzeln rechnerunterstützt die Wartezeit berechnet und in einem entsprechenden Diagramm ausgegeben werden (vgl. Bild 9). Daraus lassen sich Aussagen über die Wartezeiten der einzelnen LKW über den Simulationslauf treffen.

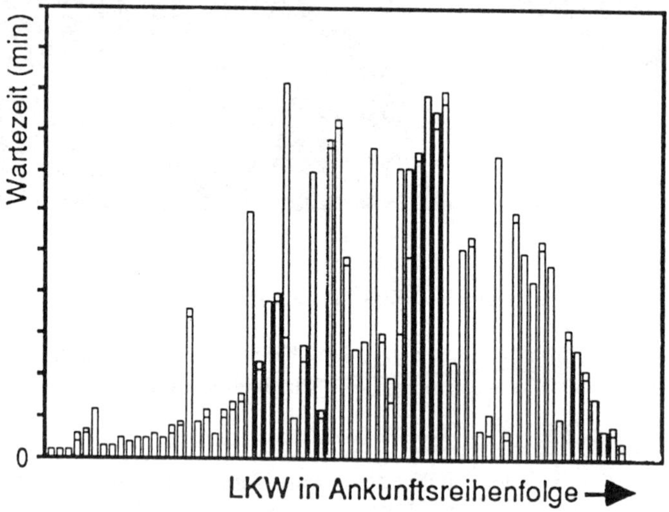

Abb. 9: Verteilung der LKW-Wartezeit während eines Simulationslaufes

Des weiteren wird aus den protokollierten Daten der Kranfahrweg berechnet und über die Simulationslaufzeit in einem entsprechenden Diagramm (vgl. Bild 10) aufgetragen.

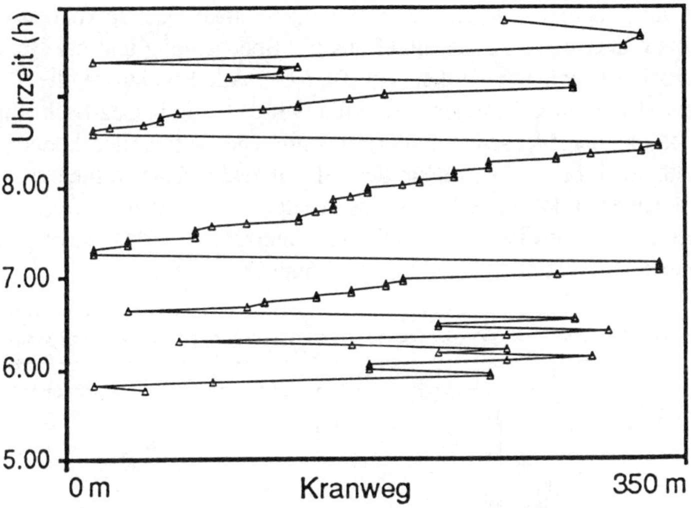

Abb. 10: Darstellung der Kranverfahrwege

Mit Hilfe dieser Darstellungsformen lassen sich zum Vergleich die Ergebnisse verschiedener Simulationsläufe anschaulich darstellen (vgl. Bild 11).

	Informationsquellen		
AUSSAGEN	PROTOKOLLIERTE DATEN	BEOBACHTUNG	BEFRAGUNG
Kranungsstrategie	x	x	x
Kommunikations-beziehungen	x	x	x
Softwaretest	x	x	x
Arbeitsplatzbewertung		x	x
Umschläge pro Stunde	x		
Wartezeiten	x		

Abb. 11: Laborversuchsergebnisse für unterschiedliche Kranungsstrategien [nach Ochterbeck, 1989]

Neben den Erkenntnissen aus den Daten der Protokolldateien können weitere Erkenntnisse über den Betriebsablauf aus der Beobachtung und der Befragung der Mitarbeiter gewonnen werden (vgl. Bild 12). Alle Ergebnisse, die nicht auf der Basis der Protokolldateien getroffen wurden, sind spezifisch für eine Simulation, in die Menschen integriert sind. Die Mitarbeiter können ihren Aufgabenbereich beurteilen, da sie den Ablauf realitätsnah in mehreren Stunden erlebt haben und somit Erkenntnisse aus der Arbeit mit zukünftigen System gewonnen haben. Dies ist ein wesentlicher Unterschied zu den reinen Rechnersimulationen und erhöht die Qualität des Simulationsergebnisses.

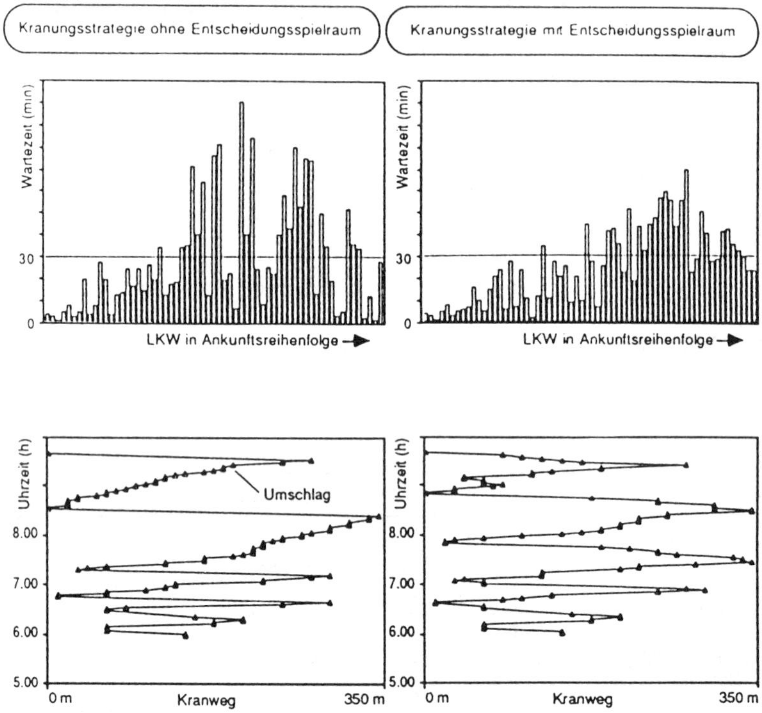

Abb. 12: Aussagematrix

4. Reflexion und Ausblicke

Die Qualität der interaktiven Echtzeitsimulation muß an der Erfüllung der bei der Simulationserstellung formulierten Ziele gemessen werden. Dabei können einige der in Abschnitt 3.1 formulierten Ziele bereits nach wenigen Simulationsläufen erreicht werden (z.B. Bewertung der Arbeitsplätze und deren Inhalte, Bestimmung der notwendigen Kommunikationsbeziehungen zwischen den Systemkomponenten, Integration der Mitarbeiter von Umschlaganlagen in den Planungsprozeß, Entdeckung möglicher Fehlerquellen und deren Auswirkung auf das Gesamtsystem). Ein Teil der Ziele läßt sich erst nach einer größeren Anzahl von Simulationsläufen erreichen (z.B. der ausgiebige Komponententest, Bestimmung der zu realisierenden Leistungsdaten, Strategiebewertung, Softwaretest).

Mit der interaktiven Echtzeitsimulation ist also ein Werkzeug entwickelt worden, mit dem die gesamte Betriebsführung realitätsnah simuliert werden kann. Im Ablauf der Simulation findet zudem ständig ein Erkenntnisprozeß der integrierten Mitarbeiter statt, die je nach Situation neue Erkenntnisse in die Simulation bzw. in die Planung einbringen können. Somit unterstützt sie wesentlich die Zusammenarbeit von Anwendern und Entwicklern in der Planungsphase. Anzumerken ist jedoch auch, daß die Reproduzierbarkeit der Ergebnisse durch den Einfluß des Menschen ein Problem darstellen kann.

Die interaktive Echtzeitsimulation ermöglicht darüber hinaus den Test später einzusetzender Software, sodaß direkt beim Aufbau eines realen Systems auf gründlich getestete Software zurückgegriffen werden kann [K. Henning, 1984]. Aufgrund der Tatsache, daß den gesamten Ablauf schon Menschen erlebt und kritisiert haben, wird die Akzeptanz bei einer späteren Einführung erhöht [A. Reinhardt, 1985]. Dies geschieht besonders dann, wenn die späteren Nutzer eines Systems in die Simulation integriert werden können. Die Simulationsanlage kann bei der Systemeinführung zu Schulungszwecken oder zur Erprobung neuer oder anderer Strategien genutzt werden, ohne die reale Umschlaganlage in ihren Abläufen zu behindern.

Ein für die Flexibilität der Simulation wichtiger Aspekt ist, daß die Ablaufänderungen oder Strategieänderungen sehr einfach und schnell in die Simulation einzubringen sind. Es muß nicht erst neue oder geänderte Simulationssoftware erstellt werden, sondern es kann nach entsprechender Einweisung der Mitarbeiter eine Simulation mit geänderten Strategien durchgeführt werden. Durch die Integration von Mitarbeitern in die Simulation wird der Lerneffekt über das Gesamtsystem (Systemverständnis) erhöht, da alle Systemkomponenten von den Beteiligten innerhalb der Simulation überschaut werden können und sie so die Auswirkungen ihres Handelns auf andere Bereiche eher abschätzen können. Diese Erkenntnisse sind später auf die reale Anlage zu übertragen.

Mit der interaktiven Echtzeitsimulation können auch Zielgrößen, wie z.B. die Wartezeit, wie bei einer reinen Rechnersimulation optimiert werden. Daraus folgt, daß mit diesem Simulationstyp die Erkenntnismöglichkeiten der reinen Rechnersimulation erweitert werden.

Durch die Integration von Mitarbeitern in die Simulation ist es notwendig mit Echtzeit zu simulieren [W. Berheide, 1982], um aussagekräftige Ergebnisse zu erhalten [A. Reinhardt, 1985]. Daraus resultieren die grundsätzlichen Probleme der langen Simulationszeiten und der notwendigen Personalbindung. Deshalb ist ein Simulationslauf recht zeitaufwendig und kostenintensiv. Dieser Aufwand scheint jedoch gerechtfertigt, da eine höhere Qualität der Simulationsergebnisse gegenüber einer reinen Rechnersimulation für die Auslegung von Betriebsführungssystemen erreicht wird. Um diesen Aufwand jedoch zu begrenzen, werden derzeit am KDI entsprechende Softwareprogramme entwickelt, die bei Bedarf z.B. das Gate-Programm für "normale" LKW-Abfertigung vollautomatisch steuern und nur in Problemfällen die interaktive Eingabe eines Experten benötigen. So wird es je nach Simulationsziel möglich, einzelne Komponenten (z.B. den Kran zum Test von Kranungsstrategien) manuell zu bedienen und andere Bereiche fast vollautomatisch zu simulieren. Abschließend kann gesagt werden, daß durch dieses Simulationskonzept eine anschauliche Simulationsweise entwickelt wurde, mit der Mensch-Maschine-Systeme realitätsnah simuliert werden können.

5. Zusammenfassung

Technische Systeme, deren Abläufe in der Regel mathematisch gut zu modellieren sind, lassen sich für viele Anwendungsfälle hinreichend genau mit entsprechenden Softwarepaketen simulieren. Probleme tauchen jedoch bei Simulationen auf, die nicht rein technische Vorgänge beschreiben, sondern Mensch-Maschine-Systeme betreffen. Hierbei sollte der Prozeß menschlicher Arbeit ebenso wie das technische System (vgl. Bild 2) modelliert und später simuliert werden. Dies ist mit reinen Rechnersimulationen nur unter Vorbehalten und mit großen Einschränkungen möglich.

Daher wurde bei der Entwicklung eines Betriebsführungssystems für Umschlaganlagen des Kombinierten Verkehrs ein Simulationskonzept erarbeitet und realisiert, in dem nicht das gesamte System als Software-Simulationsmodell nachgebildet wird. Es wurde vielmehr die den zu untersuchenden Prozeß beeinflussende menschliche Arbeit durch Integration von Mitarbeitern in den Simulationsablauf eingebunden. Für diese sogenannte "Human Integrated Simulation (HIS)" wurden u.a. entsprechende Arbeitsmasken und ein physikalisches Modell der Umschlaganlage erstellt.

Die Gruppe der in die Simulation integrierten Mitarbeiter führt die das Betriebsführungssystem betreffenden Arbeitsprozesse realitätsnah in Echtzeit durch. Die verschiedenen Programme des Softwarepakets verwalten die rechnerinternen Informationen, stellen diese dem Mitarbeiter in den Arbeitsmasken zur Verfügung und simulieren das technische System (z.B. den Kran). Durch das Modell der Umschlaganlage können den Mitarbeitern Informationen über den Prozeß realitätsnah mitgeteilt werden. Die Arbeitsmasken ermöglichen es den Mitarbeitern, ihre jeweils aus dem Prozeß gewonnene Information und die getroffenen Entscheidungen in das Rechnersystem interaktiv einzugeben.

Durch die Einbindung der Mitarbeiter in die Simulation ist es möglich, komplexe Mensch-Maschine-Systeme zu simulieren, das technische System sowie das gesamte Arbeitssystem zu bewerten und den Einfluß der Änderungen von Variablengruppen einzuschätzen.

Diese Simulationsart ermöglicht u.a. eine:

- schnelle und kostengünstige Änderung der Rahmenbedingungen,
- Integration von Betroffenen in die Planungsphase,
- frühzeitige Bewertung der Arbeitsinhalte,
- Überprüfung der Handlungsfähigkeit der Mitarbeiter im Arbeitssystem und
- Nähe zum realen Prozeß [K. Henning, 1990].

Literatur

Berheide, W.: SAINT - Eine Modellbildungs- und Simulationsmethode zur Analyse von Mensch-Maschine-Systemen. In: Simulationstechnik: proceedings / 1. Symposium Simulationstechnik, S. 274-282; Hrsg.: Goller, M., Springer Berlin, Heidelberg, New York, April 1982

Gordon, G.: Systemsimulation, Oldenburg, München, 1972

Henning, K. ; Kuchen, B.: Einfluß unterschiedlicher Störsignale auf Mensch-Maschine-Regelkreise. In: Biol. Cybernetics 20, S. 187-196, Springer-Verlag, 1975

Henning, K.: Zum Entwurf von Arbeitsinhalten und Mensch-Maschine- Schnittstellen bei rechnergestützten Umschlagverfahren. In: ZEV Glasers Annalen, Zeitschrift für Eisenbahnwesen und Verkehrstechnik, Hrsg.: Binnewies, H.; Eckhardt, K.-H., Mai 1984

Henning, K.: Kybernetische Verfahren der Ingenieurwissenschaften (Vorlesungsmanuskript), Aachen, 1986

Henning, K.; Bohnhoff, A.: Aufgabenteilung zwischen Terminal-Leitstelle und Terminal-Betrieb in Umschlagbahnhöfen des Kombinierten Verkehrs. In: 2. Kolloquium Leitwarten, Verlag TÜV Rheinland GmbH, Köln, erscheint 1990

Mresse, M.: MOSIM - Ein Simulationskonzept basierend auf PL/I ein prozeß- und listenorientiertes Verfahren unter Einschluß von Entscheidungstabelle und Interaktivität, Birkhäuser, Basel, Stuttgart, 1977

Ochterbeck, B.: Dualer Entwurf eines Betriebsführungssystems für Umschlagbahnhöfe des kombinierten Verkehrs. VDI Fortschritt-Berichte, Reihe 12, Nr. 123, VDI-Verlag GmbH, Düsseldorf, 1989

Reinhardt, A.: Realzeitsteuerung mit graphisch-interaktivem Simulator SIMFLEX/2. In: Simulationstechnik; 3. Symposium Bad Münster, S. 512-516, Hrsg.: Möller, D. P. F., Springer, Berlin, 1985

Schmidt, B.: Simulationstechnik, S. 11., Oldenburg, Wien, 1980

Schöne, A.: Simulation technischer Systeme. In: Grundlagen der Simulationstechnik Bd. 1, S. 3 , Carl Hanser Verlag, München, Wien, 1974

VDI: VDI-Richtlinie 3633. März 1983

VDI: Handlungsempfehlung: Sozialverträgliche Gestaltung von Automatisierungsvorhaben, VDI-Hauptgruppe; "Der Ingenieur in Beruf und Gesellschaft", Düsseldorf, Dezember 1989

Systemisches Management - Ein organisationskybernetischer Ansatz zur Steuerung von Unternehmen in turbulenten Umwelten

von Klaus Henning und Siegfried Marks[1]

1. Einführung und Problemstellung

Die Probleme der Unternehmen bzw. Organisationen sind insbesondere auch unter dem Einfluß sich rasch wandelnder Technologien und Märkte dynamischer und komplexer, die Regelung in den turbulenten Umwelten immer schwieriger geworden. In dem hier vorgestellten Beispiel führten schwankende Verkaufszahlen der Produkte (insgesamt ca. 100 verschiedene Produkte), also Umwelteinflüsse, im betrachteten Unternehmen zu kurzfristigen und signifikanten Veränderungen verschiedener Betriebsparameter (z.B. Termine, Losgrößen, Planungsergebnisse). Darüber hinaus zeigten sich große Unregelmäßigkeiten in den Lagerbeständen, sowohl in den Fertigwarenlägern als auch in Rohwarenlägern. Zu untersuchen war, wie diese unternehmensinternen Probleme beseitigt bzw. stabilisiert werden könnten. Als Ziele der Unternehmensleitung für die Reorganisation wurden genannt:

- Verringerung der Kapitalbildung in den Lägern
- Erhöhen der Lieferbereitschaft (Ziel: sofortige Lieferbereitschaft im Inland, für das Ausland max. 4 Wochen Lieferzeit)
- Beruhigung der Betriebsparameter.

Die bisherigen Organisationsformen vieler Unternehmen, die sich an dem Gedankengerüst von F. W. Taylor orientierten (Taylor 1917), können der Dynamik der Umwelten nicht mehr gerecht werden. Die Voraussetzungen für die Gültigkeit der Prinzipien der wissenschaftlichen Betriebsführung vom F.W. Taylor, beispielsweise eine relativ stabile, sich vorhersehbar stetig verändernde

1 Prof. Dr.-Ing. Klaus Henning, Dipl.-Ing. Dipl.-Wirt.Ing. Siegfried Marks, Fachgebiet Kybernetische Verfahren und Didaktik der Ingenieurwissenschaften (KDI) der RWTH Aachen, Rolandstr. 7-9, D-5100 Aachen.

und entwickelnde Umwelt, sind jedoch, falls sie überhaupt jemals erfüllt waren, heute nicht mehr gegeben. Anzeichen hierfür sind u.a. verkürzte Produktlebensdauern. Beispielsweise sind 50% der Produkte eines Unternehmens aus dem Bereich der Hardwareerstellung jünger als 3 Jahre (Warnecke, Dangelmeier 1988). Allgemeine Sättigungsschwierigkeiten der Märkte mit der Wandlung ihrer Charakteristik vom Anbietermarkt zum Käufermarkt erhöhen die Risiken zusätzlich.

In einer amerikanischen Untersuchung wurden Reaktionszeiten von Unternehmen auf Veränderungen in ihren Umwelten ermittelt (Bild 1), die zu hoch sind, um künftig bestehen zu können (Warnecke 1989). Über schwankenden oder zurückgehenden Absatz der Produkte wird die Turbulenz der Märkte und der Unternehmensumwelten in die Unternehmen selbst hineingetragen.

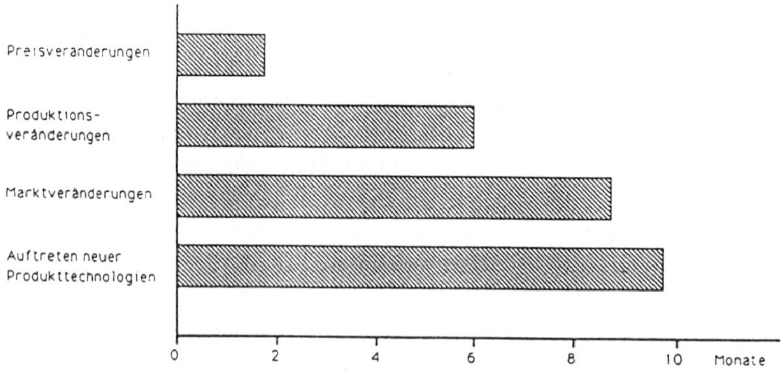

Abb. 1: Reaktionszeiten von Unternehmen auf Veränderungen in ihren Umwelten (Warnecke 1989)

Darüber hinaus ist die grundlegende Annahme der wissenschaftlichen Betriebsführung von F. W. Taylor, daß sich eine Organisation wie eine Maschine verhält ("Maschinentheorie") nicht zutreffend. Kennzeichnend für diese Annahme ist die Sichtweise, daß eine Organisation aus einer Ansammlung von Elementen besteht, die standardisiert und zentral koordiniert werden müssen. Das darin implizierte Menschenbild entspricht dabei nicht mehr heutigen Erkenntnissen (Hanna 1988). Hiervon ausgehend war in dem geschilderten Beispiel zu prüfen, welche Organisationstheorie geeignet war und ist, die wesentlichen Gesichtspunkte von Organisationen in turbulenten Umwelten zutreffend zu beschreiben. Aufgrund der guten Erfahrung in ähnlichen Projekten wurde hier ein Ansatz zugrunde gelegt, der Organisationen aufbauend auf der Theorie offener Systeme als lebende humane Systeme definiert, der OSTO-

Systemansatz. Die wichtigsten Gesichtspunkte dieses Ansatzes werden in Kapitel 2 beschrieben.

2. Der erweiterte OSTO-Systemansatz

Aus den in Kapitel 1 beschriebenen Gründen benötigen Organisationen neue und angepaßte Problemlösestrategien, die auf einer den Stand der Wissenschaft wiedergebenden Organisationstheorie aufbauen. Eine solche, sehr erfolgreich eingesetzte Strategie ist der Ansatz des systemischen Managements. Hierbei spielt der sogenannte OSTO-Systemansatz (Hanna 1988; Rieckmann, Weissengruber 1990) eine bedeutende Rolle, der im folgenden kurz erläutert wird. Das Kürzel "OSTO" steht für "offenes, sozio-technisch-ökonomisches" System, d.h. das System ist offen und enthält sowohl soziale, technische als auch ökonomische Komponenten. Der Ansatz baut auf dem sozio-technischen Systemansatz auf, der durch die Mitarbeiter des Londoner Tavistock Institute of Human Relations entwickelt wurde (vgl. Staehle 1989). Dieser Systemansatz eignet sich insbesondere für Organisationen, in denen qualifizierte und stark vernetzte Arbeitsprozesse in Kombination mit hohem Technikeinsatz bei höchsten Qualitätsansprüchen auftreten. Dabei werden die betrachteten Organisationen, also soziale Gebilde, in denen zwei oder mehr Personen miteinander kooperieren, um bestimmte Ziele (besser) zu erreichen (Laux, Liermann 1987) als offene (kybernetische) Systeme betrachtet. Offene Systeme sind dadurch gekennzeichnet, daß sie mit ihren Umwelten Energie, Materie und Information austauschen (vgl. Bertalanffy 1968). Zum besseren Verständnis ist es dabei angebracht, kurz auf den verwendeten Systembegriff einzugehen. Die charakteristischen Merkmale eines offenen Systems sind (vgl. Vester 1983; Fuchs 1973):

1. Ein System besteht aus mehreren Elementen.
2. Die Elemente besitzen Eigenschaften und sind verschieden voneinander.
3. Die Elemente des Systems liegen nicht wahllos nebeneinander, sondern sind zu einem bestimmten Aufbau miteinander vernetzt.
4. Zwischen den Elementen des Systems, dem System selbst und den Umwelten des Systems, bestehen ebenfalls Beziehungen.

Zu beachten ist dabei, daß - systemtheoretisch gesehen - die Umwelten eines Systems ebenfalls wieder aus Systemen und diese wiederum aus Elementen bestehen. Auch alle lebenden Systeme, die hier im Vordergrund stehen, können als offene Systeme verstanden werden (Hanna 1988). Lebende humane

Systeme können über die Merkmale 1 bis 4 hinaus durch folgende zusätzliche Merkmale gekennzeichnet werden:

5. Menschen mit ihren Lebens- und Arbeitsprozessen sind Elemente bzw. Mitglieder des Systems.
6. Die Menschen als Elemente bzw. Mitglieder des Systems entscheiden sich für Ziele.
7. Das System als Ganzes erfüllt einen Zweck, d.h. befriedigt ein Bedürfnis seiner Umwelten.
8. Rückführungen wirken sowohl stabilisierend als auch erneuernd.
9. Um zu überleben, ist das System von Austauschbeziehungen mit seinen Umwelten abhängig.

Vor allem wegen der Merkmale 8 und 9 werden solche Systeme auch als offene kybernetische Systeme bezeichnet. Die in Merkmal 9 erwähnten Austauschbeziehungen bestehen nach dem OSTO-Systemansatz zum einen aus allem, was in das System gelangt (Input in Form von Informationen, Energie, Material,...) und zum anderen aus allem, was das System verläßt (Output). Systemintern findet ein Transformationsprozeß statt, durch den die Systemeingänge (Input) in Ausgangsergebnisse (Output) umgewandelt werden (Bild 2). Dem Transformationsprozeß vorangestellt sind die Ziele des Systems, die beschreiben, was das System erreichen will.

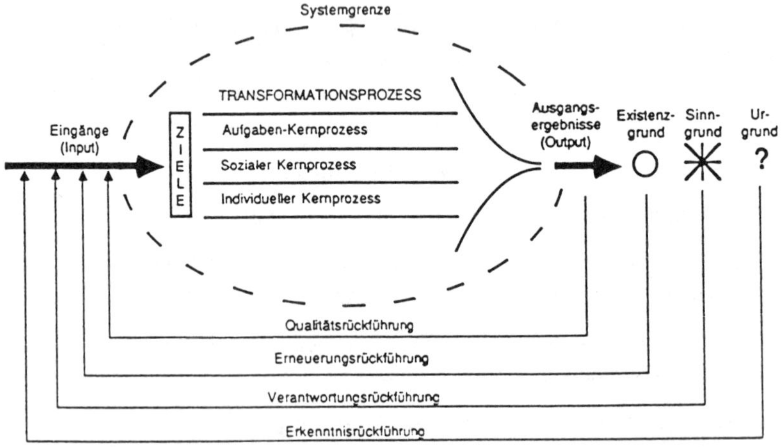

Abb. 2: Erweiterter OSTO-Systemansatz (nach: Hanna 1988; Rieckmann, Weissengruber 1990)

Grundsätzlich lassen sich für lebende humane Systeme folgende Arten an Ausgangsergebnissen definieren (Rieckmann, Weissengruber 1990):

a) numerisch erfaßbare Ausgangsergebnisse: z.B. Umsatz, Gewinn, Produktivität, Kosten, Krankheitsrate, Ökologiekosten, usw.

b) qualitativ erfaßbare Ausgangsergebnisse: z.B. Kultur, Motivation, Betriebsklima, Führungsstil, Streß, Überforderung, usw.

c) Selbsterneuerungsfähigkeit, Lernbereitschaft und Flexibilität des Systems und der Menschen als Mitglieder des Systems.

Diese Variablen (vgl. c)) sind für lebende humane Systeme besonders in turbulenten Umwelten von großer Bedeutung, da nur sie die Überlebensfähigkeit sichern.

Der Transformationsprozeß kann in drei Komponenten gegliedert werden. An erster Stelle steht der Aufgaben-Kernprozeß, die Hauptaufgabe eines Systems. Ergänzt wird er durch die individuellen Kernprozesse, die alles umfassen, was die Individuen, die Menschen in dem System betrifft und in Beziehung zur Hauptaufgabe des Systems steht. Der soziale Kernprozeß verknüpft die individuellen Kernprozesse und diese wiederum mit dem Aufgaben-Kernprozeß und richtet alle Kernprozesse synergistisch fokussiert auf den Zweck des Systems aus.

Der Zweck eines Systems - auch "Existenzgrund" genannt - stellt dabei den (ungeschriebenen) Kontrakt zwischen dem System und seinen Umwelten dar und beschreibt, welches Bedürfnis der Umwelten befriedigt werden soll. Die im System ablaufenden Prozesse werden allerdings nur dann zu "Kernprozessen", wenn sie auf den Existenzgrund ausgerichtet sind. Ohne Kernprozesse sind lebende humane Systeme auf Dauer nicht überlebensfähig. Systemintern wird der Existenzgrund durch die Ziele des Systems abgebildet.

Darüber hinaus ist für die langfristige Existenz jedes lebenden humanen Systems ein tragfähiger und in die Zukunft gerichteter Sinngrund überlebensnotwendig, da nur so die interne Motivation und Identifikation einerseits und die gesellschaftliche Akzeptanz andererseits erhalten werden kann.

Zunehmend an Bedeutung für lebende humane Systeme gewinnt in jüngster Zeit der Urgrund, in dem grundlegende "Wahrheiten" - über Menschen, menschliches Zusammenleben und transzendentale Werte - und absolute ("wahre") Werte in bezug auf das lebende humane System beschrieben sind.

Das System ist gedanklich durch Grenzen verschiedener Art von seinen Umwelten unterscheidbar. Mögliche Arten von Grenzen sind (Hanna 1988):

- physikalische Grenzen (z.B. ein Gebäude)
- zeitliche Grenzen (z.B. eine Arbeitsschicht)
- soziale Grenzen (z.B. ein Arbeitsteam) oder
- psychologische Grenzen (z.B. ein stereotypes Vorurteil).

Die Grenzen sind durchlässig, wobei der Grad der Durchlässigkeit für das Überleben des Systems von besonderer Bedeutung ist.

Alles außerhalb der Grenzen des Systems sind die Umwelten des Systems (Kieser, Kubicek 1977). Die Umwelten eines Systems, die systemtheoretisch gesehen wiederum aus Systemen bestehen, können je nach Erkenntnisinteresse unterschieden werden. Beispiele einer Unterscheidung sind:

- soziale, politische, technologische, ökonomische, ökologische, kulturelle, juridische, usw. Umwelten (Rieckmann, Weissengruber 1990) oder
- Aufgabenumwelt (unmittelbar relevant), Makro-Umwelt (mittelbar relevant) und Extra-Umwelt (irrevlevant) (Kropfberger 1986).

Für das Überleben eines Systems wesentlich ist eine Unterscheidung seiner Umwelten in zweierlei Hinsicht. Zum einen in systemrelevante Umwelten und systemirrelevante Umwelten (Staehle 1989; Rieckmann, Weissengruber 1990). Zum anderen können die Umwelten, von den Menschen, die Elemente bzw. Mitglieder des Systems sind, in wahrgenommene oder nicht wahrgenommene Umwelten unterschieden werden. Dies ist bedeutsam, weil das Handeln von Menschen nicht durch die objektiven, tatsächlichen Umwelten bestimmt wird, sondern durch den subjektiv wahrgenommenen Ausschnitt (Magnusson, Allen 1983). Grundlegend ist in diesem Zusammenhang das Thomas-Theorem: "Wenn die Menschen Situationen als real definieren, so sind auch ihre Folgen real." (Thomas 1928; Thomas 1965). Der subjektiv wahrgenommene Ausschnitt wird im OSTO-Systemansatz durch die Definition des Existenzgrundes bestimmt. Für ein System ist es überlebensnotwendig, daß die systemrelevanten Umwelten wahrgenommen werden.

Wichtig ist darüber hinaus, daß durch Veränderungen in den Umwelten aus systemirrelevanten Umwelten systemrelevante Umwelten werden können. Dies umso mehr, da die Veränderungen in den Umwelten der Organisation (im Sinne von Systemen) heute durch die Geschwindigkeit und die geringe Vorhersagbarkeit (Turbulenz) gekennzeichnet sind (Roeber 1973; Warnecke, Dangelmeier 1988). Für das Überleben eines Systems in turbulenten Umwelten durch Stabilisierung und Erneuerung sind aus kybernetischer Sicht die Rückführungen von grundlegender Bedeutung. Die Stabilisierung und Erneuerung eines lebenden humanen Systems ist aber nicht nur ein kognitiv-logisches

Problem, sondern auch ein psycho-sozialer Prozeß (Ansoff, Declerk, Hayes 1976). Hierauf ist bei der Gestaltung der Rückführungen bei lebenden humanen Systemen besondere Bedeutung zu legen. Deutlich wird dies in nachfolgendem Konzept (vgl. Nadler 1977; Rieckmann, Weissengruber 1990):

1. Rückführungen (allgemein) wirken sowohl stabilisierend als auch erneuernd.

2. Qualitätsrückmeldungen über die Qualitätsrückführungen geben Aufschluß über die Systemergebnisse. Die Systemergebnisse umfassen nach dem OSTO-Systemansatz

   - die Ausgangsergebnisse des Systems, also alles, was das System durch seine Grenzen verläßt. Im Vordergrund der Betrachtung stehen nicht nur die erwünschten, offiziellen und beabsichtigten Ausgangsergebnisse, sondern auch die nicht beabsichtigten Ausgangsergebnisse.

   - den Vergleich der tatsächlichen Ausgangsergebnisse mit den in den Zielen des Systems beschriebenen Soll-Ausgangsergebnissen.

   Erst beides gemeinsam gibt Aufschluß darüber, was das System wirklich herstellt. Und nicht selten stehen hinter den tatsächlichen Ausgangsergebnissen andere "wahre oder geheime" Ziele als offiziell beschrieben (Weisbord 1978).

3. Erneuerungsrückmeldungen über die Erneuerungsrückführungen kontrollieren das Verhältnis von Systemergebnis und Existenzgrund. Darüber hinaus wird überprüft, ob die Definition des Existenzgrundes noch den Interessen der Umwelten und des Systems gerecht wird, d.h. auf beiden Seiten Bedürfnisse erfüllt.

4. Verantwortungsrückmeldungen über die Verantwortungsrückführungen beziehen sich auf die langfristigen Überlebenschancen des Systems und seiner Umwelten (Erde-Menschheit-Zukunftsproblematik). Denn es kann nicht Sinn eines lebenden humanen Systems sein, auf Kosten seiner Umwelten zu überleben.

5. Erkenntnisrückmeldungen über die Erkenntnisrückführung geben Informationen über grundlegende "Wahrheiten" - über Menschen, menschliches Zusammenleben und transzendentale Werte - und absolute ("wahre") Werte und damit verbunden Auswirkungen und Konsequenzen auf das lebende humane System und der Mitglieder in System.

6. Weil Rückmeldungen in lebenden humanen Systemen oft ignoriert werden und nicht automatisch stabilisierend und erneuernd wirken, ist es notwendig, diese wichtige Aufgabe bewußt zu gestalten. Deshalb ist es für die

Mitglieder des Systems (Mitarbeiter) wichtig, Rückmeldungen aktiv einzuholen, zu interpretieren und anzuwenden. Durch qualifizierte Rückmeldungen wird Lernen des Systems als Ganzheit und im System ermöglicht.

Die Umsetzung dieses Konzepts wird in dem bereits erwähnten Beispiel in den Grundzügen in Kapitel 3 geschildert.

3. Neugestaltung der Qualitätsrückführung - ein Beispiel

Um in Hinblick auf die von der Unternehmensleitung für die Untersuchung gesetzten Ziele (vgl. Kapitel 1) Anhaltspunkte über die interne Struktur des Unternehmes bzw. Systems einschließlich der Rückführungen zu erhalten, wurden Gespräche mit der technischen Leitung, der Arbeitsvorbereitung, der Fertigungsleitung, dem Einkauf und Verkauf geführt, sowie eine Analyse der Informationsbeziehungen zwischen diesen Abteilungen bzw. deren Mitarbeitern vorgenommen. Aus den Gesprächen wurde deutlich, daß aufgrund der Einflüsse der verschiedenen Umwelten des Unternehmens die Bereichsinteressen den bereichsübergreifenden, auf das gesamte Unternehmen bezogenen Interessen vorgezogen wurden. Ursprünglich vorgesehene regelmäßige Planungen und Besprechungen, in denen die Bereichsinteressen abgestimmt werden sollten, machten gelegentlichen Absprachen Platz. Bei der Analyse der Informationsbeziehungen wurden die Informationsbeziehungen nach dem Grad ihrer Institutionalisierung in formelle und in informelle Informationsbeziehungen unterschieden. Die formellen Informationsbeziehungen sind alle institutionalisierten Beziehungen wie beispielsweise unternehmensinterne Listen (z.B. Computerausdruck), Formblätter, Berichte, aber auch regelmäßige, fest vereinbarte Besprechungen. Die Analyse dieser formellen Informationsbeziehungen ergab folgende Ergebnisse (Beispiele):

- die Buchung der eingegangenen Teile erfolgt erst mehrere Tage nach dem Materialeingang,
- die Verzögerung bestellter Rohwaren ist der Arbeitsvorbereitung nicht bekannt,
- direkte Eingriffe der Geschäftsführung in die Materialwirtschaft,
- falsche Verwendung von Bauteilen, Fehlbestellungen und damit verbundene Mehrkosten als Folge von Unklarheiten bei Konstruktionsänderungen.

Auch diese Analyse der formellen Informationsbeziehungen ließ erkennen, daß in dem untersuchten Unternehmen die bereichsbezogenen Interessen und Ziele den unternehmensbezogenen Interessen und Zielen vorgezogen wurden. Die informellen Informationsbeziehungen zeichnen sich allgemein dadurch aus, daß es sich dabei um Beziehungen zwischen den Mitarbeitern eines Unternehmens handelt, die in keiner Weise vom Zeitpunkt und Umfang her fest institutionalisiert sind. Charakteristische Beispiele sind persönliche Gespräche oder Telefongespräche. In gewisser Weise handelt es sich dabei um den "grauen" Markt eines Unternehmens. In diesem speziellen Fall wurden, um die informellen Informationsbeziehungen erfassen und untersuchen zu können, zunächst Mitarbeiter verschiedener Hierarchiestufen ausgewählt, zwischen denen die informellen Informationsbeziehungen betrachtet werden sollten. Diese Mitarbeiter notierten die Anzahl ihrer informellen Kontakte. Bei der anschließenden Analyse der informellen Kontakte wurde davon ausgegangen, daß jeder Kontakt kurz- oder langfristig für das Unternehmen wichtig ist. Deshalb konnte der Inhalt der Kontakte (Informationsbeziehungen) außer Betracht gelassen werden. Aus einer mitarbeiter- oder auch unternehmensbereichsbezogenen Auswertung der informellen Informationsbeziehungen kann man aufgrund der unterschiedlichen Sorgfalt beim Aufzeichnen der Kontakte nur Tendenzen erkennen bzw. Hypothesen ableiten, welche informellen Informationsbeziehungen für das Unternehmen aufgrund der Häufigkeit der Kontakte besonders wichtig sind. In dem untersuchten Unternehmen ergab sich, daß einige im informellen Informationsnetz wichtige Mitarbeiter nicht ihrer Bedeutung für das Unternehmen entsprechend in das formelle Informationsnetz eingebunden waren. Insgesamt wurde aus den Vorgesprächen mit Mitarbeitern der verschiedenen Abteilungen des Unternehmens und der Analyse der formellen (und informellen) Informationsbeziehungen deutlich, daß Angaben über die hergestellten und verkauften Produkte (quantitative Ausgangsergebnisse) sowie über qualitative Ausgangsergebnisse und über Selbsterneuerungsfähigkeit, Lernbereitschaft und Flexibilität nur unzureichend zurückgemeldet wurden (gemessen an den Zielen mangelhafte Qualitätsrückführungen und -rückmeldungen). Insbesondere konnte aus den aufgetretenen Schwachstellen unternehmensintern nicht gelernt werden (vgl. hierzu Punkt 6 des Konzeptes für die Gestaltung der Rückführungen). Alle weiteren Rückführungen (Erneuerungs-, Verantwortungs- und Erkenntnisrückführung) genügten, gemessen an den Zielen dieser Untersuchung, den Anforderungen. Ausgangspunkt der Überlegungen zur Neugestaltung der Qualitätsrückführungen war die Analyse der formellen und der informellen Informationsbeziehungen. Um eine Vielfalt der Qualitätsrückmeldungen zu ermöglichen, wurde ein Gremium mit dieser Aufgabe betraut. Als Mitglieder dieses Gremiums war ein Mitarbeiter jedes Unternehmensbereichs vorgesehen. Ausgewählt wurde unabhängig von der Hierarchie des Unternehmens derjenige Mitarbeiter, der durch die Analyse der

Informationsbeziehungen als besonders wichtig für das Unternehmen erkannt wurde. Durch die personelle Zusammensetzung war die Struktur der "Qualitätsrückführung" teilweise festgelegt. Darüber hinaus waren noch Regeln zu vereinbaren, wie die Qualitätsrückmeldungen durchgeführt werden sollten. Zu diesen Regeln gehörte beispielsweise, daß die getroffenen Entscheidungen für alle Mitglieder akzeptabel sein müssen (Gruppenkonsens). Die Neugestaltung der Qualitätsrückführung durch Einführen eines Gremiums führte in diesem Beispiel zu einer signifikanten Verringerung der Kapitalbindung, zur Wiederherstellung der Lieferfähigkeit und zu einer erhöhten Transparenz der Abläufe in den verschiedenen Unternehmensbereichen. Hierdurch wurde das Verständnis in den Unternehmensbereichen für die Probleme und Schwierigkeiten der jeweils anderen Unternehmensbereiche größer. Das Augenmerk konnte von den bereichsbezogenen Interessen und Zielen auf die unternehmensbezogenen Interessen und Ziele gelenkt werden. Diese Reorganisation hat sich seit mehreren Jahren bewährt.

4. Zusammenfassung

Ausgehend von einer Beschreibung der Problemlandschaften (turbulente Umwelten), in die Unternehmen heutzutage eingebettet sind, wurde mit dem Ansatz des systemischen Managements - am Beispiel des erweiterten OSTO-Systemansatzes - ein theoretischer Rahmen aufgezeigt, der in der Lage ist, dieses Probleme abzubilden und Lösungswege aufzuzeigen. Grundlage dieses theoretischen Rahmens ist die Betrachtung von Unternehmen als lebende humane Systeme bzw. offene Systeme. Als Beispiel wurde die Neugestaltung der Qualitätsrückführung eines mittelständischen Unternehmens gewählt. Diese Reorganisation führte durch die Anpassung des dynamischen Verhaltens des Unternehmens an die turbulenten Umwelten zu einer Beruhigung verschiedener Betriebsparameter und hat sich seit mehreren Jahren bewährt.

Literatur

Ansoff, H. I./Declerk, R. P./Hayes, R. L.: From Strategic Planning to Strategic Management, in: Ansoff, H. I./Declerk, R. P./Hayes, R. L. (Hrsg.): From Strategic Planning to Strategic Management, London u.a.: John Wiley & Sons, 1976.

Bertalanffy, L. von: General System Theory, New York: Braziller, 1968.

Fuchs, H.: Systemtheorie und Organisation, Wiesbaden, 1973.

Hanna, D. P.: Designing Organization for High Performance, Reading, Massachusetts u.a.: Addison-Wesley, 1988.

Kieser, A./Kubicek, H.: Organisation, Berlin u.a., 1977.

Kropfberger, D.: Erfolgsmanagement, Linz, 1986.

Laux, H./Liermann, F.: Grundlagen der Organisation, Berlin 1987.

Magnusson, D./Allen, V. L.: An Interactional Perspective for Human Development, in: Magnusson, D./Allen, V. L. (Hrsg.): Human Development, New York u.a.: Academic Press, 1983.

Nadler, D. A.: Feedback and Organization Development: Using Data-based Methods, Reading, Massachusetts u.a.: Addison-Wesley, 1977.

Rieckmann, H./Weissengruber, P.: Managing the Unmanageable? oder ... lassen sich komplexe Systeme überhaupt noch steuern?, Klagenfurt, 1990 (in Vorbereitung).

Roeber, R. J. C.: The Organization in a Changing Environment, Reading, Massachusetts u.a.: Addison-Wesley, 1973.

Staehle, W. H.: Management, München, 1989.

Taylor, F. W.: Die Grundsätze der wissenschaftlichen Betriebsführung, Berlin/München, 1917.

Thomas, W. I.: The Child in America, New York: Knopf, 1928.

Thomas, W. I.: Person und Sozialverhalten, Neuwied/Berlin, 1965.

Vester, F.: Neuland des Denkens: Vom technokratischen zum kybernetischen Zeitalter, Stuttgart, 1983.

Warnecke, H.-J.: Die Produktion als Regelkreis - Überlegungen zu seiner Gestaltung, in: atp 31 (1989), Heft 3, S. 110-115.

Warnecke, H.-J./Dangelmeier, W.: Warum Produktionslogistik?, in: VDI-Ges. Fördertechnik Materialfluß Logistik (Hrsg.), Bausteine der Produktionslogistik - Tagung Stuttgart, 20. und 21. Juni 1988, Düsseldorf, 1988.

Weisbord, M. R.: Organizational Diagnosis, Reading, Massachusetts u.a.: Addison-Wesley, 1978.

Simulationsgestützte Produktionsplanung und Fertigungssteuerung in Textilveredlungsbetrieben

von Stefan Döttling und Thomas Fischer[1]

Um die hohen Anforderungen an die Produktionsplanung und Fertigungssteuerung in Textilveredlungsbetrieben, insbesondere hinsichtlich der Termintreue bei der Auftragsabwicklung, erfüllen zu können, werden ***simulationsgestützte Planungsinstrumente*** entwickelt, die die vielstufige und variantenreiche Produktion "transparent" machen.

Aus einer ***regelungstheoretischen Betrachtungsweise*** des Produktionssystems und seiner Planung werden ein Einsatzkonzept für diese Instrumente, sowie die Anforderungen an die Modellbildung abgeleitet. Daraus ergibt sich die Vorgehensweise bei der Entwicklung von simulationsgestützten Instrumenten zur Produktionsplanung und Fertigungssteuerung.

Die ***eigentliche Schwierigkeit der Modellbildung und Simulation*** komplexer Produktionssysteme besteht - neben der Abbildung einer Vielzahl von Prozeßschritten in mehreren Prozeßstufen - darin, die im System explizit enthaltenen Subregelkreise mitsamt der Subregler so abzubilden, daß die in der Praxis erforderliche Delegation bestimmter Teilentscheidungen bei der Simulation des Gesamtsystems berücksichtigt werden kann.

Der Beitrag berichtet über einen ***Lösungsansatz***, der aufgrund einer konkreten praktischen Problemstellung mit den Mitgliedern der betroffenen Entscheidungshierarchie gemeinsam erarbeitet wurde.

---

1 Dipl.-Ing. Stefan Döttling, Dr. Thomas Fischer, Institut für Textil- und Verfahrenstechnik, Denkendorf (Direktor: Prof. Dr.-Ing. G. Egbers).

1. Einführung

1.1. Aufgabenstellung

Die **Forderung** nach immer kürzeren Lieferfristen und die damit verbundene Flexibilisierung der Produktion verlangen in der Industrie - so auch in der vom Institut für Textil- und Verfahrenstechnik betreuten Textilindustrie - den Einsatz von leistungsfähigen Systemen zur Produktionsplanung und Fertigungssteuerung (PPS), die ihr, bei möglichst kostengünstiger Produktion, eine gute Reaktionsfähigkeit auf Marktforderungen ("Quick Response") ermöglichen.

Von der **Textilveredlung**, der letzten Stufe des Fertigungsprozesses textiler Flächengebilde vor der Konfektion, wird bei überwiegend auftragsbezogener Fertigung erwartet, daß sie besonders schnell fertigt und zuverlässig zu den bestätigten Kundenterminen liefert.

Die Fertigung in der Textilveredlung setzt sich aus den Produktionshauptstufen Vorbehandeln, Färben und/oder Drucken und Appretieren zusammen (Abbildung 1.1.).

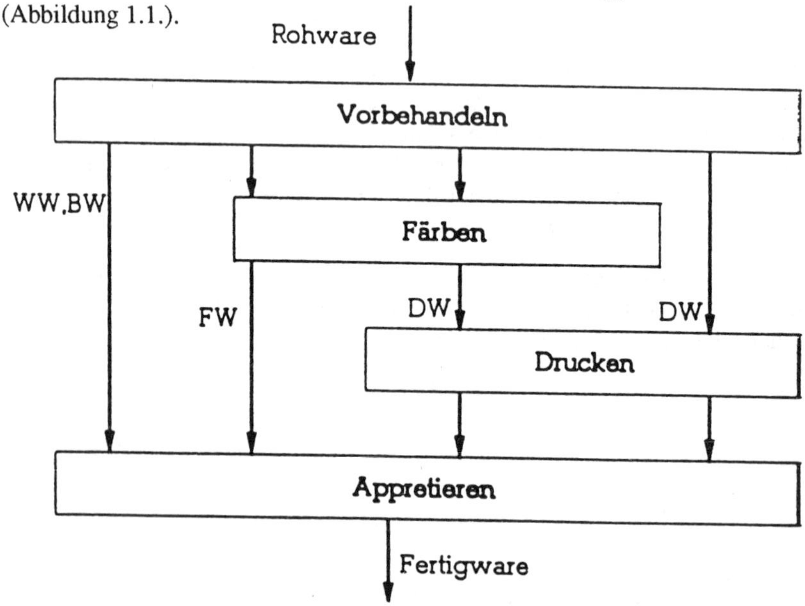

Abb. 1: Warenfluß durch die Produktionshauptstufen der Textilveredlung (WW = Weißware, BW = buntgewebte Ware, FW = Farbware, DW = Druckware)

Innerhalb dieser Produktionshauptstufen ist die Fertigung **vielstufig** und **variantenreich**. Abbildung 1.2. zeigt am Beispiel der Produktionsabteilung Vorbehandlung den prinzipiellen Materialfluß durch die Prozeßelemente. Dabei wird sichtbar, daß einzelne Prozeßschritte oder Prozeßfolgen auch wiederholt durchlaufen werden können. Auch das "seitliche Einsteigen" in die Prozeßkette sowie das Überspringen von Stationen ist üblich.

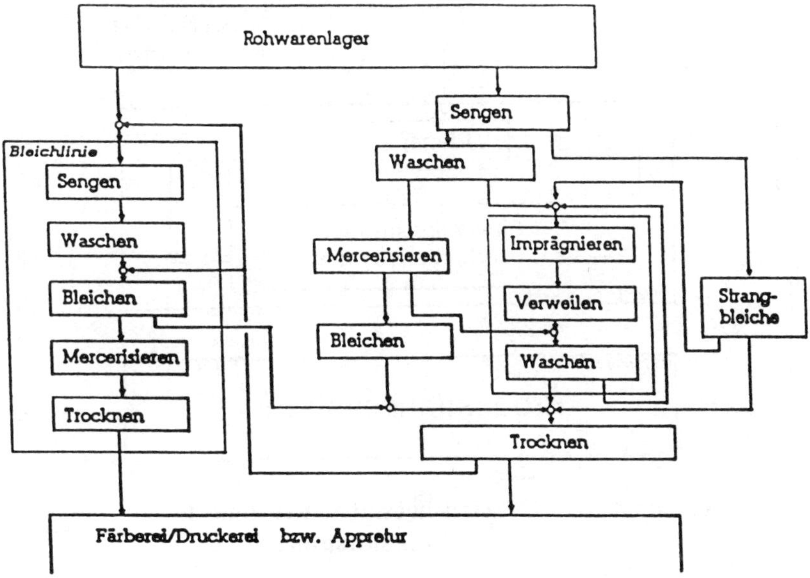

Abb. 2: Materialfluß in der Abteilung Vorbehandlung

Leistungsfähige PPS-Systeme müssen die **Ablaufstruktur** dieses Fertigungsprozesses "transparent" machen und den Materialfluß quantitativ analysieren können. Mögliche Kapazitätsengpässe und daraus entstehende Terminverzögerungen müssen frühzeitig erkannt werden. Maßnahmen zur Vermeidung dieser Probleme müssen erarbeitet und selbstständig oder im Dialog mit dem Disponenten auf ihre Auswirkungen getestet werden können, bevor sie diesem als Vorschlag vorgelegt werden.

Ein PPS-System, daß diesen Anforderungen gerecht werden soll, muß die **Simulation des Produktionssystems** unter verschiedenen Bedingungen ermöglichen. Die Simulation muß aufzeigen, welche Auswirkungen alternative Entscheidungen der Produktionsplanung, z.B. geänderte Bearbeitungsreihenfolgen, zusätzliche Maschinennutzungszeiten, etc. auf die "Termintreue" und auf eine gleichmäßige, effektive Auslastung der Fertigungskapazitäten haben. Dazu ist ein Modell des Fertigungsprozesses erforderlich.

Aus **kybernetischer Sicht** läßt sich der Einsatz von simulationsgestützten Instrumenten zur Produktionsplanung und Fertigungssteuerung als "Modellgestützte Regelung" interpretieren [Döttling 88] (Abb]ildung 1.3).

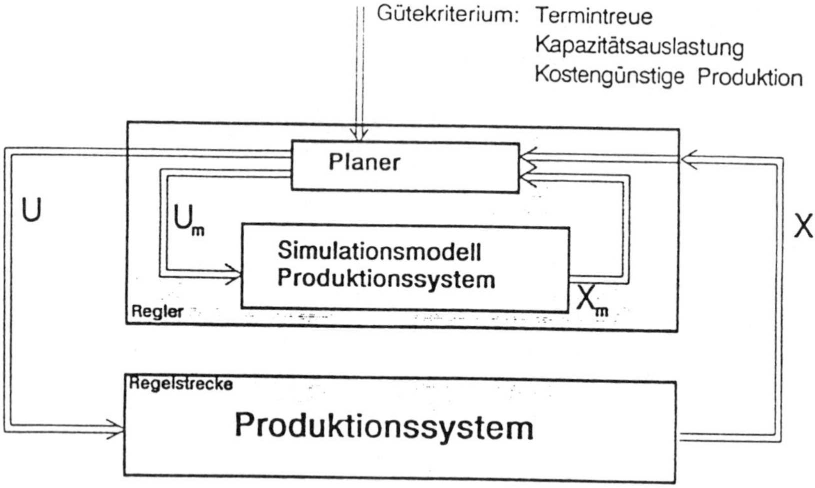

Abb. 3: Modellgestützte Regelung des Produktionsprozesses

Am Simulationsmodell der Produktion kann der Planer (Disponent) auf Basis des aktuellen Systemzustands X **iterativ** die Auswirkungen alternativer Planungen (Stellgrößen) Um testen, bis der prognostizierte Systemzustand Xm das Gütekriterium zufriedenstellt.

Die **betriebswirtschaftliche Optimierungsaufgabe** ist dazu in geeignete **Subziele** zu überführen. Die Losgrößenoptimierung, die Minimierung der Rüstzeiten und die Optimierung der Reihenfolge tragen - ebenso wie die möglichst vollständige Auslastung der Kapazitäten - zur Minimierung der Fertigungskosten bei. Die Einhaltung der bestätigten Kundentermine vermeidet Konventionalstrafen, Good-Will-Verlust oder gar die Stornierung von Kundenaufträgen.

1.2. Vorgehensweise

Die Gruppe Textilmanagement am Institut für Textil- und Verfahrenstechnik entwickelt in einem **Pilotprojekt** mit einem Partner aus der deutschen Textilindustrie Einsatzkonzepte und Software für simulationsgestützte Instrumente zur Produktionsplanung und Fertigungssteuerung in Textilveredlungsbetrieben.

Die **kybernetische Vorgehensweise** [Fischer 89] führt im vorliegenden Fall zu folgenden Projektschritten:

I. Systemanalyse unter folgenden Gesichtspunkten:
   - Systemabgrenzung,
   - Analyse des Fertigungsprozesses (Regelstrecke),
   - Analyse der Planungs- und Steuerungsaufgaben (Regler),
   - Analyse der bereits vorhandenen betrieblichen EDV - Umgebung.

II. Entwicklung eines Einsatzkonzeptes für simulationsgestützte Planungsinstrumente.

III. Aufbau und Validierung der Simulationsmodelle.

Über diese Schritte wird den Abschnitten 2,3 und 4 berichtet. In Abschnitt 5 werden der aktuelle Entwicklungsstand und die sich daraus ergebenden weiteren Projektschritte beschrieben.

2. Systemanalyse

2.1. Systemabgrenzung

Im Hinblick auf die Modellbildung und auf die Erarbeitung eines Einsatzkonzeptes müssen die **Grenzen** und die **exogenen Einflußgrößen** des zu simulierenden (planenden) Systems bestimmt werden.

Die **betrachtete Textilveredlung** ist die Endstufe einer vollstufigen Textilunternehmung mit den Stufen Spinnen, Weben und Veredeln. Sie erhält von der "Zentralen Disposition" des Unternehmens Veredlungsaufträge mit bestätigtem Kundentermin.

Ihre **Aufgabe** besteht darin, Rohgewebe den Veredlungsaufträgen gemäß zu veredeln und termingerecht an den Kunden auszuliefern.

Bevor die "Zentrale Disposition" einen Veredlungsauftrag erteilt, muß sie prüfen, ob das benötigte Rohgewebe in ausreichender Menge im Materiallager der Textilveredlung verfügbar ist. Zudem dürfen gewisse Kapazitätsschranken, die sich aus der mittel- bis langfristigen Produktprogrammplanung sowie der Kapazitätsplanung ergeben haben, bei der Einteilung von Veredlungsaufträgen nicht überschritten werden.

2.2. Analyse der Produktion (Regelstrecke)

In der Textilveredlung existieren für **Betriebsaufträge** detaillierte Fertigungsvorschriften, soweit die Aufträge sich auf Konfektions- bzw. Standardprodukte beziehen. Die **Fertigung** umfaßt dabei verfahrenstechnisch - chemische Produktionsschritte (z.B. Bleichen, Mercerisieren, Färben, Entwickeln, etc.) sowie mechanische Behandlungen (Scheren, Rauhen, Bürsten, etc.). Zusätzlich wird ein hohes Qualitätsniveau durch Materialtests und -prüfungen nach jeder Produktionshauptstufe sichergestellt.

Bei der Produktion muß zwischen kontinuierlicher und diskontinuierlicher Fertigung unterschieden werden. Bestimmte kontinuierliche Fertigungskapazitäten können zu Fertigungsstraßen (Fertigungslinien) zusammengefaßt werden.

2.3. Analyse der Planungsaufgaben (Regler, Subregler)

In der Textilveredlung wird auf **verschiedenen Ebenen** geplant. Die Aufgaben der einzelnen Planungsebenen,

- die Gesamtplanung der Produktion,
- die Planung einer Produktionshauptstufe (Abteilungsplanung),
- die Planung eines Prozeßschrittes (Meisterplanung),

unterscheiden sich vor allem darin, für welchen Zeitraum die Plandaten gelten sollen und daher im Detaillierungsgrad der Planung. Die Planung, Veranlassung und Kontrolle des Produktionssystems läßt sich als hierarchisches Regelungssystem darstellen (Abbildung 2.1.).

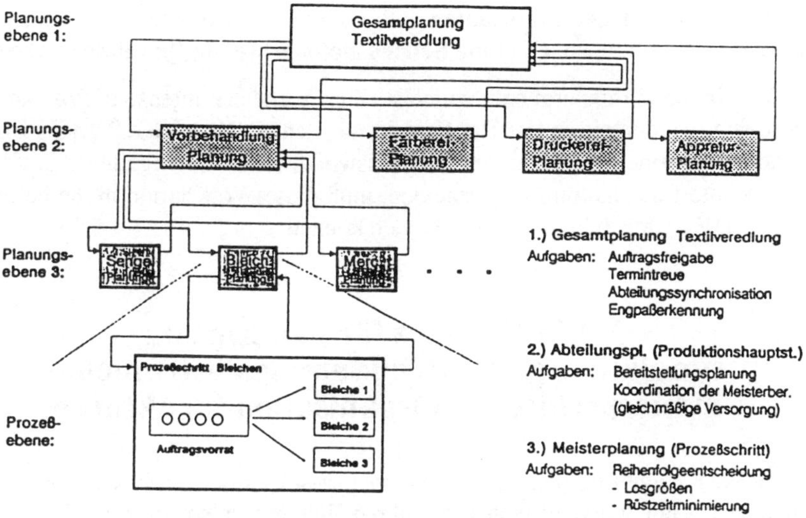

Abb. 4: Planungsebenen und -aufgaben in der Textilveredlung

2.4. Analyse der betrieblichen EDV-Umgebung

Die erfolgreiche Entwicklung und der praktische Einsatz von simulationsgestützten Planungsinstrumenten stellen an die betriebliche EDV-Umgebung bestimmte Anforderungen. Insbesondere sind eine Reihe von **Grunddaten**, **Bewegungsdaten** und **Statusdaten** bereitzustellen:

1. Für die Simulation des Produktionsprozesses sind als Grunddaten (Stammdaten) vor allem Fertigungsvorschriften, Fertigungszeiten, reihenfolgeabhängige Rüstzeiten, Betriebskalender, Maschinennutzeffekte etc. erforderlich.

2. **Bewegungsdaten** (Transaktions - Daten) müssen über sämtliche Aufträge, vor allem über die Betriebsaufträge, gegebenenfalls auch über Lager und Transportaufträge vorliegen.

3. **Statusdaten** von Maschinen und Betriebsaufträgen müssen aktuell und zu Beginn eines Simulationsexperiments verfügbar sein.

Beim Projektpartner sind die Grund-, Bewegungs- und Statusdaten in einem **relationalen Datenbanksystem** organisiert. Dies ermöglicht ein sehr flexibles Zusammenstellen der für die Simulation benötigten Daten in kurzer Zeit.

Die **Aktualität der Statusdaten** sollte durch die, zur Zeit in der Realisierungsphase befindliche, **On-Line Betriebsdatenerfassung** gewährleistet sein.

Da Simulationsexperimente zumeist sehr rechenzeitintensive Programme anstoßen, werden sie in der Regel nicht auf dem Rechner der Betriebs-EDV, sondern auf einer speziellen "Simulationsworkstation" durchgeführt. Um eine redundante Datenhaltung zu vermeiden, muß diese Workstation in die betriebliche EDV - Umgebung integriert werden können.

3. Ein Konzept für den Einsatz simulationsgestützter Planungsinstrumente in hierarchischen Organisationsstrukturen

Ziel der Regelung des Produktionsprozesses ist es, die Produktion zu einem insgesamt guten Ergebnis zu führen. Für ein entsprechendes Regelverhalten des hierarchischen Regelkreises (Abb. 2.1) im Sinne des Gesamtziels müssen die unterlagerten Regelkreise **koordiniert** werden; selbst wenn jeder der unterlagerten Regelkreise für sich optimiert werden könnte, so würde das Zusammenwirken dieser Subsysteme nicht ein optimales Verhalten des gesamten Regelkreises garantieren:

Wenn beispielsweise die Abteilung 'Vorbehandlung' in ihrer Planung die Anforderungen, die die Folgeabteilung 'Färberei' an den Materialfluß für eine günstige Reihenfolgebildung stellt, nicht berücksichtigt, so kann dies zwar zu einer sehr guten Produktivität der Vorbehandlung, aber gleichzeitig zu einer sehr ungleichmäßigen Auslastung der Färberei mit häufigen Umrüstvorgängen und Maschinenstillständen - somit auch zu einem schlechten Gesamtergebnis - führen.

Deshalb muß die Gesamtplanung aufgrund der Information über den **Gesamtzustand des Produktionssystems** den Abteilungsleitungen (Planung einer Produktionshauptstufe) Vorgaben zur Koordination der einzelnen Produktionsabteilungen machen, die deren autonome Planung, die nach festgelegten Gütekriterien durchgeführt wird, einschränken. Dies ist in der Textilveredlung von besonderer Bedeutung, da in den verschiedenen Abteilungen die Kriterien zur Zusammenstellung von günstigen Produktionspartien sehr unterschiedlich sind und nur aus Sicht der Gesamtplanung eine Überwachung der Terminsituation möglich ist.

Ihrerseits müssen die Abteilungsleitungen die Ihnen unterlagerten Regelkreise der Meisterbereiche (Prozeßschritte) hinsichtlich einer gleichmäßigen Versorgung und einer Vermeidung von Kapaziätsengpässen, die bei variantenreicher, vielstufiger Fertigung oft und unerwartet entstehen können, koordinieren.

Ziel ist es daher, den Entscheidungsträgern ("Reglern") auf Abteilungsebene und auf der Ebene der Gesamtplanung Simulationsmodelle zur Verfügung zu stellen, die das Verhalten des jeweils von ihnen zu betrachtenden Realitätsausschnitts mit der notwendigen Genauigkeit abbilden.

Für die **Synthese der Regelgesetze** (Entscheidungsregeln, Soll- und Führungsgrößen) in einem hierarchischen Regelsystem muß deshalb zunächst ein Weg gefunden werden, das "normale" Verhalten ("Standardentscheidung") der jeweils unterlagerten Regelkreise zu simulieren.

Als Ausgangspunkt für die iterative, simulationsgestützte Planung (Abschnitt 1.1., Abb. 1.3.) des Gesamtsystems wird deshalb das "erwartete Verhalten" der Subregler dadurch modellmäßig abgebildet, daß Standardentscheidungen für die Partie- und Reihenfolgebildung festgelegt werden. Unter **Standardentscheidung** ist dabei eine lokal optimierte Planung eines jeden Reglers auf Meisterebene für sich zu verstehen.

Das **Simulationsergebnis** soll zunächst aufzeigen (prognostizieren), ob diese Summe aller Einzeloptima aus Sicht der gesamten Regelung zu Schwierigkeiten hinsichtlich einer gleichmäßigen Auslastung der Kapazitäten, Kapazitätsengpässen und der Einhaltung der Kundentermine und damit zu einem nicht zufriedenstellenden Verhalten des gesamten Regelkreises führen würde.

Auf der Basis dieser Prognose sollen nun Vorgaben zur **Koordination** der einzelenen unterlagerten Regelkreise erarbeitet werden. Anhand des Simulationsmodells kann getestet werden, ob diese Vorgaben den gewünschten Effekt haben; gegebenenfalls müssen sie weiter überarbeitet werden.

Um die Erarbeitung zusätzlicher Vorgaben bzw. alternativer Planungen zu erleichtern, sollte auf eine **Ergebnisdarstellung**, die gezielt auf mögliche Schwierigkeiten aufmerksam macht, besonderen Wert gelegt werden. Die Erarbeitung eines guten Planes wird dann mit möglichst wenig Iterationsschritten möglich sein.

4. Modellbildung

4.1. Eingesetzte Hard- und Software

Die Simulationssoftware wird auf Basis des Simulationsentwicklungssystems **SLAM II** [Pritsker 87] entwickelt. SLAM II ist ein System, daß sich sowohl zur Simulation von ereignisdiskreten als auch zeitkontinuierlichen Prozessen eignet.

Zur **ereignisdiskreten** Simulation bietet SLAM II sowohl die Möglichkeit zur rein ereignisorientierten Modellbildung als auch Elemente für eine prozeßorientierte Modellierung.

Bei der rein ereignisorientierten Modellbildung wird jede Zustandsänderung des dynamischen Systems als Ereignis explizit ausgedrückt und in die Programmiersprache Fortran V umgesetzt.

Für die prozeßorientierte Modellbildung stellt SLAM II eine Vielzahl von Funktionsblöcken zur Verfügung, die zu einem Netzwerk zusammengefügt werden können. Bei Anforderungen der Modellbildung, die die vorgegebenen Funktionsblöcke nicht erfüllen, können diese durch eigene Blöcke, die in der Programmiersprache Fortran V formuliert werden müssen, ergänzt werden.

Weil die Programmiersprache Fortran V als Standardsprache auf verschiedenen Rechnertypen verfügbar ist, ist eine weitgehend rechnerunabhängige Entwicklung der Simulationssoftware möglich.

In diesem Projekt wird für die Entwicklung eine Apollo - Workstation DN 3000 eingesetzt. Für die Erprobung der ersten Teilmodelle und Testversionen sowohl im Labor als auch vor Ort beim Projektpartner steht ein leistungsfähiger portabler Personalcomputer (Toshiba T 5200 unter dem Betriebssystem OS-2) zur Verfügung.

4.2. Anforderungen an die Modellbildung

Um mit Hilfe eines Simulationsmodells das Verhalten eines **hierarchischen Produktionsregelkreises** beurteilen zu können, müssen - wie in Abschnitt 3. erläutert - im Regelsystem auch die Regler in den Subsystemen modelliert werden.

Bei der **Modellierung der Fertigungsprozesse** (Regelstrecke in den Subsystemen) besteht die Hauptaufgabe darin, den Zeitverbrauch an den Fertigungskapazitäten für Bearbeitungsvorgänge, Rüstvorgänge und Wartungsarbeiten sowie die zeitliche Verzögerung des Produktionsfortschritts der Betriebsaufträge durch Verweilen in Warteschlangen, Bearbeitungszeiten auf Fertigungskapazitäten, verfahrenstechnischen Verweilzeiten, Transportzeiten, Liegezeiten zur Partiezusammenstellung, etc. möglichst realitätsnah zu modellieren.

Die **Modellierung der Planung** in den Subsystemen (Subregler) muß die Kriterien, die auf den einzelnen Produktionsstufen für die Partiebildung und die Reihenfolgeentscheidung maßgebend sind, abbilden.

Für den **iterativen Planungseinsatz** müssen dabei zum einen die als Ausgangspunkt definierten Standardentscheidungen auf Meisterebene modelliert werden, zum anderen muß die Möglichkeit bestehen, die Standardentscheidungen beim iterativen Simulationsexperiment durch bestimmte Vorgaben zu modifizieren, um diese auf ihre Auswirkungen testen zu können.

Es ist **Gegenstand der Untersuchung**, herauszufinden, ob dies allein durch das Ersetzen der Entscheidungsregel durch eine "Ausnahme - Regelung" erfolgen kann (Management by Exception), oder ob es möglich ist, durch bestimmte Führungs - Parameter diese Modifikation indirekt zu "steuern".

Um im laufenden Einsatz der Simulationsmodelle eine ständige Anpassung der Modelle an Veränderungen im realen System (Änderung der Regelstrecke), wie neue Fertigungsverfahren, neue Maschinen, ständig neue Artikel, usw. zu ermöglichen, müssen die Simulationsmodelle ein hohes Maß an **Flexibilität** bieten, d.h. sie sollten mit möglichst einfachen Schritten eine Modellanpassung ermöglichen (Adaption der modellgestützten Regelung).

Bei der Modellbildung und Softwareerstellung muß berücksichtigt werden, daß die Simulation des realen Produktionssystems ein **großes Datenvolumen** (Stamm-, Bewegungs- und Statusdaten) benötigt, das in den Simulationsprogrammen bereitgestellt und verwaltet werden muß:

- Zur Simulation des Gesamtsystems müssen ca. 100 verschiedene Prozeßschritte modelliert werden. Dabei müssen für jeden Prozeßschritt Daten über Arbeitszeiten, Wartungszeiten, Rüstzeiten, Nutzeffekte usw. hinterlegt werden.

- Für durchschnittlich 2000 Betriebsaufträge, die sich gleichzeitig in der Produktion befinden, werden pro Betriebsauftrag ca 150 Daten zur Simulation benötigt. In einem Simulationszeitraum von 1 Tag müssen ca. 2500 Betriebsauftragsbewegungen für die Auswertung der Simulationsexperimente geeignet protokolliert werden.

4.3. Aufbau der Simulationsmodelle

In dem beschriebenen Projekt wurden bis jetzt Simulationsmodelle der Abteilungen Vorbehandlung [Döttling 88] und Färberei [Behrendt 89] erstellt.

Während durch die Simulation der jeweiligen Abteilung das Zusammenwirken der einzelnen Prozeßschritte (Meisterbereiche) aufgezeigt werden kann, besteht mit einer Kopplung der beiden Modelle die Möglichkeit, das Zusammenwirken der Abteilungen, d.h. vor allem die Vorsorgung der Abteilung Färberei durch die Abteilung Vorbehandlung zu beurteilen.

Üblicherweise wird bei der Modellierung von Produktionssystemen der Materialfluß nachgezeichnet und in einem Netzwerk abgebildet (vgl. [Stellmach 87]). Die **geforderte Flexibilität** wird hier hingegen mit einer Modellierungsform erreicht, die Elemente der prozeßorientierten und der ereignisorientierten Modellbildung verbindet.

Das **Simulationsmodell** einer Abteilung wird dadurch gebildet, daß Modelle der einzelnen Prozeßschritte dieser Abteilung, im Prinzip beliebig, zusammensetzbar sind (situationsabhängiges Netzwerk in kombinatorischer Anordnung). Betriebsaufträge durchlaufen als Entities der Simulation die, ihren Fertigungsvorschriften entsprechenden, Prozeßschritte dieses Abteilungsmodells.

Ein Prozeßschritt der Abteilung Vorbehandlung mit seiner Planung (Regelung) wird mit dem folgenden allgemeinen Simulationsmodell abgebildet (Abb. 4.1.).

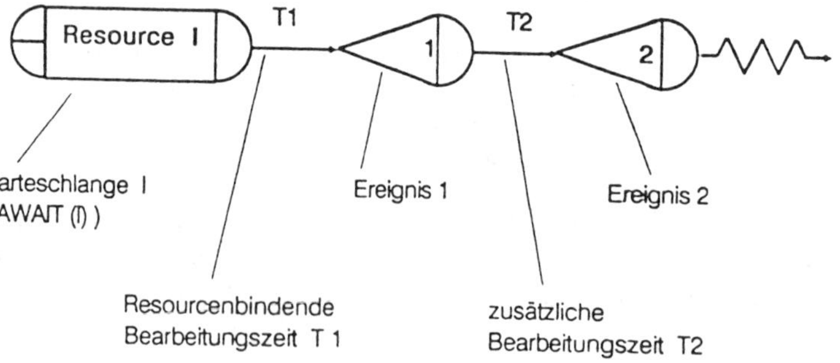

Abb. 5: SLAM II - Modell eines Prozeßschrittes.

Der **Auftragsvorrat** für den Prozeßschritt I befindet sich in der Warteschlange I (AWAIT(I)) und ist nach den Kriterien zur Partie- und Reihenfolgebildung sortiert.

Wird die **Ressource** "Bearbeitungsstation I" frei, so wird der erste Auftrag aus der Warteschlange entnommen und belegt im folgenden diese Ressource während der ressourcenbindenden Bearbeitungszeit T1. T1 setzt sich aus der reihenfolgeabhängigen Rüstzeit und der Bearbeitungszeit des Auftrages auf der Maschine zusammen.

In **Ereignis** 1 wird die Ressource "Bearbeitungsstation I" von diesem Auftrag freigegeben. Nach einer zusätzlichen Bearbeitungszeit T2, die sich aus einer möglichen verfahrenstechnischen Verweilzeit, Transportzeit und sonstigen organisatorischen Liegezeiten zusammensetzt, wird in **Ereignis 2** der Auftrag entsprechend den Kriterien zur Partie- und Reihenfolgebildung in den Auftragsvorrat (Warteschlange) seines nächsten Prozeßschrittes eingereiht.

Das Stillegen von Bearbeitungsstationen zum Schichtende und die Wiederinbetriebnahme zum Schichtbeginn werden rein ereignisortientiert modelliert und in das beschriebene Simulationsmodell integriert.

Die Simulation der Produktionshauptstufe Vorbehandeln berücksichtigt ca. 45. verschiedene Bearbeitungsstationen als Resourcen. Der komplette Auftragsvorrat für die Produktionshauptstufe Vorbehandeln beträgt in der Regel ca 800 Betriebsaufträge. Davon stehen ca. 350 Betriebsaufträge (ca. 400000 m Ware) vor dem ersten Arbeitsgang. Ca 450 Betriebsaufträge (mehr als 500000 m) sind bereits in der Produktion und werden mit dem entsprechenden Status des Fertigungsfortschrittes in die Simulation übernommen.

Um die für diese komplexe Simulation **notwendigen Daten** (vgl. Abschnitt 4.2.) bereitzustellen und zu verwalten und um gleichzeitig eine hohe Performance der Simulationsprogramme zu erreichen, wird vor Beginn der eigentlichen Ablaufsimulation eine temporäre Datenbasis aufgebaut. Auf diese kann während der Ablaufsimulation zugegriffen werden.

4.4. Datenerhebung

Zum Test der bis jetzt erarbeiteten Simulationsmodelle werden die benötigten Daten auf der Betriebs - EDV aus den Stammsätzen und Auftragstabellen zusammengestellt und mittels Filetransfer auf den Simulationsrechner übertragen.

Bis jetzt nicht EDV-erfaßte Daten, hier sind insbesonders die reihenfolgeabhängigen Rüstzeiten an den verschiedenen Bearbeitungsstationen zu nennen, wurden manuell erhoben.

Verbesserte Werte dieser Rüstzeiten sollen mit Hilfe der Betriebsdatenerfassung erfaßt und statistisch ausgewertet werden.

Langfristig ist anzustreben, daß alle zur Simulation notwendigen Daten auf der zentralen Betriebs - EDV gespeichert und gepflegt werden. Der Simulationsrechner sollte dann mit der Betriebs - EDV vernetzt werden, so daß vom Simulationsrechner ein direkter Zugriff auf die Datenbank möglich ist.

4.5. Ergebnisdarstellung

Die **Simulationsergebnisse** sollten in einer für die Industriepartner (die Anwender in der Planung) verständlichen Form dargestellt werden. Der Aufbau von Ergebnistabellen orientiert sich daher an den Darstellungsformen, die bislang in der Produktionsplanung vor Ort benutzt werden.

Ein Beispiel hierfür ist durch die Ergebnistabelle "TERMINPROGNOSE VORBEHANDLUNG Farbware - FARBPARTIEZUSAMMENSTELLUNG" (Abb. 4.2.) gegeben. Sie ist ein Ergebnis der Simulation der Produktionshauptstufe Vorbehandeln unter Verwendung von Standardentscheidungen.

TERMINPROGNOSE - VORBEHANDLUNG Farbware

FARBPARTIEZUSAMMENSTELLUNG

Simulationsstart: 03/07 09:30

Simulationszeitraum: 1 Woche

DEKADE/FIXTERMIN: 1/07/89

AG	FARBE	F.ART	RG	RU	BETR.AUFT	METER	VBH-Ausgang	Stat	KDFIX
550	3394	16056	1	A	EP 246650	1500	07/07 13:02	0	10.07
560	7300	71016	17	B	FW 246637	1489	04/07 14:39	0	
560	7300	71016	17	B	FW 246638	1360	04/07 14:39	0	
560	7754	71016	17	A	FW 246640	2815	04/07 14:39	0	

DEKADE/FIXTERMIN: 2/07/89

AG	FARBE	F.ART	RG	RU	BETR.AUFT	METER	VBH-Ausgang	Stat	KDFIX
510	2016	74102	1	B	FB 246336	2216	03/07 14:15	0	
510	2016	74102	1	B	FB 246796	300	03/07 14:15	0	12.07
510	4071	5941	1	A	VB 902023	248	04/07 7:58	0	
510	5000	74102	1	B	FB 246337	3319	03/07 14:15	0	
510	5000	74102	1	B	FB 246797	700	03/07 14:15	0	12.07
510	8034	74102	1	B	FB 246339	3309	03/07 14:15	0	
510	8034	74102	1	B	FB 246799	914	03/07 14:15	0	12.07
540	2788	7251	1	A	VE 902028	125	04/07 20:43	0	
540	6692	15586	13	A	FW 246762	912	07/07 7:10	0	
550	1905	10505	2	A	FW 246735	1593	08/07 6:30	0	14.07
550	1905	10505	2	A	FW 246736	1424	08/07 6:30	0	14.07
550	3486	65039	2	A	FW 246837	1280	04/07 19:26	0	14.07
550	4210	65039	2	A	FW 246836	1284	04/07 19:26	0	14.07
550	4293	65039	2	A	FW 246835	1284	04/07 19:26	0	14.07
550	4492	72618	2	A	FW 246878	2070	06/07 1:51	0	
550	4758	10505	2	B	FW 246733	1543	08/07 6:30	0	
550	4758	10505	2	B	FW 246734	1538	08/07 6:30	0	14.07
550	6038	18082	2	C	FW 246636	1586	04/07 10:09	0	

Abb. 6: Ergebnistabelle: TERMINPROGNOSE VORBEHANDLUNG Farbware

Diese Tabelle entspricht in ihrer Sortierung und Darstellung der Tabelle "FARBPARTIEZUSAMMENSTELLUNG", die beim Partnerunternehmen zur Zusammenstellung der Färbepartien benutzt wird. Dort beschreibt die Tabelle den aktuellen Status aller Farbware - Betriebsaufträge, die sich zum jeweiligen Zeitpunkt im Produktionsschritt Vorbehandeln befinden.

Mehrere Betriebsaufträge können dann zusammen ausgefärbt werden, wenn sie im Arbeitsgang (Spalte AG), in der Farbe (Spalte FARBE), in der Rohwarengruppe (Spalte RG) und in der Rezeptunternummer (RU) übereinstimmen.

Die **Ergebnistabelle** der Simulation prognostiziert die Fertigstellung des Produktionsschrittes Vorbehandeln dieser Farbware - Betriebsaufträge (Spalte VBH - Ausgang) bzw. den Status in der Vorbehandlung, d.h. den nächsten Vorbehandlungsarbeitsgang (Spalte Stat) am Ende des Simulationszeitraumes.

Anhand dieser Tabelle kann also die Güte der verwendeten Standardentscheidungen bzgl. der Färbereiversorgung beurteilt werden.

Weitere Ergebnisse eines Simulationsexperimentes sind Protokolle des simulierten Fertigungsfortschrittes, sowie prognostizierte Belastungsprofile der einzelnen Bearbeitungsstationen.

4.6. Validierung

Große Bedeutung kommt der **Validierung der Simulationsmodelle** zu. Für die Aktzeptanz ist eine möglichst genaue Abbildung des realen Fertigungsprozesses sowie der Standardentscheidungen Voraussetzung. Zur Validierung bestehen bisher folgende Möglichkeiten.

Es kann die für den Simulationszeitraum prognostizierte Entwicklung mit der Entwicklung im entsprechenden realen Zeitraum anhand der ähnlich aufgebauten Ergebnistabellen - expost - verglichen werden.

Ebenso können die prognostizierten Kapazitätsauslastungen und Warteschlangen mit den erfaßten und statistisch ausgewerteten entsprechenden realen Größen verglichen werden.

Schwierigkeiten bei den Modelltests macht vor allem das "Ausfiltern" solcher Entscheidungen im Prozeß , die im Modell nicht explizit berücksichtigt werden (können). Hier sind vor allem Entscheidungen aufgrund technischer Ereignisse betroffen, die außergewöhnliche dispositive Maßnahmen (auch gegen bestehende Regeln) auslösen.

Nach **vollständiger Realisierung** der On-Line Betriebsdatenerfassung sollten die Möglichkeiten der Validierung dadurch deutlich verbessert sein, daß die geschilderten Situationen dokumentiert werden. Anhand der BDE - Aufzeichnungen der einzelnen Bearbeitungsstationen wird eine Protokollierung der real getroffenen Reihenfolgeentscheidung möglich sein.

5. Stand des Projektes

Im Rahmen dieses Projektes wurden bis jetzt Simulationsmodelle für die Produktionshauptschritte Vorbehandlung und Färberei entwickelt, die die Produktion auf Basis von Standardentscheidungen (vgl. Abschnitt 3.) abbilden.

Bei der Simulation der Vorbehandlung konnte anhand mehrerer Modelltests mit **realen Betriebsauftragsszenarien** eine gute Übereinstimmung mit der Realität erzielt werden. Die Modellgenauigkeit und die Darstellung der Simulationsergebnisse in der geläufigen Form (vgl. Abschnitt 4.4.) führte zu einer guten Akzeptanz bei den Entscheidungsträgern im Partnerbetrieb.

Die Simulation der Färberei, die an die Modellierung der Prozeßschritte zusätzliche Anforderungen stellt, erreicht bisher noch nicht die erforderliche Genauigkeit.

Das häufige nicht prognostizierbare Nachbehandeln von Betriebsaufträgen, ausgelößt durch hohe Anforderungen an Qualität und Farbgenauigkeit, beansprucht zusätzliche Kapazitäten. Dieser zusätzliche Kapazitätsbedarf muß für eine Verbesserung der Simulationsergebnisse geschätzt werden.

Die Prozeßzeiten bei diskontinuierlichen Färbeverfahren streuen in der Realität sehr stark und führen daher zu unsicheren Simulationsergebnissen.

Hier sind zukünftig durch die **BDE** statistisch besser gesicherte Daten zu erwarten. Der erweiterte Einsatz von Farbmetriksystemen sollte zu einer höheren "Treffsicherheit" beim Farbausfall führen.

Reihenfolgeabhängige Rüstzeiten sind in der Färberei sehr stark abhängig von der Farbtiefe. Das gegenwärtige Farbnummernsystem läßt aber nur eine sehr unsichere Beurteilung zu, ob ein Übergang von Hell nach Dunkel (kurze Rüstzeit) oder von Dunkel nach Hell (lange Rüstzeit durch Reinigen/Auskochen) stattfindet. Hier wird zur Zeit geprüft, ob durch Auswertung der Farbrezeptdaten eine Verbesserung der Modellierung der Farbfolge erreicht werden kann.

Aus den Ergebnissen der Prozeßanalyse und aus den bisher entwickelten Simulationsmodellen wird ein **allgemeingültiges Modellierungskonzept** für die Prozeßschritte der Textilveredlung entwickelt.

Mit diesen Konzepten sollen Simulationsmodelle der Abteilungen Appretur und Druckerei aufgebaut werden.

Das allgemeingültige **Modellierungskonzept** soll dann die **Integration der verschiedenen Abteilungsmodelle** in ein **Simulationsmodell des Gesamtsystems** ermöglichen. Dieses Modell wird von der Gesamtplanung benötigt, um verläßliche Aussagen bezüglich der Koordination der Abteilungen und der Einhaltung der dem Kunden zugesagten Fertigstellungstermine treffen zu können.

Literatur

[Behrendt 89] Klaus Behrendt: Simulationsgestützte Produktionsplanung in der Textilveredlung - ein Modell der Abteilung Färberei, Diplomarbeit Technische Kybernetik, Institut für Textil- und Verfahrenstechnik, Denkendorf 1989.

[Döttling 88] Stefan Döttling: Ein Simulationsmodell zur Produktionsplanung in Textilveredlungsbetrieben, Diplomarbeit Technische Kybernetik, Institut für Textil- und Verfahrenstechnik, Denkendorf 1988.

[Fischer 89] Thomas Fischer, Jörg Baetge: Systemanalyse, in: Handwörterbuch der Planung, hrsg. v. Norbert Szyperski, Seite 1941 -1951, C.E. Poeschel Verlag, Stuttgart 1989.

[Pritsker 87] A.Alan B. Pritsker: Introduction to Simulation and SLAM II, Third Edition, Systems Publishing Coorporation, West Lafyette, Indiana 1987.

[Stellmach 87] Dieter Stellmach: Ein Simulationssystem zur Unterstützung der Fertigungsablaufdisposition einer Tuchfabrik, in: Betriebswirtschaftliche Systemforschung und Ökonomische Kybernetik, hrsg. v. Thomas Fischer, Seite 231 - 246, Dunker & Humblot, Berlin 1987.

5. Strategische Entscheidungen im Vorfeld des europäischen Binnenmarktes

Wettbewerbsfaktoren und funktionale Strategien in wachstumsstarken und wachstumsschwachen mittelständigen Unternehmen

- Ergebnisse einer europäischen Untersuchung -

von Eduard Gabele[1]

1. Problemstellung

Ergebnisse unternehmerischer Tätigkeiten - ob Erfolge oder Mißerfolge - hängen wesentlich von Grundsatzentscheidungen ab, mit denen die "Weichen" in die Zukunft richtig oder falsch gestellt werden. Sie können als "strategische Entscheidungen" bzw. einfacher als "Strategien" bezeichnet werden.

"Strategien" bereiten die Entwicklung eines Unternehmens auf mittlere bis lange Sicht vor; sie sind nach innen und außen zugleich gerichtet, ständig darum bemüht, zwischen "Inwelt" und "Umwelt" eine angemessene Übereinstimmung zu erreichen. Die "Inwelt" des Unternehmens betreffend beinhalten Strategien vor allem die Zwecke, Ziele, Potentiale und Verhaltensweisen ganz allgemein; Finanzen, organisatorische Abläufe, Investitionen, Beschaffung, Produktion, Personal und dergleichen sind daraus abgeleitete, konkrete Objekte, über die in Strategien der unternehmerische Wille festgelegt wird. Hinsichtlich des Außenverhältnisses, der "Umwelt", konzentrieren sich Strategien vor allem auf Märkte, Kunden, Wettbewerber, politische Gruppen, Staat usw.

Die wichtigste Aufgabe jeder Strategie in marktwirtschaftlichen Systemen besteht darin, Wege einzuschlagen, auf denen das Unternehmen "dauerhafte Wettbewerbsvorteile"[1] und gleichzeitig Erfolge zu erreichen in die Lage versetzt wird. Produktqualität zu hohen Kosten und niedrigen Preisen wäre beispielsweise eine falsche Strategie, soll das Unternehmen gute Erfolge erwirtschaften. Es geht insoweit darum, in bestimmten Wettbewerbssituationen mit

1 Prof. Dr. Eduard Gabele, Universität Bamberg, Lehrstuhl für Betriebswirtschaftslehre, insbes. Unternehmensplanung und Managementinformatik, Postfach 1549, D- 8600 Bamberg

geeigneten Strategien angestrebte Erfolge zu verwirklichen, wobei das besondere Augenmerk mittelständischen Unternehmen gilt.

1.1. Mittelständische Unternehmen als Untersuchungsgegenstand

Der Wettbewerb spielt in mittelständischen Unternehmen keine geringere Rolle als in Großunternehmen. Trotzdem überwiegen jene wissenschaftlichen Bemühungen, die sich mit betrieblichen Verhältnissen jenseits des Mittelstandes beschäftigen. Hierin liegt ein entscheidender Ansporn, nunmehr in einer theoretisch fundierten und zugleich empirisch getesteten betriebswirtschaftlichen Konzeption Fragen kleinerer und mittlerer Unternehmen wissenschaftlich zu analysieren und zu diskutieren[2].

Zur Abgrenzung dessen, was unter "kleinen" und "mittleren" bzw. "mittelständischen Unternehmen" verstanden werden soll, dienen überwiegend quantitative Maße, wie Betriebsgröße, Umsatz, Beschäftigte, Arbeitsplätze, Lohnsumme, Nettoproduktionswert, Bilanzsumme, Anlagevermögen, Roh- und Reingewinn, Cash Flow, Marktanteil usw.[3].

Allerdings sind qualitative Größen oft bedeutsamer als quantitative. Insbesondere ist stets darauf zu achten, daß mittelständische Unternehmen nicht als Miniaturausgaben von Großunternehmen gesehen werden: "A small business is not a little big business"[4].

Im Zentrum eines mittelständischen Betriebes steht die Person des Unternehmers. Zwischen ihm und seinem Betrieb existieren meist engste Verflechtungen, die bis zu einer vollständigen Identität zwischen beiden reichen können.

Typische Merkmale mittelständischer Betriebe seien im folgenden zusammengestellt[5]:

- Leitung und Kapital in kleinen und mittleren Unternehmen liegen in der Hand des Inhabers;
- der Inhaber übernimmt die volle geschäftliche und persönliche Verantwortung und trägt das gesamte Risiko;
- der Klein- und Mittelbetrieb ist die wichtigste Einkommensquelle des Inhabers für sich und seine Familie;
- der mittelständische Unternehmer und seine Familienangehörigen arbeiten im Betrieb mit;

- Eigentümer und Mitarbeiter entwickeln ein starkes Zusammengehörigkeitsgefühl, vielleicht sogar eine Betriebsgemeinschaft;
- typische Finanzierungsquellen im Klein- und Mittelbetrieb sind selbst erwirtschaftete Mittel, Familiendarlehen und Bürgschaften;
- Mittel- und Kleinbetriebe wählen als Rechtsform häufig die Einzelunternehmung oder Personengesellschaft.

Ein mittelständisches Unternehmen in diesem Sinne wäre somit ein von einem oder mehreren selbständigen Inhabern zur Versorgung der Familien geführter Betrieb, der überwiegend regional tätig ist und in aller Regel keine dominante Marktstellung erreicht[6]. Um solche Betriebe geht es in dieser Arbeit, wobei Untersuchungsrahmen und -ziele nunmehr dargestellt werden sollen.

1.2. Untersuchungsrahmen und Untersuchungsziele

Im Mittelpunkt der weiteren Bemühungen stehen drei Branchen mittelständischer Unternehmen. Für diese sollen einschlägige Faktoren gefunden und beurteilt werden, die für ihre jeweilige Stellung im Markt und Wettbewerb von besonderer Bedeutung sind. Des weiteren gilt es, die von den Unternehmen in den Branchen betriebenen funktionalen Strategien aufzuzeigen, mit denen sie agieren, wachsen oder stagnieren, wobei die Eignung der funktionalen Strategien bei der Bewältigung von Wettbewerb eine besonders wichtige Rolle einnehmen wird. Die Ziele dieser Untersuchung lassen sich kurz wie folgt skizzieren:

1. Die Arbeit beginnt mit einer Analyse der Marktsituation in den ausgewählten Branchen mittelständischer Unternehmen.
2. Anschließend geht es darum, wachstumsstarke und wachstumsschwache Unternehmen voneinander zu unterscheiden.
3. Des weiteren soll herausgefunden werden, ob überhaupt und welche Wettbewerbsfaktoren einzelne Branchen besonders nachdrücklich bei der Steuerung der Unternehmen beachten.
4. Danach gilt es abzuklären, welche Strategien wachstumswirksam sind.
5. Schließlich soll der Zusammenhang zwischen funktionalen Strategien und Wettbewerbsfaktoren durchleuchtet werden, insbesondere um die Eignung bestimmter Strategien bei der Erringung von Wettbewerbsvorteilen aufzudecken.

Die Antworten auf diese Fragen sollen im folgenden theoretisch untermauert vorgetragen, jedoch vor allem - soweit möglich - empirisch belegt gegeben werden. Dazu kann eine Studie, die in acht europäischen Ländern bei 1135 Führungskräften mittelständischer Unternehmen durchgeführt wurde, herangezogen werden, an der der Verfasser mitgewirkt hat[7]. Die Größenklassifikation der befragten Unternehmen erstreckte sich etwa gleichverteilt auf die Gruppen: 1 - 9 Beschäftigte, 10 - 19, 20 - 49, 50 - 99 und 100 und mehr Beschäftigte. Ausgewählt wurden drei Branchen: Textil- und Bekleidungsindustrie, Nahrungsmittelindustrie und Elektronikindustrie. Die im weiteren heranziehbaren Daten betreffen insoweit ausschließlich diese Branchen[8].

2. Marktzyklus ausgewählter Branchen mittelständischer Unternehmen

Das erste Ziel der Arbeit besteht darin, den Marktzyklus herauszufinden, dem die drei Branchen: Textil- und Bekleidungsindustrie, Nahrungsmittelindustrie und Elektronikindustrie hinsichtlich ihres Marktzyklus zuzuordnen sind.

Branchen unterliegen - wie Produkte - einem stetigen Wandel; sie entstehen, wachsen, reifen und gehen wieder unter. Eine solche Entwicklung in Abhängigkeit von der Zeit heißt "Lebenszyklus". Aus Vereinfachungsgründen dienen gewisse Zeitabschnitte, auch Phasen oder Zyklen genannt, dazu, die jeweilige Marktlage einer Branche zu erkennen, in der sich diese gerade befindet.

Typische Marktlagen oder Marktzyklen sind: Entstehung (Einführung), Wachstum, Übergang von Wachstum zur Reife, Reife und Schrumpfung[9]. Die befragten europäischen Unternehmen sollten aus der Sicht ihres wichtigsten Marktes angeben, in welcher Entwicklungsphase sie sich befinden. Die Ergebnisse dieser Einschätzung sind in Abbildung 1 dargestellt.

Die Befunde der Datenauswertung zeigen deutlich unterschiedliche Marktzyklen der einzelnen Branchen[10]: Über 50 % der Unternehmen, die ihren Marktzyklus ganz am Anfang - in der Phase der "Entstehung" oder "Einführung" - sehen, gehören der Branche "Elektronikindustrie" an; etwas mehr als 20 % der "Nahrungsmittelindustrie" und 25 % der "Textil- und Bekleidungsindustrie".

42 % der Unternehmen, die sich der "Wachstumsphase" zuordnen, gehören zur "Elektronikindustrie", ca. 30 % zur "Textil- und Bekleidungsindustrie" sowie zur "Nahrungsmittelindustrie".

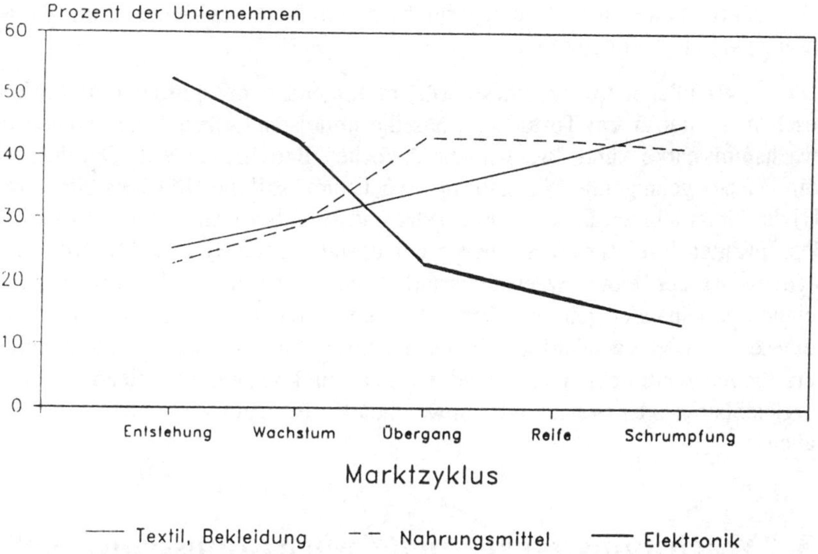

Abb. 1: Marktzyklus in ausgewählten Branchen

Ganz anders stellt sich das Bild im Stadium des "Übergangs" vom Wachstum zur Reife dar: Lediglich 22 % der Unternehmen aus der "Elektronikindustrie" ordnen sich hier ein, über 30 % der "Textil- und Bekleidungsindustrie" und über 40 % der "Nahrungsmittelhersteller". Ähnlich liegen die Verhältnisse in den Stadien "Reife" und "Schrumpfung".

Aus dem Vergleich der Branchen lassen sich einige als signifikante Durchschnittsaussage zu verstehende Folgerungen ziehen:

1. Die "Textil- und Bekleidungsindustrie" gehört im Vergleich zu den übrigen Branchen zu einem eher stagnierenden Bereich; sie hat ihre Altersphase erreicht.

2. Für die "Nahrungsmittelindustrie" gelten tendenziell ähnliche Feststellungen; sie bewegt sich überwiegend im "Reife- zum Schrumpfungsstadium".

3. Im Gegensatz dazu steht die "Elektronikindustrie" ganz am Anfang ihres Marktzyklus und bewegt sich auf die Phase "Wachstum" zu.

Jeder Zyklus, in dem sich eine Branche befindet, ist dafür verantwortlich, daß besondere Wettbewerbsbedingungen zu beachten sind, die ihrerseits von den betroffenen Institutionen spezifische strategische Reaktionen verlangen:

Der Marktzyklus einer Branche erlaubt unmittelbare Rückschlüsse auf die in ihr angewandten Strategien[11].

Diese grundlegende Hypothese soll im folgenden überprüft werden. Vorgesehen ist hierfür ein Testdesign, das die mittelständischen Unternehmen in "wachstumsstarke" und "wachstumsschwache" Betriebe einteilt. Der hierbei zum Einsatz gelangende Maßstab für "Wachstum" soll die Höhe des Umsatzes (U) der Unternehmen in den Jahren 1980 und 1983 bezogen auf die Anzahl der Beschäftigten Literatur (B) in diesen beiden Jahren (UpB) sein. Mit Hilfe des Medians werden dann "wachstumsstarke" und "wachstumsschwache" Unternehmen voneinander getrennt. Damit lassen sich die Testbedingungen der Hypothese insoweit verschärfen, als innerhalb ein- und desselben Marktzyklus verschiedenste Strategien angewandt worden sein könnten, die sich entweder in vergleichbaren oder voneinander abweichenden Ergebnissen niedergeschlagen haben.

3. "Wachstumsstarke" und "wachsstumsschwache" mittelständische Unternehmen

Die Versuche, das Wachstum von Unternehmen zu messen, sind zahlreich[12]. Beispielsweise verwendet Mansfield[13] die Wachstumsrate von Produktionskapazitäten und Beschäftigten; Singh und Whittington[14] wählen die Kenngröße Wachstumsrate des Nettovermögens, Filippi und Zanetti[15] die Wachstumsrate der Beschäftigten und des Bruttovermögens, und Seibert[16] greift das Beschäftigten- und Umsatzwachstum heraus.

Jedes Maß besitzt spezifische Vor- und Nachteile, die hier nicht weiter verfolgt werden können. Vor allem stehen oftmals keine verläßlichen Daten zur Verfügung. Darüber hinaus verfolgen mittelständische Unternehmen häufig qualitative Ziele, wie etwa "gute Arbeitsbedingungen", "Selbstverwirklichung" und dergleichen.

Hier fällt aus den genannten Gründen die Wahl auf den Maßstab: Umsatz (U) der Unternehmen in den Jahren 1980 und 1983 bezogen auf die Anzahl der Beschäfigten (B) in diesen beiden Jahren (UpB). Der anhand dieses Kriteriums gebildete Median (= 19,048) teilt die Unternehmen in "wachstumsstarke" und "wachstumsschwache".

Die relative Maßgröße Umsatz pro Beschäftigte ist dem absoluten Umsatzwachstum vorzuziehen; beispielsweise käme eine Zunahme des Umsatzes unter Inkaufnahme eines überdurchschnittlichen Aufbaus an Personal in der absoluten Kennzahl "Wachstum des Umsatzes" nicht zum Ausdruck. Zudem vermittelt die relative Messung UpB Einblicke in die Arbeitsproduktivität dieser Unternehmen.

Schließlich spricht für den gewählten Quotienten, daß dadurch der sogenannte Klassenwechslereffekt ausgeschaltet oder zumindest reduziert werden kann[17].

4. Wettbewerbsfaktoren in mittelständischen Unternehmen

Das nächste Untersuchungsziel hebt auf die Herausarbeitung und den Nachweis von Wettbewerbsfaktoren ab, ferner auf die Klassifikation jener Wettbewerbsbereiche, die für mittelständische Unternehmen im Zentrum des Interesses stehen, wobei eventuelle Unterschiede in den einzelnen Branchen Hinweise auf deren besondere Wettbewerbslage geben.

4.1. Bedeutsame Faktoren für den Wettbewerb mittelständischer Unternehmen auf den wichtigsten Märkten

Autoren wie Hofer et al.[18], Grimm[19], Hoffmann[20], Khandwalla[21], Krüger[22], Lange[23], Peters und Waterman[24], Porter[25], Pümpin[26], Steiner[27], sowie die Ersteller des PIMS-Modells[28] geben ganze Kataloge an, mit deren Hilfe sie den Versuch machen, Faktoren zu benennen, die für Wettbewerber bedeutsam erscheinen[29]. Ihre gesamten theoretischen Bemühungen sollen belegen, daß Führungskräfte klare Strategien verfolgen[30]. Beispielsweise hinsichtlich Wachstum und Finanzierung, Produktentwicklung, Marketing, Distribution, Markenpolitik, Image, Führungskräfteentwicklung, Personal ganz allgemein, Produktion, Beschaffung, Preispolitik, Konditionenpolitik usw., eben weil es sich dabei um für das Bestehen im Wettbewerb auf den Märkten wichtige Größen handelt. Speziell für Großorganisationen wurden schon mehrfach Belege einer strikten Verfolgung solcher wichtiger Größen vorgelegt. Welche Faktoren sind nun für den Wettbewerb mittelständischer Unternehmen auf den wichtigsten Märkten bedeutsam?

Der Beantwortung dieser Frage nachzugehen, scheint nicht allein wegen der erwarteten konträren Auffassungen über wettbewerblich bedeutsame Faktoren mittelständischer Unternehmen - im Vergleich zu großen Unternehmen - reizvoll. Noch reizvoller wäre der Umstand, wenn mit Hilfe empirischer Instrumente Facetten der tatsächlichen Einschätzung von für den Wettbewerb in mittelständischen Unternehmen bedeutsamen Faktoren zum Vorschein kämen.

Die Daten, die hierfür und als Testmaterial verwendet werden, stammen ebenfalls aus dem europäischen Forschungsprojekt STRATOS. In persönlichen Interviews mit über 1100 Führungskräften mittelständischer europäischer Betriebe der Branche Bekleidung, Nahrungsmittel und Elektronik sollte herausgefunden werden, "auf welche Faktoren ... (die Befragten) besonderen Nachdruck (legen), um auf ihrem wichtigsten Markt wettbewerbsfähig zu werden oder zu bleiben". Jede Führungskraft hatte anhand von 26 vorgelegten Einzel-Faktoren auf einer fünffach ausgeprägten Likert-Skala einzuschätzen, für wie bedeutsam sie diese hinsichtlich der Erlangung von Wettbewerbsvorteilen hielt.

Abbildung 2 zeigt die Ergebnisse jener Einzel-Faktoren, von denen die Führungskräfte annahmen, daß diese zur Erringung von Wettbewerbsvorteilen geeignet sein würden. Die Rangfolge orientiert sich am Mittelwert; zusätzlich sind Standardabweichungen und die Variablen-Nummern aus dem Fragebogen angegeben.

Var.-Nr.	Wettbewerbsfaktoren	Mittel-wert	Stand.-abw.	Rang
V394	Produktqualität	4,527	0,683	1
V395	Lieferzuverlässigkeit	4,411	0,762	2
V410	Ruf der Firma	4,361	0,742	3
V401	Qualifikation der Arbeitskräfte	4,218	0,887	4
V409	Flexibilität der Firma	4,152	0,818	5
V411	Qualität des Managements	4,096	0,880	6
V400	Gutes Erscheinungsbild vor Ort und gute Kontakte	4,015	0,978	7
V415	Finanzkraft	3,959	0,888	8
V416	Betriebsklima	3,854	1,030	9
V413	Einkauf	3,853	1,063	10
V392	Niedriges Kostenniveau	3,821	0,983	11
V406	Kreativität	3,811	1,116	12
V404	Persönlicher Einsatz im Verkauf	3,733	1,201	13
V408	Markenimage	3,727	1,220	14
V414	Zahlungsbedingungen	3,662	1,073	15
V391	Preispolitik	3,647	1,075	16
V396	Moderne Produktionstechniken	3,566	1,146	17
V412	Marktanteil	3,529	1,112	18
V399	Produktgestaltung/Design	3,517	1,341	19
V407	Techn. Problemlösungsfähigkeit (Knowhow)	3,459	1,329	20
V398	Kundendienst nach dem Verkauf	3,434	1,437	21
V402	Vertriebswege	3,431	1,183	22
V393	Vielfalt innerhalb der Produktgrupppen (Tiefe)	3,317	1,096	23
V403	Werbung/Verkaufsförderung	3,162	1,184	24
V397	Technische Beratung vor dem Verkauf	2,825	1,401	25
V405	Größe des Verkäuferstabes	2,726	1,186	26

Abb. 2: Einschätzung der Bedeutung einzelner Wettbewerbsfaktoren

Als besonders bedeutsam für die Erringung von Wettbewerbsvorteilen auf den wichtigsten Märkten mittelständischer Unternehmen betrachten europäische Führungskräfte:

- Produktqualität,
- Lieferzuverlässigkeit,
- Ruf der Firma,
- Qualifikation der Arbeitskräfte,
- Flexibilität der Firma und
- Qualität des Managements und
- moderne Produktionstechniken.

Geringere Bedeutung für die Erringung von Wettbewerbsvorteilen messen europäische Führungskräfte den Faktoren auf den unteren Rängen bei:

- Größe des Verkäuferstabes,
- Technische Beratung vor dem Verkauf,
- Werbung und Verkaufsförderung sowie
- Vielfalt innerhalb der Produktgruppen (Tiefe).

Die Ergebnisse besagen allerdings nicht, die zuletzt genannten Faktoren wären bedeutungslos; immerhin liegen die meisten statistischen Mittelwerte um den Skalenwert 3, was bei einer insgesamt über fünf Stufen laufenden Skala eine nicht zu vernachlässigende Ausprägung bedeutet. Insofern spielen alle 26 genannten Faktoren eine maßgebliche Rolle, wenn es darum geht, im Mittelstand Wettbewerbsvorteile zu erringen. Zudem ist zu vermuten, daß einige von ihnen zusammenspielen. Deshalb lag es nahe, eine Gruppierung der 26 Einzel-Faktoren in größere Einheiten vorzunehmen.

Nach mehreren durchgeführten multivariaten Meßmodellen vom Typ der konfirmatorischen Faktorenanalyse ergab sich ein optimales Modell mit sechs Gruppen von Faktoren zur Erringung von Wettbewerbsvorteilen mittelständischer Unternehmen:

- Humankapital und Image,
- Technologische Fähigkeiten,
- Leistungsprogramm,
- Produktentwicklung und Verkaufsförderung,
- Kostenführerschaft und Preispolitik sowie
- Marktpräferenz und Finanzkraft.

Zunächst einmal sind diese Bezeichnungen der sechs Faktor-Gruppen lediglich verbale Oberbegriffe, hinter denen sich genauer ausformulierte, mathematische Zusammenhänge verbergen. Auf diesem Wege erhalten die Einzel-Faktoren je eigene Gewichte, die mittels des "Maximum-Likelihood-Verfahrens" geschätzt wurden[31]. Was läßt sich aus diesem empirischen Ergebnis ableiten? Einmal macht es deutlich, daß sich einzelne Faktoren zur Erringung von

Wettbewerbsvorteilen in zusammengehörige Gruppen bündeln lassen: An die Stelle von 26 Einzel-Faktoren treten jetzt sechs Faktor-Gruppen; es bleiben de facto jedoch alle 26 Einzel-Faktoren präsent, nur eben in gebündelter Form. Das heißt, bei Nennung einer Faktor-Gruppe wirken - selbst wenn sie nicht genannt werden - alle zur Faktor-Gruppe zusammengezogenen Einzel-Faktoren mit. Soviel zum methodischen Vorgehen; nun zur inhaltlichen Analyse.

Eine kurze Aufgliederung der Faktor-Gruppen in ihre Einzel-Faktoren vermag inhaltliche Aufschlüsse über deren Bedeutung für die Erringung von Wettbewerbsvorteilen zu geben. Die Faktor-Gruppe "Humankapital und Image" setzt sich in der Wahrnehmung der befragten Führungskräfte aus folgenden Faktoren zusammen[32]:

- Ruf der Firma,
- Flexibilität der Firma,
- Qualität des Managements,
- Qualifikation der Arbeitskräfte,
- Betriebsklima und
- gutes Erscheinungsbild vor Ort und gute Kontakte.

Am stärksten schätzen die befragten Führungskräfte in dieser Faktor-Gruppe die Bedeutung des "Rufes der Firma" für ihren Wettbewerb ein. Danach folgen die "Flexibilität der Firma", die "Qualität des Managements", die Qualität der Arbeitskräfte", das "Betriebsklima" sowie das "gute Erscheinungsbild vor Ort und gute Kontakte". Wettbewerbsvorteile auf den wichtigsten Märkten lassen sich alleine dann erreichen, wenn der Faktor-Gruppe "Humankapital und Image " ausreichend Beachtung geschenkt wird.

Die zweite, den Wettbewerb auf den Märkten charakterisierende Faktor-Gruppe kann unter dem Namen "Technologische Fähigkeiten" zusammengefaßt werden. Man ersieht daraus, daß die Führungskräfte der "Lieferzuverlässigkeit" weitreichende wettbewerbspolitische Bedeutung beimessen, gefolgt von "modernen Produktionstechniken" und "technischer Problemlösungsfähigkeit (Know how)" .

Die dritte Gruppe von Faktoren, mit denen Führungskräfte unternehmerischen Wettbewerb beschreiben, betrifft das "Leistungsprogramm", hier an erster Stelle die "Produktqualität", den "Kundendienst nach dem Verkauf", die "technische Beratung vor dem Verkauf" sowie die "Vielfalt innerhalb der Produktgruppen (Tiefe)".

In einer vierten Gruppe sind Größen des Wettbewerbs enthalten, die"Produktentwicklung und Verkaufsförderung" betreffen, genauer gesagt die "Kreativität", die "Vertriebswege", "Werbung und Verkaufsförderung", das

"Markenimage", die "Größe des Verkäufer-stabes", "Produktgestaltung und Design" sowie "persönlichen Einsatz im Verkauf".

In einer fünften Gruppe räumen die befragten Führungskräfte der "Kostenführerschaft und Preispolitik" eines Unternehmens im Rahmen erfolgreichen Wettbewerbs eigenständige Bedeutung ein. An vorderster Front steht dabei ein "niedriges Kostenniveau" sowie die "Preispolitik".

Schließlich verstehen die Führungskräfte unter wettbewerblich wichtigen Aspekten den Kampf um "Marktpräsenz und Finanzkraft", konkret um "Marktanteile", die "Nutzung von Einkaufsvorteilen" sowie die "Sicherung ausreichender Finanzmittel durch Einräumung geeigneter Zahlungsbedingungen" und - in dieser Gruppe am bedeutsamsten - das "Streben nach Finanzkraft".

Bei einem Vergleich dieser für den Wettbewerb mittelständischer unternehmen in der hier vorgestellten STRATOS-Studie als bedeutsam eingeschätzten Faktoren mit jenen von Großorganisationen - wie sie in anderen, unter 4.1 genannten Untersuchungen ermittelt wurden - fallen Gemeinsamkeiten auf. Hier wie dort steht die Steuerung der wichtigsten betrieblichen Funktionsbereiche im Zentrum des Geschehens: Einkauf, Produktion, Verkauf, Finanzen usw. sowie nicht zuletzt Humankapital und Image. Organisatorische Fragen, wie sie Hofer et al. (1980) für Großunternehmen zusätzlich als gravierend hervorheben, entfallen. Große Übereinstimmungen der hier vorgestellten Befunde bestehen mit den Ergebnissen von Khandwalla (1977) und Steiner (1971), teilweise auch mit Porter (1986).

Man kann nach der durchgeführten Analyse der erhobenen Daten von bewußt kalkulierenden Führungskräften mittelständischer Unternehmen sprechen, wenn es darum geht, die für den jeweiligen Wettbewerb auf den Märkten relevanten Größen einzuschätzen. Andersgearteten Darstellungen, Führungskräfte in mittelständischen Unternehmen hätten allenfalls verschwommene Vorstellungen darüber, wie der Wettbewerb auf ihren Märkten aussehe, und vor allem unzureichende Informationen hinsichtlich der Faktoren, auf die es dabei ankommt, muß eine eindeutige Absage erteilt werden.

Die zutreffende Einschätzung der Wettbewerbsfaktoren ist für alle Unternehmen von entscheidender Bedeutung. Falsche diesbezügliche Diagnosen haben weitreichende Konsequenzen. Ob und inwieweit die Diagnosen der Wettbewerbsfaktoren von "wachstumsstarken" (W+) im Vergleich zu "wachstumsschwachen" (W-) Unternehmen gleich oder anders eingeschätzt werden, sei nunmehr untersucht.

4.2. Die Einschätzung spezifischer Wettbewerbsfaktoren in wachstumsstarken und wachstumsschwachen mittelständischen Unternehmen

Gliedert man die bekannte Beurteilung der Wettbewerbsfaktoren durch alle Unternehmen (= Gesamtsample) in die Urteile der "wachstumsstarken" und "wachstumsschwachen" Unternehmen auf, so könnte die Rangfolge der Bedeutung einzelner Faktoren zwischen beiden Gruppen Hinweise auf grundsätzliche Unterschiede in der zutreffenden Einschätzung des Wettbewerbs geben.

Die empirischen Ergebnisse, die hier nicht abgedruckt sind, machen deutlich, daß sowohl "wachstumsstarke" als auch "wachstumsschwache" Unternehmen - mit wenigen Ausnahmen - die Wettbewerbsfaktoren hinsichtlich deren Bedeutung für die Unternehmung übereinstimmend beurteilen. Daraus ist zu entnehmen, daß die im Wettbewerb bedeutsamen Faktoren von allen Unternehmen einheitlich beurteilt werden. Alle Unternehmen wissen demzufolge die Rolle der einzelnen Faktoren im Wettbewerb richtig einzuschätzen.

Bleiben diese Befunde auch dann erhalten, wenn die Einschätzung des Wettbewerbs in den bekannten drei Branchen eingehender differenziert wird?

4.3. Wettbewerbsfaktoren im Branchenvergleich

Ob und inwieweit sich die Führungskräfte in den jeweiligen Branchen auf voneinander abweichende Wettbewerbsfaktoren konzentrieren, sei nunmehr analysiert. Dazu wird auf die gruppierten Wettbewerbsfaktoren aus Abschnitt 4.1 zurückgegriffen.

Abbildung 3 stellt die Ergebnisse vor. Die Ziffern geben den Rang des jeweils gruppierten Wettbewerbsfaktorenbündels im Vergleich zu den übrigen Wettbewerbsfaktorenbündeln an[33].

Es bleibt festzuhalten, daß alle Branchen, unabhängig davon, ob es sich um wachstumsstarke oder wachstumsschwache Unternehmen handelt, jene Wettbewerbsfaktoren in der Bedeutung vor alle anderen stellen, die zum "Humankapital und Image" der Unternehmen gerechnet werden können.

Rangplatz 2 in der Bedeutung für die Wettbewerbslage auf den wichtigsten Märkten, nehmen für alle Betriebe die "Technologischen Fähigkeiten" ein.

An dritter Stelle stufen die Unternehmen - nicht ganz übereinstimmend - Wettbewerbsfaktoren ein, die unter dem Begriff "Kostenführerschaft und Preispolitik" zusammengefaßt werden können; an vierter Stelle "Marktpräsenz und Finanzkraft".

Wettbewerbsfaktoren (gruppiert)	Gesamtsample		Textil und Bekleidung		Nahrungsmittel		Elektronik	
	W^+	W^-	W^+	W^-	W^+	W^-	W^+	W^-
Humankapital und Image	1	1	1	1	1	1	1	1
Technologische Fähigkeiten	2	2	2	2	2	2	2	2
Leistungsprogramm	6	5	5	5	5	5	5	5
Produktentwicklung und Verkaufsförderung	5	6	6	6	6	6	6	6
Kostenführerschaft und Preispolitik	3	4	3	4	3	3	3	4
Marktpräsenz und Finanzkraft	4	3	4	3	4	4	4	3

W^+ = Ränge der wachstumsstarken Unternehmen
W^- = Ränge der wachstumsschwachen Unternehmen

Abb. 3: Wettbewerbsfaktoren im Branchenvergleich "wachstumsstarker" (W+) und "wachstumsschwacher" (W-) Unternehmen

Schließlich folgen "Leistungsprogramm" sowie "Produktentwicklung und Verkaufsförderung" auf den Rangplätzen 5 und 6.

Aus der durchgehenden konsistenten Einschätzung der beiden Wettbewerbsgruppen "Humankapital und Image" sowie "Technologische Fähigkeiten" läßt sich eine klare Wettbewerbsorientierung aller Unternehmen ablesen, unabhängig davon, in welcher Branche sie agieren, und ohne Rücksicht darauf, ob es sich um wachstumsstarke oder wachstumsschwache Betriebe handelt. Dies gilt in gleicher Weise für die Wettbewerbsfaktorengruppen "Leistungsprogramm" sowie "Produktentwicklung und Verkaufsförderung".

Ein Wechsel in der Präferenz und Betonung bestimmter Wettbewerbsfaktoren zwischen wachstumsstarken und wachstumsschwachen Unternehmen liegt in der Textil- und Bekleidungsindustrie sowie in der Elektronikindustrie vor. Hier geben wachstumsstarke Unternehmen der "Kostenführerschaft und Preispolitik" Vorrang vor "Marktpräsenz und Finanzkraft"; wachstumsschwache Unternehmen verhalten sich genau entgegengesetzt.

Insgesamt sprechen die Befunde für ein übereinstimmendes Bild in der Wettbewerbsorientierung der untersuchten mittelständischen Unternehmen. Vor allem spielt sich die Rivalität innerhalb der Branchen sowie zwischen ihnen in geradezu verblüffender Gleichförmigkeit ab, mit der sich die Unternehmen auf die einzelnen Wettbewerbsfaktorengruppen konzentrieren. So drängt sich die Frage auf, woran es liegen mag, daß trotz übereinstimmender Einschätzung der Wettbewerbssituation sowie der Bereiche, in denen sich der Wettbewerb abspielt, unterschiedliche Ergebnisse erzielt werden. Die Antwort liegt auf der Hand: Offenbar ziehen die Unternehmen bei gleicher Einschätzung des Wettbewerbs und der Wettbewerbsfelder andere Konsequenzen und betreiben demzufolge voneinander abweichende Strategien. Mit diesem weiteren Untersuchungsziel setzt sich der folgende Abschnitt auseinander.

5. Funktionale Strategien in mittelständischen Unternehmen

5.1. Strategien als Gegenstand der Unternehmensführung

Strategische Führung, Strategische Planung und Strategisches Management werden neuerdings gerne als Begriffe verwendet, um damit moderne Steuerungsaufgaben eines Unternehmens zu beschreiben. Man sagt, Unternehmen könnten keine befriedigenden Erfolge erzielen, wenn sie nicht strategisch geführt würden.

Die möglichen Strategien, die einem Unternehmen zur Verfügung stehen, können auf die gesamte Organisation, auf bestimmte Funktionen oder Abschnitte der Aufgaben des Unternehmens gerichtet sein[34]. Für diese Untersuchung wurden die "Funktionalen Strategien" ausgewählt, da zwischen ihnen und den Wettbewerbsfaktoren ein enger Zusammenhang vermutet wird.

5.2. Funktionale Strategien in wachstumsstarken und wachstumsschwachen mittelständischen Unternehmen

Entsprechend der bekannten betrieblichen Funktionen seien nunmehr die wichtigsten diesbezüglichen Strategien daraufhin untersucht, ob und wie sie mit welchen Wirkungen von wachstumsstarken im Vergleich zu wachstumsschwachen Unternehmen der einzelnen Branchen betrieben werden[35].

5.2.1. Personalstrategien

In der Textilindustrie fällt auf, daß wachstumsstarke Unternehmen betont Nachdruck auf die Weiterbildung ihrer Mitarbeiter legen. Die Ausgaben für die Weiterbildung liegen, und dies macht die Varianzanalyse[36] deutlich, über dem

Branchendurchschnitt[37]. Desweiteren ist die Unternehmensleitung dieser Betriebe tendenziell bestrebt, ihre Mitarbeiter zu informieren[38]. Es zeigen sich aber auch Tendenzen, die Mitarbeiter bzw. deren Vertreter am Prozeß der Entscheidungsfindung zu beteiligen[39]. Ansätze eines partizipativen Führungsstils zeichnen sich deutlich ab.

Wirft man einen Blick auf die Branche der Nahrungsmittelhersteller, so zeigt sich im Rahmen der betriebenen Personalpolitik ein vergleichbares Bild. Hier bevorzugen wachstumsstarke Unternehmen bei der Rekrutierung bzw. Beförderung von Mitarbeitern eher interne Bewerber[40]. Den Mitarbeitern werden in der bereits beschriebenen Weise zusätzlich Rechte eingeräumt. Insbesondere bezieht man auch in dieser Branche die Mitarbeiter bei der Entscheidungsfindung mit ein, indem man die Betroffenen konsultiert[41]. Zusätzlich aber liegt das Lohnniveau in wachstumsstarken Unternehmen über dem Branchendurchschnitt[42]. Bei wachstumsschwächeren Unternehmen fällt auf, daß die Ausgaben für die Weiterbildung der Mitarbeiter lediglich im Branchendurchschnitt angesiedelt sind[43]. Tendenziell gewähren diese Unternehmen ihren Mitarbeitern nur gesetzliche Rechte innerhalb des Betriebes[44].

Die Unternehmensleitung vertritt hier die Auffassung, betriebliche Entscheidungen ohne Einbeziehung der Mitarbeiter vorzunehmen[45]. Bei der Rekrutierung von Mitarbeitern erachten es diese Betriebe offenbar für unerheblich, ob es sich um interne oder externe Bewerber handelt[46].

Zur Elektronikindustrie finden sich folgende signifikanten Ergebnisse: Wachstumsstarke Unternehmen dieser Branche entlohnen ihre Mitarbeiter lediglich nach Tarif[47]. Insbesondere fällt auf, daß man in dieser Gruppe von Unternehmen freiwillige Sozialleistungen bewußt niedrig zu halten versucht[48].

Auch in der Gruppe wachstumsschwächerer Unternehmen dieser Branche zeigt die Varianzanalyse zum einen, daß die Unternehmen ebenfalls lediglich nach Tarif entlohnen[49].Andererseits gibt es auch Betriebe, die die Ausgaben für die Weiterbildung lediglich auf dem Branchendurchschnitt halten[50]. In seiner Gesamtheit überraschen diese Ergebnisse wohl hauptsächlich nur bezüglich der Elektronikindustrie. Es liegt die Vermutung nahe, daß gerade in einer Branche, in der der Wachstumszenit noch nicht überschritten ist, und wohl am ehesten Wert auf qualifiziertes Personal gelegt werden müßte, dem Faktor Arbeit letztlich viel mehr Aufmerksamkeit geschenkt werden müßte. Gerade der Faktor Mensch nämlich ist es, der u.a. im Innovationsprozeß eine tragende Rolle einnimmt[51].

Ganz im Gegenteil dazu scheint in der Elektronikbranche der Faktor Arbeit nicht in der gleichen Weise Beachtung zu finden wie in der Textilindustrie. Berücksichtigt man zudem, daß wachstumsstarke Unternehmen dieser Branche relevante Veränderungen im Bereich der Technologie für die Zukunft erwarten[52], wäre als konsistente Strategie die strategische Verhaltensweise des "Pioniers", des Agierens auf der Ebene entstehender Technologien[53] zu erwarten, die ein eher innovatives Betriebsklima zu Voraussetzung hätte. Dieses stellt die Motivation des Mitarbeiters in den Vordergrund, um ihn zu veranlassen, seine qualitativen Fähigkeiten, sein Wissen und Können zu aktivieren und optimal anzuwenden bzw. Kreativität zu entwickeln.

Da Klein- und Mittelbetriebe bei betrieblichen Anreizen finanzieller Natur aber auch hinsichtlich gebotener Aufstiegsmöglichkeiten mit Großunternehmen kaum konkurrieren können, sind sie auf spezielle "Kompensationsstrategien" im Betrieb (z.B. Gestaltung einer interessanten Arbeitsaufgabe, Beteiligungsmodelle, etc.) und im sozialen Umfeld angewiesen[54]. Zumindest hinsichtlich der finanziellen Anreize zeigt die Untersuchung, daß in der Elektronikindustrie wachstumsstarke Unternehmen keinerlei Anreize dieser Art gewähren. Hinsichtlich anderer Anreizsysteme gibt das Datenmaterial nicht schlüssig Auskunft. Jedoch gewähren diese Firmen keine individuellen Leistungsanreize zusätzlich zu normalen Löhnen und Gehältern.

Ins Auge sticht, daß im Vergleich zu den beiden anderen Branchen betont niedrige freiwillige Sozialleistungen als Einflußfaktoren der Wachstumsrate von UpB evaluiert werden konnten. Da die Gewährung freiwilliger Sozialleistungen motivationssteigernde Wirkung beinhaltet, muß bei der Beurteilung der Belastungswirkungen berücksichtigt werden, daß Produktivitätsvorteile zur teilweisen oder sogar vollständigen Kompensation führen können[55]. Unter diesen Gesichtspunkten nimmt es durchaus Wunder, daß die Unternehmen der Elektronikindustrie in der Absicht, den Umsatz pro Beschäftigte zu steigern, freiwillige Sozialleistungen auf einem eher niedrigen Niveau belassen.

5.2.2. Produktionsstrategien

Dieser Abschnitt wird sich mit Fragen nach der Anzahl bzw. der Spezialisierung der Arbeitsstätten, dem Integrationsgrad, der Arbeits- bzw. Kapitalintensität sowie den Hauptproduktionsgruppen beschäftigen. Wiederum werden nur signifikante Ergebnisse herausgestellt. Für die Textil- und Bekleidungsindustrie läßt sich ein Zusammenhang zwischen der Spezialisierung der Produktionsstätten (V451) und der Wachstumsrate UpB nachweisen. Danach besitzen wachstumsstarke Unternehmen offenbar mehr spezialisierte Produktionsstätten. Die schwache Signifikanz bzw. die geringe Besetzungszahl der Felder geben allerdings zu Zweifeln Anlaß, ob dies auch für die Grundgesamtheit der Textil- und Bekleidungsindustrie zutreffen mag.

Diese Branche produziert überwiegend sehr arbeitsintensiv, wobei wachstumsstarke Betriebe tendenziell Arbeitspotentiale durch Kapital zu substituieren versuchen. Tatsächlich zeigt die Varianzanalyse einen unmittelbaren Einfluß dieser Variable auf die Kenngröße UpB, allerdings in der Gruppe der wachstumsschwachen Betriebe. Diese verhalten sich offensichtlich dann konsistent, weisen also höhere Wachstumsraten (UpB) aus, wenn sie kapitalintensiver zu produzieren versuchen[56].

Auch in der Branche der Nahrungsmittelhersteller zeigt sich ein Zusammenhang zwischen der Spezialisierung der Produktionsstätten in Abhängigkeit von wachstumsstarken und wachstumsschwachen Unternehmen. Offensichtlich sind es auch hier wachstumsstarke Unternehmen, die tendenziell eher spezialisierte Produktionsstätten betreiben. Es konnte indes kein Einfluß dieser Variablen auf die Wachstumsrate von UpB nachgewiesen werden.

Ebenfalls sind es auch hier wachstumsstarke Unternehmen, die kapitalintensiv produzieren. Mittels der einfaktoriellen Varianzanalyse zeigte sich für wachstumsstarke Unternehmen, daß es für diese Gruppe von Vorteil sein mag, die Einzelfertigung zu forcieren. Auch dann, wenn zugekaufte Produkte von Unterlieferanten bezogen werden, mag dies einen Einfluß auf UpB besitzen[58]. Zwar zeigt sich beim strategischen Verhalten, daß kein Nachdruck auf zugekaufte Produkte gelegt wird, aber offenbar besteht die Möglichkeit, durch Weiterverarbeitung Wachstumsstrategien zu verfolgen. Desweiteren kann wohl auch die Fertigung auf Bestellung diesbezüglich von Vorteil sein[59].

Demnach mag für die Nahrungsmittelindustrie im Bereich der Produktion für wachstumsstarke Unternehmen von Bedeutung sein: Die Einzelfertigung zu forcieren oder auf Bestellung zu produzieren bzw. zugekaufte Produkte weiter zu verarbeiten. Es fällt auf, daß wachstumsstarke Unternehmen, obwohl kein Einfluß auf UpB festzustellen ist, eher kapitalintensiv produzieren und mehr spezialisierte Produktionsstätten halten.

Für die Elektronikindustrie wird deutlich, daß wiederum wachstumsstarke Unternehmen tendenziell eher spezialisierte Produktionsstätten besitzen, während wachstumsschwache Betriebe wohl vornehmlich Massenfertigung anstreben.

Schließlich könnten diese Befunde die Erklärung dafür bieten, daß dem Faktor Arbeit vergleichsweise wenig Beachtung geschenkt wird. Allerdings konnte die Varianzanalyse keinen unmittelbaren Einfluß dieser Variablen auf UpB bestätigen. Die vorangegangenen Untersuchungen machen zudem deutlich, daß auch hier Betriebe existieren, die eine gewisse Abkehr von der Massenfertigung anstreben. Die Varianzanalyse konnte lediglich aufzeigen, daß es sowohl für wachstumsstarke Unternehmen[60] als auch für wachstumsschwache Betriebe[61] vorteilhaft sein mag, wesentliche Produktionsbestandteile selbst zu produzieren.

5.2.3. Marketingstrategien

In analoger Weise zu den bisher besprochenen funktionalen Strategien soll versucht werden, wachstumsstarke und wachstumsschwache Unternehmen der drei Branchen hinsichtlich der Marketingstrategien zu vergleichen. Dazu ist einzugehen auf das Preisniveau, die Preisgestaltung, die Distribution, die Werbung, die Sortimentsbreite bzw. -tiefe und schließlich die Produktqualität.

Für die Textil- und Bekleidungsindustrie zeichnet sich deutlich ab, daß wachstumsstarke Unternehmen offenbar ihre Preise weniger an den Kosten als vielmehr an der Konkurrenz bzw. der Marktnachfrage auszurichten scheinen. Auch sind es diese Betriebe, die vergleichsweise weniger über Direktverkauf absetzen.

Einfaktorielle Varianzanalysen legen dar, wie in der Gruppe der wachstumsstarken Unternehmen das Preisniveau oder die Produktqualität Einfluß auf UpB ausüben. Offensichtlich liegen wachstumsstarke Unternehmen dieser Branche mit ihren Preisen unter dem Durchschnitt[62] oder aber zeigen Bestrebungen, eher durchschnittliche Qualität am Markt anzubieten[63].

In der Gruppe der wachstumsschwachen Unternehmen scheint die Preisgestaltung bzw. die Sortimentsbreite an Bedeutung zu gewinnen. Dann nämlich, wenn diese Betriebe ihre Preise eher an der Marktnachfrage ausrichten, und damit dem Verhalten der wachstumsstarken Unternehmen nahekommen, liegt auch ihre Wachstumsrate höher[64]. Unternehmen dieser Gruppe, die ein komplettes Sortiment anbieten können, scheinen höhere Wachstumsraten UpB zu verwirklichen[65].

Für die Branche der Nahrungsmittelindustrie zeigt sich zunächst, daß wachstumsstarke Unternehmen ebenfalls eher unterdurchschnittliche Preise ansetzen. Für wachstumsstarke Betriebe mag es demnach vorteilhaft sein, lediglich durchschnittliche Werbung zu betreiben[66] und für wachstumsschwächere Unternehmen dieser Branche scheint es günstig zu sein, nur eine durchschnittliche Sortimentstiefe[67] zu realisieren.

Diese Ergebnisse hinterlassen den Eindruck, daß das Gebiet Marketing für Unternehmen dieser Branche nicht ausschlaggebend zu sein scheint, wenn es darum geht, Wachstumstendenzen zu verfolgen. Allerdings muß es durchaus überraschen, wenn das Instrument "Marketing" offensichtlich nicht besser genutzt wird.

Schließlich sei noch die Elektronikindustrie in der eben beschriebenen Weise untersucht. Wachstumsstarke Unternehmen richten ihre Preise nach der Konkurrenz bzw. der Marktnachfrage und wohl weniger an ihren betrieblichen Kosten aus. Ganz besonders scheint es aber diese Gruppe von Unternehmen zu sein, die den Markt nicht nur über den Direktverkauf oder aber ausschließlich die Mittler zu bedienen versucht, sondern bestrebt ist, doppelgleisig zu fahren.

Nun sei auch in diesem Fall der Einfluß bestimmter Variablen auf die Wachstumsrate UpB näher untersucht. Für wachstumsstarke Betriebe mag es demnach von Nutzen sein, nur eine durchschnittliche Sortimentstiefe anzubieten[68]. Für die Gruppe wachstumsschwächerer Unternehmen liegen offenbar die Wachstumsraten UpB höher, wenn sich die Preise nach den betrieblichen Kosten richten[69] oder nur durchschnittliche Werbung betrieben wird[70] oder aber tendenziell versucht wird, den Markt über Mittler und durch Direktvertrieb, also einer Handlungsweise, die wachstumsstarke Unternehmen offenbar präferieren, zu bedienen[71].

5.2.4. Finanzstrategien

Als weiterer wesentlicher Aspekt im Rahmen der funktionalen Strategien seien nunmehr die Finanzen untersucht. In der Textil- und Bekleidungsindustrie machen Kreuztabellen sichtbar, daß wachstumsstärkere Unternehmen weniger eigen- als vielmehr fremdfinanziert zu sein scheinen oder aber eine Mischung aus beiden präferieren.

Die einfaktorielle Varianzanalyse belegt für die Gruppe wachstumsschwacher Unternehmen, wie mit einem ausgewogenen Finanzierungsverhältnis augenscheinlich wohl eher Wachstumspolitik betrieben werden kann[72].

In einem weiteren Schritt wurde schließlich die Bedeutung unterschiedlicher Finanzierungsquellen analysiert. Den Befragten standen zur Beurteilung der vorgelegten Finanzierungsmöglichkeiten von 1 (keine Bedeutung) bis 5 (sehr große Bedeutung) reichende Rating-Skalen zur Verfügung. Diese wurden, der bisherigen Übung folgend, als quasi-metrische Variablen aufgefaßt, so daß Mittelwerte berechnet und diese zwischen den untersuchten Gruppen von Unternehmen der jeweiligen Branche getestet werden konnten. Dabei ergibt sich stichpunktartig das folgende Bild: Für wachstumsstarke Unternehmen besitzen die folgenden Finanzierungsquellen im Bereich der mittel- und langfristigen Finanzierung ein tendenziell höheres Gewicht: die Erhöhung des Eigenkapitals durch den bisherigen Eigentümer[73], Anleihen als solche[74], Leasing[75], Kredite und Beteiligungen von öffentlichen Institutionen[76], Inhaberdarlehen[77].

Im Bereich der kurzfristigen Finanzierung überwiegen vor allem folgende Finanzierungstypen: Bankkredite[78], Wechselkredite[79], die Finanzierung durch Lieferanten[80], Kundenanzahlungen[81], Factoring[82], kurzfristige Privateinlagen der Unternehmer[83], Subventionen[84].

Die empirischen Befunde unterstreichen die Bedeutung von Bankkrediten bei der kurzfristigen Fremdfinanzierung deutlich. Es zeigt sich nämlich, daß der

Bankkredit die wichtigste Form der Fremdkapitalbeschaffung darstellt[85], genauso wie die Beteiligungsfinanzierung tendenziell durch die Beschaffung von Eigenkapital durch die bisherigen Eigentümer ersetzt wird.

Leasing und gleichermaßen Factoring, als vergleichsweise "moderne" Finanzierungsarten, werden weniger genutzt, wenngleich wachstumsstarke Betriebe teilweise von diesen Finanzierungsalternativen Gebrauch machen.

Desweiteren interessiert nunmehr die Frage, ob die Wachstumsrate des Eigen- bzw. Gesamtkapitals - bezogen auf die Jahre 1980 und 1983 - mit der Wachstumsrate von UpB in einem Zusammenhang steht. Die Korrelationsanalyse belegt für wachstumsstarke Unternehmen einen vergleichsweise hohen Zusammenhang zwischen der Wachstumsrate UpB und der Wachstumsrate des Gesamtkapitals[86].

Es dürfte nun nicht einfach sein, zu bestimmen, was als abhängige und was als unabhängige Größe bei den zuvor besprochenen Beziehungen betrachtet werden soll. Wohl für beide Modelle ließen sich Argumente anführen; analog dem bisherigen Vorgehen und gemäß dem gewählten Untersuchungsdesign sei UpB als abhängige Größe betrachtet. Damit soll zum Ausdruck kommen, daß wohl ein entsprechendes Gesamtkapital, ein Potential, Voraussetzung für betriebliches Wachstum sein dürfte. Gleichfalls ließe sich auch formulieren und begründen, daß als Folge des betrieblichen Wachstums das Gesamtkapital gesteigert werden müßte. Jedoch sollen diese Überlegungen hier nicht weiter verfolgt werden; eine entscheidendere Frage hat sich mit der Finanzierung des betrieblichen Wachstums zu beschäftigen.

Für wachstumsstarke Unternehmen zeigt die multiple Regressionsanalyse folgendes Fazit: Je größer die Wachstumsrate des Gesamtkapitals und je geringer die Wachstumsrate des Eigenkapitals, desto höher ist die Wachstumsrate von UpB[87]. Damit zeigt sich die Tendenz zur Fremdfinanzierung, was bereits oben zum Ausdruck kam. Ein ähnlicher Verlauf läßt sich für die Gruppe der wachstumsschwachen Unternehmen nicht nachweisen.

Ein durchaus anderes Bild bietet die Nahrungsmittelindustrie. Zunächst konnten hier die vorgenommenen Kreuztabellierungen keine signifikanten Unterschiede aufweisen. Bei der Beurteilung der Bedeutung verschiedener Finanzierungsmöglichkeiten äußerten sich nunmehr wachstumsschwächere Unternehmen dahingehend, daß sie dem Leasing[88], den Krediten der öffentlichen Institutionen[89] und den Krediten der Mitarbeiter[90] offenbar mehr Beachtung schenken.

Die durchgeführten Varianzanalysen lassen bei wachstumsstarken Unternehmen die Tendenz erkennen, eher geringere Liquiditätsreserven zu halten[91], während wachstumsschwache Unternehmen sehr wohl versuchen, höhere Liquiditätsreserven aufzubauen[92].

In diesem Industriezweig realisiert die Gruppe wachstumsschwächerer Unternehmen eine negative Korrelation zwischen der Wachstumsrate UpB und der des Eigenkapitals[93]. Die multiple Regressionsanalyse bringt zum Ausdruck, daß in solchen Betrieben die Wachstumsrate UpB höher zu liegen kommt, in denen die Wachstumsrate des Eigenkapitals aber auch erstaunlicherweise die des Gesamtkapitals eher niedriger liegen[94].

Schließlich seien noch die Eigenheiten der Finanzierung in der Elektronikindustrie herausgestellt. Hier ergeben sich hinsichtlich der Bedeutung unterschiedlicher Finanzierungsquellen die folgenden signifikanten Unterschiede: Während es im Bereich der mittel- und langfristigen Finanzierung die wachstumsstärkeren Unternehmen sind, die tendenziell auf Kredite und Beteiligungen der öffentlichen Institutionen[95] bzw. die Kredite oder Beteiligungen der Mitarbeiter[96] Wert legen, sind es im Bereich der kurzfristigen Finanzierung nun die wachstumsschwächeren Betriebe, die dem Factoring[97] bzw. den kurzfristigen Privateinlagen der Unternehmer[98] mehr Beachtung schenken.

Die vorgenommenen Varianzanalysen zeigen insbesondere für wachstumsschwächere Unternehmen signifikante Ergebnisse hinsichtlich der Liquiditätsreserven: Es mag auch hier von Vorteil sein, diese, in der Absicht upB zu steigern, gering zu halten[99].

Die multiple Regressionsanalyse hinsichtlich der Entwicklung des Eigen- bzw. Gesamtkapitals und der von UpB erbringen keine signifikanten Ergebnisse. Es zeigt sich lediglich für wachstumsstarke Unternehmen eine positive Korrelation zwischen der Entwicklung des Gesamtkapitals und der Wachstumsrate von UpB[100]. In der Gruppe der wachstumsstarken Unternehmen ist diese Korrelation negativ[101], allerdings zeigt sich keinerlei Korrelation zwischen der Wachstumsrate UpB und der des Eigenkapitals, so daß man auf diese Weise nicht schlüssig Auskunft über die vorgenommene Art der Finanzierung gewinnen kann.

6. Zum Zusammenhang zwischen Funktionalen Strategien und Wettbewerbsfaktoren

Strategien, mit denen im Wettbewerb Vorteile erzielt werden sollen, müßten auf die jeweilige Situation eingehen und nach Wegen für einen Vorsprung vor dem Konkurrenten suchen. Ob und inwieweit hier die vorgestellten Funktionalen Strategien wirksam oder gar geeignet sind, bleibt zum Schluß zu analysieren, wobei in Rechnung gestellt werden muß, daß Funktionale Strategien in einem Unternehmen nicht ausschließlich auf Vorteile im Wettbewerb abzielen, sondern daneben gleichzeitig weitere Effekte zu erreichen versuchen.

6.1. Wettbewerbsinduzierte und wettbewerbsautonome Funktionale Strategien

Funktionale Strategien, die im Extremfall ausschließlich wettbewerblich veranlaßt sind oder auf Effekte im Wettbewerb abheben, seien "wettbewerbsinduziert" genannt; im entgegengesetzten Fall liegen "wettbewerbsautonome" Funktionale Strategien vor[102].

Mit "wettbewerbsinduzierten" Strategien versuchen Unternehmen den Wettbewerb für ihre Zwecke zu beeinflussen. Vor allem von Marketingstrategien dürften Effekte ausgehen, die stark auf den Wettbewerb abzielen.

Die eher nach "innen" gerichteten Strategien, wie Personalstrategien, Produktions- und Finanzierungsstrategien, dürften "wettbewerbsautonom" einzustufen sein.

Ob die oben angestellten und mit den theoretischen Überlegungen einhergehenden Einschätzungen übereinstimmen, soll der empirische Test erweisen.

6.2. Die Wirksamkeit Funktionaler Strategien bei der Erringung von Wettbewerbsvorteilen

Der wohl wichtigste Grundsatz einer Strategie ist ihre Wirksamkeit oder Paßform hinsichtlich der Aufgaben, die sie zu erfüllen hat. Hainzl (1987) stellt eine Technik vor, die es erlaubt, anhand subjektiver Beurteilungskriterien "Übereinstimmung" bzw. "Nichtübereinstimmung" zwischen Strategien und Wettbewerbsfaktoren festzuhalten. Dabei handelt es sich um eine ganz pragmatische Vorgehensweise.

Hier sollen demgegenüber anhand einer korrelativen Zusammenhangsmessung empirische Belege zur Wirksamkeit Funktionaler Strategien hinsichtlich ihres Einsatzes zur Bewältigung des Wettbewerbs gefunden werden. Abbildung 4 stellt die Ergebnisse vor.

Wettbewerbsfaktoren \ Funktionale Strategien	Personal	Produktion	Marketing	Finanzierung
Humankapital und Image	-	0	0	+++
Technoligische Fähigkeiten	0	0	0	++
Leistungsprogramm	-	+	-	++
Produktentwicklung und Verkaufsförderung	-	0	--	+++
Kostenführerschaft und Preispolitik	0	0	++	+
Marktpräsenz und Finanzkraft	0	0	0	++

0 = Kein Zusammenhang
\+ = Positiver Zusammenhang
\- = Negativer Zusammenhang

Abb. 4: Zusammenhang zwischen Funktionalen Strategien und Wettbewerbsfaktoren

Die Befunde deuten zunächst ganz generell darauf hin, daß bei allen Funktionalen Strategien Effekte hinsichtlich der Wettbewerbsfaktoren nachgewiesen werden können. Insofern verdienen die Funktionalen Strategien das Etikett, moderat bis stark wettbewerbsorientiert zu sein.

Belege für eine besonders starke Wettbewerbsorientierung finden sich für die Finanzierungsstrategien[103]. Danach orientieren sich mittelständische Unternehmen in Europa in ihren Finanzierungsüberlegungen stark an den Wettbewerbsverhältnissen. Dieses Ergebnis mag überraschen, da angenommen werden konnte, daß gerade Finanzierungsüberlegungen eines Unternehmens stärker an innerbetrieblichen Belangen ausgerichtet sein müßten. Ihre überwältigende Wettbewerbsorientierung macht nachdrücklich bewußt, in welch sensibler Weise mittelständische Unternehmen in finanziellen Fragen von den Geschehnissen am Markt abhängen. Fast alle Finanzierungsquellen, die mittelständischen Unternehmen zur Verfügung stehen, werden in enger Abstimmung mit dem Wettbewerbsgeschehen eingesetzt: Einbehaltene Gewinne, Erhöhung des Eigenkapitals, Anleihen, Leasing, Kredite oder Beteiligungen von öffentlichen Institutionen, Darlehen der Inhaber, Kredite oder Beteiligungen der Mitarbeiter, Bankkredite, Wechselkredite, Kreditoren, Kundenanzahlungen, Factoring, kurzfristige Privateinlagen des Unternehmers und Subventionen. Darlehen der Inhaber sowie die Erhöhung des Eigenkapitals durch die bisherigen Inhaber sowie einbehaltene Gewinne und Kredite oder Beteiligungen der Mitarbeiter spielen dabei eine untergeordnete Rolle. Offensichtlich reagieren mittelständische Unternehmen in ihrem Finanzierungsgebaren auf Wettbewerbsveränderungen, indem sie auf Instrumente wie Anleihen, Leasing, Kredite oder Beteiligungen von öffentlichen Institutionen sowie Subventionen, Bank- und Wechselkredite, Kreditierung durch Lieferanten, Kundenanzahlungen, Factoring und kurzfristige Privateinlagen des Unternehmers zurückgreifen.

Marketingstrategien[104] stehen vor allem in engem Zusammenhang mit dem Leistungsprogramm, der Produktentwicklung und Verkaufsförderung, der Kostenführerschaft und Preispolitik. Allerdings überraschen die wenigen signifikanten Befunde, da zu erwarten gewesen wäre, daß gerade Marketingstrategien durchweg so angelegt sind, daß sie auf allen Wettbewerbsfeldern eingesetzt werden. Der mittelständische Unternehmer in Europa nimmt demgegenüber eine eher reservierte Haltung zu den traditionell im Großunternehmen vorkommenden Marketinginstrumenten ein. In der "Preispolitik" erblickt er einen bremsenden Beitrag zur "Produktentwicklung und Verkaufsförderung"; dasselbe gilt für die "Werbung" sowie die "Sortimentsgestaltung". "Kostenführerschaft" und "Produktqualität" stehen in einem direkten Zusammenhang.

Die eben vorgestellte Bedeutung des Marketinginstrumentariums fällt - verglichen mit der großbetrieblichen Praxis - stark ab. Europäische mittelständische Unternehmen schätzen die Wirkung der bekannten Marketinginstrumente zur Erringung von Wettbewerbsvorteilen (noch) nicht sehr hoch ein. Sie verlassen sich auf die von ihnen präferierte Produktqualität und deren wettbewerbssteuernden Effekt. Werbung zu betreiben, erscheint ihnen eher als ungeeignete Maßnahme. Es überwiegt wohl die Einschätzung, durch persönliche Kompetenz, Bekanntheit und guten Ruf ausreichend gerüstet zu sein für den Kampf im Wettbewerb.

Weniger enge Zusammenhänge zum Wettbewerb weisen die Personal-[105] und Produktionsstrategien[106] auf. Sie sind eher nach innen gerichtet und deshalb tendenziell als "wettbewerbsautonom" einzustufen. Einige empirische Ergebnisse hierzu erscheinen es wert, kurz dargestellt zu werden. Die mittelständischen Unternehmen sind etwa der Meinung, daß sich freiwillige Sozialleistungen durchweg negativ auf ihre Wettbewerbslage auswirken. Von Ausgaben für die Weiterbildung erwarten sie sich keine Vorteile am Markt. Positive Effekte billigen sie einem auf das Leistungsprogramm abgestimmten Integrationsgrad in der Produktion zu. Von Ausgaben für Forschung und Entwicklung scheinen nach ihrer Einschätzung keine wettbewerbsbeeinflussenden Kräfte auszugehen.

7. Zusammenfassung der Ergebnisse

Nachstehend sei der Versuch unternommen, die wichtigsten, empirisch untermauerten Ergebnisse kurz zusammenzufassen:

1. Führungskräfte mittelständischer Unternehmen in Europa lassen eine klare Verfolgung von für den Wettbewerb auf den wichtigsten Märkten bedeutsamen Faktoren erkennen.

2. Die zusammengefaßten Wettbewerbsfaktorgruppen oder Wettbewerbsfaktorfelder, auf denen alle mittelständischen Unternehmen versuchen, Wettbewerbsvorteile zu erringen, lassen sich sprachlich wie folgt überschreiben:
   - Humankapital und Image,
   - Technoligische Fähigkeiten,
   - Leistungsprogramm,
   - Produktentwicklung und Verkaufsförderung,
   - Kostenführerschaft und Preispolitik,
   - Marktpräsenz und Finanzkraft.

3. Der Marktzyklus, in dem sich eine Branche befindet, erlaubt Rückschlüsse auf die angewandten Funktionalen Strategien.

4. Die angewandten Funktionalen Strategien von wachstumsstarken und wachstumsschwachen Unternehmen unterscheiden sich signifikant.

5. Funktionale Strategien lassen sich in wettbewerbsinduzierte und wettbewerbsautonome Strategien einteilen. Zu den stark wettbewerbsinduzierten Funktionalen Strategien rechnen die Marketing- und Finanzierungsstrategien; zu den tendenziell wettbewerbsautonomen Funktionalen Strategien zählen die Personal- und Produktionsstrateigen. Die Marketing- und Finanzierungsstrategien hängen demzufolge stark von Vorgängen im Wettbewerb ab.

Anmerkungen

(1) Simon versteht unter einem "Strategischen Wettbewerbsvorteil... eine im Vergleich zum Wettbewerb überlegene Leistung, die drei Kriterien erfüllen muß: 1. Sie muß ein für den Kunden wichtiges Leistungsmerkmal betreffen; 2. der Vorteil muß vom Kunden tatsächlich angenommen werden; 3. der Vorteil darf von der Konkurrenz nicht schnell einholbar sein, d.h. er muß eine gewisse Dauerhaftigkeit aufweisen"; Simon (1988), S. 464 f. Vgl. ferner Rothschild (1986).

(2) Mit der grundlegenden Fragestellung, ob wir eine "Betriebswirtschaftslehre kleiner und mittlerer Unternehmen" brauchen, beschäftigen sich Gabele/Oechsler (1983) ausführlicher.

(3) Vgl. z.B. Bolton (1971); Lücke (1967); Bayer (1963); Thürbach/Menzenwerth (1975); Delbosse (1985).

(4) Welsh/White (1980), S. 18.

(5) Vgl. z.B. Gantzel (1962); Hruschka (1966); Pfohl/Kellerwessel (1982); Volkmann (1960); Woitrin/Stampa (1966).

(6) Vgl. d`Amboise/Muldowney (1986).

(7) Diese Publikation entstand auf der Basis eines Projektes der europäischen Forschungsgruppe STRATOS, der folgende Mitglieder angehören: Austria: Erwin Fröhlich, J. Hanns Pichler; Belgium: Rik Donckels; Federal Republic of Germany: Eduard Gabele; Finland: Antti J. Haahti, Allan Lehtimäki; France: Ingolf Bamberger; The Netherlands: Cees Koning, Jan P.I. van der Wilde; Switzerland: Klaus Haake, Hans J. Pleitner; United Kingdom: W. Alastair Weir.

(8) Eine ausführliche Darstellung der Stichprobe findet sich in: STRATOS (1987).

(9) Konzepte des Produktlebenszyklus, Produktmarktzyklus, Marktzyklus werden in der Literatur umfassend und kritisch diskutiert. Vgl. z.B. Bischof (1976); Brockhoff (1966); Koppelmann (1987); Laukamm/Steinthal (1985); Meffert/Remmerbach (1988); Pfeiffer/Bischof (1981).

(10) Es wurden hier zur Berechnung Kreuztabellen mit chi2-Unabhängigkeitstests durchgeführt. Die im weiteren vorgetragenen Unterschiede der Marktzyklen zwischen den Branchen sind signifikant (Cramer`s V).

(11) Dem Zusammenhang zwischen Marktzyklus und Marktstrategien widmen sich beispielsweise Meffert/Remmerbach (1988), wobei besonders Markteintritts- und Marktbehauptungsstrategien diskutiert werden.

(12) Vgl. etwa die Zusammenstellung von Wachstumsmaßen bei Hüttinger (1984).

(13) Vgl. Mansfield (1962).

(14) Vgl. Singh/Whittington (1986).

(15) Vgl. Filippi/Zanetti (1971).

(16) Vgl. Seibert (1987).

(17) Vgl. Aiginger/Tichy (1982). Allerdings macht Schmidt (1982) darauf aufmerksam, daß das Ausmaß dieses Effektes bzw. die Verteilung der Unternehmen in den Größenklassen von den zugrunde liegenden Variablen abhängt, also beispielsweise bei den Umsätzen durchaus anders verläuft als bei den Beschäftigen.

(18) Vgl. Hofer/Charan/Murray/Pitts (1980).

(19) Vgl. Grimm (1983).

(20) Vgl. Hoffmann (1986), S. 831-843.

(21) Vgl. Khandwalla (1977).

(22) Vgl. Krüger (1988), S. 27-43.

(23) Vgl. Lange (1982), S. 27-41.

(24) Vgl. Peters/Waterman jun. (1984).

(25) Vgl. Porter (1986), (1987).

(26) Vgl. Pümpin (1986).

(27) Vgl. Steiner (1971).

(28) Vgl. Schoeffler/Buzzell/Heany (1974), S. 137-145.

(29) In neuerer Zeit wird das Konzept der Bestimmung "Strategischer Erfolgsfaktoren" mannigfacher Kritik unterzogen und inhaltlich weiterentwickelt. Vgl. dazu etwa: Albach (1987); Chrubasik/Zimmermann (1987), S. 426-450; Gabele (1981), S. 45-61; Krüger (1988), S. 27-43; Reutner (1987), S. 747-762; Specht/Perillieux (1988), S. 204-226; Staerkle/Perich (1987), S. 315-326; Robl (1979).

(30) Zur wissenschaftlichen Diskussion um das Thema "Unternehmensstrategie" vgl. vor allem Aaker (1989); Kirsch/Roventa (1983); Kreikebaum (1989); Kreilkamp (1987); Scholz (1987); Schreyögg (1984).

(31) Zur Berechnung der Methode des Maximum-Likelihood-Verfahrens wird das Computerprogramm LISREL VI, Version 6.6 (Linear Structural Relations System) von Jöreskog und van Thillo verwendet. Vgl. zur Programmbeschreibung Jöreskog/van Thillo (1972); Jöreskog/Sörbom (1986); zur Einführung in die Programmbenutzung Pfeifer/Schmidt (1987).

(32) Vgl. Gabele (1987) S. 14; ferner Gabele (1989), S. 624 ff.

(33) Die mittels einer konfirmatorischen Faktorenanalyse gebildeten Faktorladungen fungieren als Gewichte. Der Rang errechnet sich anhand des Gruppenmittelwertes.

(34) Die Arten von Unternehmensstrategien unterteilt Kreikebaum (1989), S. 43 nach dem organisatorischen Geltungsbereich, der Funktion, dem Marktsegment, dem Sortiment, der Entwicklungsrichtung und dem Marktverhalten.

(35) Herrn Dipl.-Kfm. Thomas Fischer, der mich in diesem Teil unterstützte, danke ich sehr.

(36) Im folgenden werden die Ergebnisse einfaktorieller Varianzanalysen dargelegt und erläutert; es muß noch einmal darauf hingewiesen werden, daß es sich hierbei lediglich um singuläre Ergebnisse einer Untersuchung handelt, bei der ausschließlich signifikante Resultate vorgelegt werden.

(37) Signifikanzniveau 0,0001
V490 Ausgaben für die Weiterbildung eta2 = 4,41%, w2 = 3,7%

(38) Signifikanzniveau 0,2550
V494 Information der Mitarbeiter eta2 = 1,95%, w2 = 0,5%

(39) Signifikanzniveau 0,2320
V496 Beteiligung an der Entscheidungsfindung eta2 = 1,45%, w2 = 0,7%

(40) Signifikanzniveau 0,048
V491 Rekrutierung und Beförderung eta2 = 2,80%, w2 = 1,7%

(41) Signifikanzniveau 0,181
V495 Konsultation der Mitarbeiter eta2 = 3,40%, w2 = 1,6%

(42) Signifikanzniveau 0,037
V487 Lohnniveau eta2 = 2,40%, w2 = 1,9%

(43) Signifikanzniveau 0,189
V490 Ausgaben für die Weiterbildung eta2 = 2,00%, w2 = 0,8%

(44) Signifikanzniveau 0,039
V493 Rechte der Mitarbeiter eta2 = 2,60%, w2 = 2,0%

(45) Signifikanzniveau 0,154
V495 Konsultation der Mitarbeiter eta2 = 3,10%, w2 = 1,7%

(46) Signifikanzniveau 0,0103
V491 Rekrutierung und Beförderung eta2 = 2,70%, w2 = 1,5%

(47) Signifikanzniveau 0,174
V487 Lohnniveau eta2 = 1,80%, w2 = 1,4%

(48) Signifikanzniveau 0,001
V488 Freiwillige Sozialleistungen eta2 = 10,60%, w2 = 9,0%

(49) Signifikanzniveau 0,0130
V487 Lohnniveau eta2 = 5,00%, w2 = 4,2%

(50) Signifikanzniveau 0,0490
V490 Ausgaben für Weiterbildung eta2 = 4,90%, w2 = 3,3%

(51) Vgl. Kessler (1982).

(52) Signifikanzniveau 0,132
Mittelwert der W+: 3,70
Mittelwert der W-: 3,50

(53) Vgl. Pfeiffer et al. (1982).

(54) Vgl. Domsch/Krüger (1984).

(55) Vgl. Griebel (1985), S. 457.

(56) Signifikanzniveau 0,142
V453 Arbeits- und Kapitalintensität eta2 = 1,50%, w2 = 1,0%

(57) Signifikanzniveau 0,066
V454 Einzelfertigung eta2 = 3,10%, w2 = 2,0%

(58) Signifikanzniveau 0,029
V452 Integrationsgrad eta2 = 4,00%, w2 = 2,9%

(59) Signifikanzniveau 0,008
V455 Hauptproduktionsgruppen eta2 = 5,70%, w2 = 4,5%

(60) Signifikanzniveau 0,204
V452 Integrationsgrad eta2 = 2,60%, w2 = 1,0%

(61) Signifikanzniveau 0,066
V452 Integrationsgrad eta2 = 4,50%, w2 = 2,9%

(62) Signifikanzniveau 0,128
V443 Preisniveau eta2 = 2,60%, w2 = 1,4%

(63) Signifikanzniveau 0,140
V449 Produktqualität eta2 = 2,50%, w2 = 1,2%

(64) Signifikanzniveau 0,031
V444 Preisgestaltung eta2 = 4,40%, w2 = 3,2%

(65) Signifikanzniveau 0,061
V447 Sortimentsbreite eta2 = 3,80%, w2 = 3,2%

(66) Signifikanzniveau 0,223
V446 Werbung eta2 = 1,70%, w2 = 0,6%

(67) Signifikanzniveau 0,042
V448 Sortimentstiefe eta2 = 3,60%, w2 = 2,5%

(68) Signifikanzniveau 0,157
V448 Sortimentstiefe eta2 = 3,00%, w2 = 1,4%

(69) Signifikanzniveau 0,173
V444 Preisgestaltung eta2 = 2,90%, w2 = 1,3%

(70) Signifikanzniveau 0,149
V446 Werbung eta2 = 3,10%, w2 = 1,5%

(71) Signifikanzniveau 0,276
V445 Distribution eta2 = 2,10%, w2 = 0,5%

(72) Signifikanzniveau 0,164
V460 Finanzierungsquellen eta2 = 2,40%, w2 = 1,1%

(73) Signifikanzniveau 0,062
Mittelwert der W+: 2,33
Mittelwert der W-: 2,06

(74) Signifikanzniveau 0,038
Mittelwert der W+: 2,38
Mittelwert der W-: 2,06

(75) Signifikanzniveau 0,023
Mittelwert der W+: 1,68
Mittelwert der W-: 1,44

(76) Signifikanzniveau 0,045
Mittelwert der W+: 1,84
Mittelwert der W-: 1,59

(77) Signifikanzniveau 0,033
Mittelwert der W+: 1,72
Mittelwert der W-: 1,49

(78) Signifikanzniveau 0,076
Mittelwert der W+: 3,37
Mittelwert der W-: 3,12

(79) Signifikanzniveau 0,147
Mittelwert der W+: 2,13
Mittelwert der W-: 1,92

(80) Signifikanzniveau 0,011
Mittelwert der W+: 2,78
Mittelwert der W-: 2,40

(81) Signifikanzniveau 0,136
Mittelwert der W+: 1,41
Mittelwert der W-: 1,57

(82) Signifikanzniveau 0,131
Mittelwert der W+: 1,63
Mittelwert der W-: 1,45

(83) Signifikanzniveau 0,061
Mittelwert der W+: 1,95
Mittelwert der W-: 1,70

(84) Signifikanzniveau 0,132
Mittelwert der W+: 1,57
Mittelwert der W-: 1,40

(85) Vgl. Günzel (1975), S. 153.

(86) Signifikanzniveau 0,000
Korrelationskoeffizient 0,5805

(87) Signifikanzniveau 0,000
Wachstumsrate des Gesamtkapitals B 1,5600 Sig T 0,0000
Wachstumsrate des Eigenkapitals B-0,2410 Sig T 0,0051
Constant 25,2433
Adjusted multiple R squared 0,3880

(88) Signifikanzniveau 0,027
Mittelwert der W+: 1,56
Mittelwert der W-: 1,80

(89) Signifikanzniveau 0,196
Mittelwert der W+: 1,58
Mittelwert der W-: 1,72

(90) Signifikanzniveau 0,108
Mittelwert der W+: 1,08
Mittelwert der W-: 1,17

(91) Signifikanzniveau 0,1700
V486 Liquiditätsreserven eta2 = 2,71%, w2 = 1,5%

(92) Signifikanzniveau 0,154
V486 Liquiditätsreserven eta2 = 2,90%, w2 = 1,6%

(93) Signifikanzniveau 0,000
Korrelationskoeffizient -0,3326

(94) Signifikanzniveau 0,000
Wachstumsrate des Eigenkapitals B-0,0400 Sig T 0,0000
Wachstumsrate des Gesamtkapitals B-0,0500 Sig T 0,0018
Constant 8,8206
Adjusted multiple R squared 0,2360

(95) Signifikanzniveau 0,245
Mittelwert der W+: 1,73
Mittelwert der W-: 1,59

(96) Signifikanzniveau 0,052
Mittelwert der W+: 1,34
Mittelwert der W-: 1,19

(97) Signifikanzniveau 0,071
Mittelwert der W+: 1,33
Mittelwert der W-: 1,54

(98) Signifikanzniveau 0,022
Mittelwert der W+: 1,80
Mittelwert der W-: 2,13

(99) Signifikanzniveau 0,199
V486 Liquiditätsreserven eta2 = 1,40%, w2 = 0,7%

(100) Signifikanzniveau 0,000
Korrelationskoeffizient 0,7550

(101) Signifikanzniveau 0,013
Korrelationskoeffizient -0,2655

(102) Eine analoge Unterscheidung findet sich bei Burgelman (1983), der "Autonomous" und "Induced" Strategic Behavior voneinander trennt.

(103) Die in Anhang I wiedergegebene Tabelle gibt die jeweils signifikanten (= p) Korrelationskoeffizienten (Pearson) an, ebenso das dazugehörige Sample, auf dessen Grundlage die Korrelationen errechnet wurden.

(104) Korrelationskoeffizienten zum Zusammenhang zwischen Marketingstrategien und Wettbewerbsfaktoren befinden sich in Anhang II.

(105) Korrelationskoeffizienten zum Zusammenhang zwischen Personalstrategien (Freiwillige Sozialleistungen, V488) und Wettbewerbsfaktoren:
Humankapital und Image -.0931
(1018)
p =.001
Leistungsprogramm -.0934
(1019)

p =.001
Produktentwicklung und -.1083
Verkaufsförderung (1000)
p =.000

(106) Korrelationskoeffizienten zum Zusammenhang zwischen Produktionsstrategien (Integrationsgrad, V452) und Wettbewerbsfaktoren:
Leistungsprogramm .1051
(1052)
P = 000

Literatur

Aaker, D.A. (1989): Strategisches Markt-Management - Wettbewerbsvorteile erkennen, Märkte erschließen, Strategien entwickeln, Wiesbaden 1989.

Aiginger, K./Tichy, G. (1982): Entwicklungschancen der Klein- und Mittelbetriebe in den achtziger Jahren, in: Politische Studien (Sonderheft) 1982, S. 1-124.

Albach, H. (1987): Erfahrungskurve und Unternehmensstrategie, in: Zeitschrift für Betriebswirtschaft, Ergänzungsheft 2/87, Wiesbaden 1987.

Albach, H./Held, T. (Hrsg., 1984): Betriebswirtschaftslehre mittelständischer Unternehmen, Stuttgart 1984.

d'Amboise, G./Muldowney, M. (1986): Zur betriebswirtschaftlichen Theorie der kleinen und mittleren Unternehmen, in: Pleitner, H.-J. (Hrsg., 1986), S. 9-31.

Bayer, H. (1963): Das mittlere personengeprägte Unternehmen als Wirtschaftsstabilisator, Köln/Opladen 1963.

Bischof, P. (1976): Produktlebenszyklen im Investitionsgüterbereich, Göttingen 1976.

Bolton, J.E.(1971): Small Firms - Report of the Committee of Inquiry on Small Firms, London 1971.

Brockhoff, K. (1966): Unternehmenswachstum und Sortimentsänderungen, Köln/Opladen 1966.

Burgelman, R.A.(1983): A Model of the Interaction of Strategic Behaviour, Corporate Context and the Concept of Strategy, in: Academy of Management Review 1983, 8, S. 61-70.

Chrubasik, B./Zimmermann, H.-J. (1987): Evaluierung der Modelle zur Bestimmung strategischer Schlüsselfaktoren, in: Die Betriebswirtschaft 1987, 47, S. 426-450.

Delbosse, G. (1985): Classes moyennes et P.M.E. - Essai de définition, Bruxelles 1985.

Domsch, M./Krüger, M.(1984): Zur regionalen Mobilität von Fach- und Führungskräften in Klein- und Mittelbetrieben - unter besonderer Berücksichtigung des sozialen Umfeldes, in: Albach, H./Held, T.(Hrsg., 1984), S.591-610.

Filippi, E./Zanetti, G.(1971): Exogenous and Endogenous Factors in the Growth of Firms, in: Marris, G./Woods, A. (Hrsg., 1971), S.144-171.

Gabele, E. (1981): Die Leistungsfähigkeit der Portfolio-Analyse für die Strategische Unternehmensführung, in: Rühli, E./Thommen, J.-P. (Hrsg., 1981), S. 45-61.

Gabele, E. (Hrsg.,1983): Finanzen - Steuern - EDV - Erfolgreiche Führung kleiner und mittlerer Unternehmen II, Bamberg 1983.

Gabele, E. (1987): Die Rolle der Werthaltungen von Führungskräften bei der Erringung Strategischer Wettbewerbsvorteile mittelständischer Unternehmen in Europa, in: Gabele, E./Kupsch,P./Oechsler, W.A. (Hrsg., 1987), S. 5-67.

Gabele, E. (1989): Die Rolle der Werthaltungen von Führungskräften mittelständischer Unternehmen bei der Erringung strategischer Wettbewerbsvorteile - Empirische Ergebnisse eines europäischen Forschungsprojektes, in: Die Betriebswirtschaft 1989, 49, S. 623-637.

Gabele, E./Kupsch, P./Oechsler, W.A. (Hrsg., 1987): Führung mittelständischer Unternehmen, Forschungsbericht, Bamberg 1987.

Gabele, E./Oechsler, W.A. (1983): Brauchen wir eine Betriebswirtschaftslehre für kleine und mittlere Unternehmen?, in: Gabele, E. (Hrsg., 1983), S. 223-256.

Gantzel, K.-J. (1962): Wesen und Begriff der mittelständischen Unternehmung, Köln/Opladen 1962.

Giebel, U. (1985): Sozialleistung und Unternehmensgrößenstruktur, Köln 1985.

Grimm, U. (1983): Analyse strategischer Faktoren, Wiesbaden 1983.

Günzel, D. (1975): Das betriebswirtschaftliche Größenproblem kleiner und mittlerer Unternehmen, Göttingen 1975.

Hainzl, M. (1987): Strategie der Stärke - Unternehmenspotential-orientierte Diversifikation, Wien 1987.

Hofer, Ch.W./Charan, R./Murray, E.A./Pitts, R.A. (1980): Strategic Management, St.Paul 1980.

Hoffmann, F. (1986): Kritische Erfolgsfaktoren - Erfahrungen in großen und mittelständischen Unternehmungen, in: Zeitschrift für betriebswirtschaftliche Forschung 1986, 38, S. 831-843.

Hruschka, E. (1966): Aufdeckung und Beseitigung betrieblicher Verlustquellen, Stuttgart 1966.

Hüttinger, K. (1984): Unternehmensgröße und Wirtschaftsdynamik, München 1984.

Jöreskog, K.G./Sörbom, D. (1986): LISREL VI - Analysis of Linear Structural Relationships by Maximum Likelihood, Instrumental Variables and Least Squares Methods, 4. edition, Mooresville/Indiana 1986.

Jöreskog, K.G./van Thillo, M. (1972): LISREL - A General Computer Program for Estimating a Linear Structural Equation System Involving Multiple Indicators of Unmeasured Variables, Educational Testing Service, Princeton 1972.

Khandwalla, T.N. (1977): Design of Organisations, New York 1977.

Kirsch, W./Roventa, P. (Hrsg., 1983): Bausteine eines Strategischen Managements - Dialoge zwischen Wissenschaft und Praxis, Berlin/New York 1983.

Klein-Blenkers, F. (Hrsg., 1979): Betriebsgröße als Bestimmungsfaktor der Wettbewerbsfähigkeit mittelständischer Betriebe, Göttingen 1979.

Kreikebaum, H. (1989): Strategische Unternehmensplanung, 3.,erweiterte Auflage, Stuttgart/Berlin/Köln 1989.

Kreilkamp, E. (1987): Strategisches Management und Marketing - Markt- und Wettbewerbsanalyse, Strategische Frühaufklärung, Portfolio-Management, Berlin/New York 1987.

Krüger, W. (1988): Die Erklärung von Unternehmenserfolg: Theoretischer Ansatz und empirische Ergebnisse, in: Die Betriebswirtschaft, 48, 1988, S. 27-43.

Lange, B. (1982): Bestimmung strategischer Erfolgsfaktoren und Grenzen ihrer empirischen Fundierung - dargestellt am Beispiel der PIMS-Studie, in: Die Unternehmung 1982, 36, S. 27-41.

Laukamm, T./Steinthal, N. (1985): Methoden der Strategieentwicklung und des strategischen Managements, in: Little, A.D. (1985), S. 7-36.

Little, A.D. (1985): Management im Zeitalter der strategischen Führung, Wiesbaden 1985.

Lücke, W. (1967): Betriebs- und Unternehmensgröße, Stuttgart 1967.

Mansfield, E. (1962): Gibrat's Law, Innovation and the Growth of Firms, in: The American Economic Review 1962, 52, S. 1023-1051.

Marris, G./Woods, A.(Hrsg.,1971): The Corporate Economy, Growth, Competition, and Innovative Potential, London/Basingstoke 1962.

Meffert, H./Remmerbach, H.-U. (1988): Marketingstrategien in jungen Märkten - Wettbewerbsorientiertes High-Tech-Marketing, in: Die Betriebswirtschaft 1988, 48, S. 331-346.

Peters, T.J./Watermann jr., R.H. (1984): Auf der Suche nach Spitzenleistungen - Was man von den bestgeführten US-Unternehmen lernen kann, 10.Auflage, Landsberg/Lech 1984.

Pfeifer, A./Schmidt, P. (1987): LISREL - Die Analyse komplexer Strukturgleichungsmodelle, Stuttgart/New York 1987.

Pfeiffer, W./Bischof, P. (1981): Produktlebenszyklen - Instrument jeder strategischen Produktplanung, in: Steinemann, H. (Hrsg., 1981), S. 133-166.

Pfeiffer, W./Metze, G./Schneider, W./Amler, R. (1982): Technologie-Portfolio zum Management strategischer Zukunftsgeschäftsfelder, Göttingen 1982.

Pfohl, H.-C. (Hrsg., 1982): Betriebswirtschaftslehre der Mittel- und Kleinbetriebe, Berlin 1982.

Pfohl, H.-C./Kellerwessel, P. (1982): Abgrenzung der Klein- und Mittelbetriebe von Großbetrieben, in: Pfohl, H.-C. (Hrsg., 1982), S. 9-34.

Pleitner, H.-J. (Hrsg., 1986): Managementlehre für kleine Unternehmen, Berlin/München 1986.

Porter, M.E. (1986): Wettbewerbsvorteile (Competitive Advantage) - Spitzenleistungen erreichen und behaupten, Frankfurt 1986.

Porter, M.E. (1987): Wettbewerbsstrategie (Competitive Strategy) - Methoden zur Analyse von Branchen und Konkurrenten, 4., durchgesehene Auflage, Frankfurt 1987.

Pümpin, C. (1986): Management strategischer Erfolgspositionen, 3., überarbeitete Auflage, Bern/Stuttgart 1986.

Reutner, F. (1987): Determinanten des Unternehmenserfolges, in: Zeitschrift für Betriebswirtschaft 1987, 57, S. 747-762.

Robl, K. (1979): Ansätze eines theoretischen Systems der Wettbewerbsvorteile und Wettbewerbsnachteile mitelständischer Betriebe, in: Klein-Blenkers (Hrsg., 1979), S. 1-28.

Roters, M. (1989): Komplexität und Dynamik als Einflußgrößen der Effizienz von Organisationen - Eine empirische Untersuchung, Frankfurt a.M./Bern/New York/Paris 1989.

Rothschild, W. E. (1986): Vorsprung im Wettbewerb - Ziele und Wege, Hamburg 1986.

Rühli, E./Thommen, J.-P. (Hrsg., 1981): Die Unternehmensführung aus finanz- und bankwirtschaftlicher Sicht, Stuttgart 1981.

Schmidt, H. (1982): Die Messung der Unternehmenskonzentration mit Hilfe der amtlichen Angaben in Beschäftigtengrößenklassen - Methodische Probleme und Lösungsmöglichkeiten, dargestellt anhand der Daten von 1970 und 1976, in: Jahrbücher für Sozialwissenschaft 1982, 33, S. 182-224.

Schoeffler, S./Buzzell, R.D./Heany, D.F. (1974): Impact of Strategic Planning on Profit Performance, in: Harvard Business Review 1974, S. 137-145.

Scholz, Ch. (1987): Strategisches Management - Ein integrativer Ansatz, Berlin/New York 1987.

Schreyögg, G. (1984): Unternehmensstrategie - Grundfragen einer Theorie strategischer Unternehmensführung, Berlin/New York 1984.

Seibert, S. (1987): Strategische Erfolgsfaktoren in mittleren Unternehmen - untersucht am Beispiel der Fördertechnikindustrie, Frankfurt a.M./Bern/New York 1987.

Simon, H. (1988): Management strategischer Wettbewerbsvorteile, in: Zeitschrift für Betriebswirtschaft 1988, 58, S. 461-480.

Singh, A./Whittington, G. (1968): Growth, Profitability and Valuation - A Study of United Kingdom Quoted Companies, London 1968.

Specht, G./Perillieux, R. (1988): Erfolgsfaktoren technischer Führer- und Folgerpositionen auf Investitionsgütermärkten, in: Zeitschrift für betriebswirtschaftliche Forschung 1988, 40, S. 204-226.

Staerkle, R./Perich, R. (1987): Exzellenzfaktoren schweizerischer mittelgroßer Industrieunternehmungen, in: Die Unternehmung 1987, 41, S. 315-326.

Steiner, G.A. (1971): Top-Management Planung, München 1971.

Steinmann, H. (Hrsg., 1981): Planung und Kontrolle - Probleme der strategischen Unternehmensführung, München 1981.

STRATOS (1987): Strategic Orientations of Small and Medium-sized Enterprises: A Summary of First Descriptive Results, European Institute for Advanced Studies in Management, Institute Report 87-01, September 1987, Brüssel 1987.

Thürbach, R.-P./Menzenwerth, H.-H. (1975): Die Entwicklung der Unternehmensgröße in der Bundesrepublik Deutschland von 1962 - 1972, Göttingen 1975.

Volkmann, F. (1960): Zur Abgrenzung des gewerblichen Mittelstandes, in: Die Aussprache 1960, S. 73-77.

Welsh, J.A./White, J.F. (1980): A small business is not a little big business, in: Harvard Business Review 1980, 59, S. 18-32.

Woitrin, M./Stampa, L. (1966): Untersuchung über die Lage der industriellen Klein- und Mittelbetriebe in den EWG-Ländern, Brüssel 1966.

Anhang I

Zusammenhang zwischen Finanzierungsstrategien und Wettbewerbsfaktoren

	Humankapital/ Image	Technologische Fähigkeiten	Leistungsprogramm	Produktentwicklung/ Verkaufsförderung	Kostenführerschaft/ Preispolitik	Marktpräsenz/ Finanzkraft
Einbehaltene Gewinne V470	.1318 (1082) P=.000	.0776 (1085) P=.005	.0904 (1082) P=.001			
Erhöhung des Eigenkapitals:						
a) durch bisherige Eigentümer V471	.0810 (1069) P=.004			.1316 (1050) P=.000		.1074 (1067) P=.000
b) durch neue Eigentümer V472	.0860 (1035) P=.003	.1307 (1036) P=.000	.1614 (1033) P=.000	.1539 (1016) P=.000		
Anleihen V473	.1740 (1075) P=.000	.1251 (1077) P=.000	.1241 (1074) P=.000	.1535 (1055) P=.000	.1470 (1088) P=.000	.2013 (1072) P=.000
Leasing V474	.1141 (1077) P=.000	.919 (1080) P=.001	.1370 (1076) P=.000	.1314 (1057) P=.000		.1214 (1074) P=.000
Kredite od.Beteil. v.öffentl.Institutionen (inkl. Subventionen) V475	.1184 (1078) P=.000	.1140 (1079) P=.000	.1210 (1076) P=.000	.1695 (1057) P=.000		.1167 (1074) P=.000
Darlehen der Inhaber V476				.1299 (1057) P=.000		
Kredite oder Beteilig.d.Mitarb. V77			.0923 (1078) P=.001	.1233 (1059) P=.000		
Bankkredite V478	.1242 (1081) P=.000			.1831 (1063) P=.000	.1247 (1096) P=.000	.1401 (1079) P=.000

Anhang I (Fortsetzung)

	Humankapital/Image	Technologische Fähigkeiten	Leistungsprogramm	Produktentwicklung/ Verkaufsförderung	Kostenführerschaft/ Preispolitik	Marktpräsenz/ Finanzkraft
Wechselkredite V479	.1146 (1076) P=.000			.1553 (1058) P=.000	.1431 (1091) P=.000	.1897 (1074) P=.000
Kreditoren V480	.1329 (1080) P=.000	.1109 (1082) P=.000		.1595 (1062) P=.000	.1366 (1094) P=.000	.1896 (1077) P=.000
Kundenanzahlungen V481	.1415 (1080) P=.000	.0804 (1082) P=.004	.2397 (1080) P=.000			.0859 (1077) P=.002
Factoring V482	.1248 (1080) P=.000	.1166 (1082) P=.000	.1313 (1079) P=.000	.1134 (1061) P=.001	.0990 (1093) P=.001	.1822 (1077) P=.000
Kurzfr.Privatein-lagen d.Unternehm. V483	.1400 (1057) P=.000	.1129 (1059) P=.000	.1865 (1056) P=.000	.0871 (1048) P=.002		.1838 (1054) P=.000
Subventionen V484	.1124 (1082) P=.000	.1380 (1084) P=.000	.1659 (1081) P=.000	.0894 (1063) P=.002	.1058 (1095) P=.000	.1743 (1079) P=.000

Anhang II

Zusammenhang zwischen Marketingsstrategien und Wettbewerbsfaktoren

	Humankapital/Image	Technologische Fähigkeiten	Leistungsprogramm	Produktentwicklung/ Verkaufsförderung	Kostenführerschaft/ Preispolitik	Marktpräsenz/ Finanzkraft
Preispolitik V443				-.0909 (1074) P=.001	.1170 (1108) P=.000	
Werbung V446				-.1718 (1065) P=.000		
Sortimentstiefe innerhalb der Produktgruppen V448			-.0866 (1088) P=.002	-.1407 (1069) P=.000		
Produktqualität V449					.1058 (1107) P=.000	
Wechselkredite V479	.1146 (1076) P=.000			.1553 (1058) P=.000	.1431 (1091) P=.000	.1897 (1074) P=.000
Kreditoren V480	.1329 (1080) P=.000	.1109 (1082) P=.000		.1595 (1062) P=.000	.1366 (1094) P=.000	.1896 (1077) P=.000
Kundenanzahlungen V481	.1415 (1080) P=.000	.0804 (1082) P=.004	.2397 (1080) P=.000			.0859 (1077) P=.002
Factoring V482	.1248 (1080) P=.000	.1166 (1082) P=.000	.1313 (1079) P=.000	.1134 (1061) P=.000	.0990 (1093) P=.001	.1822 (1077) P=.000
Kurzfristige Privateinlagen des Unternehmers V483	.1400 (1057) P=.000	.1129 (1059) P=.000	.1865 (1056) P=.000	.0871 (1048) P=.002		.1838 (1054) P=.000
Subventionen V484	.1124 (1082) P=.000	.1380 (1084) P=.000	.1659 (1081) P=.000	.0894 (1063) P=.002	.1058 (1095) P=.000	.1743 (1079) P=.000

Auswirkungen der Deregulierung des europäischen Straßengüterverkehrsmarktes

von Hans-Christian Pfohl und Stephan L. K. Freichel[1]

1. Entwicklung der Deregulierung

Weite Bereiche des Güterverkehrs in den Mitgliedstaaten der Europäischen Gemeinschaft sind gegenwärtig durch Marktordnungen reguliert, die für Anbieter logistischer Dienstleistungen politisch-administrative Rahmenbedingungen darstellen. Dies gilt in besonderem Maße für Anbieter, die sich zur raum-zeitlichen Gütertransformation, in bezug auf die logistische Teilfunktion[2] "Transport", dem Verkehrsmittel "LKW" bedienen. Insbesondere in der Bundesrepublik Deutschland ist der Straßengüterverkehrsmarkt heute noch durch eine Regulierungsintensität gekennzeichnet, die im Vergleich zu den Marktordnungen der anderen europäischen Länder als relativ hoch bezeichnet werden muß. Betrachtet man die nationalen Verkehrsmarktordnungen in Europa insgesamt, so zeigt sich ein extrem heterogenes Bild der Regulierungsgestaltungen und -intensitäten. Neben den Restriktionen für nationale Verkehre bestehen darüber hinaus Regulierungen für den internationalen, grenzüberschreitenden Verkehr.

Die gegenwärtige, durch nationale Interessen geprägte Regulierungssituation auf den europäischen Verkehrsmärkten ist insofern bemerkenswert, als bereits im Vertrag von Rom, dem Gründungsdokument der EWG, eine gemeinsame Verkehrspolitik angestrebt wurde. Bestrebungen zur Deregulierung und Harmonisierung der europäischen Verkehrsmärkte lassen sich damit bereits auf das Jahr 1957 zurückverfolgen. Der damalige Zeitplan hatte vorgesehen, innerhalb von 12 Jahren (also bis 1969 !) einen gemeinsamen Verkehrsmarkt zu re-

---

1 Prof. Dr. Hans-Christian Pfohl, Dipl.-Wirtsch.-Ing. Stephan L.K. Freichel, Technische Hochschule Darmstadt, Institut für Betriebswirtschaftslehre, Fachgebiet Unternehmensführung, Hochschulstr. 1, D-6100 Darmstadt

2 Zu den Funktionen der Logistik siehe Pfohl, H.-Chr.: Logistiksysteme. Betriebswirtschaftliche Grundlagen. 3., erw. u. überarb. Aufl. Berlin u.a. 1988.

alisieren, in dem die Beschränkung des freien Dienstleistungsverkehrs für Angehörige der Mitgliedstaaten aufgehoben werden sollte.

In den vergangenen Jahren hat die Entwicklung der Europäischen Gemeinschaft beinahe stagniert. Die Verkehrspolitik spielte dabei eine eher bremsende Rolle. Praktisch alle europäischen Länder beharrten auf einer national ausgerichteten Verkehrspolitik. Dies galt sowohl für die Ordnung der nationalen Verkehrsmärkte als auch für die Ordnung des internationalen Verkehrs, soweit das eigene Land davon betroffen war. Schließlich reichte dann das **Europäische Parlament Anfang 1983** eine **Klage** gegen den Ministerrat beim Europäischen Gerichtshof ein, um feststellen zu lassen, daß der Rat, entgegen den vertraglichen Pflichten, keine Maßnahmen zur Einführung einer gemeinsamen Verkehrspolitik getroffen hat.

Mit dem **Urteil des Europäischen Gerichtshofes vom 22. Mai 1985** zur Feststellung der Untätigkeit des Rates auf dem Gebiet der gemeinsamen Verkehrspolitik wurde dann entschieden, daß der Rat es unter Verletzung des EWG-Vertrages unterlassen habe, die Dienstleistungsfreiheit auf dem Gebiet des internationalen Verkehrs sicherzustellen und die Bedingungen für die Zulassung von Verkehrsunternehmen zum Verkehr innerhalb eines Mitgliedstaates, in dem sie nicht ansässig sind (Kabotageverkehr), festzulegen. Danach ist in angemessener Frist einerseits eine multilaterale, diskriminierungsfreie Lösung für den Zugang zum Markt für internationale Beförderungen zwischen den EG-Mitgliedsstaaten zu gewähren und andererseits die Beseitigung des völligen Kabotageverbots durch Festlegung von Zulassungsbedingungen für Kabotagebeförderungen vorzunehmen.[3]

Das Urteil des EuGH wirkt sich auf die Binnenverkehrsträger, in erster Linie jedoch auf die zukünftige Gestaltung des Straßengüterverkehrsmarktes aus. Gefordert wird

- erstens die Aufstellung gemeinsamer Regeln für den internationalen Verkehr, gemäß Art. 74 Abs. 1a EWG-Vertrag, der zur Zeit mit bilateralen und multilateralen Genehmigungen geregelt wird, sowie
- zweitens die Festlegung der Bedingungen für die Zulassung zur Kabotage, gemäß Art. 74 Abs. 1b EWG-Vertrag, wobei zur Zeit ein uneingeschränktes Kabotageverbot gilt. Zukünftig sollen Verkehrsunternehmen mit Sitz z.B. in einem Land X zu Kabotagefahrten in einem anderen Land Y, unter den selben Bedingungen wie sie die jeweiligen Bestimmungen des Landes Y den dort ansässigen Unternehmen vorschreibt, zugelassen werden.

3 Siehe auch Basedow, J. (Hrsg.): Europäische Verkehrspolitik. Tübingen 1987.

- Drittens stellte es der Gerichtshof frei, zusätzliche Maßnahmen zur Harmonisierung der Wettbewerbsbedingungen zu schaffen, ohne jedoch konkrete Schritte zu verlangen.

Daraufhin beschlossen die Regierungschefs der EG-Mitgliedsstaaten am **28./29. Juni in Mailand**, die Vollendung des gemeinsamen Binnenmarktes bis Ende 1992 durchzuführen. Dies impliziert die Schaffung eines freien Marktes auch auf dem Gebiet des Güterverkehrs. Am **1. Juli 1987** haben sich die Regierungen der EG-Mitgliedsstaaten nun mit der Unterzeichnung und dem Inkrafttreten der **Einheitlichen Europäischen Akte** verpflichtet, den europäischen Binnenmarkt bis Ende 1992 zu schaffen. Die Europäische Akte fordert für die 12 Mitgliedstaaten folgende fünf "konstitutiven Freiheiten":

> Keine Hindernisse und Kontrollen beim Austausch von Waren (1) und Dienstleistungen (2). Menschen (3) und Kapital (4) können sich frei bewegen. Unternehmen können sich überall niederlassen (5).

Zur Umsetzung der in der Europäischen Akte nun festgeschriebenen Punkte sollte der Ministerrat bereits auf Grundlage des Weißbuches "Vollendung des Binnenmarktes" ein Programm entwickeln, das es ermöglicht, bis Ende 1992 stufenweise die Bedingungen für die Dienstleistungs- und Niederlassungsfreiheit der Güterverkehrsunternehmen zu verwirklichen. Seit den Mailänder Beschlüssen wurden dazu eine Reihe von Vereinbarungen getroffen. Die gesetzten Ziele sind bis zum heutigen Zeitpunkt jedoch nicht erreicht, so daß die Festlegung entscheidender Marktbedingungen noch aussteht.

2. Szenarien der Deregulierung

Welche Chancen und Risiken des deregulierten Verkehrsmarktes sich für die Unternehmen ableiten und weiter, welche Maßnahmen im Hinblick auf die Veränderungen der Rahmenbedingungen zu treffen sind, hängt zunächst davon ab, wie sich die zukünftigen Bedingungen auf Basis der heutigen Situation darstellen.

Zwei wesentlichen Deskriptoren der Verkehrsmarktordnung sind erstens die Regulierung der Preise und zweitens die Regulierung der Mengen in Form von qualitativen und quantitativen Marktzugangsbestimmungen. In bezug auf die **gegenwärtige nationale Verkehrsmarktordnung in der Bundesrepublik Deutschland** bestehen Preisregulierungen u.a. durch den Reichskraftwagentarif, in dem bestimmte Preismargen festgelegt sind. Qualitative Marktzugangsbestimmungen betreffen den Nachweis der persönlichen, fachlichen und finanziellen Fähigkeit zur Durchführung von Straßentransporten und die damit verbundene Lizenz bzw. Konzession. Nach der räumlichen Gültigkeit einer Lizenz unterscheiden sich u.a. die Nahverkehrserlaubnis (50 km Umkreis um den Standort), die Genehmigung zur Durchführung von Bezirksgüterfernverkehren (150 km Umkreis) und die Genehmigung für den allgemeinen Güterfernverkehr (innerhalb des gesamten Gebietes der BRD). Quantitative Marktzugangsbestimmungen determinieren die mengenmäßige Anzahl der behördlich ausgegebenen Konzessionen in Höhe festgelegter Kontingente.[4]

Im **internationalen Verkehr** besteht gegenwärtig ein Referenztarifsystem, so daß die Preise für grenzüberschreitende Beförderungen relativ frei gestaltbar sind. Der Marktzugang wird über kontingentierte bilaterale (für den Verkehr zwischen zwei Staaten) und multilaterale Genehmigungen (für den Verkehr zwischen mehreren Staaten) reguliert.

Die **nationalen Verkehrsmarktordnungen der EG-Mitgliedstaaten** sind z.T. sehr unterschiedlich gestaltet. In Zusammenhang mit den verschiedenen Steuer- und Subventionierungssystemen bestehen im Ländervergleich z.T. erhebliche Differenzen in der Kostenbelastung der Unternehmen. Besonders bei grenzüberschreitenden Verkehren und zukünftig durchführbaren Kabotageverkehren wirkt sich dies direkt auf die Wettbewerbsfähigkeit der Unternehmen aus.

Damit wird bereits die mögliche **Ausgestaltung der zukünftigen Marktordnung** angesprochen. Wie erwähnt, lassen sich Inhalt und Ausmaß der geplanten Liberalisierungsmaßnahmen im Güterverkehr aufgrund des Handlungsdefizits der politischen Institutionen nicht hinreichend genau bestimmen. Noch heute, gegen Ende des Jahres 1989, stehen verschiedene Möglichkeiten zur Diskussion, Maßnahmen zur Deregulierung und Harmonisierung der Verkehrsmarktordnung zu konkretisieren. Die Bereiche der Deregulierung und Harmonisierung sind in Abb. 1 dargestellt. Fest steht bislang nur, daß ab 1993 durch schrittweise Aufstockung multilateraler Kontingente keine mengenmäßigen Beschränkungen im grenzüberschreitenden Verkehr mehr bestehen werden.

Ziel des von der "Stiftung Industrieforschung" geförderten **Forschungsprojektes**, das z.Z. am Fachgebiet Unternehmensführung der Technischen Hochschule Darmstadt bearbeitet wird, ist ie Abschätzung von Auswirkungen der Deregulierung und die Ableitung von Maßnahmen seitens der Anbieter logistischer Dienstleistungen.

---

4 Zu den Kontingenten siehe Bundesverband des Deutschen Güterfernverkehrs (BDF) e.V.: Verkehrswirtschaftliche Zahlen VWZ 1988. Frankfurt a.M. 1988.

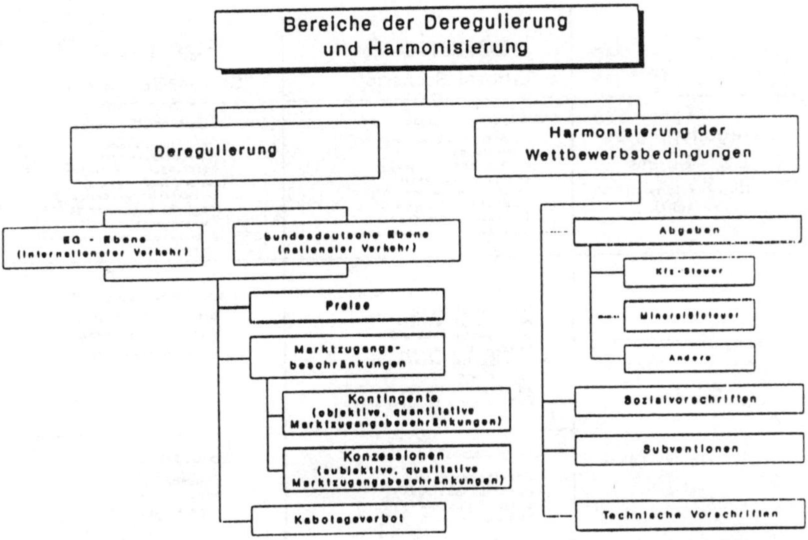

Abb. 1: Bereiche der Deregulierung und Harmonisierung

Zur Durchführung einer Ursache-Wirkungsanalyse ist es jedoch erforderlich, Annahmen über die veränderten ordnungspolitischen Rahmenbedingungen zu treffen. Dazu wurden zwei **Szenarien**[5] formuliert, die Randpunkte eines Möglichkeitsspektrums abbilden, zwischen denen sich reale Zukunftsbilder einstellen können.

Betrachtet man den Bereich des internationalen Verkehrs, so liegt beiden Szenarien die Annahme einer freien Preisbildung und einer - bereits beschlossenen - Aufhebung aller mengenmäßigen Beschränkungen zugrunde. Im "**Liberal-Szenario**" A gehen wir davon aus, daß die nationale deutsche Verkehrsmarktordnung incl. der Kabotageregelung weitgehend dereguliert ist. Die Wettbewerbsbedingungen werden auf mittlerem Niveau angeglichen. Das **Szenario B** hat dagegen "**status quo-Charakter**", d.h. die deutsche Verkehrsmarktordnung wird im Prinzip beibehalten. Kabotagefahrten sind nur beschränkt zugelassen. Bei den Wettbewerbsbedingungen für die Unternehmen der EG-Mitgliedsstaaten bestehen weiterhin größere Differenzen.

Einen Überblick über die Ausgestaltung der Szenarien gibt Abb. 2.

---

5 Die Szenarien basieren auf einem von Seidenfus u.a. im Auftrag des Bundesministers für Verkehr erstellten Gutachten (vgl. dazu Seidenfus, H. St. u.a.: Ordnungspolitische Szenarien zur Verwirklichung eines gemeinsamen europäischen Verkehrsmarktes. Teil A: Szenarien und ökonomische Wirkungszusammenhänge. Gutachten im Auftrag des Bundesministers für Verkehr. FE-Nr. 90 182/86. Münster 1988).

	Szenario A "Liberal-Szenario"	Szenario B "Status-Quo-Szenario"
Deregulierung auf EG - Ebene (internationaler Verkehr)	"Weitgehende Deregulierung" - freie Preisbildung - keine mengenmäßigen Marktzugangsbeschränkungen (Kontingente) - verschärfte persönliche, fachliche u. finanzielle Zulassungskriterien für Unternehmen (Konzessionen)	"Weitgehende Deregulierung" - freie Preisbildung - keine mengenmäßigen Marktzugangsbeschränkungen (Kontingente) - verschärfte persönliche, fachliche u. finanzielle Zulassungskriterien für Unternehmen (Konzessionen)
Deregulierung auf bundesdeutscher Ebene	"Weitgehende Deregulierung" - freie Preisbildung - keine mengenmäßigen Marktzugangsbeschränkungen (Kontingente) - verschärfte persönliche, fachliche u. finanzielle Zulassungskriterien für Unternehmen (Konzessionen)	"Weitgehend Status Quo" - weiterhin Margentarife - weiterhin Kontingente - weiterhin Konzessionen
(nationaler Verkehr)	"Viel Kabotage" - Regelkabotage plus Anschlußkabotagen unter nationalen Bedingungen	"Wenig Kabotage" - einfache, mengenmäßig beschränkte Anschlußkabotage
Harmonisierung der Wettbewerbsbedingungen auf EG - Ebene	"Mittlere Harmonisierung" - Angleichung der Wettbewerbsbedingungen auf mittlerem Niveau	"Kaum Harmonisierung" - weiterhin größere Differenzen bei den Wettbewerbsbedingungen

Abb. 2: Szenarien der Deregulierung

Im Rahmen des Forschungsprojektes wurde Ende 1988 eine erste empirische Analyse gestartet, um mögliche Konsequenzen der Deregulierung aus verschiedenen Perspektiven zu erfassen und statistisch auswerten zu können. Im zweiten Schritt folgte eine schriftliche Befragung von Speditions- und Transportunternehmen zur Analyse der Handlungsmöglichkeiten. Die Unternehmensbefragung wird z.Z. ausgewertet. Für die erste empirische Untersuchung wurde als Methode der Informationsgewinnung die schriftliche Befragung von Experten nach der Delphi-Technik gewählt. Der Expertenkreis umfaßte führende Persönlichkeiten aus Verkehrswissenschaft, Verkehrswirtschaft und verladender Industrie.[6]

---

6 Die Studie sollte als Voruntersuchung dienen, weshalb eine Beschränkung auf zwei Fragebogenrunden erfolgen mußte. Damit war ein hoher Strukturierungsgrad der ersten Runde mit überwiegend geschlossenen Fragen determiniert. In der zweiten Delphi-Runde erhielten die Experten die Gruppenmeinungen (in Form von Median und Interquartilsbereich) mit ihrer eigenen Ersteinschätzung zum erneuten Überdenken der Antworten rückgekoppelt. Nach einem Pretest mittels fünf Experteninterviews wurden zur ersten Runde 25 Experten angeschrieben. An der ersten Fragebo-

Die Mehrheit der befragten Experten wählte das "Liberal-Szenario" A als Hintergrund zur Beantwortung der Fragen (80%; abs. 16 Personen). Die Wahl des Szenario A wird überwiegend damit begründet, daß der Gesamtkomplex des Binnenmarktes in Europa mittelfristig keine deutsche Verkehrsmarktordnung in der gegenwärtig restriktiven Form erlaube. Die zu realisierende Dienstleistungsfreiheit erfordere eine liberale Kabotageregelung. Eine völlige Angleichung der Wettbewerbsbedingungen sei nicht erreichbar. Allerdings geht man auf mittlere Sicht von bestimmten politischen Harmonisierungsfortschritten aus.

Die folgenden Ausführungen basieren auf den Ergebnissen der Expertenbefragung, wobei im Rahmen dieses Beitrages nur ausgewählte Ergebnisse präsentiert werden können.

3. Auswirkungen der Deregulierung

Die Untersuchung der Auswirkungen[7] eines zukünftig deregulierten Verkehrsmarktes beziehen sich auf den

- institutionellen Aufbau der Logistikkette,
- interorganisatorischen Beziehungen zwischen den in der Logistikkette involvierten Institutionen sowie auf
- intraorganisatorische Gestaltungsvariablen der Logistikunternehmen.

Im ersten Punkt geht es bspw. um folgende Fragen: Inwieweit führen deutsche und ausländische Unternehmen Standortveränderungen durch? In welchem Ausmaß kommt es zu Markteintritten? Welche Marktanteilsveränderungen sind denkbar? Wie verändert sich die Arbeitsteilung in der Logistikkette? - Ergebnisse zu den Fragen der "Marktanteilsveränderungen" und der "Arbeitsteilung" werden anschließend in Kap. 3.1 vorgestellt.

---

genrunde beteiligten sich 20 Experten (= 80% Rücklaufquote). Alle an der ersten Runde teilnehmenden 20 Experten beantworteten auch den zweiten Fragebogen.

7 Zu einer ersten Vorstellung der Befragungsergebnisse siehe auch Pfohl, H.-Chr.: Zukünftige Anforderungen an Logistikmitarbeiter und Logistikdienstleistungsunternehmen - Empirische Ergebnisse von Expertenbefragungen. In: Pfohl, H.-Chr. (Hrsg.): Logistiktrends II. 4. Fachtagung am 10. Mai 1989 in Darmstadt. Institut für Logistik der Deutschen Gesellschaft für Logistik e.V. Reihe "Fachtagungen" Band 4. Darmstadt 1989, S. 112-146; Freichel, S.L.K.: Deregulierung des Straßengüterverkehrsmarktes. In: Logistik Spektrum (1989)4, S. 83-88.

Die Analyseebene der interorganisatorischen Beziehungen betrachtet zum einen vertikale Beziehungen "entlang" der Logistikkette (bspw. zwischen Verlader und Speditionsunternehmen) sowie zum anderen horizontale Beziehungen zwischen Unternehmen auf gleicher Stufe in der Logistikkette (bspw. zwischen Speditionsunternehmen). - Kap. 3.2 beinhaltet Ergebnisse zu den vertikalen Beziehungen.

Die intraorganisatorische Analyseebene bezieht sich auf Konsequenzen hinsichtlich der betrieblichen Funktionen Produktion, Absatz und Management der Logistikunternehmen. - Hierzu stellen wir in Kap. 3.3 Ergebnisse auf Basis der qualitativen Expertenantworten in Kap 3.3 vor.

Allgemein kann festgehalten werden, daß Aussagen über die Deregulierungskonsequenzen für Logistik-Dienstleistungsunternehmen nach dem "logistischen Anforderungsniveau" der Dienstleistungen unterschieden werden können. Ein hohes bzw. niedriges Anforderungsniveau läßt sich z.B. wie in Abb. 3 gezeigt charakterisieren.[8]

	Logistisches Anforderungsniveau	
	hoch	niedrig
Organisatorischer Ablauf	anspruchsvoll	einfach
Technische Anforderungen	Spezial-Technik (z.B. Spezial-Fahrzeuge, Kühlhäuser)	Standard-Technik (z.B. Standard-LKW, Freilager)
Erforderliches Know-How der Mitarbeiter	groß	gering
Anforderungen an die Lieferservicequalität (z.B. Zuverlässigkeit, Pünktlichkeit)	hoch	niedrig
Beispiele:	Kühlgut-, Gefahrgut-, Sammelgutverkehr, flächendeckende Linienverkehre	einfacher Komplettladungsverkehr mit Standard- LKW, einfacher Stückgutumschlag, Gelegenheitsverkehr

Abb. 3: Logistisches Anforderungsniveau

8 Diese Kriterien erlauben selbstverständlich nur eine grobe Segmentierung des sehr heterogenen Straßengüterverkehrsmarktes. Eine genauere Segmentierung müßte weitaus mehr Kriterien umfassen, um das "Geschäft" eines Logistik-Dienstleistungsunternehmens zu definieren (z.B. Dienstleistungsangebot, Nachfragegruppen, Technologie, Preis, beförderte Güterarten (Größe, Gewicht Aggregatzustand, Gefährlichkeit, Empfindlichkeit), Integrierbarkeit in Logistiksysteme, Lieferservicekriterien, Marktgebiet u.a.).

3.1. Auswirkungen der Deregulierung auf die institutionelle Arbeitsteilung in der Logistikkette

Bei der Frage nach dem Ausmaß von Marktanteilsveränderungen verschiedener Anbieter logistischer Dienstleistungen, die im Zuge der Deregulierung des Straßengüterverkehrsmarktes in der Bundesrepublik Deutschland möglich sind, werden deutsche Unternehmen betrachtet, die heute bereits auf dem nationalen Verkehrsmarkt anbieten. Anschließend gehen wir der Frage nach, inwieweit sich die Arbeitsteilung zwischen Institutionen in der Logistikkette verändert. Dabei untersuchen wir das Ausmaß von Übernahme- oder Ausgliederungsmöglichkeiten verschiedener logistischer Funktionen seitens der Verlader bzw. Logistik-Dienstleister in der Bundesrepublik Deutschland.

Marktanteilsveränderungen auf dem bundesdeutschen Straßengüterverkehrsmarkt

In Abb. 4 sind die Expertenmeinungen zur Betroffenheit von Tranport- und Speditionsunternehmen getrennt nach qualitativen Unternehmensgrößenkategorien und dem logistischen Anforderungsniveau dargestellt. Tendenziell abnehmende Marktanteile werden für diejenigen Unternehmen prognostiziert, deren Angebote sich auf logistische Einfachleistungen beziehen. Die größten negativen Veränderungen erwartet man für kleine Transportunternehmen, die Dienstleistungen auf niedrigem logistischen Anforderungsniveau erstellen, wie z.B. im Bereich einfacher Ladungsverkehre. Dies gilt speziell für Transporte auf stark frequentierten Relationen. Auf deutschen Teilstücken "europäischer Rennstrecken" im grenzüberschreitenden Verkehr mit der Bundesrepublik Deutschland wird ein zunehmender Wettbewerbsdruck durch "Billiganbieter" erwartet. Ausländische Unternehmen werden versuchen, ihren hohen Leerfahrtenanteil bei Erlaubnis von Kabotageverkehren zu Lasten nationaler Anbieter zu reduzieren.

Positive Veränderungen erwarten die befragten Experten in serviceintensiven, qualitätsbewußten und höherwertigen Dienstleistungsbereichen. Dies gilt insbesondere für Angebote größerer Speditions- als auch Transportunternehmen. Je höher das logistische Anforderungsniveau ist, umso höhere Anforderungen werden u.a. an die bereitzustellende Infrastruktur und die Gesamtorganisation der Anbieter gestellt. Großspeditionen mit flächendeckender Ausrichtung werden Marktanteile speziell im Bereich standardisierter Dienstleistungen auf hohem logistischen Anforderungsniveau gewinnen.

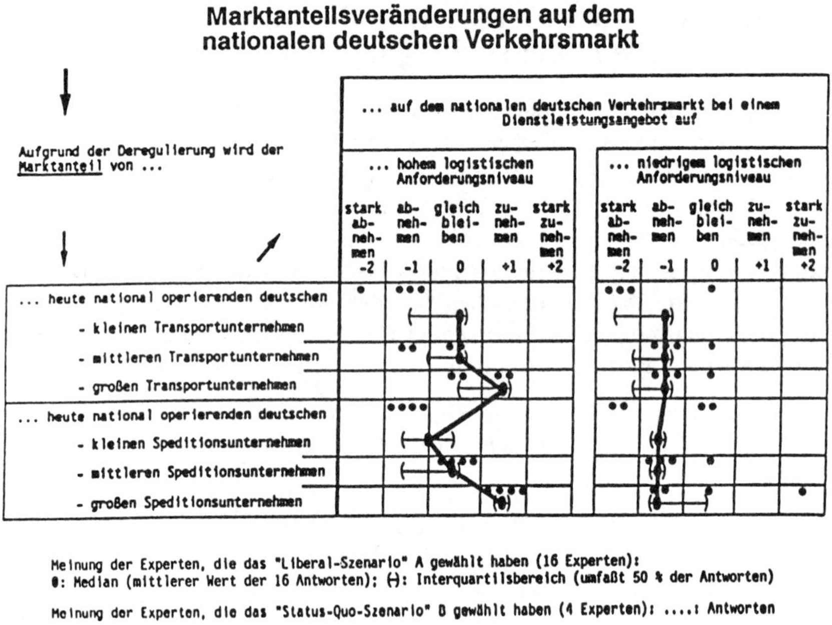

Abb. 4: Marktanteilsveränderungen auf dem bundesdeutschen Straßengüterverkehrsmarkt

Kleine als auch mittlere Speditionen geraten bei der im Mittelpunkt stehenden Aufgabe der Organisation von Transportketten in Bedrängnis, wenn die Produktion von Dienstleistungen auf höherem logistischen Anforderungsniveau Unternehmensgrößen erfordert, die ausreichen, um die sich verändernden Aufgaben mit entsprechender Organisation und Technik sowie qualifizierten Mitarbeitern erfüllen zu können. Bei mangelnden finanziellen Ressourcen dürfte für die meisten kleineren Unternehmen die Bewältigung der Aufgaben im "Alleingang" kaum möglich sein. Es gilt daher, organisatorische Innovationen unter besonderer Berücksichtigung des Aufbaus und der Intensivierung interorganisatorischer Beziehungen zu realisieren.

Vergleicht man die Expertenmeinungen unter Berücksichtigung der gewählten Szenarien, so zeigen sich zwischen den Einschätzungen der "Szenario-B-Experten" (abs. Anzahl = 4, durch Punkte gekennzeichnet) und den Einschätzungen der "Szenario-A-Experten" (abs. Anzahl = 16, durch Median und Interquartilsberich gekennzeichnet) kaum Differenzen. Dies verwundert auf den ersten Blick. Denn unter den Bedingungen der Status-Quo-Regulierung auf nationaler Ebene (Szenario-B-Annahme) vermutet man, daß der mit der Marktordnung angeblich verbundene und oftmals "beschworene" Schutz der kleineren Unternehmen zu einer positiveren Einschätzung der Marktanteile für diese Gruppe führt, als bei einer Prognose unter den Bedingungen des "Liberal-Szenarios A". Die Prognose der Marktanteilsveränderungen wird offensichtlich nicht isoliert vor dem Hintergrund der Deregulierung vorgenommen, sondern in Zusammenhang mit den wohl kaum davon zu trennenden Einflüssen der europäischen Integration und den Logistiktrends in der verladenden Wirtschaft.

Arbeitsteilung in der Logistikkette

Im Hinblick auf den Werkverkehr der Verlader zeigt sich ein recht deutlicher Trend zur verstärkten Ausgliederung des eigenen Fuhrparks und daraus resultierenden Chancen der Dienstleister. Die Arbeitsteilung an dieser Schnittstelle der Logistikkette wird tendenziell zunehmen, da die Verlader in diesem Bereich weitere Kostensenkungspotentiale erwarten. Das bedeutet keineswegs, daß der Werkverkehr in allen Fällen seine Existenzberechtigung verliert. Für nur wenige Unternehmen scheint es aus Sicht der Experten in Frage zu kommen, daß der Werkverkehrsfuhrpark gewerblich eingesetzt wird.

Inwieweit Transportunternehmen zusätzlich Speditionsleistungen übernehmen, hängt von der Größe - insbesondere der Finanzkraft - des Unternehmens ab. Für kleine Unternehmen kommt diese Möglichkeit kaum in betracht, wogegen für eine größere Zahl mittlerer Transportunternehmen eine Ausweitung um speditionelle Dienstleistungen eher für möglich gehalten wird.

Reine Speditionsunternehmen werden kaum dazu übergehen, Transportdienstleistungen zu übernehmen, da man einen tendenziellen Preisrückgang insbesondere für Standard-Transportdienstleistungen erwartet. Für eine größere Anzahl von Speditionsunternehmen - mehr mittlere als kleine - wird davon ausgegangen, daß zusätzlich andere logistische Dienstleistungen angeboten werden.

Die Bedeutung des Selbsteintritts für Gemischtunternehmen ("Kraftwagen-Spediteure") geht nach Meinung der Experten zurück. Sehr deutlich wird dies für mittlere Unternehmen beantwortet. Für kleinere Unternehmen liegt der Schwerpunkt des Geschäfts häufig zu stark im Transportbereich. Eine Übertragung des Transports an Subunternehmen erwartet man in geringerem Umfang. Eher werden diese Unternehmen zu Subunternehmern. An der Schnittstelle Spedition-Transport zeigt sich eine recht deutliche Erhöhung der Arbeitsteilung und damit eine zu erwartende Veränderung im institutionellen Aufbau der Logistikkette. Allerdings werden auch zukünftig komplette Dienstleistungen "aus einer Hand" - incl. Transport - gefragt sein, wenn die Verladerschaft bspw. den Einsatz "unbekannter Subunternehmer" für Spezialleistungen nicht wünscht.

Die quantitativen Ergebnisse der Expertenbefragung zu diesem Untersuchungspunkt sind in Abb. 5 dargestellt.

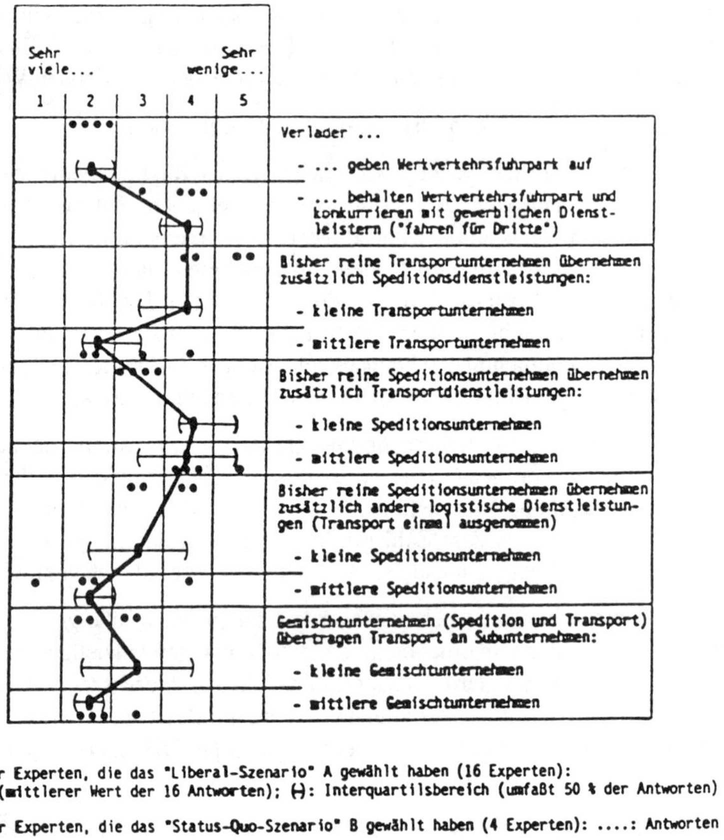

Abb. 5: Arbeitsteilung in der Logistikkette

3.2. Auswirkungen der Deregulierung auf interorganisatorische Beziehungen in der Logistikkette

Die dargestellten Ergebnisse zu interorganisatorischen Beziehungen beziehen sich auf vertikale Beziehungen zwischen Verladern und Speditionsunternehmen sowie zwischen Verladern und Transportunternehmen.

Vertikale Beziehungen zwischen Verladern und Speditionsunternehmen

Im Zuge einer verstärkten Ausgliederung logistischer Aufgaben zeigt sich insbesondere auf dem Teilmarkt für Dienstleistungen mit hohem logistischen Anforderungsniveau ein Trend dahingehend, daß bestehende Beziehungen zwischen Verladern und Speditionsdienstleistungsanbietern, z.B. durch vertragliche Bindung, ausgebaut bzw. gefestigt und die Zahl beauftragter Speditionsunternehmen reduziert wird (siehe Abb. 6). Den Punkt "Austauschbarkeit der Anbieter" beurteilen die Delphi-Teilnehmer für diesen Teilmarkt unentschieden, mit Tendenz zur Ablehnung.

Als Gegenmeinung wird von einigen Experten geäußert, daß Verlader bedenken haben könnten, sich gegenüber wenigen Dienstleistern in vertragliche Abhängigkeit zu begeben. Die Bedeutung grundlegender Kooperationsbedingungen (Kooperationsfähigkeit und Kooperationsbereitschaft) sind für die jeweiligen Verlader und Logistik-Dienstleistungsunternehmen situativ unterschiedlich.[9] So müssen auch die sich zu diesem Bereich ergebenden Tendenzen im Hinblick auf zukünftige Entwicklungen bei einem deregulierten Verkehrsmarkt stets unter Berücksichtigung verschiedener Prämissen der Befragten interpretiert werden.

Der Aufbau von Beziehungen ausländischer Verlader mit deutschen Speditionsdienstleistungsanbietern wird insbesondere für den Teilmarkt mit niedrigem logistischen Anforderungsniveau eher ablehnend beurteilt, wogegen bei hohem logistischen Anforderungsniveau deutschen Speditionsunternehmen Chancen eingeräumt werden. Die Austauschbarkeit der Anbieter wird für den Teilmarkt der Dienstleistungen mit niedrigem logistischen Anforderungsniveau höher eingeschätzt als für den Teilmarkt mit hohem Anforderungsniveau.

Vertikale Beziehungen zwischen Verladern und Transportunternehmen

Verlader werden die aufgrund der Deregulierung steigende Anbieterzahl auf den Transportmärkten nutzen. Bindungen und Beziehungen werden insbesondere bei geringeren logistischen Anforderungen eher gelockert als gefestigt. Beziehungen zu ausländischen Verladern ergeben sich durch verstärkte Bestrebungen zur Akquisition von Rückfracht.

---

9 Kooperationsbereite Verlader zeichnen sich bspw. dadurch aus, daß sie einen externen Problemdruck verspüren, die Entwicklung ihres eigenen Marktanteils schlecht, die Bedeutung des Lieferserviceniveaus hoch und ihre Bedeutung im Absatzkanal stark einschätzen (Vgl. dazu Pfohl, H.-Chr./Linn, N./Kleer, M.: Kooperationsbedingungen der Logistikunternehmen und Verlader - Bericht aus einer empirischen Untersuchung. Arbeitspapier zur Logistik Nr. 7 der Technischen Hochschule Darmstadt. Darmstadt 1988).

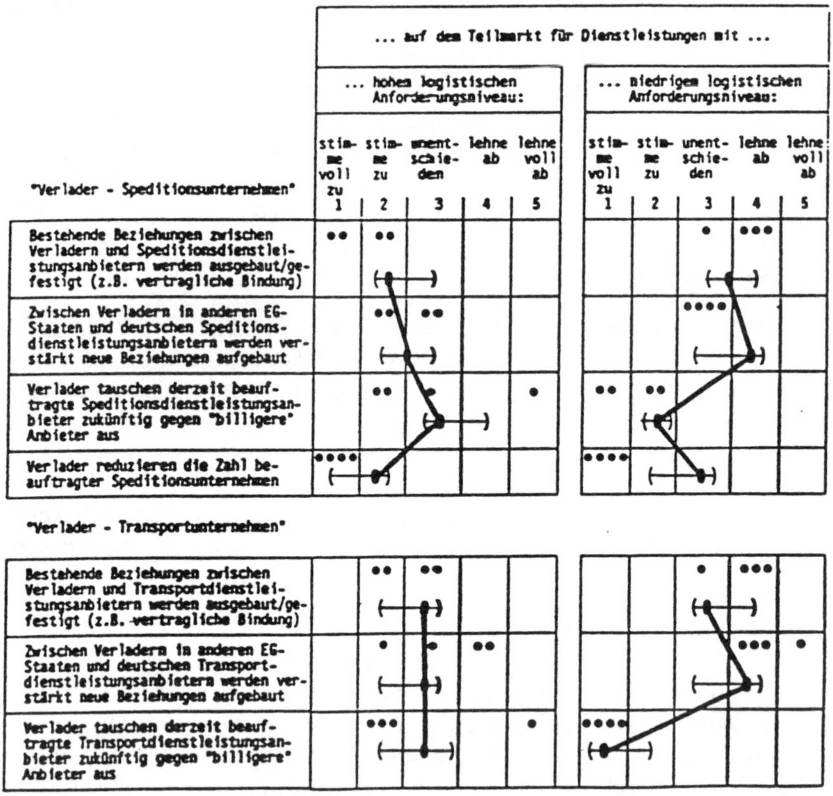

Meinung der Experten, die das "Liberal-Szenario" A gewählt haben (16 Experten):
●: Median (mittlerer Wert der 16 Antworten); (-): Interquartilsbereich (umfaßt 50 % der Antworten)

Meinung der Experten, die das "Status-Quo-Szenario" B gewählt haben (4 Experten): ....: Antworten

Abb. 6: Vertikale Beziehungen zwischen Verladern und Speditionsunternehmen sowie zwischen Verladern und Transportunternehmen

Die überwiegende Anzahl der befragten Experten stimmt dem zukünftig verstärkten Austausch derzeit beauftragter Transportdienstleistungsunternehmen durch "billigere" Anbieter voll zu. Die Austauschbarkeit durch "Billiganbieter" sinkt mit steigendem Anforderungsniveau. So sind z.B. Spezialtransportanbieter im Gefahrgutbereich weniger leicht austauschbar.

Nicht allein der Preis sondern auch die jeweils erforderliche Qualität der Dienstleistung werden die Parameter sein, mit denen die Verlader die Angebote von Speditions- und Transportdienstleistern zunehmend genauer prüfen werden. Dabei wird die Reduktion der Zahl der beauftragten Dienstleister die Unternehmen mit einem Serviceangebot auf hohem logistischen Anforderungsniveau weniger treffen als diejenigen mit einem Serviceangebot auf niedrigem Anforderungsniveau.

3.3. Auswirkungen auf intraorganisatorische Gestaltungsvariablen der Logistikunternehmen

Im Rahmen der ersten Delphi-Runde wurden die Experten weiterhin nach generellen Anforderungen an Produktion, Absatz und Management von Logistik-Dienstleistungsunternehmen befragt. Ziel der offenen Fragestellung war die Generierung von Anforderungen an die Unternehmen, die in der Unternehmensbefragung des Forschungsprojektes berücksichtigt werden sollten. Eine Rückkopplung der zu Items verdichteten Antworten und deren Bewertung zwecks statistischer Auswertung in der 2. Delphi-Runde wurde nicht durchgeführt. Denn die hieraus resultierenden Ergebnisse (Median etc.) hätten erneut rückgekoppelt werden müssen und somit die Durchführung einer 3. Delphi-Runde erfordert. Im folgenden sind nun exemplarisch einige Tendenzen aufgeführt, die sich aus den Expertenmeinungen ableiten.

Zum Funktionsbereich **Absatz** wurde seitens der Experten hervorgehoben, daß der Verkauf logistischer Dienstleistungen aktiver betrieben werden muß, um dem durch die Deregulierung entstehenden Wettbewerbs- und Anpassungsdruck zu begegnen. "Akquisitionsdenken" ist in Richtung "Systemberatungsdenken" zu entwickeln. Damit erhöhen sich die Anforderungen an das Verkaufspersonal hinsichtlich Verlader- und Branchenkenntnisse, Projektmanagementfähigkeiten, Auftragsabwicklungs- und Warenhandlings-Know-How, Ausarbeitung und Kalkulation individueller Leistungen bei verstärktem Einsatz von Marketinginstrumenten.

Im Bereich **Produktion** ist auf **Güterflußebene** die ökonomische Gestaltung physischer Prozesse und die Verwendung dazu notwendiger technischer Betriebsmittel zu verbessern. Systemkomponenten, die die Durchgängigkeit in der Logistikkette z.B. zwischen Transport, Umschlagsanlage und Lager behindern, sind zu eliminieren. Durch Standardisierung und Automatisierung können Rationalisierungspotentiale aufgebaut werden. Das technische Equipment ist flexibel auszurichten und den Kundenbedürfnissen anzupassen. Vorhandene Kapazitäten müssen durch eine verbesserte Auslastung optimal genutzt werden.

Im Bereich des **Informationsflusses** ist die Einmalerfassung von Sendungsdaten zu realisieren. Ohne anpassungs- und vernetzungsfähige EDV-Systeme ist ein steigender und beschleunigter Informationsaustausch sowohl horizontal innerhalb des "Service-Networks" sowie vertikal zu Versendern/Empfängern nicht zu bewältigen. Von besonderer Relevanz ist die Standardisierung bzw. Anpassung von Schnittstellen im Informationsfluß sowie die Möglichkeit, Sendungsdaten und Statusreports abrufen zu können. Zwischen Güter- und Informationsfluß müssen Verbindungsstellen (z.B. Bar-Code-Checkpoints) eingerichtet werden. Aktualisierte, vorauseilende Informationsflüsse erlauben verbesserte Kapazitätsdispositionen. Auf dieser Ebene liegen demnach Kostensenkungs- und Leistungssteigerungspotentiale sowie Differenzierungsmöglichkeiten in Form von Informationsdienstleistungen.

Anforderungen an das **Management** stellen sich bezüglich der Gestaltungsvariablen Aufgabe, Technik, Organisation und Mitarbeiter. Eine wichtige zukünftige Aufgabe des Managements von Logistik-Dienstleistungsunternehmen liegt in der verstärkten marktorientierten Ausrichtung des Unternehmens. Dies erfordert strategisches Denken in Produkt-Markt-Kategorien, Auf- und Ausbau von Marktnischen sowie die Erhöhung und Sicherung der Dienstleistungsqualität. Darauf sind die intra- und interorganisatorischen Strukturen und Abläufe auszurichten. Schwerpunkte liegen auf der Bildung einer kundenorientierten Organisation, sowie auf vertikalen und horizontalen Kooperationen mit zunehmender Internationalisierung. Entsprechende EDV-unterstützte Planungs-, Informations- und Entscheidungstechniken sind notwendig, um die Existenz in einem deregulierten Markt mit freier Preisbildung zu sichern. Die Mitarbeiter bilden hierbei das Fundament des Unternehmenserfolges. Deren Aus- und Weiterbildung ist auf allen Hierarchieebenen zu intensivieren, um den qualitativen Anforderungen des Marktes gewachsen zu sein. In überkommenen Lerninhalten etablierter Berufsbilder werden sich neue Schwerpunkte ergeben. Leistungsanreiz- und Erfolgsbeteiligung in einer Branche mit niedrigen Entgeltstrukturen und schwierigen Arbeitszeitbedingungen sind zu forcieren.

4. Zusammenfassung

Durch die Entscheidung des Europäischen Gerichtshofes vom 22.5.1985 wurde der Rat aufgefordert, die Dienstleistungsfreiheit auf dem Gebiet des internationalen Verkehrs in der EG sicherzustellen und die Bedingungen für die Zulassung von Verkehrsbetrieben zum Verkehr innerhalb eines Mitgliedsstaates, in dem sie nicht ansässig sind, festzulegen. Das Urteil bezieht sich primär auf die Unternehmen des Straßengüterverkehrsgewerbes. Weitere Beschlüsse auf europäischer Ebene wurden durch das Urteil ausgelöst. Fest steht, daß ab 1993 im grenzüberschreitenden Straßengüterverkehr zwischen den Mitgliedsstaaten keine mengenmäßigen Beschränkungen mehr existieren. Wesentliche Punkte der zukünftigen Ausgestaltung eines deregulierten Verkehrsmarktes stehen jedoch nach wie vor zur Diskussion.

Dies betrifft zum ersten die Deregulierung des Kabotageverbots, die sich aus dem Urteil ergeben muß. Zweitens bestehen in den Mitgliedsstaaten nach wie vor sehr unterschiedliche nationale Verkehrsmarktordnungen. So existiert in der Bundesrepublik Deutschland bspw. eine restriktive Konzessionierung und Kontingentierung sowie eine Regulierung der Preise u.a. durch den Reichskraftwagentarif. Eine Änderung des gegenwärtig bestehenden bundesdeutschen Regulierungssystem ist bis Ende 1992 bislang nicht in Sicht. Der Druck aus dem internationalen Bereich wird jedoch zu einer Anpassung führen, da eine Regulierungsdiskrepanz nicht haltbar sein dürfte. Drittens geht es um die Harmonisierung der Wettbewerbsbedingungen. Ein Binnenmarkt ohne nationale Schranken benachteiligt Unternehmen mit Standorten in Ländern, in denen eine höhere Kostenbelastung besteht. Die Probleme der Angleichung historisch gewachsener Marktordnungen sind evident. Nicht nur Verkehrswegeabgaben, sondern auch der weitaus bedeutendere Bereich der Steuerharmonisierung sind Gegenstand der Verhandlungen. Die Institutionen der EG stehen hier noch vor erheblichem Handlungsbedarf zur Realisierung des gemeinsamen Binnenmarktes. Eine totale Harmonisierung der Wettbewerbsbedingungen für die Unternehmen des Straßengüterverkehrs der verschiedenen Mitgliedsstaaten wird bis Ende 1992 und mittelfristig darüber hinaus wohl kaum gelingen. Von standortbedingten Kostenunterschieden ist auszugehen.

Die mit der Deregulierung verbundenen Chancen und Risiken der hier im Vordergund stehenden kleinen und mittleren bundesdeutschen Straßengüterverkehrsunternehmen als Anbieter logistischer Dienstleistungen sind jedoch nicht nur durch die Kostensituation sondern auch durch das Leistungsprofil determiniert. Für logistische Dienstleistungen auf niedrigem Anforderungsniveau (z.B. reine Transportleistung mit Standard-Lkw) auf attraktiven Märkten (z.B. günstige Rückklademöglichkeiten) mit geringen Marktzutrittsbarrieren ist eine stärkere Erhöhung des Wettbewerbsdruckes zu erwarten als für Dienstleistungen auf hohem Anforderungsniveau (z.B. flächendeckende Massendienstleistungen oder kundenorietierte, spezialisierte Dienstleistungspakete) auf Märkten mit höheren Marktzutrittsbarrieren.

Im Hinblick auf die institutionelle Arbeitsteilung in der Logistikkette bedeutet dies z.B. für die relativ große Zahl der im Selbsteintritt mit eigenen Lkw tätigen deutschen Kraftwagenspeditionen eine Umorientierung für den Bereich einfacher Transportdienstleistungen. Make-or-buy-Entscheidungen werden vermehrt pro Fremdvergabe ausfallen. Dies induziert Chancen für Marktzutritte insbesondere für ausländische Transportunternehmen in dieses Segment. Etablierte deutsche Transportunternehmen müssen daher frühzeitig ihr Dienstleistungsniveau erhöhen und Ihre Position als zuverlässiges Glied in der Logistikkette festigen. Die größten Chancen für kleine und mittlere Speditionsunternehmen liegen zukünftig im Bereich kundenorientierter Dienstleistungsangebote. Standardisierte Massendienstleistungen wie z.B. Paket- und Systemgutdienste erfordern aufgrund des notwendigen Ressourceneinsatzes für die stark rationalisierten Produktionsverfahren größere, kapitalkräftige Organisationen.

Aus dem durch die Deregulierung entstehenden Wettbewerbs- und Anpassungsdruck resultieren Anforderungen vor allem an das Management hinsichtlich der Aufgabe einer stärker marktorientierten Ausrichtung des Unternehmens. Darauf sind die intra- und interorganisatorischen Strukturen und Abläufe sowie die eingesetzte Technik abzustimmen. Den zukünftigen Herausforderungen können die Unternehmen nur dann begegnen, wenn die Mitarbeiter in der Lage sind, die sich ergebenden Chancen und Risiken zu erkennen und zu bewältigen.

Die Herausforderungen sollten dabei nicht allein auf die Deregulierung zurückgeführt werden, sondern in interdependentem Zusammenhang z.B. mit weiteren Veränderungen der Marktumwelt, insbesondere der zunehmenden Bedeutung der Logistik in Industrie und Handel betrachtet werden. Je besser ein Logistikunternehmen hinsichtlich der Marktumwelt Stärken ausbaut und Schwächen eliminiert, desto größer sind die Chancen in einer veränderten Makroumwelt mit deregulierten Rahmenbedingungen.

6. Kybernetik und Organisation

Rasches Diagnostizieren des Organisationsniveaus einer Firma

von Augustin Mariän Huska[1]

Die Entwicklung und Erprobung von Methoden der sogenannten Schnellanalyse und Schnellreaktion /quick analysis and fast responce/ mit Rechnerunterstützung ist ein spezieller Beitrag zur Weiterentwicklung des sogenannten kurativen Managements im Rahmen der Management Sciences. In dem vorliegenden Beitrag wird zunächst die Genese der Entstehung und Erprobung des manuellen Protosystems dargestellt, gefolgt von der Entwicklung der ALFA-Version des Expertensystems DIAORG für eine schnelle Ermittlung des Organisationsniveaus von Unternehmen in drei Strukturbereichen: der Marktnachfrage, der Ablauf- und Aufbauorganisation einer Firma.

1. Exposition des Problems

Der Weltmarkt durchlebt einen Wandel von dem von Konjunktur und Depressionszyklen geprägten in einen turbulenten Markt, der in relativ schnellen Schwingungen, die nach rascher Anpassungsreaktion rufen, um die konjunkturell-depressive Kurve oszilliert.

Stafford Beer stellte fest, daß sich die Schere zwischen der Geschwindigkeit des Wandels im Operationsumfeld der Firmen und deren Reaktionsgeschwindigkeit immer weiter öffnet. Das Nachlassen /Retardieren/ der Reaktionsfähigkeit der Firma hat kumulativen Charakter und von dem Zeitpunkt an, wenn die kritische Masse des Zurückbleiben erreicht ist /Inertialzustand/, ist die Firma unfähig, sich den Bedingungen des Marktumfeldes anzupassen und bricht zusammen. Deshalb wächst weltweit das Bestreben, schnelle, aussagefähige und wirksame Formen des Analyse in Theorie und Praxis des Managements zu finden, die ohne große Zeitverluste und mit möglichst geringen Kosten imstande sind, die Situation der Firma zu diagnostizieren und ihr so beim

---

1 Dipl.-Ing. Augustin Marián Huska , CSc., Institut für Ökonomie und Organisation in der Bauindustrie, Ruzová dolina 27, 82469 Bratislava, Tschechoslowakei

Auffinden der Schwachstellen und bei ihrer raschen, wirksamen und rentablen Beseitigung zu helfen.

2. Charakteristik des manuellen Expertenprotosystems der Organisationsdiagnostik

Das manuelle Expertenprotosystem für die Beurteilung einer Firma wurde von uns zunächst als DIAORG /DIAgnostizierung der ORGanisation - Organisationsdiagnostik/ bezeichnet. Dieses Protosystem testet die genannten 3 Strukturbereiche einer Firma /Nachfrage nach ihrem Erzeugnisprogramm, ihre Ablauforganisation und Aufbauorganisation/. Für diese Struktur gibt es methodisch vorverarbeitete Fragenmaquetten mit Alternativantworten und dazu entsprechende Schablonen mit den Intervallraten zur Bewertung der gewählten Antworten innerhalb des geschlossenen Intervalls <0;l>. Die vorbereiteten Maquetten und Schablonen werden während des sogenannten Diagnosetrialogs verwendet. Den ersten Pol des Trialogs übernehmen die gerade erwähnten Maquetten und Schablonen, den 2. Pol die von der Firmenleitung bestimmten Firmenexperten und den 3. Pol externe Konsultanten. Die Konsultanten sorgen für die Korrektheit der Interpretation und des Verständnisses der Schablonen und Maquetten durch die Firmenexperten und koordinieren darüberhinaus den eigentlichen Ablauf des Diagnosetests sowie die Aufstellung des Diagnoseprotokolls.

2.1. Grundlegende Erfordernisse des ersten Bereichs - Diagnose der Marktnachfragestruktur im Expertenprotosystem DIAORG

Die Maquetten mit den vorbearbeiteten Fragen und Antworten orientieren sich in diesem Bereich an der Untersuchung der Entwicklung der Ansprüche des Marktes an die Erzeugnisstruktur der Firma über:

- die räumlich-allokative Verteilung der Marktnachfrage nach den Firmenerzeugnissen,
- die inhaltlich-zweckgebundene, d.h. gebrauchsorientierte und konstruktiv-technologische Spezifizierung der Marktnachfrage nach den Erzeugnissen der Firma,
- die umfangsmäßige Quantifizierung der Marktnachfragen und

- die zeitliche Gliederung der Marktnachfrage nach den Erzeugnissen der Firma.

Die vorbereiteten Maquetten sind so gestaltet, daß sie zur Beurteilung der tatsächlichen Nachfrage /des kontrahierten/ und vorbereiteten Arbeitsreservoirs/ sowie zur Beurteilung der wahrscheinlichen Entwicklung der Nachfrage nach der Firmenproduktion auf dem Markt zu einem bestimmten vereinbarten Zeitpunkt in der Zukunft verwendet werden können. Die Nachfragestruktur gliedert sich in Erzeugnisgruppen.

2.2. Grundlegende Erfordernisse des zweiten Bereichs - Diagnose der Struktur der Ablauforganisation einer Firma im Expertenprotosystem DIAORG

Die Maquetten mit den vorverarbeiteten Fragen und Antworten sind in diesem Bereich als Batterie von Ouerschnittstätigkeitsgebieten gestaltet, beginnend bei den 4 logistischen Prozessen der Beschaffung von materiellen Mitteln, über unterstützend-absichernde Prozesse der Entwicklung und Prototypierung bis hin zur Produktion- und Vertriebstätigkeit. Dann folgt die Diagnostizierung der immateriellen /Intelligenz-/ Prozesse, beginnend mit dem Marketing, über die Kontrahierungs-, Planungs-, Konstruktions-, produktions- vorbereitenden und personalistischen Prozesse bis zu erfassungsstatistischen Analysetätigkeiten. Zum Schluß werden in diesem Bereich die Tätigkeiten der Firmenleitung in ihrer Gesamtheit beurteilt. Mit der Beantwortung der Fragen und der Auswahl der Antworten sowie der Zuordnung der Werte aus den Skalenintervallen kann sowohl das Teilmaß der technologischen Vereinbarkeit der diagnostizierten Tätigkeitsgebiete als auch das Gesamtmaß der organisatorischen Gestaltung der gesamten Struktur der Ablauforganisation einer Firma berechnet werden. Durch Testen gewinnt man ein Bild von dem Ordnungsniveau sowohl der tatsächlichen als auch der wahrscheinlichen Ablauforganisation der Firma in ihren materiellen wie Intelligenz-Leitungsflüssen. Gegenstand der Beurteilung sind:

- die räumlich-allokative und strukturelle Verteilung der materiellen und immateriellen Flüsse der Firma,

- die inhaltlich-zweckorientierte und verfahrensbezogene /technologische/ Absicherung der materiellen und immateriellen Flüsse,

- die umfangsmäßige Dimensionierung der materiellen und immateriellen Flüsse der Firma und die zeitliche Phasegliederung der materiellen und immateriellen Firmenflüsse.

2.3. Grundlegende Erfordernisse der 3. Bereichs-Diagnostizierung der Struktur der Aufbauorganisation der Firma im Expertenprotosystem DIAORG

Die Maquetten und Schablonen mit den vorbereiteten Fragen und Antworten sind in diesem Bereich zu Batterien von Querschnittsgebieten der institutionellen leitungsorganisatorischen Absicherung einer Firma zusammengestellt. Gegenstand der Beurteilung ist die Aufbauorganisation aller wesentlichen Bereiche, die in der ausführenden Basis, in der unterstützend-absichernden Zwischenschicht und in dem konzeptionell leitenden Überbau der Firma gesichert werden über:

- die räumlich-allokative und strukturelle Abgrenzung der Verantwortungsbereiche der Struktureinheiten /abteilungen/ der Firma,
- die inhaltlich-zweckorientierte Abgrenzung der Kompetenzen der Struktureinheiten,
- die umfangsmäßige Bemessung der Kapazitätspotentiale der Aufbaustruktur der Firma,
- die zeitliche Abgrenzung der Phasen des Lebenzyklus der Firmenabteilungen und der Regime ihres Fungierens /in der Gründungs-, Wachstums-, Erneuerungs-, Reduktions- und Liquidationsphase/.

Die Maquetten ermöglichen also die Querschnitts- und Gesamtbewertung der Aufbauorganisation und zwar sowohl der wirklichen als auch der wahrscheinlich möglichen, künftigen Firma. Die Maquetten des Strukturbereichs der Aufbauorganisation können den Maquetten der Strukturbereiche der Ablauforganisation der Firma zugeordnet und damit ihre gegenseitige Adäquanz sowie beider gemeinsam gegenüber der Marktnachfrage ermittelt werden.

2.4. Experimentelle Auswertung der Realisierbarkeit der Anwendung des Expertenprotosystems DIAORG in ausgewählten Baufirmen

Das manuelle Testverfahren des Protosystems DIAORG wurde in ausgewählten Firmen realisiert, die Interesse bekundeten, mit diesem Test ein diagnostisches Bild ihrer Organisation zu erhalten. Die Struktur des Diagnosetests war folgende:

- zunächst wurde eine einführende Unterweisung für die Firmenleitung und ausgewählte Firmenexperten gegeben,
- dann wurde nach gemeinsam abgestimmten Zeitharmonogrammen der eigentliche Test aller drei Bereiche und der darin vereinbarten ausgewählten Gebiete vorgenommen /und zwar von gemischten Diagnoseteams, bestehend aus Firmenexperten sowie externen Forschern /Konsultanten/,
- anschließend wurde von den Konsultanten das Schlußprotokoll des Diagnosetests der Firma erarbeitet, das eine Einschätzung der Tatbestände, der Wirklichkeit /1988- 1989/ und der Zukunft bis etwa zum Zeitraum um 1995/ enthielt,
- schließlich wurde eine Schlußabstimmung des Diagnoseprotokolls auf der gemeinsamen Sitzung der Firmenleitung ausgewählter Firmenexperten und externer wissenschaftlicher Konsultanten vorgenommen. Das Protokoll umfaßte alle 3 Bereiche und dabei sowohl die Eintragung der erzielten Werte des Maßes der Organisiertheit für alle Gebiete und Bereiche als auch einen Überblick über die von den Firmenexperten bei der Diagnostizierung der wahrscheinlichen Zukunft der Firma bestätigten Ziele. Außerdem enthielt es Vorschläge und kritische Anmerkungen der externen Konsultanten als Empfehlungen für die Firmenleitung.

Der Schluß des Protokolls enthielt Übersichtstabellen und Histogramme der Meßwerte für die diagnostizierten Bereiche und Gebiete. In den Histogrammen und in der sogenannten Zielgraphik wurden auf Grund festgelegter "Tragfähigkeitsschwellen", sogenannter Schwachstellen in der Organisationsstruktur der Firma und zwar gesondert Schwachstellen in der tatsächlichen Struktur und wahrscheinliche Schwachstellen in der künftigen Firmenstruktur identifiziert. Die Tragfähigkeitsschwellen helfen jene getesteten Bereiche und Gebiete zu identifizieren, die das tragfähige Mindestmaß der Organisiertheit nicht erreichen. Die experimentelle Erprobung bestätigte zugleich nicht nur die Leistungsfähigkeit des gewählten Diagnosetests, sondern zeigte auch den positiven Beitrag des Tests als eines originellen "Lernprozesses", in dem sich die Integrität der Firmenleitung mit den Experten festigt /Schaffung einer gemeinsamen Leitungsvorstellung und des Willens, sie zu realisieren/. Ein Nebeneffekt wurde die Überwindung der gegenseitigen Vorurteile zwischen Fachleuten der Firma und externen Wissenschaftlern/Konsultanten, was zur Entstehung der sogenannten "Fayolischen Brücke" zwischen Wissenschaft und Praxis führte!

Die Arbeit der Firmenexperten in den gemischten Diagnoseteams und das enge Zusammenwirken mit der Firmenleitung führten gleichzeitig zu der Erkenntnis, daß ein so komplexes System, wie es die moderne Unternehmenfirma ist, allein auf der Basis des Monoprofessionsansatzes nicht ernsthaft zu beurteilen möglich ist. Die Beteiligung der Firmenexperten an den interdisziplinären Gruppen führte rasch zu einer gemeinsamen "Wertungssprache". Das Protokoll wurde für die Firmenleitung und ihre Experten zur Grundlage für den Organisationsentwicklungsplan und die Ganzheitsstrategie der Firmenanpassung an neue Bedingungen auf dem Baumarkt. Konkret - die Experten der Unternehmerfirma waren sich einig in der Ansicht, daß die identifizierten "Schwachstellen" tatsächlich bis dahin nur vermutete und mitunter auch unterschätzte Strukturschwierigkeiten verkörperten.

Um sich eine Vorstellung von der synthetischen Aussage des gewonnenen Bildes zu machen, sei hier die diagnostische Bewertung der drei Bereiche und der in ihnen ausgewählten Gebiete der ersten bewerteten Firma /mit 4 500 Beschäftigten/ angeführt, in der Übertragung auf des Wertungsintervall <O;l>, Diese diagnostische Bewertung läßt sich in die graphische Sprache übersetzen, wobei sichtbar wird, in welchen Testgebieten der Firma Schwachstellen liegen /die die festgesetzte Tragfähigkeitsschwelle nicht erreichen/ und zwar sowohl in der Bewertung der Wirklichkeit als auch der Zukunft.

Nach der experimentellen Erprobung der Gebrauchsfähigkeit und Instrumentalität des manuellen Expertenprotosystems wurde die Konzeption der ALFA-Version des Expertensystems TESPA DIAORG, kurz ESTD erarbeitet. Die Software zu dem Expertensystem in der sog. ALFA-Version ist für das Datenbanksystem FOXBASE 2.0. bearbeitet. Die ALFA-Version bildet 17 Programmodule. Die gesamte ALFA-Version ist auf 1 Diskette gespeichert, die außer Programmen auch ständige Dateien enthält und gleichzeitig werden hier auch die bei der Testung eines konkreten Betriebs entstehenden Arbeitsdateien eingespeichert.

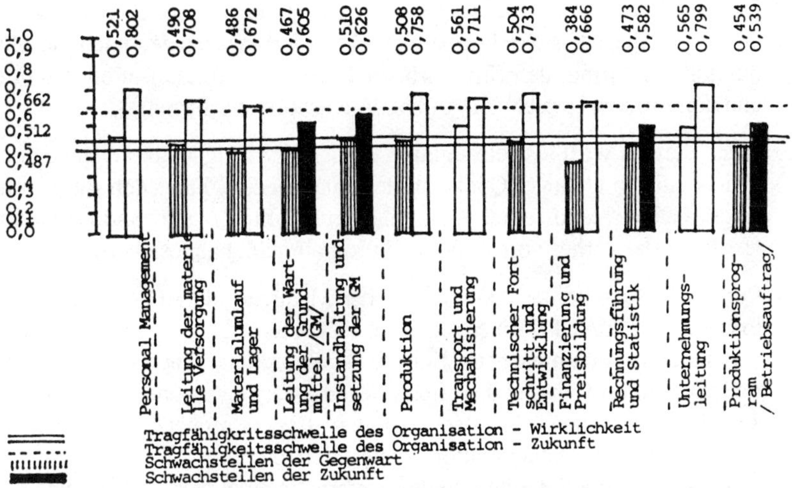

Abb. 1: Histogramm einer Umsetzung des Ordnungsmaßes einer Baufirma

Die Datenbasis umfaßt eine Fragendatei und ein Abteilungsregister. Die Software liefert vollen Anwenderkomfort für die Datengestaltung und Aktualisierung. Für den abschließenden Bericht bearbeitet der Rechner eine eigene Auswertung des diagnostischen Tests sowie Tabellen und Histogramme. Die weiteren Empfehlungen der Konsultanten werden in dieser Version von den Konsultanten manuell bearbeitet.

3. Ableitungsregeln /Inferenz/ für die Kriterien des Diagnosetests

Die Funktionslogik des Diagnosetests stützt sich auf folgende Kriterien /K/:

Kl Gegenstand des Diagnosetests der Firma sind zwei Zustände: die Wirklichkeit. /W/ und das künftige Ziel /Z/. Abweichung /Δ/ deuten auf die Dynamik der Differenzen zwischen W und Z hin. Weichen die Zustände Z wachsend von den Zuständen W ab, handelt es sich um positive Abweichungen /+ /, weichen sie sinkend ab, handelt es sich um eine negative Abweichung /- /.

K2 Das Objekt des Diagnosetests für beide Zustände /W und Z/ gliedert sich in drei Bereiche: den Strukturbereich der Marktnachfrage, nach der Produktion der Firma, den Strukturbereich der Ablauforganisation der Firma und den Strukturbereich der Aufbauorganisation der Firma.

K3 Jeder Bereich wird als selbständige Einheit der Diagnostik verstanden und gleichzeitig in Gebiete /Querschnitte/ untergliedert. Für jeden Bereich und jedes Gebiet wird eine Etalonmaquette mit Fragen und Antworten /Testbatterie/ vorher vorbereitet und programmäßig abgesichert.

K4 Bei der Auswahl einer Antwort aus der Maquette /durch den betreffenden Firmenexperten/ wird einerseits eine charakterisierende Aussage gewählt und andererseits /im nächsten Schritt/ die Zuordnung eines Wertes aus dem Teilintervall im Rahmen der "fuzzy" Metrik <n;i> vorgenommen und zwar auf der Grundlage einer sogenannten Expertenschätzung. Mit dieser zweistufigen Auswahloperation identifiziert der Experte den Zustand der bewerteten Firma mit einem in der Batterie angebotenen Zustand und einer Eigenschaft und ordnet aufgrund seiner fachkundigen Schätzung den entsprechenden Wert aus dem Teilintervall zu.

K5 Die Umsetzung der Expertenvorstellung von der zu beurteilenden Eigenschaft in das geschlossene Intervall bedeutet praktisch ein Hinzufügen einer bestimmten Eigenschaft der Firma "die individuelle technologische Vereinbarkeit" /ITV/ zu der verbalen Beschreibung ITV wird für die erfaßten räumlich-zeitlichen Eigenschaften der Firma /d.h. für die strukturell-allokative, inhaltlich-zweckgebundene, umfangs- und zeitbezogene Eigenschaft/ untersucht. Von diesen individuellen Teilmaßen kann es für jede Raum-Zeit-Dimension mehrere geben, und der dann resultierende Wert wird durch Mittelung der ITV zur "technologischen Vereinbarkeit der Raum-Zeit-Eigenschaften" /TVRZE/ gewonnen, das heißt:

$$\frac{ITV_1 + ITV_2 + \ldots + ITV_n}{n} = TVRZE_{1 \text{ bis } 4}$$

K6 Je höher die Differenzen zwischen den Gesamtwerten der TVRZE sind, d.h.: $TVRZE_1 \lessgtr TVRZE_2 \lessgtr TVRZE_3 \lessgtr TVRZE_4$, um so größer ist die Schwankungsbreite /Disproportionalität/ der jeweiligen technologischen Teilvereinbarkeiten in der Firma.

K7 Summe und Durchschnittswert der $TVRZE_{1 \text{ bis } 4}$ vergeben das Maß des Ordnungszustandes, das Ordnunssmaß /OM/ an. OM wird für jedes diagnostizierte Gebiet durch Summierung und Mittelung zum Gesamtordnungsmaß der Firma /OMF/, d.h.:

$$\frac{OM_1 + OM_2 + \ldots\ldots OM_n}{n} = OMF\ n$$

Die einzelnen OM der jeweiligen Gebiete ermöglichen dic Aufstellung einer Rangliste des Ordnungsniveaus der Gebiete im Rahmen des Diagnosebereichs und der Firma. Je höher der Wert ist /je näher er 1,0 ist/, um so höher ist ihr Niveau und eine um so höhere Sprosse erklimmt sie auf dieser Rangleiter und umgekehrt.

K8 Der tatsächliche Zusammenhang zwischen der Struktur der Marktnachfrage /SMN/ nach der Produktion der Firma und der Struktur der Ablauforganisation /SAbO/ sowie der Struktur der Aufbauorganisation SAO/ der Firma ist wie folgt:

- situations und sachbezogen ist es vorteilhafter, wenn das Ordnungsmaß der Nachfragestruktur /OM SMN/, d.h. die Struktur des Arbeitsreservoirs der Firma höher ist als das Ordnungsmaß der Struktur der Ablauforganisation /OM SAbO/ und das Ordnungsmaß der Struktur der Aufbauorganisation /OM SAO/ also:

  OM SMN > [OM SAbo, OM SAO].
  Ist aber
  OM SMN < [OM sabO, OM SAO].

  dann bietet das Arbeitsreservoir weniger Möglichkeiten als die Kapazitätsmöglichkeiten der Ablauf- und Aufbauorganisation erlauben würden.

- Das Ordnungsmaß der Struktur der Aufbauorganisation /OM SAO/, d.h. das Niveau der institutionellen Sicherheit in dem einen oder anderen Gebiet und Bereich soll höher sein als das der Struktur der Ablauforganisation /OM SAbO/, denn der Strukturbereich der Aufbauorganisation schafft den Handlungsraum für die Abwicklung der Tätigkeiten /Prozesse/. Ist das Ordnungsmaß der Struktur der Aufbauorganisation /OM SAO/ niedriger oder sogar wesentlich niedriger als das der Struktur der Ablauforganisation /OM SAbO/, dann engt es die Struktur der Prozesse im Grunde ein, bzw. drosselt sie und bietet somit wenig Handlungsraum für die Entwickung der Prozeßtechnologie. Mit anderen Worten, weist die institutionelle Gestaltung der Firma ein niedriges Ordnungsmaß auf, dann bietet sie nur einem beengten Raum für die eigentliche Tätigkeit /die Prozesse/ der Firma. Dasselbe gilt für die Ungleichungen:

OM SAbO > OM SAO oder OM SAbO >> OM SAO.

Gleichzeitig gilt aber auch, wenn OM SAO wesentlich über OM SAbO liegt, dann eilt die Aufbauorganisation der Entwicklung eigentlich weit voraus und erzeugt weder ausreichenden Druck durch die Anspruchshöhe noch ausreichenden Zug durch Stimulierung. Dasselbe gilt für die Ungleichung

OM SAbO << OM SAO.

Die richtige Beziehung ist also die einer einfachen Ungleichung

OM SAO > OM SAbO.

(Diese einfache Ungleichung ist so geartet, daß der unterschiedliche Wert der positiven Abweichung + Δ 0,2 nicht übersteigt.)

K9 Zur Unterscheidung der schwachen von den genügend vitalen Gebieten idonnerhalb der getesteten Bereiche im Rahmen der Firma wird die sogenannte Tragfähigkeitsschwelle, d.h. die Grenze der wünschenswerten Mindestwerte des Ordnungsmaßes eingeführt. Diese Tragfähigkeitsschwelle wir gesondert für den tatsächlichen Zustand /W/ und den zukünftigen Zustand /Z/ in allen drei Bereichen folgendenmaßen festgelegt:

- Im Strukturbereich der Ablauforganisation wird die Tragfähigkeitsschwelle für den Ist-Zustand in einem Intervall von 0,475 bis 0,500 und für den Zielzustand mit dem Punktwert 0,650 festgelegt.

- Im Strukturbereich der Aufbauorganisation wurde die Tragfähigkeitsschwelle für den Ist-Zustand im Intervall von 0,500 bis 0,525 und für den Zielzustand mit 0,675 Punkten festgesetzt.

- Im Strukturbereich der Marktnachfrage sowie bei der Gesamtsumme aller drei Bereiche für die Firma in ihrer Gesamtheit wurde die Tragfähigkeitsschwelle für den Ist-Zustand Intervall von 0,487 bis 0,512 festgelegt und für den künftigen Zustand ein Punktwert von 0,662 bestimmt /als ϕ der gesondert für die Ablauf und die Aufbauorganisation festgelegten Werte/. Sinkt der Meßwert unter die oben genannten Schwellen, dann signalisiert er Schwachstellen in der Organisation.

4. Statt eines Schlusses

Die Erfahrungen mit der experimentellen Erprobung des manuellen Expertenprotosystems DIAORG in der betriebswirtschaftlichen Praxis und mit den ersten Funktionsprüfungen der ALFA-Version des Expertensystems TESPA DIAORG zeigen, daß die Trialogkonzention sowohl die Anwendung der akkumulierten Erkenntnisse der künstlichen Intelligenz, gespeichert in der Programmausstattung, als auch die Erkenntnisse der lebenden Intelligenz, gespeichert in den Köpfen der internen Experten 15 und externen Konsultanten, ermöglicht und zwar für die Erfordernisse der schnellen Analyse und des schnellen Entwurfs und Einschätzens von möglichen künftigen Zuständen. Diese drei Erkenntnisquellen münden in den Strom des Diagnoseprotokolls ein, von dem die fachlichen, interdisziplinären therapeutischen Ableitungen für die Vervollkommungsadaptation aller drei Strukturen der Firma abzuleiten und detailliert zu planen sind. Nach Abschluß der Erprobung der ALFA-Version ESTD wird die Möglichkeit der Anwendung der Diagnostizierung nicht nur für den Bedarf der Organisationen, die aus verschiedenen Gründen Interesse an einer Investierung in die Entwicklung der Firma haben und die Lebensfähigkeit der Firma überprüfen wollen, untersucht werden. Da ESTD als offenes System angelegt wurde, haben die Autoren die Absicht, es durch weitere Kriterien in bezug auf die Marktwirtschaft, wie z.B. durch die Erprobung der Fähigkeit der Firma zur Eigenfinanzierung zu ergänzen und eine Inventionsdynamik höhere Ordnung zu erzielen /z.B. Investorengruppierungen /joint venture/, Banken u.a.m./. Schließlich erwägen die Autoren eine Prüfung der Verwendbarkeit von ESTD nicht nur unter Marktbedingungen der sozialistischen Wirtschaften, sondern auch unter Marktbedingungen der kapitalistischen Wirtschaften. Die wachsende Kooperation auf dem Weltmarkt führt objektiv zur Annäherung der Marktmechanismen, und es ist deshalb erforderlich, die Allgemeingültigkeit dieses Diagnosesystems zu erproben. Der Weltmarkt und alle darauf aktiven Betriebssysteme werden Systeme der schnellen Analyse und Anpassungsreaktion von globaler Gültigkeit brauchen. ESTD ist bereits eine Lösung in der genannten zukunftsträchtigen Richtung.

7. Kybernetische Systeme in der Unternehmenspraxis

"Unternehmensethik" im Lichte der ökologischen Herausforderung

von Gerd Rainer Wagner [0]

1. Das Problem

Die Frage des Verhältnisses zwischen Wirtschaftswissenschaft und Ethik tritt seit kurzem in verstärktem Maße wieder in den Vordergrund des Interesses.[1] Auf dieser Basis werden zunehmend der Begriff "Unternehmensethik" sowie das Problem unternehmerischer Begegnung der ökologischen Herausforderung Gegenstände praktischer Erörterung und wissenschaftlicher Diskussion. Speziell im wissenschaftlichen Bereich sind dabei zum einen Schwerpunkte zu konstatieren, die beide Bereiche parallel zueinander vertiefen[2,3], zum anderen sol-

---

0 Prof. Dr. Gerd Rainer Wagner, Universität Essen, Lehrstuhl für Betriebswirtschaftslehre, insbes. Unternehmung und Umwelt, Postfach 10 37 64, D-4300 Essen 1

1 Siehe insb. Hesse, H. (Hrsg.): Wirtschaftswissenschaft und Ethik, Berlin 1988, sowie Koslowski, P.: Prinzipien der Ethischen Ökonomie, Tübingen 1988; ferner auch Bievert, B.; Held, M. (Hrsg.) (I): Ökonomische Theorie und Ethik, Frankfurt a.M./New York 1987, sowie dies. (II): Ethische Grundlagen der ökonomischen Theorie - Eigentum, Verträge, Institutionen, Frankfurt a.M./New York 1989.

2 Den aktuellen Stand wissenschaftlicher Diskussion zur "Unternehmensethik" im deutschsprachigen Raum repräsentieren Ulrich, P. : Die Weiterentwicklung der ökonomischen Rationalität - Zur Grundlegung der Ethik der Unternehmung, in: Bievert, B.; Held, M. (I), S. 122-149, Küpper, H.-U.: Verantwortung in der Wirtschaftswissenschaft, in: Zeitschrift für betriebswirtschaftliche Forschung, 40. Jg., 1988, S. 318-339, Steinmann, H.; Löhr, A. (I): Unternehmensethik - eine "realistische Idee". Versuch einer Begriffsbestimmung anhand eines praktischen Falles, in: Zeitschrift für betriebswirtschaftliche Forschung, 40. Jg., 1988, S. 299-317, dies. (II): Wider eine empirische Wendung der Unternehmensethik, in: Zeitschrift für betriebswirtschaftliche Forschung, 41. Jg., 1989, S. 325-328, dies. (Hrsg.) (III): Unternehmensethik, Stuttgart 1989, Lenz, H.; Zundel, St.: Zum Begriff der Unternehmensethik, in: Zeitschrift für betriebswirtschaftliche Forschung, 41. Jg., 1989, S. 318-324, Rüegg, J.: Unternehmensentwicklung im Spannungsfeld von Komplexität und Ethik. Eine permanente Herausforderung für ein ganzheitliches Management, Bern/Stuttgart 1989, Hoffmann, F.; Rebstock, W.: Unternehmensethik - Eine Herausforderung an die Unter-

che, bei denen diese Bereiche bereits in wechselseitiger Durchdringung erörtert werden[4]. Die nachstehenden Darlegungen sollen einen Beitrag zu letztgenanntem Segment liefern.

Im Verhältnis zwischen "Unternehmensethik" und ökologischer Herausforderung steht als *Basisthese* vielfach die Vorstellung im Raume, der empirisch beobachtbare gesellschaftliche "Wertewandel"[5] bewirke durch eine Verstärkung des ethischen Bewußtseins der im Unternehmen Handelnden quasi zwingend eine stärkere Berücksichtigung des Umweltschutzes im Rahmen der Unternehmenspolitik.[6] Dies führe *(Folgethese)* zu zunehmender relativer Gewichtung

---

nehmung, in: Zeitschrift für Betriebswirtschaft, 59. Jg., 1989, S. 667-687, Koch, H.: Unternehmerische Entscheidungen und ethische Normen, in: Zeitschrift für betriebswirtschaftliche Forschung, 41. Jg., 1989, S. 739-753. Speziell zum Sonderbereich der "Marketingethik" siehe Hansen, U.: Marketing und soziale Verantwortung, in: Die Betriebswirtschaft, 48. Jg., 1988, S. 711-721.

3 Zur bisherigen Behandlung umweltökonomischer Gegenstände innerhalb des wirtschaftswissenschaftlichen Schrifttums unter besonderer Betonung der einzelwirtschaftlichen Sicht siehe im erörternden Überblick Wagner, G.R. (III): Unternehmung und ökologische Umwelt - Konflikt oder Konsens?, in: Wagner, G.R. (Hrsg.) (II): Unternehmung und ökologische Umwelt, München 1990, S. 1-28, insb. S. 3-6.

4 Siehe z.B. Birnbacher, D. (Hrsg.): Ökologie und Ethik, Stuttgart 1980, Ridder, H.-G.: Grundprobleme einer ethisch-normativen Betriebswirtschaftslehre. Ein Vergleich alter und neuer Ansätze am Beispiel der ökologischen Betriebswirtschaftslehre, in: Pfriem, R. (Hrsg.): Ökologische Unternehmenspolitik, Frankfurt a.M./New York 1986, S. 52-80, Weimann, J.: Normgesteuerte ökonomische Theorien - Ein Konzept nicht empirischer Forschungsstrategien und der Anwendungsfall der Umweltökonomie, Frankfurt a.M./New York 1987, Kreikebaum, H.: Grundzüge einer theologisch orientierten Umweltethik, in: Steinmann, H.; Löhr, A. (III), S. 203-214, oder Stitzel, M.: Ökologische Ethik und wirtschaftliches Handeln, in: Schauenberg, B. (Hrsg.): Wirtschaftsethik. Schnittstellen von Ökonomie und Wissenschaftstheorie, Wiesbaden 1990, S. 101-116.

5 Vgl. z.B. Klages, H: Wertorientierungen im Wandel. Rückblick, Gegenwartsanalyse, Prognosen, Frankfurt a.M./New York 1984, oder Schuppe, M.: Im Spiegel der Medien: Wertewandel in der Bundesrepublik Deutschland, Frankfurt a.M./Bern/New York/Paris 1988.

6 Einerseits losgelöst, andererseits jedoch diese postulierte Entwicklung verstärkend, stehen empirisch bestätigte Veränderungen ökologiebezogener Verbrauchereinstellungen im Raume. Vgl. z.B. die Darlegungen zur "Wertsteuerung von ökologiefreundlichen Verhaltensweisen" bei Franz, G.; Herbert, W.: Werte, Bedürfnisse, Handeln: Ansatzpunkte politischer Verhaltenssteuerung, Frankfurt a.M./New York 1986, insb. S. 79-100. Vgl. insb. auch Wimmer, F.: Umweltbewußtsein und konsumrelevante Einstellungen und Verhaltensweisen, in: Brandt, A.; Hansen, W.; Schoenheit, I.; Werner, K. (Hrsg.): Ökologisches Marketing, Frankfurt a.M./New York 1988, S. 44-85.

von Umweltschutz in unternehmerischen Zielsystemen und damit zu verstärktem ökologiebezogenen Unternehmerhandeln.[7]

Die Tragfähigkeit dieser Thesen ist zu überprüfen. Dabei wird im folgenden - vom Allgemeinen zum Speziellen fortschreitend - zunächst der mögliche *Sinngehalt des Begriffs "Unternehmensethik"* beleuchtet, anschließend werden *ethische Anforderungen an Unternehmerhandeln im Lichte gegebener Gesellschaftsverfassung* erörtert, alsdann die *Konsequenzen der ökologischen Herausforderung für das unternehmerische Zielsystem* beleuchtet, und schließlich wird die *ökologische Herausforderung als Prüfstein ethischer Entsprechung des Unternehmerhandelns* thematisiert.

2. "Unternehmensethik" und "Unternehmensmoral" - Zur Gefährdung des Sinngehalts philosophischer Grundkategorien

Der Begriff "Ethik" kennzeichnet eine sozialphilosophische Basiskategorie im Sinne des maßgeblichen Leitprinzips (bzw. eines Sets solcher Prinzipien) für das Denken und Handeln innerhalb einer Gesellschaft.[8] Als solche ist diese Kategorie inhaltlich nicht differenzierbar.[9] Damit verschließt sich Ethik - soll Sprache Träger eindeutiger Begriffe und sollen Begriffe Träger eindeutiger Inhalte sein[10] - auch einer begrifflichen Differenzierung.

Die dennoch grassierende Verbreitung gruppen- und/oder institutionen-spezifisch differenzierender Begriffe wie "Unternehmens-Ethik", "Verbraucher-

---

7 Referenzobjekte beider Thesen bilden i.d.R. publizierte Fälle entsprechenden Unternehmerhandelns, insb. Winter, G.: Ein umweltbewußtes Unternehmen in der Praxis - Das Winter-Modell, in: Piroth, E; Wicke, L. (Hrsg.): Chancen der Betriebe durch Umweltschutz, Freiburg i.Br. 1988, S. 53-74, sowie Günther, K.: Neue Konzepte in der Verpackungsindustrie - Das B+K-Ökologiekonzept, in: Steinmann, H; Löhr, A. (III), S. 397-412.

8 Vgl. in diesem Sinne insb. Ritter, J.; Romberg, R.: Ethik, in: Ritter, J. (Hrsg.): Historisches Wörterbuch der Philosophie, Band 2: D-F, Basel/Stuttgart 1972, Sp. 759-809, sowie Derbolav, J.: Abriß europäischer Ethik, Würzburg 1983.

9 Siehe in entsprechender, dezidierter Formulierung Mittelstraß, J.: Auf dem Wege zu einer Reparaturethik?, in: UNIVERSITAS, 44. Jg., 1989, S. 898-904, speziell S. 901: "Ethik ist nicht teilbar."

10 Vgl. die Traktate L. Wittgensteins zum Verhältnis von Sprache und Denken in Brand, G.: Die grundlegenden Texte von Ludwig Wittgenstein, Frankfurt am Main 1975, insb. S. 73-77.

Ethik", "Politiker-Ethik" und anderer (von Vertretern der Philosophie mitunter sarkastisch als "Bindestrich-Ethiken" apostrophiert) birgt in sich Gefahren bzw. ist Ausdruck von Sachverhalten mindestens dreierlei Art:

a. Die Verwendung des Begriffs Ethik geschieht nicht im Sinne der durch diesen Begriff eigentlich zu kennzeichnenden, nicht differenzierbaren Basiskategorie, sondern einer nachgeordneten, differenzierbaren Kategorie, wie etwa Moral.[11] Dies führt zur schleichenden Aufweichung des Sinngehalts dieses Begriffs.[12]

b. Die Verwendung des Begriffs Ethik geschieht - in Verbindung mit a. - substitutiv auch für solche Phänomene, die kategorial weiter nachgeordnet sind, z.B. Verantwortung.[13] Dies führt zur Inflationierung und damit zur Abwertung des Begriffs Ethik.

c. Aufweichung des Sinngehalts und Abwertung des Terminus' Ethik machen diesen Begriff - und damit im Grunde auch die ihm nachgeordneten Begriffe - der Verständniswillkür zugänglich und befördern damit - gewollt oder unge-

---

11 Moral als Ausdruck des jeweiligen Verhaltensverständnisses von Gesellschaften oder Gesellschaftsgruppen findet in der übergeordneten Kategorie Ethik ihre Maßgröße. Zum Sinngehalt des Begriffs Moral wie auch der mit diesem eng assoziierten weiteren Begriffe siehe insb. Bien, G.: Moralität/Sittlichkeit, in: Ritter, J.; Gründer, K. (Hrsg.): Historisches Wörterbuch der Philosophie, Band 6: Mo-O, Basel/Stuttgart 1984, Sp. 184-192, Jüssen, G.; Wieland, G.; Caldera, R.T.; Delmont-Mauri, J.L.; Heymann, E.; Ritter, F. : Moral, moralisch, Moralphilosophie, ebenda, Sp. 149-168, Klein, J.: Moralsystem, ebenda, Sp. 192-200, sowie Samson, L.: Moralität/Legalität, ebenda, Sp. 179-184.

12 Grundsätzlich zur Problematik nicht eindeutiger kategorialer Abstufung der Begriffe Ethik und Moral vgl. die entsprechenden Anklänge im Rahmen der "sprachkritischen Vorbemerkungen" bei Lorenzen, P.: Philosophische Fundierungsprobleme einer Wirtschafts- und Unternehmensethik, in: Steinmann, H.; Löhr, A. (III), S. 25-57, insb. S. 27. Speziell zur Beleuchtung möglicher Konsequenzen mangelnder Eindeutigkeit dieser Art siehe z.B. Dyllick, Th.: Management der Umweltbeziehungen - Öffentliche Auseinandersetzung als Herausforderung, Wiesbaden 1989, der im Kontext seiner Diskussion des Verhältnisses von Unternehmung und Moral (S. 186-229) Begriffe wie "Nutzenethik", "Maximenethik", "Gerechtigkeitsethik" und "Verfahrensethik" als Erscheinungsformen "grundlegender Moralprinzipien" behandelt, mithin die kategorial vorgegebene Abstufung zwischen Ethik und Moral geradezu umkehrt.

13 Zur Bedingtheit der Verantwortung bzw. Verantwortlichkeit von der Existenz freier Moralgesetze siehe Stockhammer, M.: Philosophisches Wörterbuch, Essen 1980, S. 362-363.

wollt - (1) seine Funktion als Instrument zur Kaschierung anderer Dinge oder Interessen sowie (2) die Gefahr sozialphilosophischen Dilettantismus'.[14]

Die Relevanz beider Gefahren ist im wirtschaftspraktischen wie im wirtschaftswissenschaftlichen Bereich nachvollziehbar.[15] Dabei mag diese Erscheinung im wissenschaftlichen Bereich - positiv interpretiert - ein Indiz für das Bemühen sein, die zusehends drängenden Mangelempfindungen, die aus der fachlichen Ausgrenzung von Disziplinen wie Soziologie, Psychologie oder Philosophie resultieren, zu überwinden.[16] Gleichviel rechtfertigt auf diesem Wege, d.h. ohne tatsächliche Einbeziehung von und Auseinandersetzung mit Denkkategorien dieser anderen Disziplinen, das Ergebnis nicht die Bemühungen.

Ähnliches gilt im übrigen auch für Bemühungen jener Ansätze, die unter dem Stichwort der "Ökonomischen Theorie" (bzw. der "Ökonomischen Analyse") bei durchgängiger Anwendung des Prinzips der ökonomischen Allokationseffizienz wirtschaftliche Denkmaßstäbe zur Erklärung realer Phänomene in allen denkbaren Lebenswelten - also auch und gerade den nichtökonomischen - anlegen (wollen), etwa von der ökonomischen Theorie menschlicher Fruchtbarkeit[17] bis hin zur ökonomischen Theorie der Strafverfolgung[18]. Denn auch

---

14 Die Verwendung des Begriffs "Dilettantismus" geschieht hier in wissenschaftstheoretischem, nicht dagegen in umgangssprachlichem Sinne.

15 Vgl. z.B. zu ersterem den, gemessen am dargebotenen, relativ "flachen" Inhalt recht überzogen wirkenden Anspruch der Vermittlung eines "Werte- und Normen-Systems als notwendige Ergänzung zu den Instrumenten der Betriebswirtschaft und des Marketing" bei Rasche, H.O.: Unternehmens-Kultur als neuer Erfolgsfaktor, 2. Aufl., Heiligenhaus 1986.

16 Zur dogmengeschichtlichen Entwicklung des Verhältnisses der Ökonomie zu diesen korrespondierenden wissenschaftlichen Disziplinen vgl. Wurdack, E.; Aßhauer, R.; Ball, H.; Schneider, G.; Wagner, G.R.: Zum Selbstverständnis der Wirtschaftswissenschaften - Prinzipien einer Studienstruktur der Wirtschaftswissenschaften, in: Wirtschaft und Erziehung, 23. Jg., 1981, S. 39-46, 71-75 und 105-111.

17 Zu Ansätzen ökonomischer Erklärung menschlicher Fruchtbarkeitsschwankungen (besser wohl Gebährhäufigkeitsschwankungen) seit T.R. Malthus siehe z.B. die - allerdings durchaus kriteriensensible - Behandlung dieses Phänomens bei Ball, H.: Zukunftsvorsorge und ökonomische Entwicklung - Entscheidungen über Kapitalbildung, Versicherung, Ausbildung, Arbeit und Generationenvertrag aus einzel- und gesamtwirtschaftlicher Sicht, Frankfurt a.M./New York 1984, insb. S. 165-175.

18 Siehe dazu z.B. die verschiedenen Beiträge in Rottenberg, S. (Hrsg.): The Economics of Crime and Punishment, 3. Aufl., Washington, D.C. 1979, oder Andreano, R.; Siegfried, J.J. (Hrsg.): The Economics of Crime, Cambridge, Mass. 1980.

diese "Ökonomischen Theorien von Allem"[19] tragen die Gefahr der fundamentalen Kategorienverzerrung in sich, da sie das Kriterium der ökonomischen Effizienz auch solchen Sachverhalten aufdrängen, in denen dieses Kriterium massiv mit deutlich übergeordneten Kriterien kollidiert, also mit Werten, die der Kategorie Ethik näher stehen. Dabei mag als eines von vielen Beispielen die aktuelle Kollision der weitgehend bevölkerungspolitisch und global ökonomisch wie auch zunehmend umweltökonomisch ausgerichteten Diskussion zur möglichen "Überbevölkerung der Welt"[20] sowie zu möglichen Strategien/Instrumenten der Abhilfe auf der einen mit Grundpositionen etwa der katholischen Sexualauffassung ("Sexualethik") auf der anderen Seite genannt werden. Ohne Rückbesinnung auf die erforderlichen Grenzen und damit ohne Selbstbeschränkung des beanspruchten Kompetenzfeldes lancierte sich die Disziplin Wirtschaftswissenschaft mithin auf diesem Wege in eine Dominanzposition, aus welcher heraus rein ökonomische Zielgrößen zu übergeordneten, d.h. gesellschaftlichen Wertgrößen stilisiert würden.

3. Ethische Anforderungen an Unternehmerhandeln im Lichte gegebener Gesellschaftsverfassung

Übergeordnete Werte manifestieren sich bei real existierenden Gesellschaften in deren jeweiliger Gesellschaftsverfassung, und zwar in kodifizierter wie in nicht-kodifizierter Form. Kodifiziert ist im System der "Sozialen Marktwirtschaft" insbesondere die *Sozialverpflichtung des Eigentums* aus Artikel 14 Abs. 2 GG, nicht kodifiziert dagegen - jedoch bei gegebenem Gesellschaftsverständnis ("Verantwortung als Korrelat der Freiheit des Unternehmerhandelns") nicht minder relevant - das daraus resultierende Prinzip der *"Sozialverantwortlichkeit"*, ergänzt durch einige wiederum (mehr oder weniger) kodifizierte Prinzipien wie etwa jenes der *"Mäßigung im Gebrauch vorhandener Marktmacht"* im Sinne des Gesetzes gegen Wettbewerbsbeschränkungen.

Eine dem Prinzip der Sozialverpflichtung aus Artikel 14 Abs. 2 GG entsprechende *umwelt*bezogene Verfassungsvorgabe, etwa im Sinne einer

19 Zur konzeptionellen Basis sowie zur Spannweite des beanspruchten Kompetenzfeldes dieser Theorien siehe insb. Becker, G.: Der ökonomische Ansatz zur Erklärung menschlichen Verhaltens, Tübingen 1982.

20 Zu verschiedenartigen Perspektiven ökonomischer Konzeptionen dieses Problems siehe Parfit, D.: Overpopulation and the Quality of Life, in: Singer, P. (Hrsg.): Applied Ethics, Oxford 1986, S. 145-164.

"Umweltverpflichtung", gibt es (bisher) nicht.[21] Dies erschwert die Ableitung analoger Kriterien zur Beurteilung ökologieorientierten Unternehmerhandelns. Gleichviel sollte über derartige Kriterien in einem Kulturkreis, dessen Ideale sich von einer umfassenden Schöpfungsidee herleiten, Konsens erzielbar sein. Tiefgehende Erörterungen über "die normativen Voraussetzungen der Umweltpolitik" unter der Prämisse der "Wiederannäherung von Ethik und Politik"[22] sowie Überlegungen zum "Umweltschutz am Prüfstein der sozialen Marktwirtschaft"[23] weisen durchaus in diese Richtung. Möglicherweise wird auch die Weiterverfolgung des Ansatzes der *"Verantworteten Anthropozentrik"* in diesem Sinne dienlich sein, d.h. eines Ansatzes, der zwar den Wert der Umwelt in erster Linie an dem Nutzen, den sie für Überleben und Wohlergehen des Menschen hat[24], mißt, der jedoch zugleich diese Umweltnutzung durch Beachtung pathozentrischer (also auf den Eigenwert von Tieren) bis hin zu biozentrischen (also auf den Eigenwert von Tieren und Pflanzen bezogenen) Denkweisen begrenzt.[25]

Neben die Prinzipien "Sozialverantwortlichkeit" und "Mäßigung im Gebrauch von Marktmacht" träten dann als etwa gleichgewichtige Prinzipien *"Umweltverantwortlichkeit"* und *"Mäßigung in der Nutzung ökologischer Güter"*, konkretisiert insbesondere in der Forderung nach Arten-, Wasser-, Boden- und Luftschonung. Ethisches Unternehmerhandeln im umweltbezogenen Bereich müßte sich dann in dem grundsätzlichen Verzicht manifestieren, ökologische Güter *uneingeschränkt* als Objekte einzelwirtschaftlicher Effizienzkalküle zu

---

21 Allerdings stehen Forderungen dieser Art im politischen und wissenschaftlichen Raume. Vgl. z.B. die Darlegungen zur "Ökologischen Wirtschaftspolitik" bei Simonis, U.E.: Ökologische Modernisierung der Wirtschaft - Optionen und Restriktionen, in: Wagner, G.R. (II), S. 29-47.

22 Siehe Zilleßen, H.: Die normativen Voraussetzungen der Umweltpolitik - Zur Wiederannäherung von Ethik und Politik, in: Das Parlament, 1. Juli 1988, Beilage "Aus Politik und Zeitgeschichte" B 27/88, S. 3-14.

23 Siehe Wenz, E.M.: Ökologische Marktwirtschaft - Chancen und Grenzen. Umweltschutz am Prüfstein der sozialen Marktwirtschaft, in: Wenz, E.M.; Issing, O.; Hofmann, H. (Hrsg.): Ökonomie, Ökologie und Jurisprudenz, München 1987, S. 125-143.

24 Definition von Anthropozentrik hier nach Stitzel, M., S. 101-116. Vgl. im übrigen auch die dortige klassifikatorische Unterscheidung zwischen "anthropozentrischer", "pathozentrischer", "biozentrischer" und "holistischer Umweltethik".

25 Begriff der "Verantworteten Anthropozentrik" geprägt von Gethmann, C.F.: Ethische Probleme der technischen Zivilisation, Frankfurt am Main 1991, Kap. 1.1. (in Vorbereitung).

handhaben.[26] Damit ist dann unmittelbar die Bedeutung der ökologischen Herausforderung für (und ggfs. ihre Wirkung auf) das unternehmerische Zielsystem angesprochen.

4. Die ökologische Herausforderung und das Zielsystem der Unternehmung

Die ökologische Herausforderung der Gegenwart findet - wie eingangs kurz angesprochen - vielfach in der These vom allgemeinen "Wertewandel" ihre Begründung. Allerdings erscheint diese These bei differenzierter Betrachtung allein schon aufgrund ihres zentralen Begriffs als nur bedingt haltbar. Denn zerlegt man die Kategorie "Wert" in ihre verschiedenen Komposita von gesellschaftlichen bzw. kulturellen bis hin zu individuellen Werten sowie von Grund- oder Basiswerten bis hin zu konkreten abgeleiteten individuellen Werten oder Einstellungen[27], dann erscheinen zumindest allgemeine Grund- oder Basiswerte, die sich zumeist zugleich als gesellschaftliche bzw. kulturelle Werte darstellen, wenn überhaupt, dann allenfalls in allmählichen und sich über weiteste Zeiträume erstreckenden Phasen als wandelbar. "Wertewandel", wie er gemeinhin verstanden wird, stellt sich dann eher entweder als bloße (wenn auch ggfs. großzahlige) Änderung konkreter abgeleiteter individueller Werte oder Einstellungen dar, oder aber als bloßer Wandel von Werteorientierungen und damit von Bewußtsein. Allgemeiner Bewußtseinswandel aber dokumentiert in aller Regel nicht veränderte gesellschaftliche Werte, sondern lediglich veränderte gesellschaftliche Knappheitsverhältnisse, hier also jene zwischen ökonomischen und ökologischen Gütern.[28]

---

26 Vollständiger Verzicht auf die Inanspruchnahme ökologischer Güter würde die Beendigung menschlicher Produktionsmöglichkeiten und damit letztendlich auch die Beendigung menschlicher Existenz schlechthin bedeuten.

27 Zur eingehenden Systematisierung von Werten sowie verwandter Termini, ausgerichtet an den jeweiligen Schwerpunkten der Wertforschung in den verschiedensten wissenschaftlichen Disziplinen, siehe Kmieciak, P.: Wertstrukturen und Wertwandel in der Bundesrepublik Deutschland, Göttingen 1976, S. 24-230.

28 Diese Sichtweise steht unmittelbar in Einklang mit der Interpretation des Entstehens von (öffentlichem und persönlichem) Bewußtsein als Konsequenz gesteigerter - hier also durch Knappheit verstärkter - Wahrnehmung von Phänomenen durch Weizsäcker, C.F.v.: Bewußtseinswandel, München/Wien 1988, z.B. S. 157-158.

Die Unternehmenspolitik bedient sich nun nicht selten wohlfeil gerade jener Etiketten, mit denen solche veränderten, speziell die Nutzbarkeit natürlicher Ressourcen betreffenden Knappheitsrelationen sprachlich zum Ausdruck zu bringen sind (man denke etwa an die Vielfalt mitunter aufgesetzt anmutender werblicher Argumente zur besonderen Umweltfreundlichkeit von Erzeugnissen und Verfahren). Umweltschutz wird dann weniger aus höherer Einsicht in gesellschaftliche bzw. ökologische Verantwortlichkeiten des Unternehmens, sondern mehr aus einzelwirtschaftlicher Rationalität, um nicht zu sagen Opportunität, betrieben (oder lediglich propagiert).[29]

Die Vordergründigkeit dieser Verhaltensweisen wird zudem oftmals - erneut anknüpfend an die einführenden Feststellungen dieses Beitrags - bewußt oder unbewußt kaschiert durch ausgiebige, fast inflatorische Verwendung von Begriffen wie Ethik oder Verantwortung. Dies hat das Entstehen eines undurchsichtigen sprachlichen Deckmantels zur Konsequenz, unter dem das traditionelle betriebswirtschaftliche Zielsystem keineswegs modifiziert, sondern u.U. eher weiter stabilisiert wird. Die These von der ethisch fundierten zunehmenden Gewichtung des Umweltschutzes im unternehmerischen Zielsystem erwiese sich damit - zumindest insofern - als Illusion.

Gleichviel ist zunehmende Umweltorientierung des unternehmerischen Handelns empirisch konstatierbar. Zugleich ist eine deutlich ansteigende Einbeziehung ökologischer Orientierungen in strategischen Unternehmensplanungen feststellbar.[30] Mit der gemeinhin postulierten Gegenläufigkeit von ökonomischen und ökologischen Zielen scheint diese Erkenntnis allerdings unvereinbar zu sein.

Aus der Langfristigkeit und Globalität der strategischen Unternehmensplanung folgt jedoch, daß in solchen Planungssystemen vorrangig langfristige Globalziele niedergelegt werden. Zudem sind diese Systeme - anders als jene der operativen Planung - eher in der Lage, global auftretende Marktveränderungen, wie eben jene des umweltschutzbezogenen Bewußtseinswandels der Nachfrager, - im Interesse des Unternehmens aufzugreifen und in erfolgversprechende Strategien umzusetzen.

---

29 Vgl. hierzu insb. entsprechende Anklänge bei Kelm, M.; Streit, C.-Ch.: Ethik aus Eitelkeit, in: Forum für Fach- und Führungsnachwuchs, 5. Jg., 1989, Nr. 5D, S. 22-27, sowie dies.: Schafspelz für Wirtschaftswölfe, in: Forum für Fach- und Führungsnachwuchs, 5. Jg., 1989, Nr. 4D, S. 28-37.

30 Vgl. hierzu insb. die empirischen Befunde bei Meffert, H.: Strategisches Marketing und Umweltschutz - Bericht aus einem Forschungsprojekt, in: Wagner, G.R. (II), S. 73-96.

Im Rahmen langfristig anzulegender unternehmerischer Marktstrategien verliert damit der Konflikt zwischen ökonomischen und ökologischen Zielen an Gewicht.[31] Umweltschutz wird dann *insofern* zu einer einzelwirtschaftlichen Zielgröße, die überhaupt keiner weiteren ethischen Fundierung mehr bedarf.[32] Die Frage des Verhältnisses von Ethik im Unternehmerhandeln und ökologischer Herausforderung greift dann aber *insofern* nur auf reduziertem Niveau. Sie wandelt und konkretisiert sich dann in die Frage, ob und inwieweit an betriebswirtschaftlichen Zielen orientiertes Unternehmerhandeln *auch* ökologisch positive Implikationen aufweist. Antworten auf diese Frage kann man durch Bezugnahme auf einzelne, als konkrete Prüfobjekte dienende - wenn auch notgedrungen selektive - Beispiele finden.

5. Die ökologische Herausforderung als Prüfstein der ethischen Entsprechung des Unternehmerhandelns

I. Der ethische Gehalt von Unternehmerhandeln im Bereich des Umweltschutzes läßt sich mitunter - nimmt man Bezug auf die Darlegungen in Abschnitt 3 - daran ermessen, ob und inwieweit Unternehmen oder Branchen bereit sind, trotz Fehlens eines der Sozialverpflichtung des Eigentums analogen Prinzips der Umweltverpflichtung sich dennoch gegenüber der externen und/oder internen Öffentlichkeit diesem Prinzip zu verschreiben. *Hinweise* auf solche Haltungen können *formale Selbstverpflichtungen* zur individuellen Auffüllung der gesellschaftlich nicht kodifizierten Prinzipien geben, etwa in Form verbindlicher betrieblicher Umweltleitlinien entsprechend einzelner Beispiele der Chemischen Industrie[33] oder überbetrieblich artikulierter Leitlinien wie

31 Siehe eingehender dazu Wagner, G.R. (III), insb. S. 17-20.

32 Diese Aussage steht nicht in Gegensatz zu der Notwendigkeit, auf der Ebene strategischer Absichten unternehmerische Ökologieorientierungen in wirksamer Weise festzuschreiben, um so der möglichen Realisierung umweltschutzbezogener Marktstrategien die erforderliche, intern konstituierende Basis zu geben. Sie steht auch nicht in Gegensatz zu der durchaus konzedierten Möglichkeit, daß in diese Festschreibung (auch) umweltschutzbezogener unternehmerischer Bewußtseinswandel einfließt.

33 Vgl. z.B. die "Leitlinien für Umweltschutz und Sicherheit" der Hoechst Aktiengesellschaft: Hoechst - Unser Selbstverständnis, Frankfurt am Main o.J., sowie die entsprechenden Leitlinien der Bayer Aktiengesellschaft, erörtert u.a. von Strenger, H.J.: Unternehmensethische Grundsätze in der chemischen Industrie, in: Steinmann, H.; Löhr, A. (III), S. 365-372, sowie von Rohe, E.-H.:

etwa jener des "Davoser Manifests" des Europäischen Management-Symposiums von 1973.[34] Offen bleibt dabei allerdings zumeist die Frage der tatsächlichen Selbstbindungskraft solcher Leitlinien.[35]

Hingegen können *Indizien* für tatsächlich umweltbezogen selbstbindendes Unternehmerhandeln aus *Fällen nachvollziehbaren (partiellen oder temporären) Gewinnverzichts* zugunsten dadurch bewirkter Arten-, Wasser-, Boden- oder Luftschonung resultieren, etwa aus Beispielen des Verzichts auf kostengünstigeren Faktoreinsatz im Falle vergleichsweise geringerer Umweltverträglichkeit (z.B. eingeschränkter Recyclierbarkeit) einzelner Güter.[36] *Motiv* solcher Verhaltensweisen kann - in Anknüpfung an das Konzept der "Verantworteten Anthropozentrik" - die unternehmerische Verpflichtung gegenüber dem Prinzip Verantwortung sein, wenngleich auch im konkreten Einzelfalle zumal Außenstehenden der objektivierbare Nachweis tatsächlichen Vorliegens und tatsächlicher Umsetzung dieses Motivs schwer fallen dürfte.

II. Verantwortung bedeutet Bereitschaft, freiwillig auf eigene Vorteile zur Wahrung der Rechte anderer zu verzichten.[37] Insofern kann z.B. in der freiwil-

---

Entwicklungstendenzen des praktischen Umweltschutzes in der chemischen Industrie, in: Wagner, G.R. (II), S. 97-112.

34 In die Nähe überbetrieblicher umweltschutzbezogener Selbstverpflichtungen rücken vereinzelt auch öffentliche Stellungnahmen leitender Unternehmensrepräsentanten wie etwa jene des Präsidenten des Bundesverbandes der Deutschen Industrie Necker, T.: Die ökologische Verantwortlichkeit der Unternehmer, Referat auf der Tagung der Evangelischen Akademie Tutzing am 26. April 1988, BDI-Dokumentation, Köln 1988. Vgl. an dieser Stelle auch Rosenberger, G.: Ökologische Verantwortung als Teil von Unternehmens- und Konsumkultur, in: Brandt, A.; Hansen, W.; Schoenheit, I.; Werner, K., S. 159-188, insb. S. 166-171.

35 Kritisch zur Bedeutung speziell des "Davoser Manifests" siehe Steinmann, H.: Zur Lehre von der "Gesellschaftlichen Verantwortung der Unternehmungsführung", in: Wirtschaftswissenschaftliches Studium, 2. Jg., 1973, S. 467-473. Allgemein, jedoch auch mögliche Fälle tatsächlicher ökologiebezogener unternehmerischer Selbstverpflichtungen sowie denkbare Bindungswirkungen zunächst bloßer Deklarationen pointierend, siehe Wagner, G.R. (III), insb. S. 13-17.

36 Vgl. als Beispiel Aufbau und Sinn der sog. "Stoffliste" im Rahmen des von K. Günther, S. 397-412, dargestellten Konzepts.

37 Diese, weit über die umgangssprachlich "flache" Verwendung des Begriffs Verantwortung im Sinne von "Kompetenz" hinausgehende Definition reflektiert auf "Verantwortung für Zu-Tuendes", hergeleitet aus der "Pflicht der (Entscheidungs-)Macht" (und damit auch im Gegensatz zur Verantwortung als lediglich "kausale Zurechnung begangener Taten"), bei der "das Abhängige in seinem Eigenrecht zum Gebietenden, das Mächtige in seiner Ursächlichkeit zum Verpflichteten wird", gemäß Jonas, H.: Das Prinzip Verantwortung - Versuch einer Ethik für die technologische

ligen Schaffung öffentlicher Transparenz in Fällen umweltsensibler Aktivitäten eines Unternehmens ein Beitrag zur Verstärkung des Gehalts an Umweltverantwortung im Unternehmerhandeln liegen. Allerdings überdeckt sich dies nicht selten mit rein betriebswirtschaftlichem Kalkül, etwa dann, wenn diese Transparenz im einzelnen Falle (auch) durch pragmatische risikopolitische Erwägungen begründet ist. Konkrete Beispiele dazu bieten etwa Fälle des Schnittstellenmanagements bei überbetrieblichen Umweltinformationssystemen zwischen Unternehmen und Umweltschutzbehörden:[38]

In diesen Fällen, bei denen unter Nutzung moderner Methoden der Informations- und Kommunikationstechnik Behörden tatsächlich unmittelbar, also on-line, Zugang zu den laufenden Erhebungen und Dokumentationen von Unternehmen über deren selbst ermittelte Emissions- und Immissionswerte erhalten, entstehen einerseits für die betreffenden Behörden mehrfache Vorteile: Sie können zum einen die Einhaltung umweltbezogener Standards in Permanenz überprüfen und bei gegebenen Abweichungen ohne Zeitverlust reagieren. Zum anderen partizipieren die Behörden in derartigen Fällen von dem verfahrenstechnischen Know-how der Unternehmen und ersparen sich selbst damit aufwendige Installationen eigener Prüfeinrichtungen oder Vor-Ort-Abstellungen eigenen Personals. Den beteiligten Unternehmen bieten derartige kommunikative Verbundsysteme zum einen bestimmte psychologische Vorteile, resultierend aus der Gewährung von Einblicken in angewandte Fertigungsverfahren und Prüfmethoden, u.U. sogar bis hin zu gemeinsamer Erarbeitung bestimmter Prüftechniken. Ein solches Verhalten kann immens vertrauensbildend sein, denn es gibt den übermittelten Prüfdaten ein weitaus höheres Maß an Glaubwürdigkeit. Zugleich beugt es denkbaren Gefahren wie etwa der Einrichtung staatlicher "Umwelt-Kommissare" im Unternehmen[39] und damit weitaus konkreteren und spürbareren potentiellen Eingriffen vor. Zum anderen können dem Unternehmen aus solchen (durchaus prekären)

Zivilisation, Neuauflage, Frankfurt am Main 1984, S. 172-183, insb. S. 174-175. Vgl. in diesem Zusammenhang auch die differenzierende Analyse bei Schnoor, Ch.: Kants Kategorischer Imperativ als Kriterium der Richtigkeit des Handelns, Tübingen 1989, sowie die auf die Sozialverpflichtung des Eigentums gemäß Artikel 14 Abs. 2 GG rekurrierenden Darlegungen bei Schmidt-Leithoff, Ch.: Die Verantwortung der Unternehmensleitung, Tübingen 1989.

38 Bezug genommen wird hier auf reale Beispiele übergreifender Informationsorganisation zwischen privatwirtschaftlichen Unternehmen der Entsorgungsbranche und diese Unternehmen überwachenden kommunalen Umweltschutzbehörden.

39 Mitunter sind politische Tendenzen spürbar, speziell die Institution des betrieblichen Umweltschutzbeauftragten in eine solche Rolle umzufunktionieren.

Partnerschaften[40] ganz konkrete ökonomische, speziell risikoökonomische Vorteile erwachsen. Denn verbindet sich im behördlichen Bereich mit dem dokumentierten unternehmerischen Kooperationswillen der Eindruck besonderer umweltbezogener Fachkompetenz dieses Unternehmens, dann wird auf staatlicher Seite (ggfs. bis hin zur Gesetzgebung) u.U. die Bereitschaft wachsen, verbindliche Umweltstandards (also Grenz- und Schwellenwerte) so zu setzen, daß sie für die betreffenden Unternehmen nachvollziehbarer, kalkulierbarer und damit letztendlich auch akzeptierbarer werden. Insbesondere ist hier die Kalkulierbarkeit staatlicher, insbesondere behördlicher Vorgaben über die Zeit hinweg angesprochen. Denn auch behördliche Stellen werden sich im allgemeinen um so stärker und um so länger an eigene Vorgaben halten und gebunden fühlen, je mehr man sie den Eindruck hat gewinnen lassen, hochinformiert und damit selbst fachkompetent gehandelt zu haben.

Das Argument, in Fällen dieser Art werde das unternehmerische Handeln von Einsicht in übergeordnete Werte geleitet, liegt zumindest aus der Sicht der betreffenden Unternehmen nahe. Mangels tiefenpsychologischer Einblicksmöglichkeiten bleibt allerdings die tatsächliche Überprüfbarkeit dieses Arguments verschlossen. Jedoch reicht es für die Beurteilung derartiger Fälle vollkommen aus, konstatieren zu können, daß das konkrete unternehmerische Handeln sowie die ethischen Anforderungen an dieses Handeln *hier* nicht in Konflikt zueinander stehen.

III. Hehre Ethikbezogenheit lediglich verbaler Art scheint dagegen in verschiedenen anderen Fällen vorzuherrschen. So existiert bei bestimmten Unternehmen und Unternehmensverbänden ein erstaunlicher Prozeß, allmählich das zuvor allgemein massiv bekämpfte Verursacherprinzip bei der Regulierung von Umweltschäden[41] zu akzeptieren, ja es sogar selbst als gesellschaftlich einzig legitimes Zurechnungsprinzip zu propagieren. Partiell mag dahinter in Einzelfällen durchaus verändertes ökologiebezogenes Verantwortungsbewußtsein stehen. Näher liegt jedoch die Vermutung, dahinter stehe ganz unverändert einzelwirtschaftliche Rationalität, und zwar eine solche, die sich den Gedanken zielorientierter Risikotransformationen zunutze macht. Erneut mag ein Beispiel dies verdeutlichen:[42]

40 Zum Begriff der "prekären Partnerschaft" im hier verstandenen Sinne siehe Schelling, T.C.: The Strategy of Conflict, 4. Aufl., London 1970.

41 Vgl. allgemein wie auch speziell auf den Umweltbereich bezogen Rehbinder, E.: Politische und rechtliche Probleme des Verursacherprinzips, Berlin 1973.

42 Vgl. zu diesem Beispiel detaillierter Wagner, G.R. (I): Konzepte zur Altlastenbewältigung in betriebswirtschaftlicher Sicht, in: Kompa, R.; Fehlau, K.-P. (Hrsg.): Altlasten und kontaminierte

Die Kontroverse "Verursacher- versus Gemeinlastprinzip" spielt zur Zeit besonders bei aktuellen Fragen der Sanierung von Altablagerungen und Altstandorten, also von Altlasten, eine erhebliche Rolle. Ein öffentlich zur Sanierung Herangezogener wird, sofern er konsequent dem Prinzip der Minimierung seiner individuellen Kosten und/oder Risiken folgt, grundsätzlich solche Sanierungslösungen anstreben, die ihn bei möglichst niedrigen eigenen Kosten aus der Verpflichtung entlassen und ihn zugleich von dem Risiko befreien, mit den möglichen Kosten von Folgemaßnahmen belastet zu werden. Er wird mithin das Verursacherprinzip bejahen, wenn er sich zugleich dem öffentlichen Zugriff durch Nachweis von ihm nicht zu vertretender (und das Problem erst konstituierender) Kumulation unterschiedlicher Schadensquellen mit unterschiedlichen Schadstoffen oder aber durch Nachweis vorlaufender behördlicher Genehmigungen vollständig entziehen kann.[43] Er wird andererseits eigene Verpflichtungen akzeptieren, wenn es ihm möglich ist, sich durch die heutige Übernahme vorläufiger (im Sinne provisorischer) Sanierungsmaßnahmen bereits endgültig der öffentlichen Verpflichtung zu entledigen und damit gerade dieser Öffentlichkeit das Risiko um so höherer möglicher künftiger Kosten dann erforderlicher nachhaltiger Sanierungen aufzubürden.[44]

In derartigen Fällen aber dann das Akzeptieren des Verursacherprinzips als einen Beitrag zu auch gesellschaftlich und ökologisch verantwortungsbewußtem Unternehmerverhalten auszugeben, trüge gewisse Züge des Abenteuerlichen in sich.

IV. Zunächst scheinbar unabhängig vom ökologiebezogenen Unternehmerbewußtsein, setzen gegenwärtig sowohl im wirtschaftswissenschaftlichen wie

---

Standorte, Köln 1988, S. 239-250, insb. S. 242-244, sowie Wagner, G.R.; Fichtner, S.: Kosten und Kostenrisiken der Altlastensanierung, in: Zeitschrift für angewandte Umweltforschung, 2. Jg., 1989, S. 35-44, insb. S. 39-40.

43 Unberührt davon bleibt die Tatsache, daß es trotz öffentlich-rechtlicher Genehmigungen zu privatrechtlichen Anspruchserhebungen kommen kann.

44 Zur risikopolitischen Interpretation dieser letzteren Variante siehe Wagner, G.R.; Fichtner, S., S. 40: "Setzt sich ein zur Sanierung Herangezogener in dieser Weise durch, dann transformiert er die relativ unsichere Position hoher Kostenbelastung insgesamt (als Summe heutiger und späterer Kosten) in eine sichere Position relativ niedriger Kostenbelastung heute. Anders ausgedrückt: Indem er heutige Kosten internalisiert, externalisiert er zugleich das Risiko möglicher künftiger Kosten. Es kommt zu einer Kombination von Verursacher- und Gemeinlastprinzip über die Zeit, bei der eine Lozierung von Kosten- und Kostenrisiken der Altlastensanierung in der Weise erfolgt, daß das heutige Akzeptieren des Verursacherprinzips durch den Betroffenen der Allgemeinheit später die Wirkung des Gemeinlastprinzips auferlegt."

auch im wirtschafts- und umweltpolitischen Bereich Erörterungen zur Schaffung und zum Einsatz "ökonomischer Instrumente im Umweltschutz" an der rein wirtschaftlichen Interessenslage des einzelnen Unternehmens an.[45] Dabei reflektiert das Plädoyer für diese Instrumente auf deren mögliche gewinnbeeinflussende Wirkungen, indem (grob eingeteilt) entweder Handlungsanreize oder aber Unterlassungsanreize gesetzt werden.

Läßt man erstere Gruppe hier als verhältnismäßig unproblematisch außer acht, dann eröffnen sich zumindest bei zweiter Gruppe im Falle speziell rechtsstaatlicher und damit den übergeordneten gesellschaftlichen Werten verpflichteter Würdigung mitunter gewisse Absonderlichkeiten und Absurditäten. Denn wird bereits das Unterlassen umweltschädigender Aktivitäten über umweltpolitisch gesetzte ökonomische Anreize honoriert, dann kollidiert dies zum einen bei Vergleich mit Unternehmen, die aus eigenem Antrieb heraus sowie ggfs. unter Hinnahme kompensationsloser ökonomischer Nachteile umweltschädigende Aktivitäten vermeiden, mit Prinzipien wie Gerechtigkeit oder Gleichbehandlung.[46] Zum anderen, und dies wiegt um so schwerer, könnten derartige "Anreizsysteme" unterschwellige Gefahren (Drohungen) der Fortführung von Umweltbelastungen durch einzelne potentiell Begünstigte bei zu befürchtendem Ausbleiben der erwarteten öffentlichen ökonomischen Vorteilsgaben provozieren, in denkbaren Extremfällen bis hin zum Faktum der politischen Nötigung.

Der öffentlich gesetzte Unterlassungsanreiz der betreffenden umweltpolitischen Instrumene degenerierte dann zumindest insofern zu einem Anreiz ökologiebezogener Scheinverantwortlichkeit der Begünstigten im Dienste deren strikter einzelwirtschaftlicher Rationalität. Damit stünde - in Analogie zum allenthalben diskutierten Begriff der Umweltverträglichkeit - die "Gesellschaftsverträglichkeit" dieser Instrumente zur Debatte. Denn dem Anliegen, das Gewicht der auch ökologisch positiven Implikationen des Unternehmer-

45 Vgl. in kritisch erörterndem Überblick die Systematisierung dieser Instrumente in Gebühren und Beiträge, Abgaben, steuerliche Instrumente und Subventionen, handelbare Umweltnutzungsspielräume sowie haftungsrechtliche Instrumente bei Klemmer, P.: Gesamtwirtschaftliche Effekte ökonomischer Instrumente im Umweltschutz, in: Wagner, G.R. (II), S. 262-282. Zur aktuellen politischen Sicht dieser Dinge siehe Vieregge, R.: Zur Relevanz der Fortentwicklung ökonomischer Instrumente im Umweltschutz, in: Wagner, G.R. (II), S. 229-240.

46 Zur Relevanz von Kategorien wie Gesetzesbindung, Rechtsschutz, Übermaßverbot, Vertrauensschutz, Formenmißbrauch oder Gleichheit in diesem Kontext siehe insb. Kloepfer, M.: Rechtsstaatliche Probleme ökonomischer Instrumente im Umweltschutz, in: Wagner, G.R. (II), S. 241-261.

handelns zu stärken, würde dann zumindest in diesen Einzelfällen *nicht* gedient[47], und die Prinzipien der Ethik im Unternehmerhandeln würden dann in diesen Fällen wohl auch nicht weiter gefördert.

6. Konklusion

Wenn allein schon die - partielle - (Wieder)Annäherung ökonomischen Denkens und Handelns an übergeordnete Werte als Ausdruck gesteigerten ethischen Niveaus im Unternehmerhandeln sowie im Fach Betriebswirtschaftslehre interpretiert (und z.T. gefeiert) wird, dann ist dies eher ein Indiz für das bisherige fundamentale Wertedefizit dieses Bereichs.

Gleichviel sollte der - wenn auch erheblich von Mode geprägte - gegenwärtige Boom der Ethikdiskussion[48] als Chance begriffen werden, einzelwirtschaftliches Denken und Handeln wieder stärker mit gesamtgesellschaftlichen wie auch mit ökologischen Bezügen anzureichern.[49]

Dazu bedarf es allerdings weder, sofern dies überhaupt hinter entsprechenden Worthülsen ernsthaft erwogen wird, der Entwicklung irgendwelcher "neuer Ethiken"[50], noch der Konzipierung bestimmter, angesichts vorlaufenden Grundverständnisses ("Ethik als Basiskategorie im Sinne der maßgeblichen

47 Wenn auch der Vergleich überspitzt anmuten möge, so würde doch der Gedanke einer öffentlichen Gewährung von Prämien für potentielle Straftäter in der Absicht, diese von ihren ansonsten zu gewärtigenden Taten abzuhalten, bei gegebenem gesellschaftlichen Moralverständnis ebenfalls mit nur wenig Zustimmung rechnen dürfen.

48 Die Modebedingtheit dieses Booms in den verschiedendsten Bereichen der Wissenschaft nicht ohne nachvollziehbaren Sarkasmus pointierend, siehe Mittelstraß, J., S. 898-904.

49 Ähnlich argumentierend, speziell bezogen auf das im vorliegenden Kontext ebenfalls höchst relevante Feld der Jurisprudenz, siehe Kimminich, O.: Zur "Ethik-Konjunktur" im Umwelt- und Technikrecht, in: Breuer, R.; Kloepfer, M.; Marburger, P.; Schröder, M. (Hrsg.): Jahrbuch des Umwelt- und Technikrechts 1988, Düsseldorf 1988, S. 3-15.

50 Selbst differenziert argumentierende Autoren verfallen mitunter der sprachlichen Verführung, an die notwendige Einbringung ethikbestimmter Haltungen in neuartige Wissenschafts- und Praxisfelder (wie etwa das Feld der "Gen-Technik") die Forderung nach einer "neuen" gegenüber der "traditionellen Ethik" zu knüpfen, ohne substantiell tatsächlich neue maßgebliche Leitprinzipien vor Augen zu haben. Siehe z.B. Böckle, F.: Verlangen Wirtschaft und Technik eine "neue Ethik"?, in: Zeitschrift für Betriebswirtschaft, 58. Jg., 1988, S. 898-907, insb. S. 899.

Leitprinzipien für das Denken und Handeln innerhalb einer Gesellschaft") ohnehin eher absurd erscheinender "bereichsspezifischer Ethiken"[51].

Soll zudem bloße "Reparaturethik" im (obskuren) Sinne eines "die Dinge wieder in Ordnung bringenden Werkzeugs"[52] vermieden werden[53], dann ist beispielsweise auch Versuchen mit Zurückhaltung entgegenzutreten, gesellschafts- und/oder ökologiebezogene Verantwortung rein ökonomischen Kalkülen zugänglich zu machen. Denn gerade diese Versuche tragen Tendenzen in sich, ethische Größen auf das Niveau des rein Instrumentellen zu zerren.[54]

Näher liegen vielmehr (1) einfache Rückbesinnung auf gesellschaftlich ohnehin tradierte Prinzipien von Moral, (2) selbstverständliche Einbeziehung dieser Prinzipien in sämtliche gesellschafts- und/oder ökologierelevante Unternehmensentscheidungen sowie (3) betriebliche wie überbetriebliche Konstituierung institutioneller Regelungen, die die Berücksichtigung dieser Prinzipien absichern, etwa von den erwähnten Umweltschutzleitlinien über die Förderung der Wirkungskraft der Institution des betrieblichen Umweltschutzbeauftragten bis hin zu verbindlichen außenwirksamen Vereinbarungen, z.B. in Form vertraglicher Selbstverpflichtung zur freiwilligen Reduktion bestimmter Schadstoffemissionen in konkret definierten Zeitspannen[55].

Bezogen auf die ökologische Herausforderung der Gegenwart könnte eine in diesem Sinne überzeugende, durch tatsächlich selbstbindende Verpflichtungen getragene und auf der strategischen Ebene nachvollziehbar mit den Gesamt-

51 Vgl. z.B., ohne damit allerdings dem Autor zu nahe treten zu wollen, Summerer, St.: Die Prüfung der Umweltverträglichkeit als Problem einer neuen Umweltethik, in: Zeitschrift für angewandte Umweltforschung, 1. Jg., 1988, S. 151-160.

52 Mittelstraß, J., S. 903.

53 Als bloßes Werkzeug verstanden, "verliert Ethik den Anspruch, eine allgemeine Orientierung zu sein oder eine allgemeine Orientierung auszudrücken; sie wird zur Ersatzorientierung, wenn andere Orientierungen in Probleme führen." Siehe Mittelstraß, J., S. 903.

54 Zu einer Reihe dieser Ansätze in systematischem Überblick vgl. Ullmann, A.A.: "Lohnt" sich soziale Verantwortung? - Zum Zusammenhang zwischen wirtschaftlichem Unternehmenserfolg und gesellschaftlicher Verantwortung, in: Zeitschrift für Betriebswirtschaft, 58. Jg., 1988, S. 908-926, wobei allerdings die jeweiligen Unterschiede der Auffassungen zum Begriff "Verantwortung" stark differenzierende Würdigungen der einzelnen Ansätze erfordern.

55 Modellvereinbarungen dieser Art wurden vor Jahren z.B. zwischen der öffentlichen Hand und den Unternehmen der deutschen Automobilindustrie betreffend die mengenmäßige Rückführung von Schadstoffemissionen bei Personenkraftwagen sowie mit der Asbest erzeugenden Industrie betreffend die systematische Materialsubstitution in Richtung auf gesundheits- und umweltverträglichere Stoffe getroffen und umgesetzt.

orientierungen des Unternehmens in Einklang gebrachte Denk- und Handlungsweise überdies den bestehenden Druck zu permanenter expliziter Rechtfertigung des eigenen Tuns, dem sich Unternehmen ausgesetzt sehen, mildern. Die darin für das einzelne Unternehmen liegende Chance möglicher Rückgewinnung eigener Handlungsspielräume dürfte Hoffnungen auf stärkere Umwelt- und Gesellschaftsverträglichkeit unternehmerischen Tuns jedenfalls eher begründen, als die (teilweise sachinhaltlich inkonsistenten und zum Teil illusionsgeleiteten) Erwartungen möglicher Veränderung bestimmter, ohnehin bei gegebenem kulturellen Umfeld kaum veränderbarer Prinzipien - einschließlich des ökonomischen Prinzips als handlungsleitendes Grundprinzip von Unternehmen.

Literatur

Andreano, R.; Siegfried, J.J. (Hrsg.): The Economics of Crime, Cambridge, Mass. 1980.

Ball, H.: Zukunftsvorsorge und ökonomische Entwicklung - Entscheidungen über Kapitalbildung, Versicherung, Ausbildung, Arbeit und Generationenvertrag aus einzel- und gesamtwirtschaftlicher Sicht, Frankfurt a.M./New York 1984.

Becker, G.S.: Der ökonomische Ansatz zur Erklärung menschlichen Verhaltens, Tübingen 1982.

Bien, G.: Moralität/Sittlichkeit, in: Ritter, J.; Gründer, K. (Hrsg.): Historisches Wörterbuch der Philosophie, Band 6: Mo-O, Basel/Stuttgart 1984, Sp. 184-192.

Bievert, B.; Held, M. (Hrsg.) (I): Ökonomische Theorie und Ethik, Frankfurt a.M./New York 1987.

Bievert, B.; Held, M. (Hrsg.) (II): Ethische Grundlagen der ökonomischen Theorie - Eigentum, Verträge, Institutionen, Frankfurt a.M./New York 1989.

Birnbacher, D. (Hrsg.): Ökologie und Ethik, Stuttgart 1980.

Böckle, F.: Verlangen Wirtschaft und Technik eine "neue Ethik"?, in: Zeitschrift für Betriebswirtschaft, 58. Jg., 1988, S. 898-907.

Brand, G.: Die grundlegenden Texte von Ludwig Wittgenstein, Frankfurt am Main 1975.

Derbolav, J.: Abriß europäischer Ethik, Würzburg 1983.

Dyllick, Th.: Management der Umweltbeziehungen - Öffentliche Auseinandersetzung als Herausforderung, Wiesbaden 1989.

Franz, G.; Herbert, W.: Werte, Bedürfnisse, Handeln: Ansatzpunkte politischer Verhaltenssteuerung, Frankfurt a.M./New York 1986.

Gethmann, C.F.: Ethische Probleme der technischen Zivilisation, Frankfurt am Main 1991 (in Vorbereitung).

Günther, K.: Neue Konzepte in der Verpackungsindustrie - Das B+K-Ökologiekonzept, in: Steinmann, H.; Löhr, A. (Hrsg.): Unternehmensethik, Stuttgart 1989, S. 397-412.

Hansen, U.: Marketing und soziale Verantwortung, in: Die Betriebswirtschaft, 48. Jg., 1988, S. 711-721.

Hesse, H. (Hrsg.): Wirtschaftswissenschaft und Ethik, Berlin 1988.

Hoechst Aktiengesellschaft: Hoechst - Unser Selbstverständnis, Frankfurt am Main o.J.

Hoffmann, F.; Rebstock, W.: Unternehmensethik - Eine Herausforderung an die Unternehmung, in: Zeitschrift für Betriebswirtschaft, 59. Jg., 1989, S. 667-687.

Jonas, H.: Das Prinzip Verantwortung - Versuch einer Ethik für die technologische Zivilisation, Neuauflage, Frankfurt am Main 1984.

Jüssen, G.; Wieland, G.; Caldera, R.T.; Delmont-Mauri, J.L.; Heymann, E.; Ritter, F. (1984): Moral, moralisch, Moralphilosophie, in: Ritter, J.; Gründer, K. (Hrsg.): Historisches Wörterbuch der Philosophie, Band 6: Mo-O, Basel/Stuttgart 1984, Sp. 149-168.

Kelm, M.; Streit, C.-Ch.: Ethik aus Eitelkeit, in: Forum für Fach- und Führungsnachwuchs, 5. Jg., 1989, Nr. 5D, S. 22-27.

Kelm, M.; Streit, C.-Ch.: Schafspelz für Wirtschaftswölfe, in: Forum für Fach- und Führungsnachwuchs, 5. Jg., 1989, Nr. 4D, S. 28-37.

Kimminich, O.: Zur "Ethik-Konjunktur" im Umwelt- und Technikrecht, in: Breuer, R.; Kloepfer, M.; Marburger, P.; Schröder, M. (Hrsg.): Jahrbuch des Umwelt- und Technikrechts 1988, Düsseldorf 1988, S. 3-15.

Klages, H.: Wertorientierungen im Wandel. Rückblick, Gegenwartsanalyse, Prognosen, Frankfurt a.M./New York 1984.

Klein, J.: Moralsystem, in: Ritter, J.; Gründer, K. (Hrsg.): Historisches Wörterbuch der Philosophie, Band 6: Mo-O, Basel/Stuttgart 1984, Sp. 192-200.

Klemmer, P.: Gesamtwirtschaftliche Effekte ökonomischer Instrumente im Umweltschutz, in: Wagner, G.R. (Hrsg.): Unternehmung und ökologische Umwelt, München 1990, S. 262-282.

Kloepfer, M.: Rechtsstaatliche Probleme ökonomischer Instrumente im Umweltschutz, in: Wagner, G.R. (Hrsg.): Unternehmung und ökologische Umwelt, München 1990, S. 241-261.

Kmieciak, P.: Wertstrukturen und Wertwandel in der Bundesrepublik Deutschland, Göttingen 1976.

Koch, H.: Unternehmerische Entscheidungen und ethische Normen, in: Zeitschrift für betriebswirtschaftliche Forschung, 41. Jg., 1989, S. 739-753.

Koslowski, P.: Prinzipien der Ethischen Ökonomie, Tübingen 1988.

Kreikebaum, H.: Grundzüge einer theologisch orientierten Umweltethik, in: Steinmann, H.; Löhr, A. (Hrsg): Unternehmensethik, Stuttgart 1989, S. 203-214.

Küpper, H.-U.: Verantwortung in der Wirtschaftswissenschaft, in: Zeitschrift für betriebswirtschaftliche Forschung, 40. Jg., 1988, S. 318-339.

Lenz, H.; Zundel, St.: Zum Begriff der Unternehmensethik, in: Zeitschrift für betriebswirtschaftliche Forschung, 41. Jg., 1989, S. 318-324.

Lorenzen, P.: Philosophische Fundierungsprobleme einer Wirtschafts- und Unternehmensethik, in: Steinmann, H.; Löhr, A. (Hrsg.): Unternehmensethik, Stuttgart 1989, S. 25-57.

Meffert, H.: Strategisches Marketing und Umweltschutz - Bericht aus einem Forschungsprojekt, in: Wagner, G.R. (Hrsg.): Unternehmung und ökologische Umwelt, München 1990, S. 73-96.

Mittelstraß, J.: Auf dem Wege zu einer Reparaturethik?, in: UNIVERSITAS, 44. Jg., 1989, S. 898-904.

Necker, T.: Die ökologische Verantwortlichkeit der Unternehmer. Referat auf der Tagung der Evangelischen Akademie Tutzing am 26. April 1988, BDI-Dokumentation, Köln 1988.

Parfit, D.: Overpopulation and the Quality of Life, in: Singer, P. (Hrsg.): Applied Ethics, Oxford 1986, S. 164.

Rasche, H.O.: Unternehmens-Kultur als neuer Erfolgsfaktor, 2. Aufl., Heiligenhaus 1986.

Rehbinder, E.: Politische und rechtliche Probleme des Verursacherprinzips, Berlin 1973.

Ridder, H.-G.: Grundprobleme einer ethisch-normativen Betriebswirtschaftslehre. Ein Vergleich alter und neuer Ansätze am Beispiel der ökologischen Betriebswirtschaftslehre, in: Pfriem, R. (Hrsg.): Ökologische Unternehmenspolitik, Frankfurt a.M./New York 1986, S. 52-80.

Ritter, J.; Romberg, R.: Ethik, in: Ritter, J. (Hrsg.): Historisches Wörterbuch der Philosophie, Band 2: D-F, Basel/Stuttgart 1972, Sp. 759-809.

Rohe, E.-H.: Entwicklungstendenzen des praktischen Umweltschutzes in der chemischen Industrie, in: Wagner, G.R. (Hrsg.): Unternehmung und ökologische Umwelt, München 1990, S. 97-112.

Rosenberger, G.: Ökologische Verantwortung als Teil von Unternehmens- und Konsumkultur, in: Brandt, A.; Hansen, U.; Schoenheit, I.; Werner, K. (Hrsg.): Ökologisches Marketing, Frankfurt a.M./New York 1988, S. 159-188.

Rottenberg, S. (Hrsg.): The Economics of Crime and Punishment, 3. Aufl., Washington, D.C. 1979.

Rüegg, J.: Unternehmensentwicklung im Spannungsfeld von Komplexität und Ethik. Eine permanente Herausforderung für ein ganzheitliches Management, Bern/Stuttgart 1989.

Samson, L.: Moralität/Legalität, in: Ritter, J.; Gründer, K. (Hrsg.): Historisches Wörterbuch der Philosophie, Band 6: Mo-O, Basel/Stuttgart 1984, Sp. 179-184.

Schelling, T.C.: The Strategy of Conflict, 4. Aufl., London 1970.

Schmidt-Leithoff, Ch.: Die Verantwortung der Unternehmensleitung, Tübingen 1989.

Schnoor, Ch.: Kants Kategorischer Imperativ als Kriterium der Richtigkeit des Handelns, Tübingen 1989.

Schuppe, M.: Im Spiegel der Medien: Wertewandel in der Bundesrepublik Deutschland, Göttingen 1976.

Simonis, U.E.: Ökologische Modernisierung der Wirtschaft - Optionen und Restriktionen, in: Wagner, G.R. (Hrsg.): Unternehmung und ökologische Umwelt, München 1990, S. 29-47.

Steinmann, H.: Zur Lehre von der "Gesellschaftlichen Verantwortung der Unternehmungsführung", in: Wirtschaftswissenschaftliches Studium, 2. Jg., 1973, S. 467-473.

Steinmann, H.; Löhr, A. (I): Unternehmensethik - eine "realistische Idee". Versuch einer Begriffsbestimmung anhand eines praktischen Falles, in: Zeitschrift für betriebswirtschaftliche Forschung, 40. Jg., 1988, S. 299-317.

Steinmann, H.; Löhr, A. (II): Wider eine empirische Wendung der Unternehmensethik, in: Zeitschrift für betriebswirtschaftliche Forschung, 41. Jg., 1989, S. 325-328.

Steinmann, H.; Löhr, A. (Hrsg.) (III): Unternehmensethik, Stuttgart 1989.

Stitzel, M.: Ökologische Ethik und wirtschaftliches Handeln, in: Schauenberg, B. (Hrsg.): Wirtschaftsethik. Schnittstellen von Ökonomie und Wissenschaftstheorie, Wiesbaden 1990, S. 101-116.

Stockhammer, M.: Philosophisches Wörterbuch, Essen 1980.

Strenger, H.J.: Unternehmensethische Grundsätze in der chemischen Industrie, in: Steinmann, H.; Löhr, A. (Hrsg.): Unternehmensethik, Stuttgart 1989, S. 365-372.

Summerer, St.: Die Prüfung der Umweltverträglichkeit als Problem einer neuen Umweltethik, in: Zeitschrift für angewandte Umweltforschung, 1. Jg., 1988, S. 151-160.

Ullmann, A.A.: "Lohnt" sich soziale Verantwortung? - Zum Zusammenhang zwischen wirtschaftlichem Unternehmenserfolg und gesellschaftlicher Verantwortung, in: Zeitschrift für Betriebswirtschaft, 58. Jg., 1988, S. 908-926.

Ulrich, P.: Die Weiterentwicklung der ökonomischen Rationalität - Zur Grundlegung der Ethik der Unternehmung, in: Bievert, B.; Held, M. (Hrsg.): Ökonomische Theorie und Ethik, Frankfurt a.M./New York 1987, S. 122-149.

Vieregge, R.: Zur Relevanz der Fortentwicklung ökonomischer Instrumente im Umweltschutz, in: Wagner, G.R. (Hrsg.): Unternehmung und ökologische Umwelt, München 1989, S. 229-240.

Wagner, G.R. (I): Konzepte zur Altlastenbewältigung in betriebswirtschaftlicher Sicht, in: Kompa, R.; Fehlau, K.-P. (Hrsg.): Altlasten und kontaminierte Standorte, Köln 1988, S. 239-250.

Wagner, G.R. (Hrsg.) (II): Unternehmung und ökologische Umwelt, München 1990.

Wagner, G.R. (III): Unternehmung und ökologische Umwelt - Konflikt oder Konsens?, in: Wagner, G.R. (Hrsg.): Unternehmung und ökologische Umwelt, München 1990, S. 1-28.

Wagner, G.R.; Fichtner, S.: Kosten und Kostenrisiken der Altlastensanierung, in: Zeitschrift für angewandte Umweltforschung, 2. Jg., 1989, S. 35-44.

Weimann, J.: Normgesteuerte ökonomische Theorien - Ein Konzept nicht empirischer Forschungsstrategien und der Anwendungsfall der Umweltökonomie, Frankfurt a.M./New York 1987.

Weizsäcker, C.F.v.: Bewußtseinswandel, München/Wien 1988.

Wenz, E.M.: Ökologische Marktwirtschaft - Chancen und Grenzen. Umweltschutz am Prüfstein der sozialen Marktwirtschaft, in: Wenz, E.M.; Issing, O.; Hofmann, H. (Hrsg.): Ökonomie, Ökologie und Jurisprudenz, München 1987, S. 125-143.

Wimmer, F.: Umweltbewußtsein und konsumrelevante Einstellungen und Verhaltensweisen, in: Brandt, A.; Hansen, U.; Schoenheit, I.; Werner, K. (Hrsg): Ökologisches Marketing, Frankfurt a.M./New York 1988, S. 44-85.

Winter, G.: Ein umweltbewußtes Unternehmen in der Praxis - Das Winter-Modell, in: Piroth, E.; Wicke, L. (Hrsg.): Chancen der Betriebe durch Umweltschutz, Freiburg i.Br. 1988, S. 53-74.

Wurdack, E.; Aßhauer, R.; Ball, H.; Schneider G.; Wagner, G.R.: Zum Selbstverständnis der Wirtschaftswissenschaften - Prinzipien einer Studienstruktur der Wirtschaftswissenschaften, in: Wirtschaft und Erziehung, 23. Jg., 1981, S. 39-46, 71-75 und 105-111.

Zilleßen, H.: Die normativen Voraussetzungen der Umweltpolitik - Zur Wiederannäherung von Ethik und Politik, in: Das Parlament, 1. Juli 1988, Beilage "Aus Politik und Zeitgeschichte" B 27/88, S. 3-14.

Die Bedeutung der Ethik beim sozio-ökonomischen Wandel

von Eduard Schmäing[1]

Ich möchte meine Ausführungen mit einer persönlichen Bemerkung beginnen. Vom Studium her bin ich Physiker, und für einen Naturwissenschaftler liegen sozio-ökonomische Themen etwas außerhalb seines Blickfeldes; jedenfalls habe ich mich in jungen Jahren nicht eingehend mit dem Thema *Soziale Marktwirtschaft* befaßt. Ich war zwar politisch allgemein interessiert, aber mein politisches Hauptinteresse lag nicht in der Wirtschaftspolitik. Vor 20 Jahren etwa entdeckte ich den besonderen Reiz sozio-ökonomischer Themen, und seitdem befasse ich mich mit zunehmendem Engagement mit dem gesamten Themenspektrum.

Dabei wurde ich mehr und mehr von dem System der Sozialen Marktwirtschaft überzeugt, von der Bedeutung des persönlichen Handlungsspielraums des aktiven Menschen, seiner *Autonomie*, und von den Erfolgsaussichten seines Strebens und des Eintretens für Fehler und Fehleinschätzungen, seiner *Verantwortung*, von der Relation zwischen Risiko und Anreiz also. Allerdings konnte mir auch nicht verborgen bleiben, wie insbesondere in bürokratisch geführten Wirtschaftsunternehmungen eben dieser Handlungsspielraum der Mitarbeiter zum Schaden der Menschen und der Unternehmungen selbst weit über das erforderliche Maß eingeschränkt wurde und daß autoritäres Führen immer noch weit verbreitet ist.

Da es zu meinen beruflichen Obliegenheiten gehört, andere im Rahmen der innerbetrieblichen Weiterbildung zu informieren, blieb es nicht aus, daß ich auf organisatorische Mängel und auf - nach meiner Einschätzung - fehlerhaftes Führungsverhalten aufmerksam machte. Bei meiner beruflichen Bildungsarbeit blieb mir zwar Anerkennung nicht versagt, aber für meine berufliche Karriere war das konsequente Eintreten für diesen Aspekt der Sozialen Marktwirtschaft eher hinderlich: Der Übergang vom autoritären zum kooperativ-kommunikativen Führen vollzieht sich nämlich nur sehr langsam und gegen vielerlei Widerstände. Wenn man ihn mit dem allgemeinen Wandlungsprozeß vergleicht, der sich heute vollzieht, befürchte ich fast, daß der Anpassungsprozeß aufgrund der

---

1 Dr. Eduard Schmäing, Maxdorfer Straße 46, D-6700 Ludwigshafen 29 (Ruchheim)

Herausforderungen unserer Zeit innerhalb von großen Organisationen über Gebühr erschwert und hinausgezögert wird.

Wir leben vermutlich in der Zeit eines umfassenden kulturellen Umbruchs, den es in der Geschichte der Menschheit noch nie gegeben hat und der sowohl von ökonomischer, ökologischer, sozio-kultureller als auch von politischer Art ist. Zu seinen Symptomen gehört der unübersehbare, rasche Wandel der Wertvorstellungen. Im Bereich der Wirtschaft sind davon die gesamte Wirtschafts- und Unternehmensphilosophie betroffen und zwar sowohl ihre liberalen als auch ihre antiliberalen Varianten. Was nämlich alle modernen Wirtschaftsphilosophien vom radikalsten Wirtschaftsliberalismus bis zum dogmatischsten Interventionismus und Kommunismus verbindet, steht gerade im Zentrum dieser sich immer deutlicher abzeichnenden Krise: Es ist das moderne Verständnis ökonomischer *Rationalität*.[2]

Die ökonomische Rationalität, also das Prinzip, mit einem bestimmten Mitteleinsatz einen maximalen Nutzen, kalkuliert in Geldeinheiten, zu erwirtschaften, hatte in der historischen Entwicklung aller modernen Industriegesellschaften bis zum heutigen Tag eine unerhörte Bedeutung. Rationalisierung wurde bis vor kurzem geradezu mit der Idee des *Fortschritts* gleichgesetzt. Das stetige Vorantreiben des Rationalisierungsprozesses war und ist im Selbstverständnis der meisten Führungskräfte der Wirtschaft und übrigens auch der Betriebswirtschaftslehre ihre entscheidende gesellschaftliche Legitimation.[2]

Doch heute scheint sich dieses unternehmerische Selbstverständnis - hart formuliert - als Berufsirrtum herauszustellen. Die allgemein bewußt gewordene rasche Zunahme der sozialen Kosten privatwirtschaftlichen Handelns - d. h. negativer Nebenwirkungen auf Dritte, die nicht in die Kostenrechnung des Verursachers eingehen, sondern von den Betroffenen bezahlt werden, sei es im materiellen oder im immateriellen Sinn (z. B. Gesundheitsschädigungen, Streß, Verlust einer lebensfreundlichen Umwelt, Sinnentleerung der Arbeit, zunehmende Abhängigkeiten, Unmöglichkeit der individuellen Entfaltung usw.) - ist zum unübersehbaren Symptom dafür geworden, daß die ökonomische Rationalität aus übergeordneter, lebenspraktischer Sicht immer häufiger zur Scheinrationalität oder gar eindeutig zur Unvernunft wird.[2]

---

2 Peter Ulrich: "Wirtschaftsethik und Unternehmensverfassung: Das Prinzip des unternehmungspolitischen Dialogs" in "Management-Philosophie für die Zukunft: Gesellschaftlicher Wertewandel als Herausforderung an das Management", Herausgeber Prof. Dr. Dr.h.c. Hans Ulrich; Bern, Stuttgart, 1981 (Schriftenreihe "Führung und Organisation der Unternehmung"; Nr 35), ISBN 3-258-03 067-7

Populär gesagt: Der *durch Rationalisierungsbemühungen erzielte Fortschritt* ist eben auch nicht mehr das, was er einmal war oder was man sich von ihm versprochen hatte! Es kann aber wohl kaum darum gehen, den Fortschritt pauschal in Frage zu stellen - wie es heute häufig geschieht - oder ihn gar zu behindern oder zu verhindern; was wirklich Not tut ist, den Fortschritt wieder in Vernunft geleitete Willensbildungsprozesse zurückzuholen und auf vernünftige Ziele auszurichten. Nur so kann es gelingen, die Schere zwischen ökonomischer Rationalisierung und der Entwicklung der Lebensqualität zu schließen.[2]

Die Frage nach den Kriterien gesellschaftlich vernünftigen unternehmerischen Handelns setzt zunächst die Überwindung des klassischen ökonomischen Rationalitätsverständnisses voraus. Danach wird die Unternehmung als private Erwerbseinheit aufgefaßt, deren auf Kapitalverwertung ausgerichtetes Handeln dank der unsichtbaren Hand des Marktes quasi automatisch auch volkswirtschaftlich optimal ist, sofern die Bedingungen der vollkommenen Konkurrenz oder wenigstens eines funktionsfähigen Wettbewerbs gegeben sind. Unter Modellbedingungen dieses betriebswirtschaftlichen Rationalisierungsverständnisses ist das Streben nach langfristiger Gewinnmaximierung nicht nur legitimes Recht, sondern geradezu moralische Pflicht der Kapitaleigentümer und des Managements im Interesse des Gemeinwohls. Für die Ermittlung rationaler Handlungsstrategien steht mit dem Gewinnziel scheinbar ein objektives Zweckkriterium zur Verfügung, unter dem die Interessen aller beteiligten und betroffenen Individuen zusammenfallen. Mit dem Formalziel Gewinn schien eleganterweise eine Art ökonomischer Trichter gefunden zu sein: Man führte oben beliebige gesellschaftliche Wertmaßstäbe bzw. Ansprüche an die Unternehmung hinein - unten kommt ein homogenes ökonomisches Formalziel in Form eines objektiv quantifizierbaren Kosten-Nutzenverhältnisses heraus.[2] Und die Kybernetik wurde als sogenannte Formalwissenschaft im Sinne dieses Formalziels in Dienst genommen.

Doch einen solchen magischen Trichter, der verschiedenste Wertkategorien auf eine einzige reduziert und eine rein ökonomische Betrachtungsweise wirtschaftlichen Handelns erlaubt, gibt es leider nicht. Die entsprechende Denkweise wird in der Fachsprache als *Ökonomismus* bezeichnet. Die Vorstellung eines obersten wirtschaftlichen Zwecks und damit auch jene eines definierbaren volkswirtschaftlichen Optimums, ist eine völlig sinnlose Fiktion. Wirtschaftliches Handeln ist ja nicht Selbstzweck, sondern Mittel zur Befriedigung lebenspraktischer Bedürfnisse.

Die Unternehmensphilosophie ist einem Wandlungsprozeß unterworfen, der bereits zu einer gewaltigen Herausforderung geworden ist. Eine Unternehmung kann in Zukunft nicht mehr eindimensional als private Erwerbseinheit der Kapitalgeber betrachtet werden, deren autonomes Handeln automatisch zu einem fiktiven volkswirtschaftlichen Optimum beiträgt, wenn sie Gewinne einbringt. Sie ist als pluralistische Wertschöpfungseinheit zu verstehen, die ganz unterschiedliche und unvergleichbare sozio-ökonomische Funktionen für verschiedene Gruppen von Beteiligten bzw. Betroffenen erbringt, die teilweise miteinander um die stets knappen Mittel der Unternehmung konkurrieren.

Der Wandel der Unternehmensphilosophie wirkt sich auch auf die ökonomischen Wissenschaften aus, hat demnach auch einen wissenschaftlichen Aspekt; dennoch ist er nur ein Wandlungsprozeß unter anderen. Auf andere will ich nur hinweisen, ohne näher darauf einzugehen:

- die religiöse und ethische Orientierung der modernen Menschen,
- die nachlassende Führungsleistung des Kapitals,
- die Einstellung der Menschen zur Arbeit und
- das Demokratieverständnis.

Demokratie wird zwar als notwendig angesehen, verliert jedoch an Wertschätzung, weil die mangelnde Leistungsfähigkeit der demokratischen Gesellschaftsordnung aufgrund der inkonsequenten, oft unqualifizierten und wenig vorausschauenden Politik immer deutlicher hervortritt.[3]

Das hervorstechende Merkmal unserer Zeit ist also der Wandel in verschiedenen Bereichen, so möchte ich zusammenfassend feststellen. Aufzuhalten ist er nicht, wir müssen ihn zur Kenntnis nehmen und uns anpassen und außerdem versuchen, ihn gestaltend zu beeinflussen. Für Wirtschaftsunternehmen - oder kybernetisch allgemeiner ausgedrückt: für sozio-ökonomische Systeme - bedeutet das: Sie müssen sich so strukturieren und die Führungsleistung darauf ausrichten, daß sie die Anpassung ohne Verlust ihrer eigenen Identität vollziehen können und noch Raum für Innovation bleibt. Das ist gewiß keine leichte Forderung, sondern für viele eine gewaltige Herausforderung.

Wir Menschen unserer Zeit gebärden uns zwar fortschrittlich, wir geben uns dynamisch, aber - das sollte hier nicht unerwähnt bleiben - viele Menschen, auch viele Führungskräfte in der Wirtschaft, haben Angst vor dem Wandlungsprozeß. Die Angst und - mit ihr verbunden - der Neid: Das Angst-Neid-Syndrom ist ebenfalls Kennzeichen unserer Zeit.

---

3 Reinhard Mohn: "Erfolg durch Partnerschaft - Eine Unternehmensstrategie für den Menschen",Berlin 1986, ISBN 3-88 680-253-1

Was liegt uns Menschen näher, als daß wir in diesen Turbulenzen Beständigkeit suchen: Beständigkeit der Grundorientierungen (hier ist die *Ethik* angesprochen) und Beständigkeit der Rahmenbedingungen (hier ist die *Kybernetik* gefordert).

Beginnen wir mit der *Ethik.* Das verbale Bekenntnis zur sozialen Verantwortung der Unternehmung ist heute fast zur Selbstverständlichkeit geworden, ihm ist der allgemeine Beifall von Politikern, Kirchenmännern, Moralphilosophen, Funktionären und der Öffentlichkeit sicher. Doch dieser Konsens ist ziemlich substanzlos. Es sieht so aus, als ob Ethik als "Moral der Manager" für die zunehmend versagenden ökonomischen Ziele Gewinnmaximierung und Umsatzausweitung als Lückenbüßer einspringen sollte. Gesellschaftliches Verantwortungsbewußtsein der Führungskräfte ist zwar eine notwendige und begrüßenswerte Grundlage, aber kein hinreichendes Konzept für unternehmerisches Handeln. Hier liegt ein strukturelles Problem vor, und es ist falsch, es in allzu naiver Weise auf das moralische Problem des guten und bösen sozialen Verhaltens des einzelnen Unternehmers oder Managers zu reduzieren. Es handelt sich hierbei um ein strukturell-kybernetisches und weniger um ein ethisch-moralisches Problem. Bereits die Griechen unterschieden zwei Aspekte des Begriffs Ethos:

1. Ethos ist ursprünglich das Normengefüge des innengeleiteten Menschen, zu dem anthropologische Faktoren wie Personalität, Gewissen und Freiheit gehören. Wir verstehen heute unter Ethik die subjektive Moral des handelnden Menschen, seine sittlich verantwortliche Einstellung zur Gesellschaft, vor allem gegenüber seinen Mitbürgern und Mitarbeitern.

2. Ethos bedeutet ursprünglich Aufenthalt, Ort des Wohnens. Demnach wird mit Ethik die Welt oder die Umwelt bezeichnet, in der der Mensch seinen Aufenthalt hat. Damit ist gesagt, daß ethisch verstandenes Handelns nicht nur die subjektive Moral bei den zwischenmenschlichen Beziehungen betrifft, sondern beispielsweise auch das Eintreten für die Beibehaltung und Ausgestaltung von Ordnungssystemen in Politik und Wirtschaft, die den Menschen Handlungsfreiräume gewähren und zur Verantwortung aufrufen, oder das langfristige Planen im Sinne einer ökologischen Ethik zum Schutze der Umwelt und zur Sicherung der Energie und Rohstoffversorgung.

Der erste Aspekt liefert uns die notwendige und begrüßenswerte Grundlage, der zweite vermag uns ein hinreichendes Konzept für die kybernetisch sinnvolle Ausgestaltung von Ordnungssystemen und deren Ziele und Zwecke zu vermitteln.

Die erforderliche Überwindung des monofunktionalen Rationalitätsverständnisses hat erhebliche Konsequenzen. Der Ökonomismus lieferte den obersten Führungskräften die allgemein anerkannte Zielvorgabe Gewinnmaximierung und enthob sie der Pflicht, selbst über das Ziel nachzudenken; es wurde sozuagen durch Konvention vorgegeben. Da ein Unternehmen auf dieses eine Ziel hin ausgerichtet werden konnte, ließ sich der Versuch machen, alle entscheidenden betriebswirtschaftlichen Informationen zu quantifizieren, in Daten zu übersetzen und alle Vorgänge nach diesen Daten zu beurteilen. Die Fachgebiete Informatik und elektronische Datenverarbeitung erlangten im Zuge dieser Entwicklung eine Schlüsselfunktion.

Sobald aber die Multifunktionalität eines Wirtschaftsunternehmens an Bedeutung gewinnt, ist das oberste Führungsgremium gehalten, eine spezielle Bewertung der verschiedenen Zielkomponenten speziell für das eigene Unternehmen vorzunehmen und Schwerpunkte festzulegen: Die Datenorientierung muß durch eine Wertorientierung ergänzt werden. Die Führungsfunktion wird dadurch ohne Zweifel viel anspruchsvoller.

Als zweiten wichtigen Begriff möchte ich außer der *Ethik* in diesem Zusammenhang die *Kybernetik* erwähnen: Sie kann ganz allgemein als Wissenschaft von Informations- und Wirkungsstrukturen multifunktionaler komplexer Systeme gelten. Insbesondere bei ihrer Anwendung auf betriebswirtschaftliche Probleme wird sie jedoch meistens als Werkzeug benutzt, als Werkzeug zum rationellen Umgang mit quantifizierbaren Daten. Im Sinne der Datenorientierung ist das verständlich; denn die Kybernetik ist hierfür ein sehr zweckmäßiges Werkzeug. Indem aber die Wertorientierung die Datenorientierung ergänzt, kommen auch andere Dimensionen der Kybernetik zum Tragen; sie tritt mehr und mehr in der ursprünglichen Bedeutung als Führungs- und Organisationslehre in Erscheinung.

In diesem Sinne vermag sie Aussagen über optimale Organisationsstrukturen zu liefern, Strukturen, die dazu geeignet sind, ein sozio-ökonomisches System langfristig so zu stabilisieren, daß es seinem multifunktionalen Zweck trotz turbulenter Umfeldeinflüsse gerecht wird. Diesen Zweig der kybernetischen Wissenschaft habe ich mit **"normativer Kybernetik"** bezeichnet.

Wenn von Zielen und Zwecken von Wirtschaftsunternehmen die Rede sein soll, dann müssen wir uns zunächst fragen, was ein Wirtschaftsunternehmen überhaupt ist, welchem Zweck es vornehmlich dient. Die Vorstellung von der Gewinnmaximierung der Kapitalgeber als des obersten wirtschaftlichen Zwecks haben wir bereits als sinnlose Fiktion zurückgewiesen. Eine ähnliche Aussage läßt sich auch für die weitverbreitete Umsatzausweitung zur Erhöhung des Ansehens der obersten Führungskräfte eines Großunternehmens begründen. Die Aufgaben eines Unternehmens sind nicht derart monofunktional; zumindest ein größeres Unternehmen ist multifunktional. Das heißt, die Ziele und Aufgaben von Wirtschaftsunternehmen in der Sozialen Marktwirtschaft sind von vielfältiger Art, obwohl die Gewinnerzielung das wichtigste Steuer- und Kontrollelement in der Wettbewerbswirtschaft ist und bleibt: Sie haben sowohl Lieferanten, Kunden und Kapitalgebern als auch den Arbeitern und Angestellten und außerdem der Allgemeinheit zu dienen.

Das Wirtschaftsunternehmen muß den Handelspartnern dienen.

Es muß danach streben, neue Ideen und technologische Fortschritte in wirtschaftliche Produkte und Dienstleistungen zu verwandeln.

Das Wirtschaftsunternehmen muß dem Kapitalgeber dienen.

Es ist notwendig, für das Fortbestehen eines Wirtschaftsunternehmens auf lange Sicht zu sorgen. Langfristiges Fortbestehen kann nicht ohne ausreichende Gewinne für das Risikokapital garantiert werden.

Das Wirtschaftsunternehmen muß den Beschäftigten dienen.

Es muß die Kontinuität der Beschäftigung, die Verbesserung des Realeinkommens und die Humanisierung des Arbeitsplatzes sichern. Es muß jedem Mitarbeiter helfen, seine Anlagen zu entwickeln und optimal einzusetzen, d. h. es muß der Leistung entsprechend bezahlen und fördern. Es hat sich um die organisatorischen Voraussetzungen für eine kooperative Führung zu bemühen und um die Vermeidung zu enger Spezialisierung und zu weitgehender Arbeitsteilung, d. h. es muß versuchen, Arbeitsaufgaben so zu gestalten, daß Freude an der Arbeit möglich ist.

Das Wirtschaftsunternehmen muß der Gemeinschaft dienen.

Alle Führungskräfte im Wirtschaftsunternehmen sollten lernen, in größeren Zusammenhängen zu denken: auch bei den betriebswirtschaftlichen Entscheidungen müssen die gesellschaftspolitischen Konsequenzen berücksichtigt werden.

Dieses ist ein Wertvorstellungsprofil. Es hebt die Multifunktionalität eines Wirtschaftsunternehmens hervor. Zusammenfassend möchte ich feststellen: Eine derartige Wertorientierung sollte konstitutiv neben die bisher vorherrschende Datenorientierung treten.

Die normative Kybernetik empfiehlt als Strategie statt der Maximierung einer Zielgröße - beispielsweise des Gewinns oder des Umsatzes - eine Optimierung mehrerer Zielgrößen und führt den Nachweis, daß das auch betriebswirtschaftlich vorteilhaft ist. Hinter jeder isolierten Zielstrebigkeit verbirgt sich nämlich das Risiko der Starrheit und des Verlustes der Adaptationsfähigkeit, der Fähigkeit also, der nächsten Herausforderung aufgrund veränderter Umfeldbedingungen wirksam zu begegnen. Dieses Risiko ist um so größer, je geringer die Anzahl der Zielkomponenten ist. Multifunktionalität bedeutet demnach auch Erhöhung von Flexibilität und Anpassungsfähigkeit.

Auch wenn das oberste Führungsgremium eines Wirtschaftsunternehmens sich ehrlich zu den vier genannten Firmenzielen bekennt, besteht dennoch die Gefahr der Überwertung einer Zielebene.

Das Wirtschaftsunternehmen muß den Handelspartnern dienen: Der einseitig orientierte Verkäufer hat lediglich den Verkaufserfolg im Auge. Er sieht geringschätzig auf die Sorgen der Techniker um eine sachgerechte Produktion herab und hat durchaus kein Verständnis für eine Diskussion über das Firmenprofil - für ihn gilt nur, was sich an die Kunden verkaufen läßt.

Das Wirtschaftsunternehmen muß dem Kapitalgeber dienen: Der Technokrat richtet sein Augenmerk vornehmlich auf funktionale Ziele seiner Organisation. Sein Ehrgeiz strebt nach dem glatten Funktionieren seines Betriebes, um einen möglichst hohen Gewinn zu erzielen. Ihm sind die berechtigten Ansprüche seiner Handelspartner und Mitarbeiter wohl bewußt, er dient ihnen auch mit Lippenbekenntnissen, doch mehr nicht - ohne dabei persönlich unehrlich zu sein. Er ist eben davon überzeugt, daß alle übrigen Ziele vor dem einen Ziel der Gewinnmaximierung zurücktreten müssen.

Das Wirtschaftsunternehmen muß den Beschäftigten dienen: Der Arbeitnehmervertreter sieht sich hauptsächlich in der Rolle eines Volkstribuns. Er stellt immer neue Forderungen, meist materieller Art, auf: Lohnerhöhung, Verbesserung der Sozialleistungen, Urlaubsverlängerung, Arbeitszeitverkürzung. Er kennt zwar die Grenzen der Leistungsfähigkeit des Betriebes und die Gefahr für die Arbeitsplätze, doch er achtet sie gering um seines kurzfristigen Erfolges willen.

Das Wirtschaftsunternehmen muß der Gemeinschaft dienen: Für den Verbandsdelegierten oder Präsidenten auf seiten der Arbeitnehmer oder Arbeitgeber gewinnt der Verband - die Gewerkschaft oder der Arbeitgeberverband - oder gar der Staat Vorrang vor allen anderen Zielebenen. Er darf nicht offen zeigen, daß ihm die partikulären Interessen der Unternehmer, der Verbandsmitglieder, der Verbraucher und Bürger eigentlich hinderlich sind, denn er setzt sich für die Funktionsfähigkeit der jeweils übergeordneten größeren sozialen Einheit ein, ihr widmet er seine ganze Kraft.

Die hier überdeutlich dargestellte Reduktion der Zielkomponenten auf die jeweils im Blickfeld der persönlichen Interessenlage oder Karriere stehende Zielebene ist eine besondere Variante des Introvertiertseins, der Ichbezogenheit oder der Selbstüberschätzung. An die Stelle der Zweckbindung im Sinne einer Gesamtoptimierung verschiedener Zielgrößen mit einer ständigen flexiblen Schwerpunktverlagerung entsprechend den sich fortwährend ändernden Umfeldbedingungen tritt die Maximierung einer auf die eigene Person bezogenen singulären Zielgröße. Diese fortlaufende Verweigerung einer Zweckbindung, dieses Introvertiertsein von Personen und Organisationen vermindert auf lange Sicht die Lernfähigkeit und zerstört die Autonomie.

Diese soeben geschilderte einseitige Zweckbindung wird noch dadurch verstärkt, daß die Karrierechancen des Einzelnen um so größer sind, je stärker das Handeln auf den jeweils speziellen Zweck ausgerichtet ist. Die üblichen Gepflogenheiten bei der Auswahl von Führungskräften begünstigen die Personen, die im Sinne der hier dargestellten Gesamtoptimierung am wenigsten geeignet sind. Für sie bedeuten Bekenntnisse zu Unternehmensethik keine innerliche Verpflichtung; sie haben Erfahrung darin, Lippenbekenntnisse von Handlungsmaximen zu unterscheiden.

Welche Maßnahmen können hier weiterhelfen? Um eine wichtige organisatorische Einrichtung herauszugreifen, erwähne ich das Controlling. Es wird im Sinne der Orientierung an dem Ziel der Gewinn- bzw. Umsatzmaximierung und im Sinne der Datenorientierung sehr häufig als reines Finanzcontrolling praktiziert. In einem multifunktional orientierten Unternehmen sollte das Controlling auf alle vier oben genannten Ziele so ausgeweitet werden, daß offensichtliches Fehlverhalten zu persönlichen Nachteilen führt und daß das Verfolgen von Einzelzielen für die eigene Karriere nicht förderlich ist. Kybernetisch ist hier die Rückkopplung angesprochen; sie besagt, daß ein System in einen krankhaften Zustand gerät, wenn Fehlhandlungen für den einzelnen vorteilhaft sind.

Nach dieser kurzen Betrachtung zum multifunktionalen Unternehmenszweck möchte ich auf die Funktion des Menschen in einem Wirtschaftsunternehmen eingehen. Im Sinne des alten monokausalen Rationalitätsverständnisses werden lediglich zwei Produktionsfaktoren unterschieden: Kapital und Arbeit.

Im Sinne der Wertorientierung erhält die Aussage "im Mittelpunkt allen Wirtschaftens steht der Mensch" eine entscheidende Bedeutung. An die Stelle des klassischen Antagonismus von Kapital und Arbeit hebt die normative Kybernetik die Funktionen der Menschen in einem Unternehmen hervor:

- Der Mensch als Risikokapitalgeber mit der daraus abgeleiteten Führungsaufgabe,
- der Mensch als Führungskraft, wobei die Führungsposition als Mandat zu verstehen ist,
- der schöpferische Mensch als Wissenschaftler, Ingenieur, Erfinder, Entwickler oder Initiator von Innovationen,
- der Mensch, der seine durch berufliche Qualifikation erworbenen Fertigkeiten und Fähigkeiten in das Gesamtgeschehen einbringt, und
- der Mensch als Arbeitskraft für körperliche und repetitive Tätigkeiten; diese wurden und werden auch in Zukunft mehr und mehr von Maschinen und Automaten übernommen; es bleibt jedoch ein erheblicher Rest den Menschen vorbehalten. Und das muß auch so sein, denn wir müssen dafür sorgen, daß auch die Menschen, die für die anderen Funktionen nicht in Frage kommen, einen menschenwürdigen Arbeitsplatz finden.

Die normative Kybernetik vermag detaillierte Empfehlungen für Organisationsstrukturen zu geben, die diesen Funktionen gerecht werden. Diese Strukturen sollen folgende Aktivitäten, die sich gegenseitig bedingen, fördern oder erst ermöglichen:

1. Sie soll die Anpassungs- und Innovationsfähigkeit des Unternehmens verbessern, und
2. sie soll die in ihr tätigen Menschen zur vollen Entfaltung ihrer Leistungsmöglichkeiten motivieren und Führungskräfte, Experten und ausführend tätige Mitarbeiter zur Initiative aktivieren.

Die vielen Folgerungen, die sich aus diesen Forderungen für ein Wirtschaftsunternehmen ergeben, habe ich schriftlich zusammengetragen.[4] Es ist mir in diesem Zusammenhang nicht möglich, hierauf im Detail einzugehen. Ich will lediglich ein Beispiel herausgreifen: die hierarchische Organisation.

Jede Aktivität, an der mehr als etwa ein Dutzend Menschen über längere Zeit beteiligt sind, muß strukturiert und organisiert werden, damit die Kosten in einem vertretbaren Verhältnis zur Leistung stehen. Die Beiträge der Einzelnen

---

4 Eduard Schmäing: "Autonomie und Verantwortung - Kybernetik von Sozialsystemen", drei Bände, Frankfurt am Main, 1990, ISBN 3-631-40 827-7

zur Gesamtleistung müssen in irgendeiner Form standardisiert und geordnet werden und können nicht dem freien Spiel des wechselnden menschlichen Verhaltens überlassen bleiben. Und trotzdem darf das System nicht inflexibel werden: Die Organisation muß lernfähig bleiben. Das ist nicht ohne Anstrengung zu erreichen, denn in jeder Strukturierung besteht die Gefahr, daß die Menschen die eigentlichen Zwecke und Ziele ihrer Organisation aus den Augen verlieren, ihr Interesse an der Tätigkeit und der Leistung nachläßt, sie sich mit einer rituellen Ausführung von Pflichten begnügen und sich ihre Integration in die Organisation auf die zwangsweise Teilnahme am Leistungsprozeß bzw. die Anwesenheit am Arbeitsplatz reduziert. Eine solche Organisation ist unfähig, auf neue Herausforderungen mit neuen Ideen zu antworten, das produktive Ideenpotential wird einzig auf konventionelle Lösungen - ohne Innovations- und Impulskraft - begrenzt; und Ersatzaktivitäten der Selbstadministration absorbieren die vorhandenen Energien der Mitarbeiter. Immer mehr Menschen sind dann damit beschäftigt, Verrichtungen auszuführen, welche nichts mit dem Zweck der Organisation zu tun haben. Die funktionale Organisation dient dem Zweck, folgende funktionale Grundprozesse zu ermöglichen:

1. Das Streben nach autonomen Zielen der Organisation,
2. die Anpassungen an sich verändernde Umfeldbedingungen und
3. das Beibehalten der eigenen Verhaltensmuster.

Von entscheidender Bedeutung für den effizienten Ablauf der funktionalen Grundprozesse in einer komplexen Organisation ist der Informationsfluß und der Handlungsspielraum auf den verschiedenen hierarchischen Ebenen. Ein Wirtschaftsunternehmen ist beispielsweise stets auf einen dreifachen Informationsfluß angewiesen:

1. Information über die Außenwelt;
2. Information über die Vergangenheit;
3. Information über die eigene Organisation.

Eine Gemeinschaft von Menschen - ein Wirtschaftsunternehmen beispielsweise - bemüht sich, ein einmal erworbenes Verhaltensmuster beizubehalten: Es strebt nach mehr oder weniger unverwechselbaren Merkmalen, die für sein Verhalten charakteristisch sind, nach Selbstbestimmung oder Autonomie. Für die Eigengesetzlichkeit ist normalerweise die höchste hierarchische Ebene zuständig.

Wenn diese ranghöchste Stelle ausfällt - und damit will ich kurz auf Dysfunktionen hinweisen - oder gestört ist, weil sie beispielsweise nicht mit entsprechenden Persönlichkeiten besetzt ist, übernimmt die nächstniedrigere Ebene das selbststeuernde Verhalten des Unternehmens: Die Eigengesetzlichkeit wird dann von Gewohnheiten, von Erinnerungen an vorangegangene Prozesse der Entscheidungsfindung getragen, sie ist geprägt von einer Erhärtung des Willens, der mehr und mehr unabänderlich wird. Richtungweisend ist der Standpunkt: das haben wir schon immer so gemacht.

Wo auch die zweite Leitungsebene ihre Aufgabe nicht mehr erfüllen kann, geht der Rest der Eigengesetzlichkeit vom Handlungszentrum aus, das dann lediglich in Art einer eingeprägten feststehenden Routinehandlung reagiert.

Das System der Sozialen Marktwirtschaft ist außerordentlich effizient und für die Zukunft von sehr großer Bedeutung. Es sollte uns eine große Verpflichtung sein, es in seiner Funktionsfähigkeit bei dem großen Wandlungsprozeß unserer Zeit zu erhalten. Die normative Kybernetik vermag dabei eine wichtige Aufgabe zu erfüllen; nach meiner Einschätzung ist sie dabei sogar unentbehrlich; denn sie widmet sich wie kaum eine andere Wissenschaft der Komplexität, der Vielfalt in jeder Beziehung: der Vielfalt der Ziele und Anreize, der Verschiedenartigkeit der Wirtschaftsprozesse und der stetigen Änderung der technischen Möglichkeiten und Erfordernisse - beispielsweise im Hinblick auf Umweltschutz und Ressourcenschonung.

Ich sehe es als eine verpflichtende Aufgabe der geistigen Elite an, keine Mühe zu scheuen, die Tendenz zum Zentrismus aufzuhalten und die Phalanx der antibürokratischen Kräfte zu stärken. Es geht letzten Endes auch hierbei um die Bewahrung der freiheitlich-demokratischen Wettbewerbssysteme, um eine dem Menschen angemessene "humane Gesellschaft" und um "individuelles Menschentum".

Ganzheitliche Unternehmensführung: Zur Verbindung von normativem und strategischem Management am Beispiel eines Geschäftsbereichs der Hoechst AG

von Werner Schuhmann[1]

Manager können mit Komplexität umgehen; sonst gäbe es nicht so viele traditionell erfolgreiche Unternehmen. Wie können sie aber die Landkarte für das "messy territory" des unternehmerischen Alltags verbessern? Wo kann sich der Praktiker Rat holen für systemische Problemlösungen, wenn er die Ratio einsetzen und wissenschaftliche Erkenntnisse verwerten will?

Stafford Beer definiert Management als "the profession of regulation and therefore of effective organization, of which cybernetics is the science".[2]

Kybernetik ist also auch die Wissenschaft vom Management, von der Gestaltung, Entwicklung und Lenkung komplexer Organisationen.

Wie uns das Theorem von Conant-Ashby lehrt, hängt die Qualität einer Lösung von der Qualität des Modells der Problemsituation ab, über das das Management verfügt.

Von besonderer Bedeutung ist aber auch, wie ein konzeptionelles Modell einem breiten Personenkreis überzeugend vermittelt werden kann bzw. inwieweit es einen akzeptierbaren Rahmen für die Diskussion verschiedener Sichtweisen liefert. Mitarbeiter unterschiedlicher Ausbildung, Erfahrung, Interessenlage, Lernbereitschaft müssen verstehen, worum es geht.

Ich möchte Ihnen in meinem Beitrag darstellen, wie wir seit Jahren versuchen, auf der Basis kybernetischer Erkenntnisse unsere Management-Prozesse effektiver zu gestalten; seit einem Jahr in einem Pilotprojekt, bei dem Stafford Beer und Raul Espejo als wissenschaftliche Berater mitwirken.

Das Beispiel basiert auf der praktischen Arbeit in einem Geschäftsbereich der Hoechst AG aus der Sicht der Bereichsleitung (als Meta-Ebene) und ihrer Zusammenarbeit mit einer großen Produktgruppe (als Objekt-Ebene).

---

1 Dr. Werner Schuhmann, Hoechst AG, Rheingaustr. 190, D-6200 Wiesbaden

2 Beer, Stafford: Diagnosing the Systems for Organizations, 1985

Als konzeptionelles Modell dient das VSM von Stafford Beer.[3] Das VSM liefert

1. mit seinem rekursiven Aufbau,
2. der Definition der notwendigen Managementfunktionen auf jeder teilautonomen Ebene (normativ, strategisch, operativ, koordinativ) und
3. den erforderlichen Kommunikationsbeziehungen zwische Funktionen und Rekursionsebenen

wesentliche Hinweise für das Design effektiver Organisationen.

Im VSM stehen die Dimensionen normativ, strategisch und operativ in einer logischen Meta-Relation zueinander, also in einer Vorsteuerungssequenz.

Inhaltlich gelenkt wird dieser Prozeß effektiver Organisationsentwicklung durch die dokumentierten Regeln des Hoechster Selbstverständnisses, also dem "Wertvorstellungsprofil" (Schmäing) unseres Unternehmens.

Aus didaktischen Gründen kann ich unsere Arbeit nur in sequentieller Form wiedergeben, die den tatsächlichen Management-Prozessen im Sinne von rekursiv gekoppelter Homöostaten nicht gerecht wird.

1. Das Hoechster Selbstverständnis: Orientierungsregeln für integrale Führung

Beginnen möchte ich mit den Regeln des Hoechster Selbstverständnisses, die im Jahre 1987 dokumentiert wurden. Das Selbstverständnis der Hoechst AG ist nicht aus dünner Luft hervorgezaubert worden. Es hat sich in einer über 125-jährigen Firmengeschichte entwickelt und zu einer komplexen Identität verdichtet. Komplex bedeutet immer auch dynamisch, d. h., die Regeln und ihre Interpretation unterliegen Lern- und Anpassungsprozessen selbstorganisatorischer Art.

Die normative Kraft allgemeiner Regeln ist beachtlich, weil sie generelle Orientierung ermöglichen, wenn Prognosen für spezielle Richtungsvorgaben schwierig und Eigenschaften wie Initiative, Flexibilität, organisatorische Lernfähigkeit gefordert sind.

---

3 Vgl. Beer, Stafford: The Heart of Enterprise, 1979

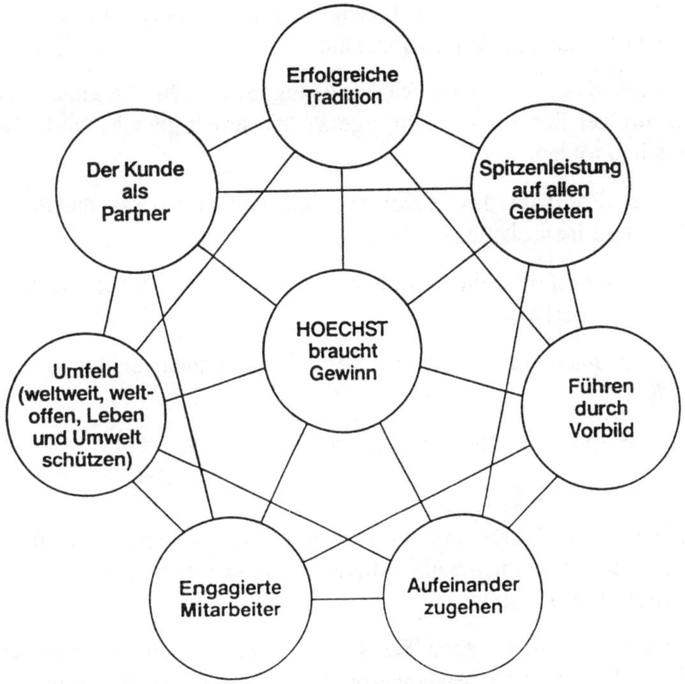

Abb. 1: Hoechst - unser Selbstverständnis Abstrakte und vernetzte Orientierungsregeln

In den Hoechster Leitlinien konzentriert sich die Unternehmensidentität, es werden Zwecke und Ziele sowie wünschenswerte interne und externe Kommunikationsmuster formuliert.

Je komplexer jedoch die Organisation - Hoechst ist ein Unternehmen mit einem Umsatz von über 40 Mrd. DM - um so abstrakter sind die Regeln, die einer ebenfalls steigenden Zahl autonomer Einheiten als Orientierung dienen können.

1. Dadurch erhöht sich einerseits die Aktionsfreiheit der Geschäftsbereiche, Business Units oder regionaler Gesellschaften; deren Chance zur größeren Spontaneität wird wiederum durch diese Regeln vor störenden Interventionen gesichert.

2. Andererseits steigt aber mit der Abstraktheit von Regeln die Wahrscheinlichkeit des "leeren Konsens": d. h., normative Postulate finden nur deshalb allgemeine Zustimmung, "weil sie zwar wahr sind, aber kein Handeln von

uns verlangen"[4] bzw. offen lassen, welche Aktionen mit den Regeln des Selbstverständnisses kompatibel sind.

Die Verkündung normativer Regeln genügt also nicht. Sie müssen umgesetzt werden in einer Form, die ihrem eigenen Anspruch gerecht wird. Das ist das wesentliche Problem.

Auch die Postulate des Hoechster Selbstverständnisses haben zwei charakteristische Eigenschaften:

1. Sie sind sehr allgemein formuliert und damit breit - wenn ma will - beliebig interpretierbar.
2. Sie sind untereinander vernetzt, d. h., sie können nicht isoliert realisiert werden.

Dazu ein Beispiel aus häufigen internen Diskussionen.

Engagierte Mitarbeiter

Von engagierten Mitarbeitern wird erwartet, daß sie ihre Fähigkeit motiviert einsetzen und weiterentwickeln. Movere heißt bewegen und dazu wird Spielraum benötigt, Autonomie.

Autonomie bedeutet jedoch Selbststeuerung, die sich wiederum an Regeln orientiert. Mitarbeiter fordern zwar häufig das "auto", akzeptieren aber die entsprechenden "nomos" (Regeln) nicht so gerne bzw. verstehen sie oft nicht.

Autonomie, also regelgesteuertes Verhalten, setzt

(a) Bindung voraus und muß

(b) auch gelenkt und kontrolliert werden (weil es - wie Goedel bewiesen hat - widerspruchsfreie Regel-Systeme nicht gibt),

sonst ist übergreifende Verantwortung nicht möglich.

Wie aber soll das geschehen? Wo liegt etwa die Grenze zwischen einer notwendigen, verbindlichen Regel und einer bürokratischen Reglementierung, die als Fessel empfunden wird?

---

4 von Weizsäcker, Carl Friedrich: Die Zeit drängt - das Ende der Geduld, dtv, 1989, S. 9

Normative Führung muß allgemeine Prinzipien interpretieren und deren kompatible Diffusion durch das verzweigte organisatorische Netz des Unternehmens bis hin zu einer breiten Basis ermöglichen.[5]

Andererseits muß Offenheit dafür bestehen, neue Bewegungen in der Organisation und ihrem Umfeld zu erkennen, Signale zu gewichten und das Selbstverständnis nicht als "ehernes Gesetz" zur Verteidigung des status quo zu mißbrauchen.

Die unvermeidliche Dekomposition der Unternehmenstätigkeit im Sinne einer fachlichen (funktionalen), produktbezogenen sowie die Führung betreffenden (hierarchischen) Arbeitsteilung erfordert starke Integrationskräfte.

Das gemeinsame Selbstverständnis eines Unternehmens ist ein außerordentlich wirkungsvoller Generator: Es kann aber seine integrative Funktion als verbindendes und verbindliches Band im Unternehmen nur erfüllen, wenn inhaltlich verstanden wird, was die verschiedenen Postulate konkret für die jeweilige Aufgabe bedeuten. (Man kann einem Schlosser oder Schichtarbeiter nicht eine Bilanz vorlegen und sagen, die Eigenkapitalquote ist zu niedrig, das Unternehmen braucht Gewinn: jetzt krempelt die Ärmel hoch!)

Integrale Führung heißt, daß

1. in einem rekursiven Führungsprozeß
2. die vernetzten Regeln des SV zu kultivieren sind (z. B. auch gegenüber der nächsten Ebene beachtet werden, um deren Autonomie zu schützen),
3. durch Strategien vorgesteuert und im operativen Alltag kompatibel konkretisiert (d. h. mit dem spezifischen Wissen der betreffenden Ebene angereichert),
4. der nächsten Ebene verständlich mitgeteilt und
5. in einem rekursiven Prozeß auf ihre Wirkung kontrolliert werden.

---

5 Schwaninger hat ebenfalls auf den wichtigen Aspekt hingewiesen, daß sich die Unternehmenskultur in jeder beliebig kleinen Gruppe des Unternehmens wiederfinden lassen muß, ähnlich wie die lebensfähige Struktur gemäß dem Prinzip der Rekursivität. Er nennt dieses dazu komplementäre Prinzip Selbstsimilarität, das sich auch bei Simulation dynamischer Modelle (Fractale) ergibt., Vgl. Schwaninger, Markus: Integrale Unternehmensplanung, S. 249

2. Der Auflösungskegel: Vernetzungsraum einer Führungsebene

Wie werden die Aufgaben vom normativen Netz ausgehend aus der Sicht der Führung eines Geschäftsbereiches - der ersten teilautonomen Einheit eines Unternehmens - kompatibel konkretisiert?

Wiederum aus didaktischen Gründen werde ich zwei Fragestellungen separat erörtern, obwohl sie in der Praxis nicht getrennt werden können.

1. Wie sieht der strukturelle Führungsprozeß aus, also das Netz von Regelkreisen, das den Postulaten des Selbstverständnisses gerecht wird?
2. Wie werden in diesen Führungsprozessen die inhaltlichen Aufgaben - ebenfalls verträglich mit dem Selbstverständnis - durchgeführt und kontrolliert?

Zu (1) Regelkreis der Führung:

Führungs-ebene	Führungsprozeß	Führungsorganisation Integration	Führungsorganisation Spezialisierung
F_1	A) Nicht delegierbare Aufgaben Dimensionen: normativ, strategisch, operativ Phasen: Planung, Durchführung, Kontrolle B) Delegierbare Aufgaben Design des Regelkreises F_2 (und „Alarm" F_3 ...)	GF	Funktionale Verantwortung (Produktion, Ing.-Technik, F + E, Verkauf, Controlling)
F_2	A) B) Prozeß wie F_1, Inhalte verschieden	PK	Abteilungen
F_3 . . .	A) B) Prozeß wie F_2, Inhalte verschieden	SGE . . .	Gruppen . . .
Projekte		Lenkungs-ausschuß	Kernteam
	Basisprozesse: Produktion — Vertrieb — Dienste („4 M")		

Abb. 2: Regelkreis der Führung

Die vorhandene Führungsorganisation (rechte Seite des Bildes: die Matrix aus Spezialisierung und Integration) muß konsequent nach Regelkreisprinzipien arbeiten. Das erfordert:

(a) jede Führungsebene legt die nicht delegierbaren Aufgaben (mit Dimensionen und Phasen) fest sowie

(b) die delegierbaren.

Für diese Aufgaben sind mit der nächsten Ebene Ziele, Ressourcen, Termine, Kontrollzyklen zu vereinbaren. Im Rahmen dieser Vereinbarungen kann sich die Autonomie der nächsten Ebene entfalten, wird Sachverstand durch Motivation aktiviert.

Wesentlich ist der kommunikative Prozeß, der zu Plänen führt, die mehr als Dokument einer Verpflichtung und weniger als bürokratisches Machwerk zu verstehen sind.

Diese strukturelle Aufgabe wird in unserem Projekt wesentlich detaillierter durchgeführt; hier vor allem liegt die gestalterische Kraft des VSM.

Zu (2) Die inhaltliche Konkretisierung und Kultivierung des SV

Dieser Vorgang kann schematisch am Bild des Auflösungskegels dargestellt werden.

Konzeptrahmen sind also Meta-Algorithmen, die einen heuristisch ablaufenden Erkenntnis- und Entscheidungsprozeß lenken sollen. Die Deckfläche des Kegelstumpfes wird vom Wirkungsgefüge des Selbstverständnisses gebildet, das, wie ein elektromagnetisches Kraftfeld, die Aktivitäten lenkt, orchestriert.

Die erste konkrete Dehnung der allgemeinen Regeln des SV nennen wir Konzeptrahmen: Konzepte für einen Rahmen, dessen Inhalte von der nächsten Ebene mit größerer Nähe zum Problem aufzufüllen sind.

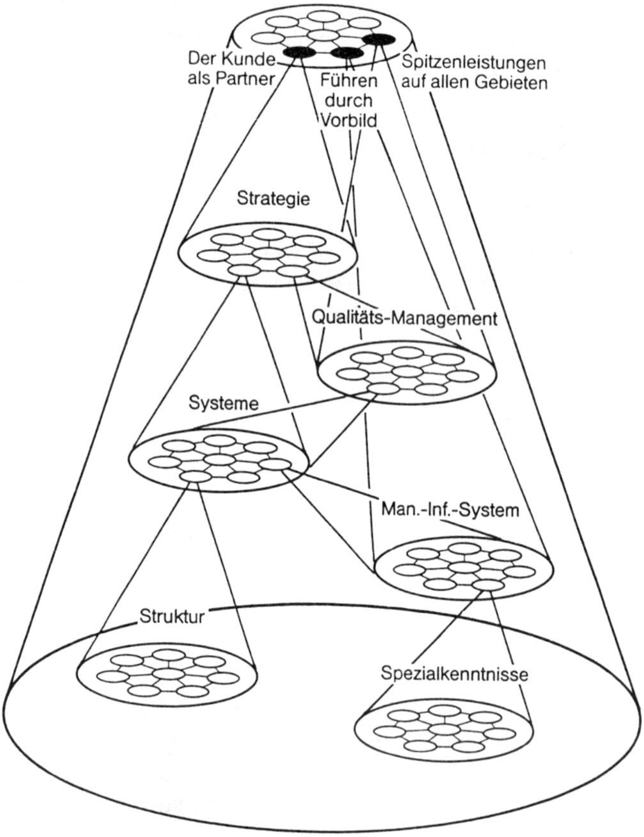

Abb. 3: Auflösungskegel für vernetzte Orientierungsregeln

Konzeptrahmen sind Entwürfe für Netzwerke von Aktivitäten, die gleichgerichtet entwickelt und durchgeführt werden müssen, wenn bestimmte Ziele erreicht werden sollen. Sie haben obligatorischen Meta-Charakter, vermitteln Kenntnisse über invariante Zusammenhänge, liefern eine Sprache für kompetente Diskussionen ("was heißt relative Wettbewerbsposition"?) und führen zu zuverlässigeren Vereinbarungen über die Inhalte.

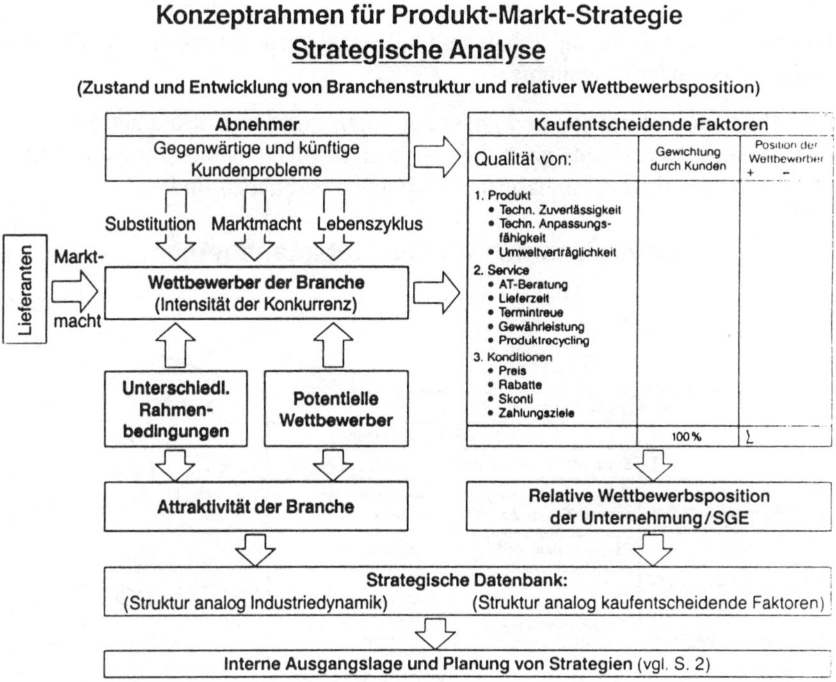

Abb. 4: Konzeptrahmen für Produkt-Markt-Strategie

Im Konzeptrahmen der strategischen Planung für eine bestimmte Produktgruppe muß eine Bereichsleitung u. a. festlegen, welche Informationen sie benötigt, damit aus ihrer Sicht Pläne nachvollziehbar und mit denen anderer Produktgruppen eines Geschäftsbereiches vergleichbar sind. Für die Inhalte der Strategie haben zunächst die Fachleute der nächsten Ebene - z. B. die Leitung der Produktgruppe - die Kompetenz und auch die Verantwortung.

Die Verbindungen zwischen

1. den wesentlichen Bestandteilen eines Konzeptrahmens - z. B. für die strategische Planung und

2. zu anderen Konzeptrahmen - z. B. für Qualitätsmanagement - führen zu neuen Netzwerken, deren einzelne Komponenten wiederum gleichgerichtet entwickelt werden müssen.

Produkt-Markt-Strategie etwa beantwortet nicht nur die Frage, in welchen Märkten werden mit welchen Produkten und mit welchen Maßnahmen Wettbewerbsvorteile erreicht; strategische Analyse liefert auch die relevanten Informationen für Richtung, Inhalt und Intensität qualitätssteigernder und/oder qualitätssichernder Programme.

Produkt-Markt-Strategie und Qualitätsmanagement sind also einerseits sachlich vernetzt, andererseits aber sind sie auch wieder separate Tätigkeitsfelder, deren Realisierung mit zusätzlichen Aktivitäten verbunden sind.

Konzeptrahmen für Qualitätsmanagement

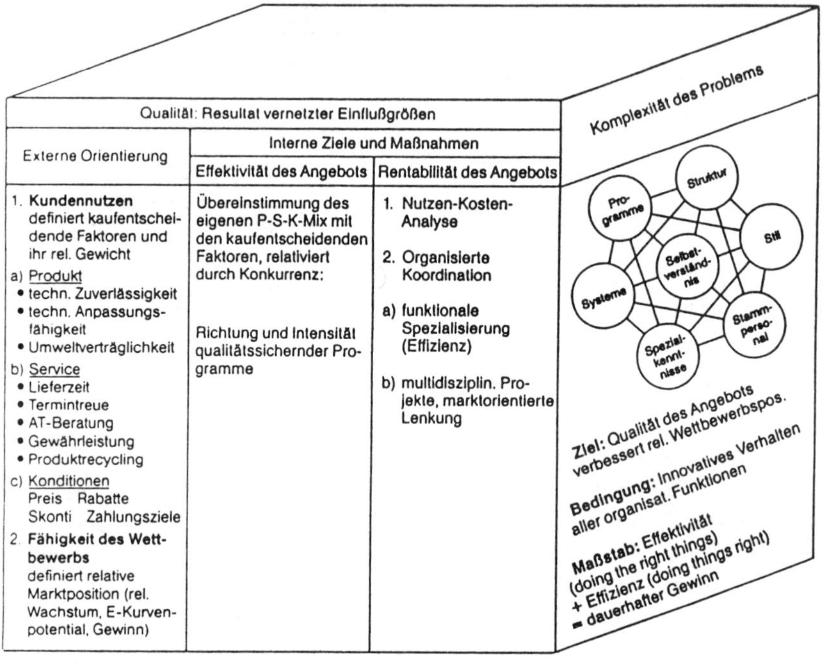

Abb. 5: Konzeptrahmen für Qualitätsmanagement

Es ist wichtig, das Mißverständnis zu vermeiden, daß alle Schritte des strukturellen Führungsprozesses und der Führungsinhalte im Detail geplant, formalisiert und digitalisiert werden könnten.

Gerade wegen der prinzipiellen Unsicherheit vieler künftiger externer und interner Entwicklungen - essentielles Merkmal unternehmerischen Handelns - sind lebensfähige, teilautonome Strukturen erforderlich, ein möglichst hohes Varietätspotential, das Lernen, Adaption und Lenkung verbessert.

Wesentliche Faktoren des Erfolgs von Organisationen, wie Initiative, Motivation, unternehmerisches Denken, Fairneß, Kritikfähigkeit, Vertrauen und Loyalität sind zwar beeinflußbar, aber nicht im üblichen Sinne planbar.

Der Auflösungskegel verdeutlicht nur die vernetzten Inhalte von normativen, strategischen und operativen Aufgaben einer Rekursionsebene.

Die nächste Ebene hat wieder ihren eigenen Kegel inhaltlich zu entwickeln, allerdings kompatibel mit dem Selbstverständnis des Gesamtunternehmens.

Dieses Auflösungsteleskop ist ein einfaches Bild für eine schwierige Aufgabe: Wie gelingt es z. B., daß das High-Chem-Signal, das "Spitzenleistung auf allen Gebieten" fordert - so heißt es im Hoechster Selbstverständnis -, auch vom einfachen Arbeiter verstanden, akzeptiert und in seiner täglichen Arbeit berücksichtigt wird?

Die dargestellten Bilder von Konzeptrahmen sind nur sehr vereinfachte Übersichten von detailliert ausgearbeiteten, seit Jahren praktizierten Entwicklungsprogrammen. Endgültig abgeschlossen werden sie wohl nie werden; Einzelheiten können hier nicht dargestellt werden. In der Praxis gibt es keine organisatorische Denkmalsenthüllung nach dem Motto: hier steht der neue "rocher de bronze"!

Ähnliche Überlegungen wie für strategische Planung und Qualitätsmanagement gelten auch für den vernetzten Zusammenhang mit Informationssystemen. Informationssysteme sind vereinfachte Modelle der Management-Prozesse, die sie unterstützen sollen. IS sind nur dann effektiv, wenn sie homologe Modelle dieser Prozesse sind, sie sind nur dann effizient, wenn die organisatorischen und technischen Probleme der Datenerfassung, der Software-Herstellung, der Hardware-Ausstattung und deren Vernetzung gut gelöst sind. Diese Aufgabe kann nur wiederum in Zusammenarbeit mit dem Management selbst (Informationsmanagement) und Informatikern gelöst werden.

Management-Informationssysteme (MIS) sind spezielle Teilsysteme des allgemeinen IS. Sie müssen die Verantwortung des Managements und seine begrenzte Informationskapazität koppeln mit der relativen Autonomie der nächsten Ebene (Kontroll-Autonomie-Dilemma). Sie sollen verhindern, daß das Management in die Datenflut der unteren oder untersten Ebenen eintauchen muß, für die es weder die Zeit, vielfach auch nicht die Detailkenntnisse hat.

Wenn Informationslücken aber als Mangel an Lenkungsfähigkeit empfunden werden, führt dies automatisch zu Mehrkontrollen durch Einschalten und Aufbau bürokratischer Mechanismen mit dem Effekt, daß die unternehmerische

Flexibilität, die Leistungsbereitschaft und der dezentrale Sachverstand genau dann negativ beeinträchtigt werden, wenn er wegen der zunehmenden Komplexität der Aufgabe gefördert werden sollte.

Ich kann hier nicht auf die Architektur solcher MIS eingehen, möchte aber zeigen, wie die Design-Kriterien effektiver Organisation auf der Basis des VSM und die damit kompatible inhaltliche Gestaltung von Management-Prozessen (Auflösungskegel und Meta-Lenkung) auch im MIS realisiert werden müssen.

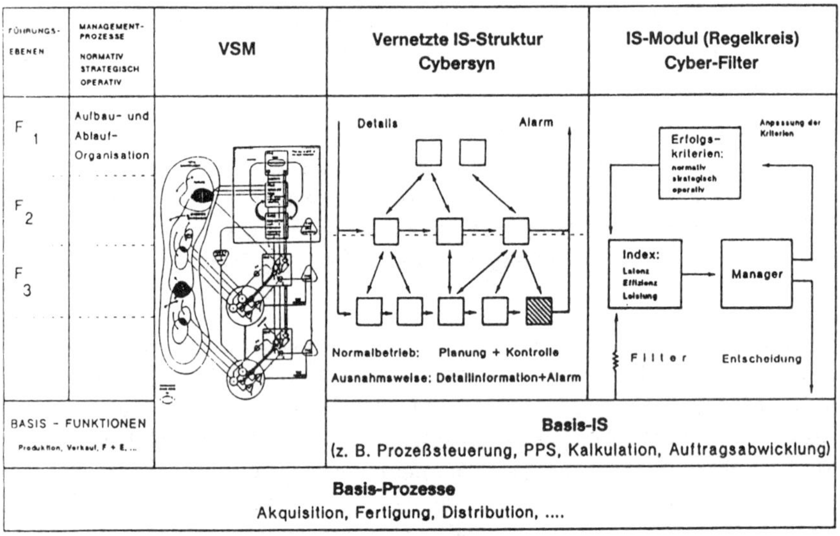

Abb. 6: Management-Prozesse, effektive Organisation und MIS

Das Bild zeigt Basissysteme des Geschäftsbereichs, also die materielle und immaterielle Struktur (4 M's) in arbeitsteiligen Basisfunktionen organisiert sind, die überlagert werden von Führungsfunktionen, ebenfalls aus Gründen der Arbeitsteilung in verschiedene Ebenen gegliedert. Diese Organisation und das Zusammenwirken ihrer Elemente wird am VSM gespiegelt. Aus der gemeinsamen Analyse von VSM-Experten und dem Management werden kommunikative Schwachstellen ausgemerzt, die systemisch notwendigen Informationskanäle gezogen, kritische Erfolgsfaktoren der verschiedenen Regelkreise formuliert. Auf diese Weise entsteht das MIS auf der Basis des VSM.

Die Komponenten des MIS müssen inhaltlich verknüpft werden mit den Daten, die im strategischen und operativen Management-Prozeß generiert werden. Dabei laufen Planung und Kontrolle kontinuierlich ab. Normative Basis, strategische und operative Etappen und die Ist-Situation sind simultan zu beobachten, auch wenn viele Daten, die täglich anfallen, strategische oder gar normative Entscheidungen nicht beeinflussen.

3. Schluß

Ich habe versucht, Ihnen darzustellen, wie wir auf der theoretischen Grundlage des VSM als Paradigma systemischer Problemlösung und des Hoechster Selbstverständnisses als prinzipielle Orientierung für normatives Handeln Effektivität und Effizienz von Management-Prozessen verbessern.

Solche Management-Prozesse sind keine objektiven Veranstaltungen!

Gerade deshalb ist es ohne ein Modell, das detaillierte Grammatik und Sprache für kompetente Diskussionen liefert kaum möglich, "shared values" auch im praktischen "Alltag" der Problemlösung zu beachten.

Management-Kybernetik gibt uns die Chance, normative Orientierung für Ziele, Kommunikationsmuster und Entscheidungsprozesse zu verbinden mit wissenschaftlichen Erkenntnissen, Unternehmenskultur und Vernunft zu einem ganzheitlichen Konzept der Lenkung kompatibel zu vereinen.

Unternehmenssteuerung durch Information - Kybernetische Unternehmensführung im Karlsberg-Verbund

von Gustav Gottfreund[1]

Die Karlsberg Brauerei, Stammhaus des heutigen Karlsberg-Verbundes, hat ihren Sitz in Homburg im Saarland. Sie ist auch in der vierten Gesellschaftergeneration noch ein reines Familienunternehmen in der Rechtsform einer Kommanditgesellschaft. Nach der wirtschaftlichen Wiedereingliederung des Saarlandes in die Bundesrepublik konnte das Unternehmen in den 70er und 80er Jahren bei stagnierendem Gesamtmarkt seine relative Position zu den regionalen Mitbewerbern fortlaufend verstärken und auch überregional eine zunehmende Bedeutung gewinnen. Es gelang ihm aus eigener Kraft, aus einer nachrangigen Position in die Spitzengruppe der deutschen Brauereien aufzurücken. Darüber hinaus konnte das Unternehmen neben dem herkömmlichen Biersegment auch andere Getränke- und Dienstleistungsbereiche erschließen, die mittlerweile ein beachtliches Gewicht haben.

Die Ausgangsposition, von der aus diese Entwicklungen zustande kamen, war denkbar ungünstig. Der Standort am Rande der Republik war alles andere als optimal, das Kern-Absatzgebiet hatte mit wirtschaftlichen Schwierigkeiten zu kämpfen und die überregionalen Märkte waren verteilt. Die Kapitalausstattung, die technischen Kapazitäten und die Markenbedeutung waren eher als schwach zu bezeichnen. Das Unternehmen stand im direkten Wettbewerb mit den kapitalkräftigen Bierkonzernen, die in den 60er Jahren zusammengeschmiedet wurden.

---

1 Gustav Gottfreund, Finanzdirektor der Karlsberg Brauerei KG Weber, Postfach 1351, 6650 Homburg/Saar

1. Ziele kybernetischer Steuerung im Karlsberg-Verbund

1.1. Mobilisierung der Gestaltungskräfte erhöht die Überlebensfähigkeit

Die Problematik der äußeren Rahmenbedingungen war für uns Ansporn und Herausforderung, in den inneren Strukturen unseres Unternehmens einen Ausgleich zu suchen. Wir erkannten im beginnenden Informationszeitalter schon früh die Zeichen der Zeit und entwickelten für unser Unternehmen eine Führungsphilosophie, in der der informierte Mensch eine maßgebende Rolle spielt. Wir bezeichnen unsere Art der Führung seit Mitte der 70er Jahre als "Unternehmenssteuerung durch Information".

Mit dieser Umschreibung unseres Führungs- und Steuerungsverhaltens befinden wir uns bereits mitten im Denksystem der Kybernetik. Denn unter kybernetischer Steuerung verstehen wir ja die Selbststeuerung eines Systems mit Hilfe von Informationen.

1.2. Von der autoritären zur kybernetischen Führung

Das aus einer autoritären Denkweise hervorgehende Führungssystem ist gekennzeichnet durch die Frage:

"Wie führe ich mein Unternehmen?".

Die gegenwärtig vorherrschende Führungsphilosophie geht von dem Gedanken der kooperativen Führung aus und stellt die Frage:

"Wie führen wir unser Unternehmen?".

In beiden Fällen ziehen wir jedoch einen Trennungsstrich zwischen Führern und Geführten. Wir machen das Unternehmen zum Objekt der Führung. Die Führung steht oberhalb des geführten Systems, so wie es unserem allgemeinen Führungsverständnis entspricht. Führung ist eine lineare, nur von oben nach unten verlaufende Funktion.

Die Frage nach der kybernetischen Steuerung lautet demgegenüber:

Wie steuert sich unser Unternehmen?

Erst in dieser Fragestellung sehen wir das Unternehmen als ein kybernetisches, als ein sich selbst steuerndes System. Die Steuerungsfunktion in das System selbst integriert, sie ist Bestandteil des Regelkreises, der die Selbststeuerung bewirkt.

Der pragmatische Weg zur kybernetischen Steuerung des Unternehmens ist die kybernetische Steuerung im Unternehmen, d. h. kybernetische Steuerung an der Basis. Sie wird verwirklicht, indem wir den Subsystemen des Unternehmens, den Untereinheiten vor Ort bis hin zum einzelnen Mitarbeiter eine wirksame Eigensteuerung ermöglichen. Wenn der Geist des eigenverantwortlichen Handelns im Unternehmen auf breiter Basis Fuß faßt, wächst damit auch das Unternehmen als Ganzes zu einem sich selbst steuernden System in unserem Sinne heran.

1.3. Das Wesentliche ist nicht rechenbar

Nun verbinden sich aber mit dem Begriff der Kybernetik in sehr starkem Maße mechanistisch-mathematische Vorstellungen. Die bemerkenswerten Erfolge der Meß- und Regeltechnik ließen in den 60er und 70er Jahren die Frage aufkommen, ob nicht die gleichen Steuerungsmechanismen auch in sozialen Systemen und bezogen auf den Menschen selbst so etwas wie eine automatisierte Steuerung ermöglichen.

Die Beschränkung der Steuerungsfunktionen auf rechenbare und meßbare Faktoren hat sich in unserer Gesellschaft in der Tat weit verbreitet. Sie ist jedoch eine einengende Vorstellung von Kybernetik, von der sich unser Unternehmen schon früh klar distanziert hat. Wir gehen davon aus, daß es im Unternehmen verschiedene kybernetische Ebenen gibt, die einen unterschiedlichen Steuerungsmodus erfordern.

Mechanistische Methoden sind angebracht, wo sich das Unternehmen als Räderwerk ineinandergreifender Funktionen versteht, wo es um die reine Sach- und Ablaufsteuerung geht. Hier ist die Steuerung über Vorgaben, Pläne und Plan-Ist-Vergleiche der sicherlich angemessene Weg.

Wenn es aber um die eigentlichen Führungsaufgaben geht, um das Unternehmen als soziales System, um die Menschen im Unternehmen und um die Position des Unternehmens in seinem Umfeld, müssen die mechanistischen Instrumente versagen. Denn hier spielen gerade die nicht rechenbaren und nicht meßbaren Faktoren die maßgebende und entscheidende Rolle.

2. Grundlagen der Unternehmenskultur

2.1. Wirtschaft wird von Menschen für Menschen gemacht

Es hat wohl etwas mit dem Selbstverständnis des Unternehmens oder wie man heute sagt mit der Unternehmenskultur zu tun, auf welcher Ebene die kybernetische Steuerung im Unternehmen ihre Schwerpunkte setzt.

Wir bekannten uns in unserer Unternehmensgrundordnung des Jahres 1979 ganz eindeutig zu den Leitbildern einer anthropologischen, d. h. einer auf den Menschen bezogenen Betriebswirtschaft. Sie war in der Geschichte des Familienunternehmens schon seit vielen Jahren vorgeprägt und vorformuliert. Wirtschaft wird von Menschen für Menschen gemacht. Ein Unternehmen muß deshalb lebens- und menschengerecht geführt werden. Diese von Walter Thoms geprägten Sätze wurden schon in den frühen Nachkriegsjahren in das Unternehmen eingebracht. Sie waren die geistige Basis, auf der sich unsere Führungsphilosophie aufbaut.

Wie kann aber dieser Gedanke in einem ökonomischen System Gestalt gewinnen? Die technisch orientierte Betriebswirtschaftslehre der damaligen Zeit bot uns hierfür nur wenig Ansatzpunkte. Man sprach zwar damals schon von Unternehmensphilosophie, aber die Unternehmensphilosophen waren noch sehr dünn gesät.

Einer von ihnen war der bereits erwähnte Professor Walter Thoms, Wirtschaftswissenschaftler und akademischer Lehrer des langjährigen Firmenchefs Dr. Paul Weber. Über ihn wurde in den 70er Jahren der philosophische Begriff der Polarität in das Unternehmen eingebracht. Es ist sehr wichtig, daß ich Ihnen diesen Begriff erläutere, denn er trifft nach unserer Überzeugung den Kern eines modernen kybernetischen Denkens.

2.2. Polarität: das Gesetz der lebendigen Dynamik

Polarität ist nach den Definitionen des Kulturphilosophen Jean Gebser die lebendige Konstellation des Sich-Ergänzenden, des Sich-Entsprechenden. Die aufeinander bezogenen Pole stehen in einer gesunden Struktur zueinander in einem fruchtbaren Spannungsverhältnis, sie bilden in ihrem Zusammenwirken eine schöpferische Ganzheit. Erst Mann und Frau gemeinsam vollenden das Prinzip Mensch, erst Kapital und Arbeit gemeinsam das Prinzip Unternehmen.

Polarität ist mehr als Synergie und Symbiose. Polare Strukturen finden wir überall, wo Gegenpole aufeinander bezogen sind. Sender und Empfänger, Sprecher und Zuhörer, Jugend und Alter, Wissenschaft und Praxis, Standort und Ziel, Wunsch und Wirklichkeit sind äußerste Gegensätze, sie sind aber zugleich aufeinander bezogene Pole, die zu einer gegenseitigen Steuerung und Regulierung und damit zu einer lebendigen Dynamik fähig sind.

Nun können wir am Beispiel der Ehe und an anderen Polaritäten leicht darstellen, daß die äußere Form einer polaren Struktur nicht schon von sich aus das Glück verheißt. Maßgebend sind die wirklichen Beziehungen zwischen den polar verbundenen Kräften. Wichtig ist aber vor allem auch die der Polarität innewohnende Dynamik, die beim eigenen Ich beginnen muß. Wer sich nicht selbst bewegt, bewegt niemanden, und wer niemanden bewegt, bewegt nichts. Erst das konstruktive Zusammenwirken bringt Fortschritt und Steigerung, ein schon im Denken Goethes verwurzelter Gedanke.

2.3. Die Arbeit im Unternehmen muß spannend sein: Kein Raum für satte Zufriedenheit

Polarität bedeutet für uns, daß wir in unserem Unternehmen die Verschiedenheit und die Vielfalt bewußt anerkennen, ja herausfordern. Je breiter das Spannungsfeld unterschiedlicher Mentalitäten, Gedanken, Meinungen und Fähigkeiten ist und je stärker in dieser Verschiedenheit der Geist der gegenseitigen Achtung und Anerkennung, umso stabiler ist das System und umso größer sind die Chancen des Fortschritts.

Wir befinden uns mit diesen Anschauungen in guter Gesellschaft. Gertrud Höhler, eine der führenden Vordenkerinnen unserer Zeit, hat gerade in diesen Tagen folgenden Ausspruch getan: "Der Erfahrene muß lernen, sich mit dem riskant denkenden, dem weniger erfahrenen Kopf zusammenzutun." Dies entspricht genau dem Gedanken der fruchtbaren Polarität, wie wir sie verstehen und wie wir sie praktizieren. Nicht spaltendes Denken ist gefragt, sondern zusammenfügendes Denken auf der Basis gegenseitiger Achtung.

Wichtig ist in den menschlichen Polaritäten vor allem die Beziehungsebene. Das destruktive Gegensatzdenken, das beziehungslose Nebeneinander und die satte Zufriedenheit dürfen in unserem Unternehmen keinen Raum gewinnen. Notwendig ist ein konstruktives Zusammenwirken voranstrebender Kräfte, ausgerichtet auf gemeinsame Ziele. Die Arbeit im Unternehmen muß im wahrsten Sinne des Wortes spannend sein. Die Schaffung eines Klimas, das von fruchtbaren Spannungszuständen und von gemeinsamen Zielsetzungen getragen ist, wurde zur wichtigsten Führungsaufgabe in einer Unternehmenskultur, die auf dem Gedanken der Polarität beruht.

3. Das strukturelle Wirkungsgefüge

3.1. Humane Führung erfordert gesunde Strukturen

Unsere Unternehmensphilosphie ist aber vor allem auch eine Unternehmensphilosophie des praktischen Handelns. Denn Handlungsfähigkeit ist unsere Präferenz gegenüber dem doch recht großen Kreis von Unternehmungen, die zwar immer wieder Denkmodelle entwickeln und formulieren, sie aber aufgrund ihrer autoritären oder bürokratischen Grundstruktur nicht in die Tat umsetzen können.

Nun kann allerdings auch eine Philosophie und besonders eine Philosophie des praktischen Handelns nicht im luftleeren Raum stattfinden. Sie braucht einen lebendigen Bezug, einen Lebensraum, in dem sie sich verwirklichen kann. Das Bezugssystem der Unternehmensphilosophie ist der lebendige Organismus des Unternehmens. Eine Unternehmensphilosophie, die unserem humanen Anspruch und unserem Anspruch auf Handlungsfreiheit gerecht werden soll, setzt eine gesunde Unternehmensstruktur voraus.

Wichtige systemtheoretische Denkansätze für die Schaffung einer funktionsfähigen Unternehmensstruktur lieferte uns der in Saarbrücken geborene Bio-Kybernetiker Frederic Vester, dem übrigens vor wenigen Wochen in St. Gallen die Ehrendoktorwürde der Wirtschaftswissenschaften verliehen worden ist. In seinen Büchern "Denken, Lernen, Vergessen", "Phänomen Streß" und "Neuland des Denkens" zeigte er uns in den 70er Jahren Zusammenhänge auf, die für die strukturelle Ausgestaltung und die operative Steuerung eines sozialen Systems und damit auch einer Unternehmung außerordentlich hilfreich sind.

3.2. Das Wechselspiel innovativer und regulierender Kräfte

Die Systemlehre von Frederic Vester ist genau wie unser Gedanke der Polarität weit entfernt von den mechanistischen Regelkreisen, die wir aus unserer Regeltechnik kennen. Ziel der Regeltechnik ist es, einen im voraus genau geplanten Zustand des Systems zu erreichen und konstant zu erhalten. Die übergeordneten Führungsgrößen und Richtwerte sowie die zur Zielerreichung notwendigen Schritte müssen jeweils von außen in das System eingegeben, das heißt programmiert werden. Nicht umsonst spricht man bei diesem Programmiervorgang von "Befehlen". Sie sind für das System in jedem Falle verbindlich, ganz gleich, ob sie in einer gegebenen Situation auch sinnvoll sind.

Im Muster der Bio-Kybernetik geht es dagegen darum, die inneren Strukturen eines Systems so zu gestalten, daß das System selbst sich den denkbaren äußeren Einflüssen anzupassen in der Lage ist. Das kybernetische System ist also in erster Linie auch ein offenes, ein lernendes, ein qualitativ wachsendes System. Die erstrebenswerte Konstellation ist eine "elastische und plastische Stabilität".

Das Wechselspiel der innovativen und der regulierenden Kräfte - man spricht von positiver und negativer Rückkopplung - sorgt auch bei unseren künstlichen Systemen für ein auf Dauer stabiles Gleichgewicht auch bei wechselnden Rahmenbedingungen. Ein Auto braucht einen starken Motor und intakte Bremsen. Erst im Zusammenwirken beider wird das gemeinsame Anliegen verwirklicht, schnell und sicher ans Ziel zu gelangen.

Die Strategie darf in einem solchen System nicht in gewaltsamen Eingriffen bestehen, sondern sie besteht in der Schaffung von Konstellationen, die den dynamischen Prozeß der Selbsterhaltung und des Fortschritts in Gang halten.

3.3. Das verbindende Element: die Information

Damit enthält die kybernetische Strategie auch starke dynamische Elemente. Es ist aber eine besondere Art von Dynamik, die nicht durch Kraftakte ausgelöst wird, sondern durch kräftesparende Impulse. Schon mit geringfügigen Steuerenergien wird viel erreicht. Selbst störende Kräfte werden nicht durch Gewaltanwendung bekämpft, was eine Vergeudung eigener Kraft bedeuten würde, sondern energieschonend in die eigenen Zielsetzungen einbezogen.

Das alles verbindende Element ist in jedem lebenden System - also auch im lebendigen Organismus des Unternehmens - die Information. Je komplexer ein System wird, umso lebenswichtiger wird die Kommunikation zwischen den einzelnen Einheiten des Systems. Erst eine gut funktionierende Kommunikation ermöglicht die Bildung eigenständig operierender Untereinheiten, die im synergetischen Zusammenwirken die Stabilität des Systems sicherstellen. Hierfür finden sich in der lebendigen Natur eindrucksvolle Vorbilder, die uns Frederic Vester aufgezeigt hat.

4. Der kybernetische Weg des Karlsberg-Verbundes

4.1. Der Karlsberg-Weg: Menschengerechte Unternehmensführung einer neuen Qualität

Was hat sich nun in der Karlsberg Brauerei konkret ereignet? Der Weg des Unternehmens in das kybernetische Zeitalter begann im Jahr 1968 mit der Einführung eines im Grunde mechanistischen Instruments, der elektronischen Datenverarbeitung. Sie war aber nie mehr als ein Instrument, ein Werkzeug, das dem Menschen dient und nicht umgekehrt. Die EDV bot uns erstmals die Möglichkeit, die Mitarbeiter des Unternehmens umfassend über die von ihnen zu steuernden Vorgänge in qualifizierter Form zu informieren. Dies war die große Chance, die Eigenverantwortung der im Unternehmen tätigen Menschen durch Informationen zu unterstützen und damit menschengerechte Unternehmensführung einer ganz neuen Qualität in die Tat umzusetzen.

Die Führungskräfte und Mitarbeiter bis hin zum Kundenbetreuer und zum Sachbearbeiter in unserer Technik erhielten von der ersten Stunde an Informationen über die von ihnen zu beeinflussenden Faktoren. Wir legten dabei großen Wert auf "dynamische Informationen", das heißt auf Informationen, die nicht nur einen Istzustand beschreiben, sondern alle Entwicklungen in zeitlichen Abläufen - auch in der längerfristigen Perspekrtive - sichtbar machen. Maßgebend sind ja in einem dynamischen System nicht in erster Linie die Zustände, sondern die Entwicklungen und Veränderungen.

Wir ließen es allerdings nicht bei der Verteilung von EDV-Listen bewenden, sondern wir sorgten dafür, daß den Informationsempfängern der Sinngehalt der Informationen und der richtige Umgang mit ihnen vermittelt wird. Dies geschieht bei Praktikern am erfolgversprechendsten am praktischen Fall. Mit den Informationen wurde ein breit angelegter Lernprozeß hin zu einem betriebswirtschaftlichen Handeln eingeleitet. Dieser Lernprozeß erwies sich für unser Unternehmen als Erfolgsfaktor ersten Ranges.

4.2. Informationen schaffen Freiräume des Handelns

Wichtig war schon in der damaligen Anfangsphase, daß die Informationen nicht mit Weisungen verbunden waren. Sie kamen überhaupt nicht von oben, sondern wurden ganz ausdrücklich als Serviceleistungen an die Informationsempfänger gehandhabt. Es war dabei ausdrücklich untersagt, Noten zu verteilen: die Beurteilung der Ergebnisse war voll und ganz den Informationsempfängern überlassen. Auf diese Weise wurde erreicht, daß die Informationsempfänger nicht in Verteidigungsposition gehen mußten. Unsere Informationen wurden schon von Anfang an sehr intensiv als Mittel der Selbststeuerung der Einheiten vor Ort genutzt.

Die Erfolge dieser Maßnahmen waren beeindruckend. Das Unternehmen erreichte in den frühen 70er Jahren innerhalb kurzer Zeit eine erhebliche Verbesserung seiner Ertragskraft und seiner finanziellen Stärke. Dies war in dieser Phase außerordentlich wichtig, denn wir hatten ein starkes äußeres Wachstum hinter uns, mit dem die inneren Organe nicht Schritt gehalten hatten. Kapazitätsprobleme, Ertrags- und Liquiditätsengpässe waren die Folge. Mit dem qualirtativen Wachstumssprung der ersten Jahre des EDV-Zeitalters gewann das Unternehmen Freiräume, die für seine spätere Entwicklung in den nun stagnierenden Absatzmärkten von entscheidender Bedeutung sein sollten.

Unter kybernetischen Aspekten brachte uns diese Zeit eine wichtige Erkenntnis: Informationen lösen beim Informationsempfänger eine selbststeuernde Wirkung aus. Bei positiver Grundeinstellung der Mitarbeiter zu ihrem Unternehmen sind steuerungsgerechte Informationen der Schlüssel zum Unternehmenserfolg.

4.3. Ein informierter Mensch ist ein veränderter Mensch

Damit schloß sich der Kreis zwischen einer menschengerechten Unternehmensführung, einer modernen Informationstechnologie und dem für die Selbsterhaltung unerläßlichen Unternehmenserfolg. Unternehmenssteuerung durch Information ist seit diesem Zeitpunkt das Thema, das den Karlsberg-Verbund in allen Phasen seiner Entwicklung begleitet.

Wir verwendeten sehr viel Sorgfalt auf eine hohe Qualität der Informationen in Gestaltung und Inhalt. Informationen müssen Botschaften sein, die etwas bewirken. Sie haben eine gestaltende, eine formende Kraft, wie es dem Sinngehalt des Wortes Information entspricht. Wir fanden es im eigenen Erfolgserleben bestätigt: Ein informierter Mensch ist ein veränderter Mensch, ein Unternehmen, das von informierten Menschen gesteuert wird, ist ein verändertes Unternehmen.

Wir hielten es für wichtig, die Spielregeln des Informationsverhaltens in den Informationsleitlinien des Karlsberg-Verbundes festzuschreiben, um damit die dezentrale Selbststeuerung der Unternehmen unseres Verbundes zu fördern.

Bei unseren Vorhaben kamen uns die Entwicklungen auf dem Gebiet der Informationstechnologie sehr entgegen. Wir setzten auch die neuen Instrumente der dezentralen Datenverarbeitung, insbesondere den Arbeitsplatzcomputer, gezielt ein, um den operativen Einheiten vor Ort eine wirksame Eigensteuerung zu ermöglichen und zugleich den Informationsfluß im Unternehmen zu intensivieren.

4.4. Generationswechsel als Chance des Fortschritts

Die eigentliche kybernetische Gestaltungsarbeit, die Schaffung einer neuen auf Dauer steuerungsfähigen Struktur, begann in den frühen 80er Jahren, als ein Generationswechsel in wichtigen Schlüsselpositionen des Unternehmens eintrat. Dr. Richard Weber übernahm als Vertreter der vierten Gesellschaftergeneration die Funktion des persönlich haftenden Gesellschafters, im Verwaltungsrat und in wichtigen Leitungsfunktionen wechselten die handelnden Personen.

Der Generationswechsel, in vielen Unternehmen ein schmerzhafter Schnitt, wurde bei uns als Chance des Fortschritts genutzt. Auf der Basis der bereits geleisteten Vorarbeiten trat das Unternehmen in eine neue Phase seiner Entwicklungen ein. Die große Aufgabe bestand darin, in einer sich turbulent verändernden Umwelt Strukturen und Konstellationen zu schaffen, die den dauerhaften Bestand und den Fortschritt des Unternehmens sicherstellen.

In breit angelegten Führungsklausuren, in die über 100 leitende Mitarbeiter eingebunden waren, wurden in den Jahren 1982 und 1983 die Grundlagen für eine neue Unternehmensarchitektur geschaffen. Es ging darum, das stark wachsende Unternehmen auf eine breitere und stabilere Basis zu stellen, und zwar in zweierlei Hinsicht: erstens in seiner strategischen Marktausrichtung und zweitens in seiner inneren Verfassung.

4.5. Strategie der alternativen Möglichkeiten

In der strategischen Marktausrichtung waren die Erkenntnisse der Bio-Kybernetik zur stabilisierenden Wirkung einer "kleinräumigen Diversität" im Sinne einer nartürlichen Vielfalt in einem begrenzten Raum sehr nützlich. Wir konnten sie unmittelbar in unsere unternehmerischen Überlegungen einbeziehen.

Konkrete Maßnahme im Vollzug dieser strukturbestimmenden Entscheidungen war die Aufnahme verschiedener Unternehmungen der Getränkewirtschaft und angrenzender Wirtschaftszweige in unseren Verbund. Alle diese Unternehmungen haben ihren Sitz in unserem erweiterten Kerngebiet, das im Hinblick auf den Gemeinsamen Europäischen Binnenmarkt auch die französischen Grenzgebiete mitumfaßt. Es gelang uns damit, einen stabilen Unternehmensverbund zu schaffen, dem für seine zukünftige Fortentwicklung eine Reihe alternativer Möglichkeiten zur Verfügung steht. Die Vielfalt der Alternativen ist ein für die kybernetische Steuerbarkeit eines Systems außerordentlich wichtiger Gesichtspunkt.

4.6. Die innere Verfassung

Genauso wichtig und langfristig vielleicht noch wichtiger als die strategische Marktausrichtung war unsere zweite Aufgabe, nämlich die Schaffung von inneren Strukturen, die eine eigendynamische Steuerung des Unternehmens in positiver Richtung ermöglichen.

Unter kybernetischen Gesichtspunkten bedeutsam war in diesem Zusammenhang auch die Frage der Rechtsform. Es gab viele gute Gründe, das stark wachsende Unternehmen in die Rechtsform einer Aktiengesellschaft zu überführen. Was uns hiervon abhielt, war die kurzfristige Orientierung dieser Rechtsform. Die kurzen Wahlperioden des Vorstandes, die Verpflichtung zu kurzfristiger Publizität und die Notwendigkeit der Kurspflege bergen die Gefahr in sich, daß die Entwicklung von Zukunftspotentialen zugunsten der vordergründigen Optik vernachlässigt wird.

Die Brauwirtschaft ist aber wie kaum ein anderer Industriezweig auf Langfristigkeit angelegt. Ob Markenaufbau oder Akquisition von Absatzstätten: Es sind immer ganz erhebliche Vorleistungen notwendig, die sich erst nach einer langen Anlaufzeit auszahlen. Die Früchte der heutigen Arbeit werden oft erst in Jahrzehnten geerntet. Jedenfalls gilt das für unsere traditionellen Bierländer. Nicht von ungefähr gehören deshalb zu den Aufsteigern, die in Deutschland in der langfristigen Perspektive erfolgreich sind, ausschließlich Privatbrauereien in der Rechtsform der Kommanditgesellschaft oder der GmbH.

Um nicht Steuerungselemente in unser System hineinzubringen, die uns zur Kurzfristigkeit zwingen, haben wir einstweilen auf den Weg zur Börse verzichtet, wir halten uns diese Möglichkeit dennoch offen.

4.7. Steuerungswirksame Systemelemente

In einem kybernetischen System sind Kommunikation, Kooperation und die gegenseitige Regulierung von lebenswichtiger Bedeutung. Für diese Aufgaben sorgen folgende Systemelemente und Verfahrensweisen:

- Ein starker und gut informierter Verwaltungsrat, in den auch familienfremde Persönlichkeiten einbezogen wurden.
- Eine nach dem Muster eines Vorstandes zusammengesetzte Unternehmensleitung, bestehend aus dem persönlich haftenden Gesellschafter und drei Bereichsleitern.
- Fachbeauftragte, die neben ihrer Linienfunktion verbundsübergreifend für bestimmte Fachfragen verantwortlich sind.
- Informationsbeauftragte, die in den einzelnen operativen Einheiten für den Informationsfluß und den Informationsaustausch mit den anderen Einheiten verantwortlich sind.
- Moderierte Projektgruppen zur Lösung konkreter Aufgaben.
- Vierteljährliche mehrtägige Klausuren der Unternehmensleitung, in denen die strukturbestimmenden Entscheidungen getroffen bzw. vorbereitet werden.
- Ein monatlicher Führungstreff des Verbundes mit ca. 70 Führungskräften.
- Eine wöchentlich zusammentretende operative Entscheidungsrunde, die sich ausschließlich aus kompetenten Fachleuten zusammensetzt.

5. Das Unternehmen im Dienste der Lebensqualität

5.1. In einem modernen Unternehmen führt Jeder Jeden

Die Kernfrage, die sich bei der Schaffung einer zukunftsgerechten Organisation stellte, war jedoch die Gestaltung der personalen Führungsfunktion. Sie erforderte ein grundsätzliches Umdenken in Führungsfragen.

Wir müssen dabei auch Führungslehren in Frage stellen, die heute noch in weiten Kreisen als modern gelten. Diese Führungslehren haben sich noch nicht genügend von dem Bild von Führern und Geführten, von Obrigkeit und Untertan gelöst. Auch wenn wir heute von kooperativer Führung sprechen, so denken wir doch noch immer in den Kategorien der Hierarchie: Geführt wird nur von oben nach unten. Macht und Verantwortung liegen voll und ganz bei der Spitze, sie werden allenfalls nach unten delegiert. Der Geführte bedarf stets der Motivierung durch eine übergeordnete Instanz, während der Führende schon von Natur aus im Sinne der Zielsetzungen des Unternehmens motiviert ist.

Von diesen hierarchischen Denkvorstellungen des oben und unten müssen wir uns entfernen, wenn wir das Unternehmen als lebendes soziales System sehen wollen, das sich aus mündigen Menschen zusammensetzt. In einem solchen System wird in jeder Richtung geführt. Führung ist nicht mehr Bevormundung und Durchsetzung des eigenen Willens, sondern Führung ist gegenseitige Hilfe und Unterstützung auf dem Weg zu gemeinsamen Zielen.

Dies ist auch der tragende Gedanke unserer Controlling-Philosophie. Nicht Kontrolle, sondern tätige Hilfe ist hier gefragt. "Wie können wir erreichen, daß die Arbeit den im Unternehmen tätigen Menschen Freude bereitet?", so lautet die unserer Philosophie zugrunde liegende Kernfrage.

5.2. Handeln geht vor formulieren

Eine so verstandene Führungsphilosophie kann erst dann glaubhaft formuliert werden, wenn sie sich im praktischen Handeln bereits bewährt hat. Führung durch vorbildliches Handeln ist hier gefragt. Dafür waren die damaligen Strategieklausuren eine Initialzündung mit nachhaltigen Wirkungen. In allen Klausuren waren sämtliche Unternehmensbereiche und alle Führungsebenen vertreten. Sie wurden von einem externen Berater moderiert, der dafür sorgte, daß alle Beteiligten sich in den Entscheidungen wiederfanden. Es entwickelte sich damit im praktischen Handeln ein neues Wir-Gefühl, das im Unternehmen lebendig geblieben ist und nach und nach auch auf neu Hinzukommende übertragen werden konnte. Damit wurde eine wesentliche Verbreiterung des Kreises der Mitarbeiter erreicht, die sich für das Unternehmen als Ganzes verantwortlich fühlen und damit in die Steuerungsfunktionen einbezogen sind.

5.3. Im Idealfall leistet jeder das, was er am besten kann

Wo bleibt in einem solchen System unsere liebgewonnene Hierarchie? Sie wird nicht entbehrlich, tritt aber zugunsten der Funktionsorientierung und der hierarchieübergreifenden Kooperation stark zurück. Wir brauchen nach wie vor klar umrissene Verantwortungsbereiche, aber sie haben mehr den Charakter einer Funktionshierarchie. Wir helfen uns gegenseitig, erfolgreich zu sein und betrachten es nicht als Einmischung in die eigenen Kompetenzen, wenn uns Hilfe und Unterstützung angeboten wird. Konstruktive Vorschläge und konstruktive Kritik, aber auch konstruktives Lob sind Elemente eines kreativen Zusammenwirkens, das den Kern unserer Führungsphilosophie bildet.

Die stärkere Projektorientierung eröffnet uns die Möglichkeit, bei der Zuordnung von Funktionen den Neigungen der Leistungsträger stärker als in einer starren Organisation entgegenzukommen. Im Idealfall leistet jeder das, was er am besten kann, was ihm Freude bereitet.

Dies dient nicht nur der Stabilität des Unternehmens, sondern es bringt den im Unternehmen tätigen Menschen zugleich eine höhere Lebensqualität.

5.4. Fruchtbare Interaktionen

Damit werden die übergeordneten Funktionen des Unternehmens nicht entbehrlich, aber sie gewinnen eine neue, viel stärker auf die Gestaltungsarbeit und die Beziehungsebene orientierte Ausrichtung.

Wir müssen unterscheiden lernen zwischen

- der Strukturbestimmung,
- den globalen Zielsetzungen
- und den operativen Handlungsfunktionen

Nur die ersten beiden Funktionen, die Strukturbestimmung und die globalen Zielsetzungen, liegen in einem kybernetisch gesteuerten Unternehmen außerhalb der operativen Unternehmenseinheit. Alles andere, besonders also die zielgerechte Steuerung und Führung der Geschäfte, ist Sache des kybernetischen Systems. Es gibt in diesen elementaren Funktionen keine Rangordnung, sie sind alle für das System gleichermaßen lebenswichtig und müssen in einer fruchtbaren Interaktion ausgeführt werden.

5.5. Es kommt auf die Besatzung an

Das Bild der Kybernetik ist bekanntlich der Steuermannskunst entnommen, die ein bestimmtes Schiff mit einer bestimmten Struktur bereits voraussetzt.

Bevor es aber überhaupt zu der Entstehung des Schiffes in dieser Struktur kommt - wir haben es ja mit gestaltbaren Schiffen zu tun -, sind wichtige Vorstufen zu durchlaufen. Am Anfang steht die überzeugende Idee, die zu begeistertem Einsatz befähigt. Je größer die Gemeinsamkeit der Visionen ist, umso besser wird das Werk gelingen. Wir haben uns nicht für ein Frachtschiff und nicht für einen Tanker entschieden, sondern für ein Schiff, das von Menschen für Menschen gemacht ist.

Die Konstrukteure dieses Schiffes waren gut beraten, als sie die Sinngebungen und strukturbestimmenden Entscheidungen eingehend mit allen Betroffenen, besonders aber mit der zukünftigen Besatzung abstimmten. Erst dieses

Zusammenwirken weckte das Bewußtsein, daß dies nicht ein fremdes Schiff ist, sondern unser Schiff, für das wir gemeinsam Verantwortung tragen.

Eine wichtige Funktion erfüllt in diesem Schiff der Kapitän. Er bestimmt die Zielsetzungen, er muß über die Fähigkeit verfügen, unter mehreren möglichen und erreichbaren Zielen eine sinnvolle Auswahl zu treffen. Und er muß für eine gute Verständigung nach innen und nach außen sorgen, eine umso wichtigere Aufgabe, je größer und vielfältiger die zu steuernde Einheit ist.

Die eigentliche "unternehmende" Führung liegt dagegen in den operativen Kraftfeldern. Sie findet an Bord statt und ist in das System integriert. Eine das ganze System durchziehende Funktion, die ihre Steuerungsimpulse aus den internen und externen Informationen bezieht.

Letztlich kommt es auf die Besatzung an, auf die Menschen im Unternehmen und auf die Beziehungen zwischen ihnen, die täglich aufs neue gepflegt und durch vorbildliches Handeln bestätigt werden müssen.

Wir haben uns auf folgende Leitsätze verständigt, um dieser Aufgabe gerecht zu werden:

- Im Verhältnis von Mensch zu Mensch gibt es keine Rangunterschiede.
- In einem modern geführten Unternehmen führt Jeder Jeden.
- Jeder sollte das eigenständig tun dürfen, was er am besten kann.
- Helfen Sie anderen, erfolgreich zu sein.
- Es gibt keine Fehler, sondern nur Verbesserungspotentiale.
- Wir wollen auch das noch besser machen, was schon gut ist.

Dies sind die Leitlinien, die wir im praktischen Handeln zu verwirklichen suchen, um die Selbststeuerung eines menschlich geführten und eines seetüchtigen Schiffes erfolgreich zu gestalten.

8. Komplexität und Kybernetik

Komplexitätsbewältigung durch Systemansatz und Kybernetik

von Bernd Schiemenz[1]

1. Einleitung: Wachsende Komplexität als Problem für Unternehmensführung und Organisation

Das Management von Unternehmungen, aber auch staatlicher Organisationen usw., sieht sich zunehmend komplizierteren Tatbeständen gegenüber. Es hat zunehmend das Problem wachsender Komplexität zu bewältigen. Diese Komplexitätserhöhung für das Management hat folgende Gründe:

- Die zu führenden Systeme werden tendenziell größer. Sie enthalten mehr Elemente, beispielsweise weitere Tochterunternehmungen oder EDV-Systeme.
- Die Beziehungen zwischen den Elementen werden zahlreicher. Man denke beispielsweise an die durch Vernetzung wachsende Zahl von Kommunikationskanälen.
- Die Beziehungen zum Umsystem werden vielfältiger. Sie lassen sich immer weniger auf die alleinige Berücksichtigung eines durch Angebot und Nachfrage zustandekommenden Preises reduzieren. Vielmehr muß mit verlustreichen Blockaden durch fortschrittsskeptische Gruppen, man denke etwa an die Gentechnologie, oder auf die Einhaltung ethisch-moralischer Standards pochender Bürger, ein Beispiel ist der Babymilch-Fall, gerechnet werden.
- Wachsender Wohlstand und Bildungsstand der Mitarbeiter führen dazu, daß diese in der Unternehmung und durch die Unternehmung immer mehr die Erreichung ihres eigenen, dazu zunehmend komplexeren, Zielsystems anstreben.

---

1 Prof. Dr. Bernd Schiemenz, Allg. Betriebswirtschaftslehre und Unternehmensforschung (BWL IV), Philipps-Universität, D-3550 Marburg

- Darüber hinaus ist die in vielen Lebensbereichen wachsende Dynamik zu nennen. Man spricht beispielsweise von einer Wissensverdoppelung innerhalb weniger Jahre.

Der Systemansatz ist nach meinen Erfahrungen in der Lage, zur Bewältigung des so umschriebenen Komplexitätsproblems beizutragen. Ich möchte das im folgenden zeigen und dazu zunächst kurz die Grundgedanken von Systemtheorie und Kybernetik vortragen. Anschließend werden einige mögliche Beiträge dieses Systemansatzes zur Komplexitätsbewältigung vorgestellt, wobei der Aspekt der Dezentralisation besondere Hervorhebung erfährt. Der kybernetische Aspekt Kommunikation braucht hier nur gestreift zu werden, da er im vorliegenden Band eingehend von Czap behandelt wird.

2. Grundgedanken von Systemansatz und Kybernetik

2.1. Elemente

Aus der Welt lassen sich durch relative Isolation Elemente abgrenzen. Kann man in diese nicht hineinschauen, so kann man doch durch Manipulation bzw. Erfassung des Inputs und des Outputs oft Kenntnisse über deren Verhalten erwerben, z. B. ob

- deterministisch oder stochastisch
- linear oder nichtlinear
- sofortwirkend oder dynamisch
- stationär oder zeitvariabel
- scharf oder unscharf, etc.

Zu dieser Elementebeschreibung gehört auch die Beschreibung der Leistungsfähigkeit der Elemente, beispielsweise der informationalen Fähigkeiten des Menschen im Vergleich zu informations- und kommunikationstechnischen Geräten, und die ganze Problematik der informationalen Abbildung eines Teils der Realität, die ja stets vollkommener Informationsträger ist, durch einen anderen.

2.2. Einwirkung eines Elements auf ein anderes

Die Elemente dieser Welt sind - zunehmend weniger - allein. Andere Elemente wirken auf sie ein bzw. wollen das. Dazu müssen die Schnittstellen stimmen, beispielsweise in Form kompatibler Kommunikationskanäle.

Bei Steuerung, einer Einwirkung nur in eine Richtung, müssen für eine gezielte Beeinflussung dann die Reaktionen des zu steuernden Systems bekannt sein. Das ist, wegen komplizierter Eigenschaften des Elements, nur selten der Fall.

2.3. Interaktion zwischen 2 Elementen

Dann liegt es nahe, die Ergebnisse der Einwirkung zurückzukoppeln. Das hat zwei Gründe:

a) Durch erneuten Eingriff kann man die Zielgrößen oft doch noch realisieren.

b) Durch Korrelation von Ergebnis und Eingriff lernt man das Element näher kennen, was wiederum gezieltere Eingriffe ermöglicht.

Regelung, Lernen, Stabilität, positives und negatives Wachstum, das Beobachterproblem, aber auch spieltheoretische Fragen bis hin zum Gefangenendilemma sind systemtheoretische Aspekte, die mit dieser Interaktion zwischen Elementen oder - je nach Betrachtungsebene - Systemen zusammenhängen.

2.4. Inter-Systemhierarchie

Die beiden, beispielsweise in einem kleinen Regelkreis interagierenden, Elemente bilden ein - offenes - Subsystem, das mit anderen Subsystemen eines gemeinsamen umfassenderen Systems in Materie-, Energie-, Informations- und Rechteaustausch steht.

So muß etwa die Abteilung Rechenzentrumsbetrieb vom Bereich Rechnungswesen die Daten und von der Abteilung Anwendungssysteme die Anwendungsprogramme, aber möglicherweise auch vom Beschaffungsbereich Papier usw. zur Verfügung gestellt bekommen, bevor sie eine bestimmte Aufgabe bewältigen kann. Das erfordert Koordination. Eine Möglichkeit dazu liefert die Inter-Systemhierarchie. Ein Element wirkt in einem größeren - kaskadischen - Regelungssystem auf die kleineren Regelkreise ein.

2.5. Intra-Systemhierarchie

Intra-Systemhierarchie charakterisiert demgegenüber den Aspekt, daß jedes Element (mit anderen) Bestandteil eines Subsystems, dieses (mit anderen) Bestandteil eines Systems, ist etc. Es ist mehr dieser Hierarchieaspekt, den Herbert Simon in seinem bekannten Artikel über die Architektur der Komplexität als zentrales Konstruktionsmerkmal für komplexe Systeme hervorhebt und durch die schöne Parabel der Uhrmacher Hora und Tempus mathematisch begründet. Nähere Details dieses Hierarchieaspektes und dessen gestaltungstechnische Implikationen werden in Abschnitt 3.4 behandelt.

Man findet die Systemschachtelung im übrigen nicht nur zum Großen hin. Gehen wir ins Kleine, stellen wir fest, daß ein schwarzer Kasten selbst ein System ist, das sich in Subsysteme gliedern läßt, die wiederum aus Elementen bestehen usw. Diese rekursive Sicht, daß Systeme auf allen Auflösungsstufen jeweils aus Untersystemen bestehen und in Umsysteme eingebettet sind, ohne daß sich nach unten bzw. nach oben bisher eindeutig eine Grenze feststellen läßt, ist typisch für die systemtheoretische Betrachtungsweise.

2.6. Co-Evolution sowie Streben nach ganzheitlicher Betrachtung

Als weitere Aspekte seien kurz die Co-Evolution sowie das Streben nach ganzheitlicher Betrachtung genannt. Co-Evolution stellt darauf ab, daß sich infolge der Interdependenzen Subsysteme von Systemen gemeinsam entwickeln. So wie sich Flora, Fauna und Erdatmosphäre gegenseitig bedingen und zusammen entwickeln, entwickeln sich beispielsweise das Angebot an Hard- und Software von Elektronischen Datenverarbeitungssystemen auf dem EDV-Markt und deren Nutzung in den Unternehmungen gemeinsam.

Ganzheitliche Betrachtung wird im Rahmen des Systemansatzes sehr häufig angestrebt. Vielfach wird als Grund dazu die These angeführt: "Das Ganze ist mehr als die Summe seiner Teile", die im konkreten Falle allerdings überprüft werden muß. In ähnliche Richtung geht das Argument, daß man von Systemen oft keine ausreichende Information erhält, wenn man sich auf deren Elemente konzentriert, selbst wenn man das genau und unter Einbeziehung aller Elemente machte. Oft erhalte man mehr Informationen durch eine eher oberflächliche, aber die Strukturen berücksichtigende Betrachtungsweise. Diese These wird gerne metaphorisch durch ein Problem aus der Mustererkennung gestützt. Solange man sich bei einem grob gerasterten Bild auf einzelne Quadrate konzentriert, ja sogar dann, wenn man alle Quadrate gleichzeitig visuell voll aufnehmen will, erhält man nicht die eigentliche Information. Zu dieser gelangt man erst durch Reduktion der Informationsaufnahme durch Blinzeln (vgl. Ulrich Probst, S. 28).

Zur ganzheitlichen Erfassung von Zusammenhängen gerne verwendete Techniken sind Systemdiagramme - ein Beispiel lernen wir in Abschnitt 3.3.4 kennen. Zur rechentechnischen Handhabung können diese in Strukturmatrizen transformiert werden, aus denen verschiedene Aussagen abgeleitet werden können.

3. Mögliche Beiträge von Systemansatz und Kybernetik zur Komplexitätsbewältigung unter besonderer Berücksichtigung des Aspektes der Dezentralisation

3.1. Möglicher Beitrag des Black-Box-Konzepts

Das Black-Box-Konzept lenkt den Blick darauf, daß aus der Sicht des umfassenderen Systems häufig nur die Funktion eines Systems in dem umfassenderen System relevant ist, nicht jedoch seine Struktur bzw. die Elemente und deren Beziehungen.

So interessiert beispielsweise bei einem Lieferanten im wesentlichen, ob er Bestellungen richtig erfüllt. Aufgrund welcher technischer und organisatorischer Prozesse das der Fall ist, interessiert wenig. Ähnlich interessiert beim erworbenen Programmpaket, daß es aus den Eingabedaten die richtigen Ausgabedaten errechnet, weniger der interne Programmablauf. Bei einer gewinnorientierten Führung von Konzernen interessiert besonders, welche Gewinnänderung sich in den Divisions durch Änderungen des zugeführten Kapitals ergeben. Weniger interessiert, aufgrund welcher internen Prozesse dies im einzelnen geschieht.

Damit man die Komplexität auf solche Eingabe-Ausgabe-Beziehungen reduzieren kann, ist allerdings ein entsprechender Systemschnitt erforderlich. Unter Systemschnitt verstehe ich eine Zusammenfassung entsprechender Elemente und deren relative Isolation von den anderen. Bei dem Anwendungssystem erfordert dies beispielsweise, daß Hardware und Software zusammenpassen. Es reicht nicht, daß das Programmpaket im Prinzip die Eingabedaten richtig in Ergebnisdaten transformiert, aber auf der in der Unternehmung vorhandenen Hardware nicht zum Laufen gebracht werden kann.

Die gewinnorientierte Führung der Divisions setzt voraus, daß die den Gewinn beeinflussenden Subsysteme zu einer Division zusammengefaßt sind. Es gäbe wenig Sinn, Forschung und Entwicklung eines Konzerns in einem Zentralbereich zusammenzufassen und aus zentralen Mitteln zu finanzieren, wenn eine Division von dieser weit überproportional profitiert.

Bei der Reduktion von Systemen auf input-output-Beziehungen erscheint, will man nicht zu falschen Ergebnissen kommen, auch die Berücksichtigung klassifikatorischer Ergebnisse der Systemtheorie sinnvoll. Ich möchte das am Beispiel der gewinnorientierten Führung der Division andeuten:

- Die Unterscheidung zwischen Linearität und Nicht-Linearität in den output-input-Beziehungen hängt beispielsweise mit der Frage von Economies of Scale zusammen.
- Die Unterscheidung zwischen sofortwirkend und dynamisch lenkt den Blick darauf, daß man nach zusätzlichen Investitionen möglicherweise längere Zeit warten muß, bis sich die entsprechenden Gewinnerhöhungen einstellen.
- Die Unterscheidung zwischen deterministischer und stochastischer Reaktion weist darauf hin, daß oft zufallsbedingt, ohne daß dies der einzelnen Division zugeordnet werden kann, Rentabilitäten schwanken können.

Nun mag derjenige, der in diesem Feld zuhause ist, fragen, wozu man denn dazu systemtheoretische Denkansätze benötigt. Das sei doch alles im Grunde bekannt und mit dem traditionellen Instrumentarium der Investitionsrechnung behandelbar.

Dem ist zu entgegnen, daß sich ähnliche Prozesse eben auch in der Beschaffung, in der Produktion, im Absatz usw. abspielen, so daß eine Vereinheitlichung in den Denkansätzen resultiert, und daß darüber hinaus ähnliche Denkansätze auch im nichtökonomischen Bereich vorzufinden sind, was die interdisziplinäre Kommunikation erleichtert.

Auch ist darauf hinzuweisen, daß es sehr stark systemtheoretisches Gedankengut war, das zu den diesbezüglichen betriebswirtschaftlichen Publikationen, beispielsweise über Verweilzeitverteilungen im finanzwirtschaftlichen Bereich oder zu Lernkurven im produktionswirtschaftlichen Bereich, führte.

Zusammenfassend läßt sich sagen, daß das Black-Box-Konzept die Komplexität dadurch reduziert, daß es zur Konzentration auf die Funktion im Gesamtzusammenhang zwingt. Es lenkt den Blick auf die Bedeutung der Schnittstellen zum Umsystem und legt darüber hinaus eine solche Systembildung nahe, daß man nur wenige Schnittstellen zum Umsystem hat. Weiterhin vermittelt der Black-Box-Ansatz ein Gefühl dafür, was zu beachten ist, wenn man sich auf diese Schnittstellen alleine konzentriert.

Allerdings gibt es sehr komplizierte schwarze Kästen. Man denke an die Beziehung zwischen dem Erfolg mittelständischer Unternehmungen und deren Wettbewerbsstrategien, die Gabele im vorliegenden Band erläutert oder an die von Pfohl und Reichel analysierten Auswirkungen der Deregulierung des europäischen Straßenverkehrs. Dann tauchen natürlich erhebliche methodische Probleme auf, deren Lösungswege aber dort oder auch in den Beiträgen von Geschka, Henning und Bohnhoff, Milling, Oertli-Cajacob und Pape aufgezeigt sind.

3.2. Das Regelungskonzept

Ein besonders leistungsfähiges Konzept zur Komplexitätsbewältigung ist das der Regelung. Der Trick ist, das Ergebnis eines Prozesses mit dem gewünschten Wert zu vergleichen und bei Abweichung in den Prozeß einzugreifen, bis eine Angleichung von Soll und Ist erfolgt. Über den Prozeß selbst braucht man im Grunde nur wenige Kenntnisse. Ich brauche beispielsweise, um auf das häufig verwendete Beispiel der Temperaturregelung zurückzugreifen, keine Kenntnisse über Heizwerte, Wärmedurchgangszahlen sowie die Auswirkung von Sonneneinstrahlung bzw. Wärmeabstrahlung usw., um eine gewünschte Raumtemperatur zu erreichen. Ich schalte den Elektroofen immer wieder an und so lange, bis die gewünschte Temperatur vorliegt. Ähnlich kann der Aufgabenstrom eines Rechenzentrums durch entsprechende Stundenzahlen bewältigt werden, eine vorgegebene Absatzmenge durch entsprechende Wahl der absatzpolitischen Instrumente usw. Immer setzt das aber voraus, daß eine ausreichende Kapazität verfügbar ist, um den Sollwert zu erreichen. Auch ist damit keinesfalls gesagt, daß dies Beispiele optimaler Führung sind. Es sind allerdings robuste, komplexitätsreduzierende Verfahren, die in weniger bedeutsamen Bereichen direkt einsetzbar sind, beispielsweise im Rahmen der Bestellung weniger wichtiger Werkstoffe.

Zuweilen kann ich auf diese Weise sogar optimieren, ohne das zu lenkende System näher zu kennen. Ich verändere den input, messe den output, bewerte diesen und taste mich unter Verwendung unterschiedlicher Optimierungsstrategien an das Optimum heran. Chemische Prozesse, die selbst nach langen Versuchsreihen und Konstruktion von Versuchsprozessen nur angenähert bekannt sind, werden auf diese Weise experimentell optimiert.

Mir geht es in diesem Beitrag um die Erläuterung kybernetisch-systemtheoretischer Ansätze zur Komplexitätsreduktion. Deshalb stelle ich hier auf solche Verfahren ab. Selbstverständlich wird man bei der Lenkung irgendwelcher Systeme die dabei gewonnenen Informationen zu Modellen verdichten, durch deren tautologische Verarbeitung man zu besseren Eingriffen in die Systeme kommt und durch Messung der entstehenden Ergebnisse das Modell weiter verbessern. Wir gelangen dann zur Lenkung von Systemen mittels adaptiver Modellverfahren. Das sind aber im Prinzip keine Ansätze zur Komplexitätsreduktion. Deshalb soll darauf hier nicht näher eingegangen werden.

3.3. Kaskadierende Regelung bzw. Inter-Systemhierarchie

3.3.1. Ein kontrolltheoretischer Ansatz

Auch kaskadierende Regelung kann ein sehr nützliches Konzept zur Komplexitätsbewältigung sein. In einem solchen System soll jeder Manager jeder Ebene, beispielsweise der Mittelmanager Mm, unter Berücksichtigung des Zustandes des von ihm zu lenkenden Systems xm und des Zeitpunktes, solche Maßnahmen u ergreifen, die für dieses Subsystem zu maximaler Zielerreichung führen (vgl. Schiemenz 1987). Ein ähnlicher Gedanke liegt dem Beispiel der Planung von Textilfabriken von Fischer und Döttling im vorliegenden Band zugrunde.

Zur Erfüllung seiner Aufgaben benötigt der Manager folgende Information:

Daten:

- Daten zur Beschreibung des Zustandes des von ihm zu kontrollierenden Systems;
- Daten zur Beschreibung der Grenzen innerhalb deren sich der Zustand halten muß;
- die Eingriffsmöglichkeiten und die Grenzen, innerhalb deren sich die Eingriffe halten müssen.

Modelle:

- Ein Modell der Zielfunktion;

- ein Modell, wie sich der Zustand des Systems aufgrund der Eingriffe ändert;
- ein Modell, wie sich diese Eingriffe auf den output auswirken.

Methoden:

- Methoden, um den Zustand und den Zustandsraum zu messen;
- Methoden zur Erarbeitung der zweckmäßigen Eingriffe;
- Methoden zur Weiterentwicklung der Zustands- und output-Modelle sowie
- Methoden, um daraus die optimalen Entscheidungen abzuleiten.

Zentralisation der Entscheidungen bei der nächst höheren Stufe, hier beim Top-Management, würde bedeuten, daß der Top-Manager über die Summe dieser Informationen aller Mittel-Manager verfügen müßte. Das ganze gilt rekursiv. Denn die Mittel-Manager müßten wiederum über alle Informationen der Lower-Manager verfügen. Das macht die bei vollständiger Entscheidungszentralisation entstehende Überlastung des Top-Management deutlich.

Manche Zentralisten, sowohl in Unternehmungen als auch in Zentralverwaltungswirtschaften, setzen hier ihre Hoffnung auf die Informationstechnik. Zugriff auf Informationssysteme mit Daten-, Modell- und Methodenbanken sollten diese Zentralisation ermöglichen. Hier liegt jedoch meines Erachtens eine Verwechslung von Daten und Informationen vor. Der Zugang zu so abgespeicherten Daten, Modellen und Methoden liefert, in der Terminologie der Semiotik, Daten, aber nur begrenzt Informationen im Sinne handlungsrelevanten Wissens. Im allgemeinen sind nämlich zur Umsetzung der gespeicherten Daten in handlungsrelevantes Wissen die Daten interpretationsbedürftig. Das dürfte ein Grund einerseits des Fehlschlages von Managementinformationssystemen sein, andererseits der Tatsache, daß sich Top-Manager eher auf verbale Kommunikation mit ihren Untergebenen stützen als auf die Abfrage von Computersystemen. Hier ergeben sich interessante Perspektiven für die Strukturierung von Informations- und Entscheidungssystemen.

Wichtig für die Komplexitätsbewältigung in solchen kaskadierenden Systemen ist, daß die übergeordnete Instanz eben nicht alle Entscheidungen an sich zieht, sondern eher bei ihr liegende Entscheidungen an untergeordnete Instanzen abgibt. Sie reduziert dann die Komplexität der selbst zu lösenden Probleme, erhöht allerdings auch die Komplexität der von den untergeordneten Managern zu lösenden Probleme. Dennoch kann die Gesamtkomplexität besser bewältigt werden, weil mehr Manager daran beteiligt sind und sich diese jeweils intensiver mit den Problemen beschäftigen können. Gerade wenn eine

Zentrale ein komplexes System unter Kontrolle haben will, muß sie dezentralisieren.

Hinsichtlich der konkreten Ausgestaltung gibt es die verschiedenen Management-Techniken, wie direkte Intervention, Modellintervention, Management by objectives, Management by staffing, Management by delegation und by exception, Management by results und andere. Sie lassen sich in diesem Regelungskonzept interpretieren (vgl. Schiemenz 1984).

Zusammenfassend können wir festhalten, daß gut strukturierte kaskadierende Regelungssysteme oder, einfacher ausgedrückt, Leitungshierarchien, die Komplexitätsbewältigung dadurch erleichtern, daß sie diese Aufgabe auf verschiedene Instanzen verteilen, aber durch Hierarchisierung sicherstellen, daß insgesamt eine Integration stattfindet. Sie erfüllen auch die klassische Forderung für die Organisation von Lenkungssystemen, daß bei Überschreiten der Kapazität einer untergeordneten Lenkungsinstanz immer definiert ist, welche übergeordnete Instanz nun zuständig ist.

3.3.2. Probleme aufgrund des Zielsystems

Das System kaskadierender Regelung für die Führungsorganisation ist oft interpretiert worden im Sinne einer Führung durch Zielvorgabe bzw. ergebnisorientierte Unternehmensführung. Das Oberziel, Rentabilitätsmaximierung, wird in Subziele heruntergebrochen, die den Subsystemen als Sollwerte vorgegeben werden und deren Erreichung kontrolliert wird. Abgesehen davon, daß ein solches Herunterbrechen von Zielen sehr schwierig ist - Gewinnmaximierung läßt sich nicht durch Kostenminimierung einerseits, Erlösmaximierung andererseits ersetzen - legen es verschiedene Überlegungen nahe, dieses kaskadierende Regelungsmodell komplexer zu sehen.

Die Vorstellungen des Verfassers[2] sind dabei stark durch das Koalitionsmodell der Unternehmung bzw. Gedanken des Management-Theoretikers Ackoff beeinflußt. Demnach ist es Aufgabe des Management, allen denjenigen, die in die Unternehmung einen Einsatz geleistet haben - Ackoff spricht hier von stakeholdern - zu dienen. Das sind natürlich die Kapitaleigner, die durch ihren Kapitaleinsatz ein Vermögensrisiko eingegangen sind. Es sind aber möglicherweise auch die Arbeiter, die um der Erlangung eines sicheren Arbeitsplatzes willen in ihren leistungsfähigen Jahren mehr an Leistung erbracht haben als sie dem laufenden Einkommen nach hätten erbringen müssen.

---

2 Weitere Erläuterungen findet man in Schiemenz 1982

Folgt man dem Koalitionsmodell der Organisationstheorie, so haben wir dann nicht mehr ein in der Spitze der Unternehmensleitung lokalisiertes - in der Sprache der Systemtheorie konzentriertes - Ziel, sondern ein auf die Mitglieder der Organisation verteiltes Zielsystem, dem der Management-Prozeß gerecht werden muß.

Das Problem wird noch komplizierter, wenn man berücksichtigt, daß Ziele nicht nur Eigenwert haben, sondern auch Mittelcharakter zur Erreichung anderer Ziele und daß Mittel nicht nur Mittelcharakter haben, sondern auch Eigenwert, wie Myrdal bereits 1933 aufzeigte. Ackoff spricht hier von extrinsischen Aspekten von Zielen und intrinsischen Aspekten von Mitteln. So hat Gewinn nicht nur Eigenwert, sondern ist zugleich ein Mittel, um über Investitionen Wachstum und damit Arbeitsplatzsicherheit zu gewährleisten. Arbeit ist für den Mitarbeiter nicht nur Mittel zur Einkommenserzielung, sondern hat, bei entsprechender Ausgestaltung, zunehmend Eigenwert.

3.3.3. Agency-Theorie und Agency-Informationstheorie

Im Rahmen der Agency-Theorie sowie der darauf aufbauenden Agency-Informationstheorie versucht man, die Situation zu modellieren, daß ein Prinzipal, beispielsweise ein Middle-Manager, sich eines Agenten, beispielsweise eines Lower-Managers, bedient, um seine Ziele zu erreichen. Der Agent verfolgt dabei aber wiederum seine eigenen Ziele und schränkt zu diesem Zweck beispielsweise, soweit deren Ergebnisse nicht exakt meßbar sind, seine eigene Leistung ein oder gibt dazu geeignete Informationen weiter. Aufgabe des Systemgestalters ist es, die Handlungsräume sowie das Entlohnungssystem und das Informationssystem so zu strukturieren, daß trotz der Verfolgung der eigenen Ziele insgesamt etwas Sinnvolles herauskommt (vgl. Schiemenz 1985).

3.3.4. Dezentralisation mittels Initiierung selbstorganisierender Prozesse

Beim Agency-Ansatz greift der Prinzipal im Grunde noch ständig in den Prozeß ein. Noch konsequenter ist der Ansatz der Dezentralisation im Rahmen der Konzeption selbstorganisierender Systeme realisiert. Ziel ist, solche Strukturen zu schaffen, daß die Systeme, ohne Eingriff von außen sich selbst überlassen bleibend, sinnvoll funktionieren. Dazu schöpft man aus den verschiedensten Quellen, beispielsweise aus der Theorie dissipativer Strukturen der Chemie, der aus der Physik kommenden Synergetik, der Evolutionstheorie der Biologie, insbesondere aber dem Ansatz einer unsichtbaren Hand von Adam Smith sowie der Theorie komplexer Phänomene von von Hayek, die den Rechts-, Wirtschafts- und Staatswissenschaften zuordenbar sind. Ein kleines praktisches Beispiel[3] soll zeigen, woran ich dabei denke (vgl. Abb. 1).

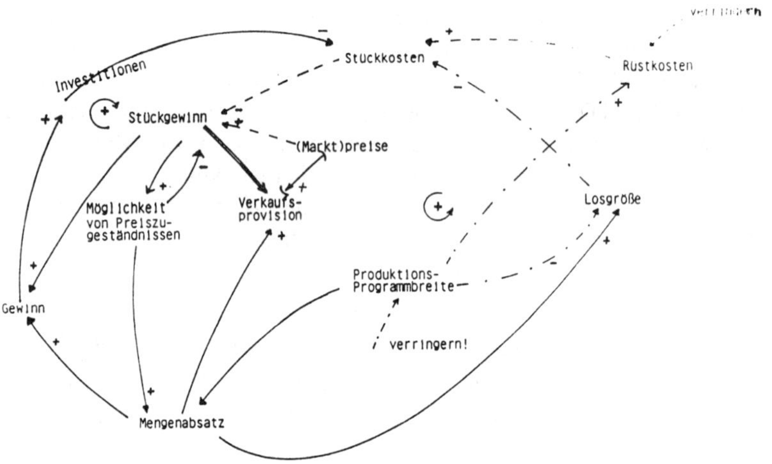

Abb. 1: Praxisbeispiel

Eine Gruppe von Systemanalytikern in einem Fertigungsbereich hatte die Aufgabe, die Produktionsplanung so durchzuführen, daß die Rüstkosten minimiert werden sollten. Diesem Auftrag lag die folgende Sicht der Betriebsleitung hinsichtlich der Wirkungszusammenhänge zugrunde (gestrichelte Linien): Die Rüstkostenminimierung reduziert die Stückkosten; wachsende Stückkosten reduzieren bei gegebenen Marktpreisen den Stückgewinn. Insgesamt erhöht sich bei Rüstkostenminimierung der Stückgewinn. Wachsender Stückgewinn erhöht bei gegebenem Mengenabsatz den Gewinn.

Die Lösung der Aufgabe ergab eine, wenn auch keinesfalls eindrucksvolle, Reduktion der jährlichen Rüstkosten und damit auch eine gewisse Erhöhung des Stückgewinns und des Gewinns. Das Systemanalyseteam hatte im Verlauf der Untersuchung allerdings erkannt, daß das Problem der hohen Rüstkosten hauptsächlich durch eine sehr große Zahl von Produkten, also eine große Pro-

---

3 In Grundzügen findet man dieses Beispiel schon bei Ackoff, 1978, S. 68 ff.

duktionsprogrammbreite, weniger durch eine unzweckmäßige Reihenfolge verursacht war. Es machte deshalb den Vorschlag, das zu behandelnde Problem auszuweiten, das Produktionsprogramm nicht mehr als Entscheidungsparameter, sondern als zu gestaltenden Handlungsbereich, als Entscheidungsalternative, aufzufassen.

Das neugewonnene Bild, das das Systemanalyseteam von der Problemsituation hatte, war also das folgende (vgl. strichpunktierte Linien): eine hohe Produktionsprogrammbreite führt zu hohen Rüstkosten und damit hohen Stückkosten. Sie führt zweitens zu geringen Losgrößen. Aber nur hohe Losgrößen führen zu niedrigen Stückkosten. Die anderen Aspekte sieht es weiterhin wie im Rahmen der Auftragserteilung, so daß das durch die strichlierten und strichpunktierten Linien entstehende Bild resultiert.

Die vom Systemanalyseteam aufgeworfene Frage, ob man sich nicht von vielen dieser Produkte trennen könne, wurde allerdings vom Vertrieb kategorisch verneint. Der Vertrieb argumentierte, daß die Breite des Produktionsprogramms erforderlich sei. Selbst sofern im Produktionsprogramm Produkte mit negativem Gewinnaufschlag enthalten seien, seien diese erforderlich, weil sie von denselben Kunden benötigt würden, die auch die erfolgsträchtigsten Produkte in großen Mengen abnehmen.

Eine solche Argumentation findet man im Vertrieb häufig. Sie läuft darauf hinaus, daß mit wachsender Produktionsprogrammbreite der Mengenabsatz wächst und damit der Gewinn und daß dieser Effekt stärker sei als der möglicherweise entstehende Gewinnzuwachs, der bei reduzierter Programmbreite aufgrund der technischen Produktivitätssteigerung möglich ist.

Das Systemanalyseteam kann zwar relativ gut die Produktivität und die Kosten messen. Hinsichtlich der Reaktion der Nachfrage auf Änderungen des Produktionsprogramms muß es sich jedoch weitgehend auf die Aussagen der Vertriebsleute verlassen. Es hat allerdings den Verdacht, daß die Argumentation des Vertriebspersonals vordergründig ist. Es gehe diesem in Wirklichkeit nicht primär um eine Gewinnerhöhung. Primäres Ziel des Vertriebspersonals sei vielmehr eine hohe Verkaufsprovision. Diese Verkaufsprovision ist umsatzabhängig, wächst also mit wachsenden Marktpreisen und wachsendem Mengenabsatz.

Es gilt hier also die Gestaltung eines Systems vorzuschlagen, das man nicht exakt erheben kann. Man kann es nicht exakt erheben, weil die Informationen bei Beteiligten liegen, die eigene Ziele verfolgen und die die Informationen so filtern, wie sie glauben, daß sie dadurch ihre eigenen Ziele am besten erreichen.

Das Systemanalyseteam machte einen interessanten Vorschlag. Er lief auf eine Umstrukturierung des Systems hinaus. Man ging davon aus, daß die Verkaufsprovision in der gegenwärtigen Höhe beibehalten werden müsse. Dennoch hatte man den Eindruck, daß die Produktionsprogrammbreite reduziert werden müsse.

(Dafür spricht auch die allgemeine Überlegung, daß eine Reduktion der Produktionsprogrammbreite keinesfalls den Mengenabsatz reduzieren müsse, so wie das von dem Verkaufspersonal gesagt wurde. Denn wenn man den sich aufgrund von höherer Losgröße und niedrigeren Stückkosten ergebenden höheren Stückgewinn dazu nutzt, Preiszugeständnisse zu machen (womit sich dann allerdings der Stückgewinn reduziert), kann auch auf diese Weise der Mengenabsatz erhöht und dadurch möglicherweise die Verkaufsprovision konstant gehalten werden. Außerdem ergibt sich mit wachsendem Mengenabsatz eine weitere Steigerung der Losgröße, also ein positiver Rückkopplungsprozeß mit positiven Folgen derart, daß wachsender Mengenabsatz zu wachsender Losgröße, niedrigeren Stückkosten und bei Verzicht auf wachsende Stückgewinne zu weiterer Steigerung des Mengenabsatzes führt. Vgl. zu diesen gesamten Überlegungen die durchgezogenen Linien.)

Das Team schlug einen neuen Kommissionsplan vor, der nicht auf Umsatzbasis, sondern auf Gewinnbasis aufbaute. Die Verkaufsprovision wurde nicht mehr von den Marktpreisen, sondern vom Stückgewinn abhängig gemacht (siehe den Doppelpfeil). Produkte mit negativem Stückgewinn würden sich dann negativ auf die Verkaufsprovision auswirken. Wäre ein Vertreter trotz der gegenteiligen Behauptung der Auffassung, die Verlustprodukte ohne Schaden für sein übriges Geschäft entbehren zu können, so hätte er einen einkommensmäßigen Anreiz, solche Produkte fallenzulassen. Wenn er sie beibehielte, hätte er aufgrund der Ausgestaltung des Provisionssystems dennoch die gleiche Provisionshöhe wie vorher, da die Provisionsverluste für Verlustprodukte durch höhere Provision für Gewinnprodukte überkompensiert würden.

Es zeigte sich im vorliegenden Fall, daß nach zwei bis drei Jahren etwa zwei Drittel der Verlustprodukte eliminiert waren. Die resultierende Gewinnsteigerung war um eine Größenordnung höher als die Ersparnisse durch Rüstkostenminimierung, die ursprünglich als das Problem angesehen waren.

Es wird meines Erachtens zunehmend Aufgabe des Managements sein, im Führungs- und Organisationsprozeß solche Mechanismen der Selbstregulation bzw. Selbstorganisation zum Tragen zu bringen. Denn Führung wird sich in Zukunft vermutlich immer weniger in Form von Weisung und Kontrolle äußern, sondern immer mehr durch solche subtileren Verfahren und darüber hinaus durch Motivation geschehen müssen.

3.4. Intra-Systemhierarchie

Unter dem Aspekt der Inter-Systemhierarchie steht jeweils eine Leitungsinstanz den Geführten gegenüber. Der Aspekt der Intra-Systemhierarchie stellt nicht auf diese Gegenüberstellung ab, sondern auf den Gedanken, daß jedes System mit anderen Systemen zusammen ein System höherer Ordnung bildet und andererseits jedes System aus miteinander in vielfältiger Beziehung stehenden Subsystemen besteht. Im zweiten Kapitel wurde darauf bereits hingewiesen. Die Systeme auf den verschiedenen Stufen sind dabei relativ stabil.

Systemtheoretiker sehen die Welt weitgehend nach diesem Prinzip aufgebaut. Besonders anschaulich begründet der Nobelpreisträger H.A. Simon die Bedeutung dieses Prinzips in seinem sehr interessanten Beitrag über die Architektur der Komplexität. Er verwendet dazu die Parabel der zwei Uhrmacher Hora und Tempus. Beide bauten Uhren, die aus jeweils tausend Teilen bestehen. Tempus hatte seine Uhr so konstruiert, daß sie, wenn er sie nach teilweisem Aufbau zur Seite legen mußte, beispielsweise wegen einer Störung, sofort in ihre Elemente zerfiel. Die Uhr von Hora dagegen bestand aus stabilen Gruppen von je zehn Elementen, die wiederum zu Bauteilen von zehn Gruppen, insgesamt also hundert Elementen, zusammengefaßt waren. Im Falle einer Störung zerfielen die Uhr bzw. deren Bausteine deshalb nur in wesentlich weniger Bestandteile. Aufgrund dieser unterschiedlichen Strukturierung war Hora in der Lage, seine Uhr wesentlich schneller zusammenzubauen als Tempus. War die Wahrscheinlichkeit einer Störung bei Hinzufügung eines neuen Teils ein Prozent, so benötigte Tempus etwa die viertausendfache Zeit.

Eine solche Strukturierung von vielelementigen Systemen in realtiv stabile Baugruppen ist ein effizienter Ansatz zur Komplexitätsbewältigung. Wir finden ihn beispielsweise in der strukturierten Programmierung sowie in der Zusammenfassung von PCs in Rechnernetzen und deren Verbindung mit anderen Rechnernetzen und Großrechnern zu Rechnernetzen höherer Ordnung. Ein anderes Beispiel ist der Aufbau von Transportladungen, bei denen beispielsweise jeweils bestimmte Zahlen von Dosen zu Paketen, Paketen in Gitterboxen, Gitterboxen in Containern usw. zusammengefaßt werden.

Wir finden den Ansatz aber auch in der Aufbauorganisation, beispielsweise der Zusammenfassung von Gruppen zu Abteilungen, von Abteilungen zu Hauptabteilungen, von Hauptabteilungen zu Bereichen oder von Unternehmungen zu Konzernen. Und auch die Gesellschaftsstruktur in Form von Familien, Gemeinden, Kreisen, Ländern usw. weist diese Züge auf.

Eine mit dieser Intra-Systemhierarchie verbundene, für die Strukturierung sozialer Systeme sehr nützliche Sicht trägt die mit den Namen Simon, Cyert und March verbundene Anreiz-Beitrags-Theorie bei. Sie fragt, was einzelne Menschen bzw. soziale Gruppen veranlaßt, in ein umfassenderes soziales System einzutreten bzw. darin zu verbleiben. Damit zusammenhängend steht, von der anderen Seite, die Frage, was das größere System veranlaßt, ein kleineres soziales System aufzunehmen bzw. zu halten. Ein aktuelles politisches Beispiel in diese Richtung ist die Änderung der Verfassung von Slowenien in Jugoslawien oder die Aufnahme Spaniens und Protugals in die EG. Ein aktuelles betriebliches Beispiel ist die Aufnahme von MBB durch die Daimler AG oder von Salzgitter durch Preußag.

Die Antwort der Anreiz-Beitrags-Theorie auf die obige Frage ist, daß von dem kleineren System die von dem größeren System zur Verfügung gestellten Anreize als höherwertig empfunden werden müssen als die eigenen, diesem erbrachten Beiträge. Das größere wird demgegenüber das kleinere System dann aufnehmen, wenn aus seiner Sicht die empfangenen Beiträge größer sind als die gewährten Anreize.

Solange diese Anreiz-Beitrags-Relation erfüllt ist, sind die Systeme relativ stabil und ist die Komplexität begrenzt. Es dient zur Stabilisierung sozialer Systeme, wenn die jeweiligen Subsysteme jeweils bedenken, welcher Art ihre Beiträge sind, daß sie die von dem größeren System bzw. den anderen Systemen bereitgestellten Anreize rechtfertigen.

Verwandt mit diesem Gedanken ist die Forderung nach einer Internalisierung externer Effekte. Sie stellt sich im ökologischen Bereich und im Patentrecht ähnlich wie auf der Ebene der zwischenbetrieblichen Leistungsverrechnung oder der leistungsgerechten Entlohnung. Die positiven bzw. negativen Leistungen, die ein System für das größere System erbringt, sollen positiv bzw. negativ auf das System zurückgeführt werden.

Da solche Regeln aber nie vollständig sein werden - es gibt das schöne spanische Sprichwort: Wer das Gesetz erließ, ließ auch das Schlupfloch - erscheint folgende Forderung von Ackoff weise: Manager sind nicht nur dem System, das sie managen, verantwortlich, sondern auch dessen Teilen sowie dessen Umsystem, von dem das System ein Teil ist. Und damit die Manager auch wissen, welche Probleme und Ziele in den jeweiligen Systemen vorliegen, wird eine Ausschußorganisation konzipiert, die Vertreter aller drei Systemebenen zusammenfaßt und miteinander kommunizieren läßt (Ackoff 1978, S. 157 ff.).

4. Schluß

Der Verfasser hofft, in seinem Beitrag deutlich gemacht zu haben, daß Kybernetik und Systemtheorie den Verantwortlichen in Wirtschaft und Verwaltung leistungsfähige Instrumente zur Hand geben, die ihnen helfen, die wachsende Komplexität zu bewältigen, nicht zuletzt dadurch, daß sie den Blick auf die Beziehungen zwischen dem Ganzen und seinen Teilen lenken.

Zahlreiche Diskussionen mit oberen und obersten Führungskräften zeigen die Praxisrelevanz dieses Ansatzes. Erfreulich ist, daß dies auch im vorliegenden Band durch die Beiträge zweier hochrangiger Praktiker, nämlich von Schuhmann und Gottfreund wieder eindrucksvoll deutlich wird.

Literatur

Ackoff, Russell L.: The Art of Problem Solving, New York (Wiley) 1978.

Myrdal, G.: Das Zweck-Mittel-Denken in der Nationalökonomie, in: Zeitschrift für Nationalökonomie, 4. Bd. (1933), Heft 3, S. 305 - 329.

Schiemenz, Bernd: Betriebskybernetik - Aspekte des betrieblichen Managements, Stuttgart 1982.

ders.: A Cybernetic Evaluation of Centralized Versus Decentralized Decision Processes in the Firm, in: Association Internationale de Cybernétique (Edit.), 10th International Congress on Cybernetics, Symposium XIII: Control Models for Business Administration, Namur, Belgium, 1984, pp. 45 - 54.

ders.: Grundlagen eines Management-Unterstützungs-Systems mit selbstanpassendem Zentralisationsgrad, in: Ballwieser, Wolfgang/ Berger, Karl-Heinz (Hrsg.), Information und Wirtschaftlichkeit - Wissenschaftliche Tagung des Verbandes der Hochschullehrer für Betriebswirtschaft e. V. an der Universität Hannover 1985, Wiesbaden 1985, S. 617 - 637.

ders.: A Systematic Framework for the Systemic Evolution of Decentralized Data, Model and Method Bases, in: Rose, John (Ed.), Cybernetics and Systems: Present and Future, Lytham St. Annes (Thales) 1987, pp. 741 - 747.

Simon, Herbert A. (1962): The Architecture of Complexity, in: Proceedings of the American Philosophical Society, Vol. 106 (1962), pp. 467 - 482.

Ulrich, Hans/Probst, Gilbert J. B.: Anleitung zum ganzheitlichen Denken und Handeln, Bern und Stuttgart 1988.